Staatsanwaltschaftliche
Öffentlichkeitsarbeit
im Ermittlungsverfahren

Europäische Hochschulschriften Recht

European University Studies in Law

Publications Universitaires Européennes de Droit

Band/Volume 6137

Marina Khachatryan

Staatsanwaltschaftliche Öffentlichkeitsarbeit im Ermittlungsverfahren

Grundlagen, Grenzen, Rechtsschutzmöglichkeiten

PETER LANG

Bibliografische Information der Deutschen Nationalbibliothek
Die Deutsche Nationalbibliothek verzeichnet diese Publikation in der Deutschen Nationalbibliografie; detaillierte bibliografische Daten sind im Internet über http://dnb.d-nb.de abrufbar.

Zugl.: Gießen, Univ., Diss., 2019

Gedruckt auf alterungsbeständigem, säurefreiem Papier.
Druck und Bindung: CPI books GmbH, Leck

D 26
ISSN 0531-7312
ISBN 978-3-631-80085-0 (Print)
E-ISBN 978-3-631-81182-5 (E-PDF)
E-ISBN 978-3-631-81183-2 (EPUB)
E-ISBN 978-3-631-81184-9 (MOBI)
DOI 10.3726/b16538

Diese Publikation wurde begutachtet.

www.peterlang.com

„If at first you don't succeed…try, try again."
Gattaca, 1997

Inhaltsverzeichnis

1. Kapitel: Einleitung

Berichterstattungen über Strafverfahren erzeugen ein Spannungsverhältnis zwischen Justiz, Medien sowie den Rechten desjenigen, gegen den das Strafverfahren geführt wird. Dieses Spannungsverhältnis kann in unterschiedlichen Konstellationen auftreten. Zum einen kann das Berichterstattungsinteresse der Medien mit den Rechten des Betroffenen kollidieren. Zum anderen kann das Berichterstattungsinteresse der Medien mit dem (Geheimhaltungs-)Interesse der Justiz kollidieren. Schließlich stehen die Öffentlichkeitsarbeit der Justiz und die Interessen des hiervon Betroffenen in einem Spannungsverhältnis. Im Mittelpunkt dieser Arbeit steht letzteres Spannungsverhältnis, begrenzt auf die Öffentlichkeitsarbeit der Staatsanwaltschaft im Stadium des Ermittlungsverfahrens. Hauptakteure sollen demnach der Beschuldigte im Ermittlungsverfahren sowie die ermittelnde Staatsanwaltschaft sein. An die Beschuldigteneigenschaft anknüpfend untersucht die Arbeit mithin das Zeitfenster zwischen Einleitung eines Ermittlungsverfahrens und Anklageerhebung.

Nicht behandelt wird die staatsanwaltschaftliche Öffentlichkeitsarbeit nach Eröffnung des Hauptverfahrens. In diesem Stadium ist das Verfahren grundsätzlich öffentlich. Personenbezogene Informationen Betroffener sind dann ohnehin öffentlich zugänglich.

Wie schwierig es sein kann, die Balance zwischen staatsanwaltschaftlicher Öffentlichkeitsarbeit und Rechten betroffener Beschuldigter zu wahren, belegen zahlreiche gerichtliche Entscheidungen, die Klagen betroffener Beschuldigter gegen eine unzulässige staatsanwaltschaftliche Öffentlichkeitsarbeit zum Gegenstand hatten[1]. Das Thema ist dauerpräsent und deshalb von höchster Relevanz.

Welche Herausforderungen sich aus der Kollision zwischen der Öffentlichkeitsarbeit der Staatsanwaltschaft und den Interessen des Beschuldigten ergeben, soll nachfolgend an aktuellen Beispielen veranschaulicht werden. Der inzwischen ehemalige Präsident und Geschäftsführer der EBS Universität für Wirtschaft und Recht gGmbH (EBS) Prof. Dr. Christopher Jahns wurde im April 2011 unter dem dringenden Verdacht der gewerbsmäßigen Untreue zulasten der EBS auf Antrag der Staatsanwaltschaft Wiesbaden vorläufig festgenommen. Jahns verlor

1 S. nur BGH NJW 1994, 1950; OLG Hamm NJW-RR 2015, 936; OLG Düsseldorf NJW 2005, 1791 – Mannesmann; OLG Celle NJOZ 2005, 3135; LG Frankfurt a.M., Urteil vom 22.3.2017 – 2-04 O 328/16; LG Wiesbaden NJW 2015, 2975 – Jahns; VG Berlin ZUM-RD 2014, 256.

infolge des Haftbefehls sein zu diesem Zeitpunkt ruhendes Amt als Präsident, seine Position als Geschäftsführer und seinen Hochschullehrervertrag. Gegen Ende April des Jahres 2012, nach über einjähriger Ermittlungstätigkeit, wurde gegen Jahns Anklage erhoben. Zum gegenwärtigen Zeitpunkt (Juli 2018) ist das vor der Wirtschaftsstrafkammer des *LG Wiesbaden* geführte Strafverfahren gegen Jahns noch nicht beendet[2]. Über die Inhalte des gegen Jahns geführten Verfahrens wurde regional berichtet[3]. Im Laufe des Ermittlungsverfahrens hat sich auch die Staatsanwaltschaft Wiesbaden gegenüber Medienvertretern geäußert. Insgesamt elf dieser Äußerungen hat Jahns im Rahmen einer Zivilklage beanstandet und vor dem *LG Wiesbaden* teilweise obsiegt: Dieses sprach Jahns 15.000 Euro Geldentschädigung wegen Verletzung seines Persönlichkeitsrechts aufgrund vorverurteilender und sachlich falscher öffentlicher Äußerungen der Staatsanwaltschaft gegenüber Medienvertretern im Ermittlungsverfahren zu[4].

Aktuellstes Beispiel ist die vom *OLG Frankfurt a.M.* abgewiesene Entschädigungsklage des zum Zeitpunkt der Äußerung amtierenden Präsidenten des Deutschen Fußball-Bundes (DFB) Theo Zwanziger[5]. Zwanziger wollte wegen eines gegen ihn gerichteten Ermittlungsverfahrens sowie der Weitergabe staatsanwaltschaftlicher Informationen an die Presse das Land Hessen auf Zahlung von 25.000 Euro Geldentschädigung in Anspruch nehmen. Die Staatsanwaltschaft Frankfurt a.M. hat Ermittlungen unter anderem gegen Zwanziger[6] im

---

2 Das Hauptverfahren wurde gemäß § 228 I StPO ausgesetzt und das Strafverfahren wegen dauernder Verhandlungsunfähigkeit Jahns gemäß § 205 StPO vorläufig eingestellt, s. dazu die Presseinformation des LG Wiesbaden vom 7.10.2014, https://lg-wiesbaden-justiz.hessen.de/irj/LG_Wiesbaden_Internet?rid=HMdJ_15/LG_Wiesbaden_Internet/sub/3f1/3f1101aa-d0e5-c841-79cd-aa2b417c0cf4,,,11111111-2222-3333-4444-100000005003%26overview=true.htm (zuletzt abgerufen am 29.6.2015).

3 *Hetrodt/Zoske*, EBS-Präsident Jahns festgenommen, FAZ-Online vom 04.04.2011, http://www.faz.net/aktuell/rhein-main/region/untreue-verdacht-ebs-praesident-jahns-festgenommen-1622181.html (zuletzt abgerufen am 29.6.2015); Anklage gegen Ex-EBS-Chef Jahns, FR-Online vom 5.5.2012, http://www.fr-online.de/rhein-main/european-business-school-wiesbaden-anklage-gegen-ex-ebs-chef-jahns,1472796,15175994.html (zuletzt abgerufen am 8.7.2015).

4 LG Wiesbaden NJW 2015, 2975 – Jahns.

5 OLG Frankfurt a.M. BeckRS 2018, 4097.

6 Ebenfalls Ermittlungen aufgenommen hat die Staatsanwaltschaft Frankfurt a.M. gegen den seinerzeitigen DFB-Generalsekretär Wolfgang Niersbach sowie gegen den seinerzeitigen DFB-Generalsekretär Horst R. Schmidt, s. Pressemitteilung der Staatsanwaltschaft Frankfurt a.M. vom 3.11.2015, https://sta-frankfurt-justiz.hessen.de/irj/STA_Frankfurt_am_Main_Internet?rid=HMdJ_15/STA_Frankfurt_am_Main_Internet/

Zusammenhang mit der Vergabe der Fußballweltmeisterschaft 2006 an Deutschland und einem Geldtransfer in Höhe von 6,7 Millionen Euro vom WM-Organisationskomitee des DFB an den Fußball Weltverband FIFA wegen des Verdachts der Steuerhinterziehung in einem besonders schweren Fall aufgenommen[7].

Ein weiteres Beispiel für die problematische Kollision zwischen der Öffentlichkeitsarbeit der Staatsanwaltschaft und den Persönlichkeitsrechten des Betroffenen stellt die Öffentlichkeitsarbeit der Staatsanwaltschaft Düsseldorf nach dem Germanwings-Absturz dar[8]. Kritisiert[9] wurde vor allem die Preisgabe von Namen und Krankheit des Co-Pilot zur Ermittlung der Tatmotive, die letztlich zum Absturz der Germanwings-Maschine führten, obwohl die Staatsanwaltschaft Düsseldorf zunächst nicht einmal einen ausreichenden Anfangsverdacht für eine strafprozessuale Maßnahme begründen konnte[10]. Dies zum Anlass nehmend, wird sich die vorliegende Arbeit auch mit den Handlungsmöglichkeiten Hinterbliebener eines verstorbenen Beschuldigten gegen eine unzulässige Öffentlichkeitsarbeit der Staatsanwaltschaft beschäftigen.

Die eben dargestellten Beispiele machen deutlich, dass aus Beschuldigtensicht von staatsanwaltschaftlicher Öffentlichkeitsarbeit nicht immer sogenannte Prominente betroffen sein müssen. Auch der Vorwurf schwerster Kriminalität ist

---

sub/a71/a715b305-ce8b-051f-012f-312b417c0cf4,,,11111111-2222-3333-4444-100000005003%26overview=true.htm (zuletzt abgerufen am 23.3.2017).

7 Die Pressemitteilung der Staatsanwaltschaft Frankfurt a.M. vom 3.11.2015 ist abrufbar unter: https://sta-frankfurt-justiz.hessen.de/irj/STA_Frankfurt_am_Main_Internet?rid=HMdJ_15/STA_Frankfurt_am_Main_Internet/sub/a71/a715b305-ce8b-051f-012f-312b417c0cf4,,,11111111-2222-3333-4444-100000005003%26overview=true.htm (zuletzt abgerufen am 23.3.2017).

8 Der Airbus A320 der Fluggesellschaft Germanwings stürzte am 24.3.2015 mit 144 Fluggästen sowie sechs Crewmitgliedern über den französischen Alpen ab. Nach dem am 13.3.2016 veröffentlichten Abschlussbericht der der französischen Behörde für Sicherheitsuntersuchungen in der zivilen Luftfahrt (BEA), wurde der Absturz durch eine „bewusste und geplante Handlung des Co-Piloten verursacht, der entschieden hatte, Suizid zu begehen, während er alleine im Cockpit war." S. Abschlussbericht der BEA S. 109, abrufbar unter: https://www.bea.aero/uploads/tx_elydbrapports/BEA2015-0125.de-LR.pdf (zuletzt abgerufen am 5.9.2016).

9 S. *Mitsch*, JuS 2015, 884 (890), der die Arbeit der Staatsanwaltschaft diesbezüglich als „posthume boulevardeske Verunglimpfung des Co-Piloten" sowie „ein weiteres Beispiel einer ausufernden Öffnung verschlossen zu haltender Verfahrensbereiche" bezeichnet. Laut *Darnstädt*, Der Spiegel 16/2015, 28 (28), trat die Staatsanwaltschaft „fast täglich" mit neuen Informationen zum Ermittlungsstand an die Öffentlichkeit.

10 *Mitsch*, JuS 2015, 884 (890 f.); *Darnstädt*, Der Spiegel 16/2015, 28 (29).

kein Kriterium dafür, ob und wann Details aus dem Ermittlungsverfahren von Seiten der Staatsanwaltschaft an die Öffentlichkeit gelangen.

Inhaltlich befasst sich die Arbeit zunächst mit den rechtlichen Rahmenbedingungen staatsanwaltschaftlicher Öffentlichkeitsarbeit im Stadium des Ermittlungsverfahrens. Anschließend werden die dem Beschuldigten hiergegen zur Verfügung stehenden (rechtlichen) Handlungsmöglichkeiten dargestellt. Auseinandergesetzt wird sich schließlich auch mit der neuzeitlichen Problematik dauerhafter Online-Abrufbarkeit längst zurückliegender staatsanwaltschaftlicher Stellungnahmen betreffend (personenbezogener) Informationen aus laufenden Ermittlungsverfahren. Anstoß hierfür gab die über eine Stunde andauernde Pressekonferenz unter Beteiligung der Staatsanwaltschaft Hannover zum Fall des ehemaligen Bundestagsabgeordneten Sebastian Edathy vom 14.2.2014, die noch heute auf dem Online-Videoportal YouTube abrufbar ist[11].

11 https://www.youtube.com/watch?v=l8-O5uot-Yk (zuletzt abgerufen am 9.10.2017). Das Verfahren gegen Edathy wegen Besitzes kinderpornografischen Materials wurde am 2.3.2015 gemäß § 153a Abs. 2 StPO gegen Zahlung einer Geldauflage eingestellt, s. Urteil des LG Verden vom 2.3.2015 – 2 KLs 3714 JS 9585/14 (8/14).

2. Kapitel: Bedeutung und Inhalt staatsanwaltschaftlicher Öffentlichkeitsarbeit

In den Augen der Gesellschaft ist die Öffentlichkeitsarbeit der Staatsanwaltschaft heutzutage selbstverständlich. An ihr schätzt die Öffentlichkeit, dass sie Verborgenes, insbesondere das individuell begangene Unrecht, an das Tageslicht bringt[12]. Mittlerweile haben Staatsanwaltschaften daher auch eigene Presseabteilungen sowie einen Pressesprecher. Im Wege staatsanwaltschaftlicher Öffentlichkeitsarbeit gelangen Informationen entweder unmittelbar oder mittelbar über die Medien[13] an die Öffentlichkeit.

A. Lebach-Urteil

Eine Berichterstattung über Strafverfahren ist speziell bei aufsehenerregenden Strafverfahren nicht mehr wegzudenken. Neben Sensationslust und Neugier steht auch ein durchaus ernstzunehmendes Interesse von Öffentlichkeit über die Person des Täters, seine Tatmotive sowie den Tathergang. Spätestens seit dem Lebach-Urteil des *BVerfG* gilt deshalb, dass eine Berichterstattung über Straftaten, insbesondere über die Person des Täters, den Tathergang sowie die Umstände, die zur Straftat geführt haben, zum Zeitgeschehen gehören, dessen Vermittlung Aufgabe der Medien überhaupt sei[14]. Die Verletzung der

---

12 *Hörisch*, StV 2005, 151 (151).

13 *Schroers*, NJW 1996, 969 (970). Mit dem Terminus „Medien" werden zur vereinfachten Darstellung im Folgenden die Organe der Presse (sog. Printmedien), des Rundfunks, des Fernsehens sowie Anbieter von Telemedien i.S.d. § 55 Abs. 2 RStV bezeichnet, sofern keine explizite Benennung erfolgt.

14 BVerfG NJW 1973, 1226 (1230) – Lebach. Im Jahr 1969 erregte der sog. Soldatenmord von Lebach in der deutschen Öffentlichkeit Aufsehen und zog eine umfassende mediale Berichterstattung sowohl über die umfangreichen Fahndungsmaßnahmen als auch über das anschließende Strafverfahren nach sich. Der Beschwerdeführer wurde wegen Beihilfe zu den Tötungs- sowie Erpressungsdelikten um den sog. Soldatenmord von Lebach zu einer mehrjährigen Freiheitsstrafe verurteilt. In dem sog. Lebach-Urteil hatte das *BVerfG* darüber zu entscheiden, ob der öffentlich-rechtliche Fernsehsender ZDF ein zweiteiliges Dokumentar-Fernsehspiel mit dem Titel „Der Soldatenmord von Lebach" ausstrahlen durfte. Inhalt des Dokumentarfilms war zum einen die Vorbereitung der Tat durch die Tatbeteiligten, zu denen auch der Beschwerdeführer zählte, zum anderen die tatsächliche Tatausführung sowie die daran anschließende Fahndung

allgemeinen Rechtsordnung, die Beeinträchtigung von allgemeinen Rechtsgütern der betroffenen Bürger oder der Gemeinschaft, die Sympathie mit den Opfern und ihren Angehörigen, die Furcht vor Wiederholungen solcher Straftaten und das Bestreben, jenem vorzubeugen, stelle ein durchaus anzuerkennendes Interesse an näherer Information über Tat und Täter dar[15]. Dieses sei umso stärker, je mehr die Straftat sich durch die Besonderheit des Angriffsobjekts, die Art der Begehung oder die Schwere der Folgen über die gewöhnliche Kriminalität hervorhebe[16]. Neben dem Bedürfnis der Öffentlichkeit nach Information über das Tatgeschehen falle auch das Bedürfnis nach Kontrolle der für die Sicherheit und Ordnung zuständigen Staatsorgane und Strafverfolgungsbehörden maßgebend ins Gewicht[17]. Die dargelegten Informationsbedürfnisse der Öffentlichkeit zu befriedigen sei darum auch Aufgabe der Medien. Dieses Informationsinteresse an einer aktuellen Berichterstattung über Straftaten sei grundsätzlich auch vorrangig gegenüber dem Persönlichkeitsrecht des Betroffenen zu berücksichtigen[18]. Wer den Rechtsfrieden breche, müsse sich nicht nur den dafür in der Rechtsordnung verhängten strafrechtlichen Sanktionen beugen, sondern grundsätzlich auch dulden, dass das von ihm selbst durch seine Tat erregte Informationsinteresse der Öffentlichkeit auf den dafür üblichen Wegen, namentlich denen der medialen Berichterstattung, befriedigt werde[19]. Den Medien der Massenkommunikation komme hierbei „sowohl für die Verbindung zwischen dem Volk und den Staatsorganen wie für deren Kontrolle als auch für die Integration der Gemeinschaft in allen Lebensbereichen eine maßgebende Wirkung[20]" zu. Dass sich die Berichterstattung der Medien über eine Straftat im Übrigen nicht nur negativ, sondern auch positiv für den Betroffenen auswirken kann,

---

und Ermittlung der Täter. Während des Dokumentarspiels, das von Schauspielern dargestellt wurde, wird der Name des Täters fortwährend genannt.

15 BVerfG NJW 1973, 1226 (1230) – Lebach; Palandt/*Sprau*, BGB, § 823 Rn 105.

16 BVerfG NJW 1973, 1226 (1230) – Lebach; s. zur Berichterstattung der Medien über eine Straftat auch BGH NJW 2000, 2432 (2433 f.); 2011, 3153 (3154).

17 BVerfG NJW 1973, 1226 (1230) – Lebach.

18 BVerfG NJW 1973, 1226 (1230) – Lebach. Eine mediale Berichterstattung ist allerdings nur dann zulässig, wenn sie sich an die von der Rechtsprechung entwickelten Grundsätze der Verdachtsberichterstattung hält. S. dazu BVerfG (Kammer) NJW-RR 2010, 470 (473); BVerfG (Kammer) ZUM 2010, 243 (246); BGH NJW 1977, 1288 (1289) – Abgeordnetenbestechung; 2000, 1036 (1036 f.); 2013, 1681 (1682) – Kachelmann; 2015, 778 (779); OLG Köln ZUM 2012, 330 (333) – Kachelmann. Zur Verdachtsberichterstattung bei einer Internetveröffentlichung, BGH NJW 2014, 2029.

19 BVerfG NJW 1973, 1226 (1230) – Lebach.

20 BVerfG NJW 1973, 1226 (1228) – Lebach.

begründet das *BVerfG* sodann damit, dass es die vorerwähnte Kontrollfunktion der Medien über staatliches Handeln hervorhebt[21].

Straftaten, eingeschlossen die Person des Täters, den Tathergang sowie die Umstände, die zur Straftat geführt haben, gehören grundsätzlich zum Zeitgeschehen. Den Medien kommt insofern die Aufgabe zu, dieses zeitgeschichtliche Ereignis der Öffentlichkeit zu vermitteln[22]. Die Medien sind Orientierungsgeber für die öffentliche Meinungsbildung, indem sie dem Bürger die notwendigen Informationen verschaffen und ihn hiermit erst in die Lage versetzen, sich eine eigene Meinung zu bilden[23].

B. Die Staatsanwaltschaft als Organ der Rechtspflege

Nachfolgend soll zunächst ein einführender Überblick über die Stellung der Staatsanwaltschaft im Strafverfahren sowie die sog Prozessmaximen gewährt werden[24]. Er soll dabei helfen, die Vorgehensweise der Staatsanwaltschaft in Bezug auf ihre Öffentlichkeitsarbeit zu verstehen.

I. Stellung der Staatsanwaltschaft im Strafverfahren

Die Staatsanwaltschaft ist ein selbständiges und gegenüber dem Gericht gleichwertiges Organ der Strafrechtspflege, RiStBV Nr. 1 S. 2[25]. Sie ist keine Partei des

---

21 BVerfG NJW 1973, 1226 (1230). Zur Rolle der Presse als „öffentlicher Wachhund" („public watchdog") s. EGMR (Große Kammer) NJW 2000, 1015.

22 Zur „schlechthin konstituierenden" Stellung der Presse in einer freiheitlich-demokratischen Grundordnung s. nur BVerfG NJW 1958, 257 (258) - Lüth; 1961, 819 (820) - Schmidt-Spiegel; 1973, 1226 - Lebach; 1976, 1680; 2007, 1117 - Cicero; Aus neuerer Rspr., BVerfG (Kammer) NJW 2015, 3430 (3430); ZUM-RD 2016, 153 (154 f.). Die Beschlüsse hatten die Durchsuchung bei Presseorganen zur Aufklärung möglicher Straftaten von Informanten zum Gegenstand. **Krit.** zur Auffassung der Rechtsprechung, die Pressefreiheit sei für eine freiheitlich-demokratische Grundordnung „schlechthin konstituierend" *Frenzel*, AfP 2014, 394 (398).

23 So BVerfG NJW 1961, 547 (552) - Schmidt-Spiegel.

24 *Roxin*, DRiZ 1997, 109 gibt einen Überblick über die Stellung der Staatsanwaltschaft ab ihrer Entstehungszeit.

25 KK-StPO/*Mayer*, GVG § 150 Rn 1; *Meyer-Goßner*/Schmitt, Einl. Rn 37; Graf/*Gertler*, RiStBV und Mistra, RiStBV 1 Rn 15; *Roxin/Schünemann*, Strafverfahrensrecht, § 13 Rn 8; *Roxin*, DRiZ 1997, 109 (114). Von einer vollumfänglichen Gleichwertigkeit kann aber nicht gesprochen werden. Im Gegensatz zur verfassungsrechtlich garantierten Unabhängigkeit des Richters (Art. 97 Abs. 1 GG) ist der Staatsanwalt intern gegenüber seinem dienstlichen Vorgesetzten und extern gegenüber der Justizverwaltung

Strafprozesses[26], sondern in gleichem Umfang wie das Gericht der Wahrheit und Gerechtigkeit verpflichtet[27]. Das Leitbild der Wahrheit ist in diesem Zusammenhang als Pflicht zur Ermittlung der materiellen (objektiven) Wahrheit zu verstehen[28]. Der der Straftat zugrunde liegende Sachverhalt ist so aufzuklären, wie er sich tatsächlich zugetragen hat[29]. Gerechtigkeit wiederum bedeutet im vorgenannten Zusammenhang zuvörderst, Gesetzesbindung, welche wiederum auf der Gesetzesbindung jeglichen staatlichen Handelns gemäß Art. 1 Abs. 3, Art. 20 Abs. 3 GG beruht[30]. Übertragen auf die Tätigkeit des Staatsanwalts bedeutet dies, der Staatsanwalt darf nur dann in Rechte und Rechtsgüter von Betroffenen eingreifen, falls es hierfür eine gesetzliche Grundlage gibt. Die Gesetzesbindung hat weiterhin zur Folge, dass der Staatsanwalt, will er sein Ermessen in eine Entscheidung einbringen, dies nur dann kann, falls ihm das Gesetz einen Beurteilungs- oder Ermessenspielraum gewährt[31]. Sowohl Staatsanwälte eines Gerichts (§ 144 GVG) als auch der Generalbundesanwalt beim BGH (GBA) und die Bundesanwälte (§ 148 GVG) sind Beamte[32]. Die funktionale Unabhängigkeit von den

---

weisungsgebunden (§§ 144 ff. GVG). S. zur Weisungsgebundenheit etwa KK-StPO/*Mayer*, GVG § 146 Rn 1 ff.

26 BGH NJW 1960, 2346 (2347); NStZ 2008, 231 (231).

27 BGH NStZ 2008, 231 (231); BeckOK-StPO/*Gertler*, RiStBV 1 Rn 15; *Eisele*, JZ 2014, 932 (938).

28 Die Ermittlung einer „Aktenwahrheit" oder „Beteiligtenwahrheit" genügt aber nicht. Aktenwahrheit ist die Wahrheit, die sich ausschließlich aus dem Inhalt der Akten ergibt, jedoch nicht den Tatsachen entsprechen muss. Unter Beteiligtenwahrheit ist die übereinstimmende Schilderung der Beteiligten zum Sachverhalt zu verstehen, s. Graf/*Gertler*, RiStBV und Mistra, RiStBV 1 Rn 16.

29 BeckOK-StPO/*Gertler*, RiStBV 1 Rn 16; Graf/*Gertler*, RiStBV und Mistra, RiStBV 1 Rn 16.

30 Graf/*Gertler*, RiStBV und Mistra, RiStBV 1 Rn 19 f.

31 Graf/*Gertler*, RiStBV und Mistra, RiStBV 1 Rn 22. Bei der Prüfung des Anfangsverdachts hat der Staatsanwalt etwa keinen Ermessens- wohl aber einen Beurteilungsspielraum, s. Graf/*Gertler*, RiStBV und Mistra, RiStBV 1 Rn 3. S. dazu BVerfG NJW 2014, 3085 Rn 38 – Edathy. Danach kann der Anfangsverdacht für die Begehung einer Straftat auch durch ein an sich legales Verhalten begründet werden, wenn weitere Anhaltspunkte hinzutreten. **Krit.** *Hoven*, NStZ 2014, 361. Nach den §§ 45 Abs. 2 JGG, 47 Abs. 1 OWiG, 153c Abs. 1 StPO kommt der Staatsanwaltschaft echtes Ermessen dahingehend zu, ob sie eine Tat verfolgt oder nicht, Graf/*Gertler*, RiStBV und Mistra, RiStBV 1 Rn 14.

32 Gemäß § 147 GVG stehen der Generalbundesanwalt und die Bundesanwälte unter der Aufsicht und Leitung des Bundesministers der Justiz und für Verbraucherschutz und die Staatsanwälte eines Landes unter der Aufsicht und Leitung der jeweiligen

Gerichten wird einerseits in § 150 GVG statuiert. Die Verpflichtung zur Wahrheit und Gerechtigkeit begründet jedoch andererseits eine zumindest funktionale Gleichwertigkeit von Staatsanwaltschaft und Gericht, ebenso wie der in § 160 Abs. 2 StPO normierte Umfang der Ermittlungen der Staatsanwaltschaft[33]. Danach hat die Staatsanwaltschaft zur Erforschung der materiellen Wahrheit alle be- und entlastenden Umstände sorgfältig und objektiv zu ermitteln. Dies entspricht ihrer Stellung als einem zu Gerechtigkeit und Objektivität verpflichteten Rechtspflegeorgan[34]. Nicht ohne Grund wird die Staatsanwaltschaft deshalb als „objektivste Behörde der Welt" bezeichnet[35].

II. Verfahrensgrundsätze des Ermittlungsverfahrens

Die Staatsanwaltschaft spielt im Ermittlungsverfahren die zentrale Rolle und ist „Herrin des Ermittlungsverfahrens"[36]. Nach RiStBV Nr. 1 liegt das vorbereitende Verfahren in den Händen des Staatsanwalts. Aufgrund seiner Rolle als (Mit)Verantwortlicher für eine faire und ordnungsgemäße Durchführung des Strafverfahrens[37] gelten für den Staatsanwalt die nachfolgenden Prozessmaxime sowie Verfahrensgrundsätze im Ermittlungsverfahren[38].

1. Offizialprinzip

§ 152 Abs. 1 StPO statuiert den Grundsatz der Strafverfolgung (Offizialprinzip). Diese obliegt grundsätzlich der Staatsanwaltschaft und damit dem Staat[39]. Die

---

Landesjustizverwaltung. **Krit.** zur Weisungsgebundenheit der Bundes- und Staatsanwälte s. nur *Strate*, ZRP 2014, 94 (94); *Frank*, ZRP 2010, 147; *Reuter*, ZRP 2011, 104; *Maier*, ZRP 2003, 387.

33 Graf/*Gertler*, RiStBV und Mistra, RiStBV 1 Rn 15. So ist die Staatsanwaltschaft auch nach Anklageerhebung, in den Grenzen der Sachaufklärungspflicht durch das Gericht nach § 244 Abs. 2 StPO, zur Erhebung von Beweisen befugt, KK-StPO/*Mayer*, GVG § 150 Rn 1.

34 BGH NStZ 2008, 231 (231); Meyer-Goßner/*Schmitt*, StPO, StPO § 160 Rn 14.

35 S. *Roxin*, DRiZ 1997, 109 (113), der das Zitat dem Berliner Staatsanwalt *Hugo Isenbiel* zugeschreibt, welcher von 1908 bis 1909 preußischer Generalstaatsanwalt war.

36 BGH BeckRS 2004, 30344065; OLG Frankfurt a.M. NStZ-RR 2015, 261; KK-StPO/*Griesbaum*, StPO § 167 Rn 1

37 Graf/*Gertler*, RiStBV und Mistra, RiStBV 1 Einl.

38 Zu den Prozessmaximen bei Durchführung des Strafverfahrens s. die Übersicht bei *Roxin/Schünemann*, Strafverfahrensrecht, § 10 Rn 1 ff.

39 KK-StPO/*Fischer*, Einl. Rn 6; Meyer-Goßner/*Schmitt*, StPO, StPO § 152 Rn 1; Graf/*Gertler*, RiStBV und Mistra, RiStBV 1 Rn 1; *Pfeiffer*, StPO; StPO § 152 Rn 1; *Roxin/Schünemann*, Strafverfahrensrecht, § 12 Rn 1.

Strafverfolgung geschieht von Amts wegen (ex officio)[40]. Der Staatsanwaltschaft kommt im Ermittlungsverfahren die wesentliche Rolle zu, eine Maßnahme zu treffen, die erkennbar darauf abzielt, gegen den Beschuldigten – auch wenn dieser noch unbekannt sein sollte – strafrechtlich vorzugehen[41]. Zwecks effizienter Anwendung des Grundsatzes der Strafverfolgung gilt für sie das Prinzip der freien Gestaltung des Ermittlungsverfahrens, soweit nicht ein bestimmtes Vorgehen oder eine bestimmte Form des Vorgehens vorgeschrieben ist[42]. Als zwingend vorgegebene Grundsätze sind – für die vorliegende Arbeit im Besonderen relevant – etwa zu nennen der Grundsatz der Unschuldsvermutung, abgeleitet aus dem Rechtsstaatsprinzip des Art. 20 Abs. III GG und statuiert in Art. 6 Abs. II EMRK, das ebenfalls aus dem Rechtsstaatsprinzip des Art. 20 Abs. 3 GG i.V.m. Art. 2 Abs. 1 GG abgeleitete und in Art. 6 Abs. 1 S. 1 EMRK statuierte Gebot auf ein faires Verfahren („fair-trial“)[43] und der Grundsatz der Verhältnismäßigkeit, wonach eine Maßnahme unter Würdigung aller persönlichen und tatsächlichen Umstände des Einzelfalls zur Erreichung des angestrebten Ziels geeignet und erforderlich sein muss[44].

2. *Anklagegrundsatz*

Der Anklagegrundsatz (Akkusationsprinzip) gilt lückenlos im deutschen Strafprozessrecht[45]. Die Eröffnung einer gerichtlichen Untersuchung setzt gemäß § 151 StPO die Einreichung einer Klage durch den Staatsanwalt als Vertreter des Staates[46] voraus. Zwischen Staatsanwaltschaft und Strafgericht besteht eine klare Rollenverteilung, nach der der Nachweis eines hinreichenden Tatverdachts und die Anklageerhebung Aufgabe der Staatsanwaltschaft ist und die Frage der Schuld und des Strafmaßes dem Strafrichter obliegt[47]. § 151 Abs. 1 StPO statuiert

---

40 *Roxin/Schünemann*, Strafverfahrensrecht, § 12 Rn 6.

41 *Meyer-Goßner*/Schmitt, StPO, Einl. Rn 60.

42 *Meyer-Goßner*/Schmitt, StPO, Einl. Rn 60.

43 *Meyer-Goßner*/Schmitt, StPO, Einl. Rn 19, 60.

44 *Meyer-Goßner*/Schmitt, StPO; Einl. Rn 20, 60.

45 KK-StPO/*Fischer*, Einl. Rn 5; *Roxin/Schünemann*, Strafverfahrensrecht, § 13 Rn 4. Zur materiellen Ausnahme im Klageerzwingungsverfahren s. *Roxin/Schünemann*, Strafverfahrensrecht, § 41 Rn 16. Anders im Inquisitionsprozess: hier greift der Richter von sich aus ein; er verhaftet, vernimmt, untersucht und verurteilt; er ist Staatsanwalt und Strafrichter in einer Person. S dazu *Roxin/Schünemann*, Strafverfahrensrecht, § 13 Rn 2.

46 *Roxin/Schünemann*, Strafverfahrensrecht, § 13 Rn 7.

47 KK-StPO/*Fischer*, Einl. Rn 5; *Pfeiffer*, StPO, Einl. Rn 2; *Roxin/Schünemann*, Strafverfahrensrecht, § 13 Rn 5.

das Anklagemonopol der Staatsanwaltschaft[48]. Sie darf und muss gemäß § 170 Abs. 1 StPO[49] öffentliche Klage erheben, soweit ein hinreichender Tatverdacht vorliegt[50]. Die Regelung verfolgt den im öffentlichen Interesse gründenden generalpräventiven Zweck des Strafrechts, Straftaten nicht unverfolgt zu lassen[51].

3. *Legalitätsprinzip*

Nach dem Legalitätsprinzip ist die Staatsanwaltschaft, soweit nicht gesetzlich ein anderes bestimmt ist, verpflichtet, wegen aller verfolgbaren Straftaten einzuschreiten, sofern zureichende tatsächliche Anhaltspunkte und folglich ein Anfangsverdacht vorliegt, § 152 Abs. 2 StPO[52] (sog. Erforschungspflicht[53]). Bieten die Ermittlungen Anlass, ist öffentliche Klage zu erheben, § 170 Abs. 1 StPO (Verfolgungspflicht)[54]. Das Legalitätsprinzip ist also das Korrelat zum Anklagegrundsatz[55]. Durch das Legalitätsprinzip wird sichergestellt, dass Straftäter im Rahmen des geltenden Rechts verfolgt und einer gerechten Strafe zugeführt werden. Es sichert den Strafanspruch des Staates[56]. Dies wiederum ist für einen Rechtsstaat elementar, da es auch zu dessen Prinzip gehört, die Sicherheit seiner Bürger sowie deren Vertrauen in die Funktionsfähigkeit seiner Institutionen zu schützen[57]. Eine Durchbrechung des Verfolgungszwangs ordnet § 152 Abs. 2 StPO selbst an („soweit nicht gesetzlich ein anderes bestimmt ist"). Daneben wird das Legalitätsprinzip auch vom verfassungsmäßigen Grundsatz der Verhältnismäßigkeit durchbrochen, d.h. im Einzelfall darf auf Bestrafung verzichtet

48 KK-StPO/*Fischer*, Einl. Rn 6.

49 Die öffentliche Klage wird nicht nur durch Einreichung einer Anklageschrift erhoben, sondern bspw. auch durch Einreichung eines Antrags auf Erlass eines Strafbefehls nach § 407 StPO. Zu weiteren Möglichkeiten s. KK-StPO/*Moldenhauer*, StPO § 170 Rn 1.

50 KK-StPO/*Fischer*, Einl. Rn 6; *Roxin/Schünemann*, Strafverfahrensrecht, § 12 Rn 7. Ausnahmen vom Anklagemonopol der Staatsanwaltschaft stellen bspw. die §§ 374 ff. StPO (Privatklageverfahren) sowie § 400 AO (Strafbefehlsantrag der Finanzbehörden in Steuerstrafsachen) dar. S. dazu auch KK-StPO/*Fischer*, Einl. Rn 7; *Roxin/Schünemann*, Strafverfahrensrecht, § 12 Rn 8 ff.

51 *Roxin/Schünemann*, Strafverfahrensrecht, § 12 Rn 7.

52 BVerfG NStZ 1982, 430 (430); KK-StPO/*Fischer*, Einl. Rn 8; *Pfeiffer*, StPO, Einl. Rn 4; *Roxin/Schünemann*, Strafverfahrensrecht, § 14 Rn 1. Gemäß § 163 Abs. 1 StPO gilt das Legalitätsprinzip auch für die Polizei.

53 KK-StPO/*Diemer*, StPO § 152 Rn 3.

54 KK-StPO/*Diemer*, StPO § 152 Rn 3.

55 KK-StPO/*Fischer*, Einl. Rn 8; *Roxin/Schünemann*, Strafverfahrensrecht, § 14 Rn 4.

56 *Pfeiffer*, StPO, StPO § 152 Rn 1c.

57 BVerfG NJW 1977, 2355 (2356).

werden, falls präventive Gründe sie nicht erfordern[58]. Ergänzt wird das Legalitätsprinzip durch das in § 156 StPO normierte sog. Immutabilitätsprinzip, wonach die öffentliche Klage von der Staatsanwaltschaft nicht mehr zurückgenommen werden kann, sobald das Gericht das Hauptverfahren eröffnet hat[59].

4. *Faires Verfahren*

Bei dem Recht auf ein faires Verfahren handelt es sich nach Auffassung des *BVerfG*[60] um ein Grundrecht des Beschuldigten, welches sich insbesondere aus dem Rechtsstaatsprinzip gemäß Art. 1 Abs. 3, 20 Abs. 3 GG sowie aus Art. 2 Abs. 1 GG herleitet[61] und die Vorschriften der StPO konkretisiert[62]. Das Recht auf ein faires Verfahren ist zudem in Art. 6 Abs. 1 S. 1 EMRK[63] normiert. Die

---

58 Eine beispielhafte Aufzählung der das Legalitätsprinzip durchbrechenden Vorschriften enthält KK-StPO/*Diemer*, StPO § 152 Rn 5. Besonders im Bereich der kleineren und mittleren Kriminalität macht die Staatsanwaltschaft von ihrem Einstellungsermessen nach den §§ 153 ff. StPO (sog. Einstellung nach dem Opportunitätsprinzip) Gebrauch, s. KK-StPO/*Fischer*, Einl. Rn 9; *Roxin/Schünemann*, Strafverfahrensrecht, § 14 Rn 2, 5 ff. Für die Polizei gilt das Legalitätsprinzip jedoch uneingeschränkt, s. ebenda.

59 *Roxin/Schünemann*, Strafverfahrensrecht, § 14 Rn 28. Zu den Ausnahmen bei Staatsschutzsachen, s. *Roxin/Schünemann*, Strafverfahrensrecht, § 14 Rn 23, sowie im Strafbefehlsverfahren *Roxin/Schünemann*, Strafverfahrensrecht, § 68 Rn 10.

60 BVerfG NJW 1975, 103 (103); 2007, 204 (205); KK-StPO/*Schädler/Jakobs*, EMRK Art. 6 Rn 29.

61 BVerfG NJW 1975, 103 (103); 1983, 2762 (2763); 2007, 204 (205); 2009, 2463 (2464); KK-StPO/*Schädler/Jakobs*, EMRK Art. 6 Rn 29; *Roxin/Schünemann*, Strafverfahrensrecht, § 11 Rn 4.

62 BVerfG NJW 1975, 103 (103); KK-StPO/*Schädler/Jakobs*, EMRK Art. 6 Rn 29.

63 Bei der EMRK handelt es sich um einen völkerrechtlichen Vertrag, dem die Bundesrepublik Deutschland als eine der ersten zwölf Staaten am 4.11.1950 beigetreten ist. Sie wurde in Deutschland nach Art. 59 Abs. 2 GG in der Form eines einfachen Bundesgesetzes vom 7.8.1952 (BGBl. II 1954, 685) ratifiziert und in innerstaatliches Recht transformiert. Formellem Verfassungsrecht ist sie demzufolge zwar untergeordnet, jedoch folgt aus der Gesetzesbindung des Art. 20 Abs. 3 GG, dass sowohl das Grundgesetz, als auch einfache Bundes- und Landesgesetze völkerrechtskonform auszulegen sind, vgl. BVerfG NJW 2004, 3407. Innerstaatlich sind Gerichte und Behörden zu ihrer Beachtung verpflichtet. Auf die Verletzung der EMRK kann sich vor dem EGMR (Europäischer Gerichtshof für Menschenrechte) jede natürliche Person, nach Erschöpfung des innerstaatlichen Rechtswegs, berufen, s. Löwe-Rosenberg/*Esser*, StPO Bd. 11, Einf. Rn 85 f.; BeckOK-StPO/*Valerius*, EMRK Art. 1 Rn 1 ff., 6. Stellt der *EGMR* einen Verstoß gegen die EMRK fest, kann dies im Strafverfahren einen Wiederaufnahmegrund nach § 359 Nr. 6 StPO darstellen, BeckOK-StPO/*Valerius*, EMRK Art. 1 Rn 7.

Verfahrensgarantie gilt nicht nur im Falle der Erhebung einer Anklage, sondern über den Wortlaut des Art. 6 Abs. 1 S. 1 EMRK hinaus für das gesamte Strafverfahren, einschließlich des Ermittlungsverfahrens[64]. Danach ist dem Betroffenen ein Mindestmaß an aktiven verfahrensrechtlichen Befugnissen einzuräumen, so dass dieser die Möglichkeit hat, zur Wahrung seiner Rechte auf den Gang und das Ergebnis des Verfahrens Einfluss zu nehmen[65]. Mit dem Recht auf ein faires Verfahren einher geht der verfahrensrechtliche Grundsatz der Waffengleichheit zwischen Strafverfolgungsbehörden einerseits und dem Beschuldigten andererseits[66]. Es besagt, dass beide Seiten – Beschuldigter und Staatsanwaltschaft – in vergleichbarer Weise Teilnahme-, Informations-, und Äußerungsrechte wahrnehmen können[67]. Der Grundsatz der Waffengleichheit dient besonders dem Schutz des Beschuldigten, da dieser nur dann eine Entscheidung zu seinen Gunsten herbeiführen kann, wenn ihm äquivalente Handlungsmöglichkeiten zur Verfügung stehen[68].

Der Grundsatz der Waffengleichheit respektive die – zumindest in der Effektivität – Gleichwertigkeit von Befugnissen, ist mit dem im Ermittlungsverfahren geltenden Offizialprinzip schwer zu vereinbaren[69]. Vor diesem Hintergrund begegnet es jedenfalls keinen verfassungsrechtlichen Bedenken, wenn die Staatsanwaltschaft den Beschuldigten über die Einleitung eines gegen ihn gerichteten Ermittlungsverfahrens vorübergehend im Unklaren lässt[70]. Vielmehr liegt es in der Natur des Ermittlungsverfahrens, dass dieses nicht unter Bekanntgabe aller ermittelten oder auch nur den Anfangsverdacht begründenden Tatsachen

---

64 BeckOK-StPO/*Valerius*, EMRK, Art. 6 Rn 9; Löwe-Rosenberg/*Esser*, StPO Bd. 11, EMRK Art. 6 Rn 178.

65 BVerfG NJW 1983, 2762 (2763); NJW 2007, 204 (205); BeckOK-StPO/*Valerius*, EMRK Art. 6 Rn 9.

66 BVerfG NJW 1975, 103 (103); 2004, 1305 (1308); VGH Kassel NJW 2001, 3802 (3802 f.); LG Wiesbaden NJW 2015, 2975 Rn 125 – Jahns; BeckOK-StPO/*Valerius*, EMRK Art. 6 Rn 10; Löwe-Rosenberg/*Esser*, StPO Bd. 11, EMRK Art. 6 Rn 202. Ebenso verbunden mit dem Grundsatz des fairen Verfahrens ist das Prinzip des kontradiktorischen Verfahrens, wonach jedem Beteiligten die Gelegenheit zu geben ist, von den im Verfahren vorgelegten Beweisen und Stellungnahmen Kenntnis zu nehmen und sich dazu zu äußern, um die Entscheidung des Gerichts zu beeinflussen, s. BeckOK-StPO/*Valerius*, EMRK Art. 6 Rn 11.

67 KK-StPO/*Schädler*/*Jakobs*, EMRK Art. 6 Rn 20.

68 BeckOK-StPO/*Valerius*, EMRK Art. 6 Rn 10.

69 BVerfG NStZ 1984, 228 (228); BeckOK-StPO/*Valerius*, EMRK Art. 6 Rn 10; Löwe-Rosenberg/*Esser*, StPO Bd. 11, EMRK Art. 6 Rn 210.

70 BVerfG NStZ 1984, 228.

geführt wird. Sachverhaltserforschung und Wahrheitsfindung, die zentralen Anliegen des Ermittlungsverfahrens, würden andernfalls untragbaren Erschwernissen und Verdunkelungsmöglichkeiten ausgesetzt. Der Grundsatz der Waffengleichheit ist aber spätestens zu Beginn der Vernehmung des Beschuldigten zur Sache, die grundsätzlich bis zum Abschluss der Ermittlungen erfolgt[71], wiederherzustellen[72]. Dieser verfahrensrechtlich eingeräumte Informationsvorsprung der Staatsanwaltschaft im Ermittlungsverfahren ist im Hinblick auf eine funktionsfähige Strafrechtspflege nicht zu beanstanden[73]. Das in § 147 StPO gewährleistete Akteneinsichtsrecht des Verteidigers (Abs. 1) und des Beschuldigten, der keinen Verteidiger hat (Abs. 4) sowie die dem Beschuldigten im Ermittlungsverfahren zustehenden Rechte aus den §§ 163a Abs. 3, 166, 168c Abs. 2, 168d StPO bewahren ihn davor, im Ermittlungsverfahren bloßes Objekt zu werden[74]. Der Informationsvorsprung der Staatsanwaltschaft im Ermittlungsverfahren wird allerdings aus Beschuldigtensicht dadurch relativiert, dass sie gemäß § 160 Abs. 2 StPO nicht nur die den Beschuldigten belastende, sondern auch diesen entlastende Umstände zu ermitteln hat[75].

Ein Verstoß gegen das Recht auf ein faires Verfahrens ist gerichtlich überprüfbar[76]. Er kann grundsätzlich auch in der Revision mit der Verfahrensrüge geltend gemacht werden[77]. Für die Frage eines Verstoßes gegen den Grundsatz des fairen Verfahrens ist jedoch nicht inzident auf den einzelnen Verstoß abzustellen. Vielmehr ist zu fragen, ob das Verfahren in seiner Gesamtheit fair gewesen ist[78].

---

71 S. §§ 163a Abs. 1 S. 1, Abs. 4, 136 Abs. 1, 2 StPO.

72 BVerfG NStZ 1984, 228 (228).

73 BVerfG NStZ 1984, 228 (228).

74 BVerfG NStZ 1984, 228 (228).

75 So auch Löwe-Rosenberg/*Esser*, StPO Bd. 11, EMRK Art. 6 Rn 210.

76 KK-StPO/*Schädler/Jakobs*, EMRK Art. 6 Rn 35; Graf/*Gertler*, RiStBV und Mistra, RiStBV 23 Rn 64 f; BeckOK-StPO/*Gertler*, RiStBV 23 Rn 64 f; BeckOK-StPO/*Valerius*, EMRK Art. 6 Rn 16.

77 BGH NStZ 2001, 53. Wird die Revision allerdings nur auf einen Verstoß gegen den Grundsatz des fairen Verfahrens gestützt, führt sie in der Regel nicht zum Erfolg. Die Einhaltung des fairen Verfahrens ist der StPO seit jeher immanent. So hat die Staatsanwaltschaft gemäß § 160 Abs. 2 StPO ohnehin auch die zugunsten des Betroffenen sprechenden Umstände zu berücksichtigen. S. dazu und zu Beispielen einer ausnahmsweise eigenständigen Bedeutung des Grundsatzes des fairen Verfahrens in den Fällen, in denen die StPO hinter den Anforderungen des Art. 6 EMRK zurückbleibt KK-StPO/*Schädler/Jakobs*, EMRK Art. 6 Rn 22.

78 EGMR (große Kammer) NJW 2006, 3117 (3122); 2009, 2463 (2464); BGH NStZ 2001, 212 (213); BeckOK-StPO/*Valerius*, EMRK Art. 6 Rn 16; KK-StPO/*Schädler/Jakobs*, EMRK Art. 6 Rn 35. Das Urteil BGH NJW 2009, 2463 (2465), wonach die Verletzung

5. *Unschuldsvermutung*

Im Gegensatz zum Prinzip des fairen Verfahrens bezieht sich die Unschuldsvermutung des Art. 6 Abs. 2 EMRK ausweislich ihres Wortlauts nur auf das Strafverfahren. Als besondere Ausprägung des Rechtsstaatsprinzips gemäß Art. 20 Abs. 3 GG genießt sie, ohne ausdrücklich im Grundgesetz statuiert zu sein, Verfassungsrang[79]. Die Unschuldsvermutung ist insoweit mit dem Grundsatz auf ein faires Verfahren verbunden, als sie vor einer Bestrafung ohne den vollen Nachweis der strafrechtlichen Schuld schützt und die Bestrafung nur dann zulässt, wenn der Nachweis der Schuld als Ergebnis eines fairen Verfahrens i.S.d. Art. 6 Abs. 1 S. 1 EMRK erbracht wird[80]. Gleichwohl verwehrt die Unschuldsvermutung Strafverfolgungsorganen nicht, vor Abschluss der Hauptverhandlung den verfahrensbezogenen Verdachtsgrad[81] einer strafbaren Handlung des Beschuldigten zu beurteilen[82].

Die in Art. 6 Abs. 2 EMRK garantierte Unschuldsvermutung erfasst, ebenso wie das Prinzip des fairen Verfahrens gemäß Art. 6 Abs. 1 S. 1 EMRK, das gesamte Strafverfahren, demzufolge auch das Ermittlungsverfahren[83]. Im Stadium des

---

des Grundsatzes des fairen Verfahrens durch ein Beweisverwertungsverbot zu kompensieren sei, wird als eine Ausnahme angesehen, s. KK-StPO/*Schädler/Jakobs*, EMRK Art. 6 Rn 35; *Rogall*, HRRS, 2010, 289 (295).

79 BVerfG (Kammer) NJW 2017, 1539 Rn 11; BVerfG NJW 1966, 243 (244); 1987, 2427 (2427); 1990, 2471 (2471); 2009, 350 Rn 14 – Holzklotz-Fall; BGH NJW 2013, 1681 (1682) – Kachelmann; BeckOK-StPO/*Valerius*, EMRK Art. 6 Rn 31; Löwe-Rosenberg/*Esser*, StPO Bd. 11, EMRK Art. 6 Rn 448; MAH-Strafverteidigung/*Eschelbach*, § 30 Rn 167; *Stapper*, AfP 1996, 349 (349). Die Unschuldsvermutung wird nicht im Grundgesetz, wohl aber in einigen Landesverfassungen garantiert, s. bspw. Art. 20 Abs. 2 HessVerf. Weitere Beispiele s. Löwe-Rosenberg/*Esser*, StPO Bd. 11, EMRK Art. 6 Rn 448.

80 BVerfG (Kammer) NJW 2017, 1539 Rn 12; BVerfG NJW 1987, 2427 (2428); 1990, 2741 (2741); EGMR NJW 2011, 1789 Rn 51; Löwe-Rosenberg/*Esser*, StPO Bd. 11, EMRK Art. 6 Rn 445.

81 Eine Vielzahl der in der StPO genannten Maßnahmen oder Entscheidungen setzen einen bestimmten Verdachtsgrad voraus, bspw. §§ 122 ff. StPO (dringender Tatverdacht); § 203 StPO (hinreichender Tatverdacht), §§ 100a, 102 (auf bestimmte Tatsachen beruhender einfacher Tatverdacht, sog. qualifizierter Anfangsverdacht), vgl. zum Letzteren BVerfG (Kammer) NJW 2007, 2749 Rn 51 f.; BGH-Ermittlungsrichter NStZ 2010, 711 Rn 10; MüKoStPO/*Günther*, Bd. 1, StPO § 100a Rn 74.

82 BVerfG (Kammer) NJW 2017, 1539 Rn 12; BVerfG NJW 1987, 2427 (2428); 1990, 2741 (2741).

83 EGMR NJW 2011, 1789 Rn 50; BGH NJW 2016, 3670 Rn 19; KK-StPO/*Schädler/Jakobs*, EMRK Art. 6 Rn 55; Löwe-Rosenberg/*Esser*, StPO Bd. 11, EMRK Art. 6 Rn 478 f.

Ermittlungsverfahrens darf die Staatsanwaltschaft den Beschuldigten als verfahrensbezogenen Verdächtigen behandeln, nicht aber als einen Schuldigen, da der Schuldnachweis in diesem Verfahrensabschnitt noch nicht erbracht ist[84]. Vielmehr gilt die Unschuldsvermutung solange, bis eine gerichtlich festgestellte

Schuld[85] in Rechtskraft erwachsen ist[86]. Eine Verurteilung des Betroffenen bleibt dem richterlichen Schuldspruch vorbehalten[87].

Für öffentlich getätigte staatliche Äußerungen gilt, dass diese keine Schuldfeststellungen beinhalten dürfen[88]. Dies gilt sowohl für formellen als auch für solche informellen Äußerungen[89]. Aufgrund ihrer den Ablauf des Strafverfahrens bestimmenden Funktion gilt für amtliche Äußerungen der Staatsanwaltschaft, dass der Inhalt ihrer Aussage stets am Grundsatz der Unschuldsvermutung zu messen ist[90]. Der Grundsatz der Unschuldsvermutung wird dann verletzt, wenn in einer Erklärung der Eindruck erweckt wird, der Betroffene sei der ihm vorgeworfenen Straftat schuldig[91]. Die öffentliche Verlautbarung über ein laufendes Strafverfahren muss demnach inhaltlich zurückhaltend sein und kenntlich machen, dass sie nur einen Verdacht betrifft[92]. Die Staatsanwaltschaft hat dies

84 EGMR NJW 2011, 1789 Rn 51; Löwe-Rosenberg/*Esser*, StPO Bd. 11, EMRK Art. 6 Rn 479.

85 Von der Einstellung nach den §§ 153 ff. StPO bleibt die Unschuldsvermutung unberührt, vgl. BVerfG (Kammer) NJW 1991, 1530 (1531), zur Einstellung nach § 153 Abs. 2 StPO. Zur Auswirkung der Unschuldsvermutung beim Absehen von Strafverfolgung, BVerfG NJW 1987, 2427 (2428); 1988, 1715 (1716); BeckOK-StPO/*Valerius*, EMRK Art. 6 Rn 34; *Kühl*, NJW 1984, 1264. Zu Äußerungen eines Richters nach erfolgter Einstellung EGMR NJW 2000, 1113.

86 BVerfG NJW 1974, 26 (27); 1987, 2427 (2427); 1990, 2471 (2471); EGMR NJW 2006, 1113 Rn 31; 2011, 1789 Rn 51; OLG Hamm NJW 2000, 1278 (1279); Löwe-Rosenberg/*Esser*, StPO Bd. 11, EMRK Art. 6 Rn 446; BeckOK-StPO/*Valerius*, EMRK Art. 6 Rn 32.

87 *Wassermann*, Justiz und Medien, S. 66 f.

88 BGH NJW 2016, 3670 Rn 19; BeckOK-StPO/*Valerius*, EMRK Art. 6 Rn 32; Löwe-Rosenberg/*Esser*, StPO Bd. 11, EMRK Art. 6 Rn 449. Zum beamtenrechtlichen Gebot der Zurückhaltung bei öffentlichen Äußerungen BVerwG Urteil vom 7.8.1997 – 3 C 49/96, BeckRS 1997, 14634 Rn 22, (nichtöffentliche Äußerung eines Generalstaatsanwalts).

89 S. EGMR NJW 2006, 1113 Rn 37.

90 Löwe-Rosenberg/*Esser*, StPO Bd. 11, EMRK Art. 6 Rn 485; *Eisele*, JZ 2014, 932 (939).

91 EGMR NJW 2006, 1113 Rn 31; BGH NJW 2016, 3670 Rn 19.

92 BGH NJW 1994, 1950 (1952); OLG Hamm NJW 2000, 1278 (1279); OLG Köln NJW 1987, 2682 (2683); Löwe-Rosenberg/*Esser*, StPO Bd. 11, EMRK Art. 6 Rn 449, 485; *Roxin/Schünemann*, Strafverfahrensrecht, § 11 Rn 2. Der Grundsatz der Unschuldsvermutung richtet sich an die staatliche Strafgewalt. Eine unmittelbare Pflicht zur Beachtung der Unschuldsvermutung folgt für private Dritte, wie insbesondere den Medien

betreffend „ganz besondere Vorsicht[93]“ walten zu lassen, zumal für einen juristisch nicht vorgebildete Person die Eröffnung eines Ermittlungsverfahrens nicht selten bereits mit dem Nachweis der zur Last gelegten Tat gleichgesetzt wird[94]. Zur Wahrung der Unschuldsvermutung ist ferner eine identifizierende Berichterstattung zu vermeiden[95], es sei denn, sie hat bereits medial im Vorfeld der Ermittlungen stattgefunden[96].

Auch der Verstoß gegen den Grundsatz der Unschuldsvermutung kann mit der Verfahrensrüge in der Revision geltend gemacht werden[97].

---

im Rahmen ihrer Berichterstattung, nicht. Ebenso wenig kommt ihr eine unmittelbare Drittwirkung zu, s. OLG Frankfurt a.M. NJW 1980, 597 (599), mit **krit.** Anm. hierzu *Grave*, NJW 1981, 209; OLG Köln NJW 1980, 2682 (2683); Löwe-Rosenberg/*Esser*, StPO Bd. 11, EMRK Art. 6 Rn 456. Wohl aber kann er zum Prüfungsmaßstab für die Berichterstattung der Medien werden und damit als Reflex des verfassungsrechtlichen Schutzes der Persönlichkeit des von der Berichterstattung Betroffenen ihrer Berichterstattung Grenzen setzen, s. BVerfG NJW 1973, 1226 (1230 f.) – Lebach; 2009, 350 Rn 14 – Holzklotz-Fall; OLG Frankfurt a.M. NJW 1980, 597 (599); OLG Köln NJW 1987, 2682 (2683 f.); BeckOK-StPO/*Valerius*, EMRK Art. 6 Rn 32.1 mit weiteren Nachweisen. **A.A.:** *Grave*, NJW 1981, 209 (210 f.); *Stapper*, AfP 1996, 349 (349), wonach die Presse gegen Art. 6 Abs. 2 EMRK verstößt, wenn durch namentliche Berichterstattung die Unvoreingenommenheit des Strafgerichts beeinflusst wird.

93 BGH NJW 1994, 1950 (1952).

94 So BGH NJW 1994, 1950 (1952).

95 Löwe-Rosenberg/*Esser*, StPO Bd. 11, EMRK Art. 6 Rn 486. Zur Namensnennung s. Graf/*Gertler*, RiStBV und Mistra, RiStBV 23 Rn 25 f., 30 ff. Zur sog. Bildberichterstattung s. *ders.*, RiStBV 23 Rn 41 ff. Zur identifizierenden Medienauskunft s. OLG Düsseldorf NJW 2005, 1791 – Mannesmann. Das Verfahren gegen den früheren Vorstandsvorsitzenden der Mannesmann AG, Klaus Esser, wurde gegen Zahlung einer Geldauflage im sechsstelligen Bereich nach § 153a Abs. 2 StPO eingestellt, nachdem zuvor der BGH NJW 2006, 522 – Mannesmann/Vodafone, das Urteil des LG Düsseldorf NJW 2004, 3275, aufgehoben und Esser sowie fünf weitere Mitangeklagte vom Vorwurf der besonders schweren Untreue bzw. Beihilfe hierzu freigesprochen hatte.

96 Eine grundsätzliche Verantwortlichkeit staatlicher Stellen für das Handeln der Medien besteht nicht, es sei denn dass es den Medien beispielsweise erst aufgrund einer Äußerung der Staatsanwaltschaft gelingt, den Betroffenen zu identifizieren, s. Löwe-Rosenberg/*Esser*, StPO Bd. 11, EMRK Art. 6 Rn 487. Zum Grundsatz der Unschuldsvermutung als Grenze der Meinungsfreiheit und zulässiges Einschränkungskriterium für die Arbeit der Medien, s. Löwe-Rosenberg/*Esser*, StPO Bd. 11, EMRK Art. 10 Rn 89 ff.

97 KK-StPO/*Gericke*, § 337 Rn 8.

C. Entstehung und Zweck von (staatlicher) Öffentlichkeitsarbeit

Die „aktive Öffentlichkeitsarbeit" der Justiz in Deutschland lässt sich bis in das Jahr 1927 zurückverfolgen. Infolge des zum Ende des 19. Jahrhunderts aufkeimenden Prinzips der Öffentlichkeit des Strafverfahrens[98] und der Aufhebung der Pressezensur im Jahr 1848 eröffneten sich für die Presse neue Möglichkeiten der Berichterstattung über die Arbeit der Justiz[99]. Als Reaktion der Justiz auf das neu entdeckte Interesse der Presse – im Besonderen an Strafverfahren – gründeten im Jahr 1927 zunächst das Kammergericht in Berlin und anschließend das Oberlandesgericht in Köln Justizpressestellen[100]. Im Jahr darauf, am 16.3.1928, wurden gemäß der Allgemeinverfügung des preußischen Justizministers „Richtlinien für die Beziehung zwischen Justiz und Presse" Justizpressestellen an allen Oberlandesgerichten geschaffen, lokal unterstützt durch Pressedezernenten der Landgerichte[101]. Der seinerzeitige preußische Justizminister *Schmidt* teilte dazu in der Juristischen Wochenschrift mit, „Die Erfahrungen der früheren Jahre haben gezeigt, dass es nicht genügt, gegenüber der Presse, soweit sie sich mit der Justiz beschäftigt, eine bloß abwartende Stellung einzunehmen, also nur auf etwa in der Presse auftauchende Äußerungen oder Angriffe zu erwidern; es hat sich vielmehr die Notwendigkeit herausgestellt, zu einer Zusammenarbeit mit der Presse in dem Sinn zu gelangen, dass nach Möglichkeit unrichtigen Meldungen vorgebeugt wird. Dazu gehört ein lebendiges Zusammenarbeiten zwischen Presse und Justizverwaltung, dazu gehören Stellen, die der Presse als zuverlässige und rasch arbeitende Informationsquellen geboten werden und bekannt sind, dazu gehören auf Seiten der Presse der Wille, vertrauensvoll zu fragen, und auf Seiten der Justiz der Wille, freimütig, soweit das Interesse der Rechtspflege es zulässt, zu antworten[102]." Die von *Schmidt* ausgeführte Vorgabe, die bloß abwartende Stellung der Justiz nunmehr aufzugeben und entschlossen mit der Presse zusammenzuwirken, bedeutete eine Wende von der passiven hin zu einer aktiven Öffentlichkeitsarbeit, wobei im Vordergrund die Weitergabe von Prozessinformationen sowie die Richtigstellung unrichtiger Pressemeldungen standen. Der Grundstein für eine aktive Beziehung zwischen Presse und Justiz war gelegt.

---

98 SK-StPO/*Degener*, Bd. 9, GVG vor § 169 Rn 3.

99 *Wassermann*, Justiz und Medien, S. 145; *Simgen*, FS Wassermann, S. 532.

100 *Wassermann*, Justiz und Medien, S. 145; *Simgen*, FS Wassermann, S. 532.

101 *Wassermann*, Justiz und Medien, S. 145; *Simgen*, FS Wassermann, S. 532.

102 *Schmidt*, JW 1929, 6 (10).

I. Urteil des BVerfG zur Öffentlichkeitsarbeit des Staates

Im Jahr 1977 hat sich das *BVerfG*[103] zur staatlichen Öffentlichkeitsarbeit, allerdings der Bundesregierung und des Bundestages, geäußert. Es hat festgestellt, dass eine, auch unpopuläre, Öffentlichkeitsarbeit in Grenzen nicht nur zulässig, sondern vielmehr notwendig sei[104]. Das Demokratieverständnis des Grundgesetzes bedürfe eines weitergehenden Einverständnisses der Bürger mit der vom Grundgesetz geschaffenen Staatsordnung. Dieser Grundkonsens werde von dem Bewusstsein der Bürger getragen, dass der Staat dem Einzelnen einen weiten Freiheitsraum zur Entfaltung im privaten wie im öffentlichen Bereich offenhalte und gewährleiste. Diesen Grundkonsens aufrecht zu erhalten sei notwendige Aufgabe staatlicher Öffentlichkeitsarbeit[105]. Die Öffentlichkeitsarbeit leiste einen wesentlichen Beitrag zur Teilhabe des Bürgers an der politischen Willensbildung des Volkes. Denn eine vernünftige Teilhabe des Einzelnen setze voraus, dass dieser von den durch die Staatsorgane getroffenen Entscheidungen, Maßnahmen und Lösungsvorschlägen genügend wisse, um sie zu beurteilen, billigen und verwerfen zu können[106]. Je mehr der Einzelne infolge dessen zum selbstverantwortlichen Glied in der Gemeinschaft werde, desto eher werde er den Staat annehmen. Die Öffentlichkeitsarbeit der Staatsorgane versetze den Einzelnen auch in die Lage, von den ihm von der Rechtsordnung eröffneten Möglichkeiten in angemessener Weise Gebrauch zu machen. Die Wahrung der Rechte des Einzelnen werde durch eine Öffentlichkeitsarbeit des Staates daher ebenso gestärkt[107].

---

103 BVerfG NJW 1977, 751, zu den Voraussetzungen zulässiger Öffentlichkeitsarbeit der Bundesregierung. Gegenstand der Entscheidung war eine von der amtierenden Bundesregierung vor der anstehenden Bundestagswahl 1976 betriebene Wahlwerbung. S. auch BVerfG NJW 1983, 1105 (ebenfalls zur Öffentlichkeitsarbeit der Bundesregierung vor Bundestagswahlen); NVwZ 2014, 1156 (1158) – „Spinner". Staatliche Öffentlichkeitsarbeit ist in den Grenzen des geltenden Rechts zulässig und Bestandteil allgemeiner Aufgaben des Staates, *Gusy*, NVwZ 2015, 700 (702).

104 BVerfG NJW 1977, 751 (753).

105 BVerfG NJW 1977, 751 (753). Bestätigt in BVerfG NJW 1983, 1105 (1105).

106 So bereits BVerfG NJW 1966, 1499 (1503).

107 BVerfG NJW 1977, 751 (753).

II. Urteil des BVerwG zur Publikation veröffentlichungswürdiger Entscheidungen

Die Bedeutung der Öffentlichkeitsarbeit hat auch das *BVerwG*[108] in seinem grundlegenden[109] Urteil aus dem Jahr 1997 hervorgehoben, in welchem es über die Veröffentlichungspraxis betreffend Entscheidungen der Finanzgerichte zu entscheiden hatte. Leitaussage der Entscheidung war, dass bei Veröffentlichung von Gerichtsentscheidungen nicht nach dem wissenschaftlichen Anspruch der zu beliefernden Presseorgane unterschieden werden dürfe, namentlich eine sog. Neutralitätspflicht bestehe[110]. Darin hat das *BVerwG* ausgeführt, dass die Veröffentlichung von Gerichtsentscheidungen eine verfassungsunmittelbare und damit eine öffentliche Aufgabe eines jeden Gerichts sei[111]. Im Kern gehe es um den einzelnen Bürger, der erst mithilfe veröffentlichter Gerichtsurteile vorhersehbar und zuverlässig in Erfahrung bringen könne, welche Rechte er hat und welche Pflichten ihm obliegen, da Gerichtsentscheidungen Gesetze konkretisieren und der Fortbildung des Rechts dienen (vgl. auch § 132 IV GVG)[112]. Erst eine Konkretisierung der Gesetze durch die Rechtsprechung versetze den einzelnen Bürger nötigenfalls in die Lage, seine Rechte durchsetzen zu können. Ausgangspunkt der Entscheidung ist das Informationsinteresse der Öffentlichkeit.

---

108 BVerwG NJW 1997, 2694. Dem Urteil lag ein Rechtsstreit zwischen einem Verlag und einem Finanzgericht zugrunde. Nach *Huff*, AfP, 2010, 332 (332), ist das Urteil aber „im Positiven über das Ziel hinausgeschossen“. Entscheidungen der Finanzgerichte wurden vor der Entscheidung nur der Fachzeitschrift EFG (Entscheidungen der Finanzgerichte) sowie dem juristischen Informationsdienstleister juris GmbH zur Verfügung gestellt. Geklagt hatte ein nicht-fachspezifischer Verlag, der seinen Lesern im Rahmen eines Informationsdienstes praxisnahe Hinweise zum Steuersparen gab. Neben der Veröffentlichungspflicht hat sich das *BVerwG* auch zur Neutralitätspflicht der Gerichte bei der Weitergabe der Entscheidungen zum Zwecke der Veröffentlichung geäußert. Die Entscheidung begrüßend *Huff*, NJW 1997, 2651. Im Sinne des *BVerwG* bereits OVG Bremen NJW 1989, 926, ebenfalls betreffend die Veröffentlichungspraxis von Entscheidungen der Finanzgerichte.

109 So *Mensching*, AfP 2007, 534 (535); *Huff*, AfP 2010, 332 (332); *Putzke/Zenthöfer*, NJW 2015, 1777 (1777).

110 BVerwG NJW 1997, 2694 (2696), fünfter Leitsatz; *Jarass*/Pieroth, GG, Art. 5 Rn 40. Anders noch BVerwG NJW 1993, 675, wonach eine Veröffentlichungspflicht von der Qualität des Publikationsorgans abhing. **Krit.** zum Letztgenannten, *Huff*, NJW 1997, 2651 (2652).

111 BVerwG NJW 1997, 2694, erster Leitsatz.

112 BVerwG NJW 1997, 2694 (2695).

Eine einfachgesetzliche Grundlage für ebendiese Veröffentlichungspflicht wäre wegen der verfassungsunmittelbaren Verpflichtung zur Urteilsveröffentlichung bloß deklaratorischer Natur[113]. Die Publikationspflicht der Gerichte als Aufgabe einer aktiven Öffentlichkeitsarbeit der Justiz leitet das *BVerwG* aus dem Rechtsstaatsprinzip des Art. 20 Abs. 3 GG einschließlich der in Art. 19 Abs. 4 GG verbürgten Justizgewährungspflicht, dem Demokratieprinzip aus Art. 20 Abs. 1 GG sowie dem in Art. 20 Abs. 2 S. 2 GG verankerten Grundsatz der Gewaltenteilung, ab, mithin aus den elementarsten Prinzipien einer Demokratie[114]. Veröffentlichungswürdig sollen demzufolge nicht nur Entscheidungen oberster Bundesgerichte, sondern auch diejenigen der Instanzgerichte sein[115]. Die zur Veröffentlichung vorgesehene Entscheidung ist zu anonymisieren[116]. Alleiniger Maßstab für die Bejahung der Veröffentlichungswürdigkeit einer Entscheidung ist demnach nicht die durch das Prozessrecht – vom Strafprozess abgesehen – den Bundesgerichten eingeräumte Aufgabe, durch ihre Rechtsprechung zur Fortbildung des Rechts und zur Wahrung der Rechtseinheit beizutragen. Denn nicht alle grundsätzlichen oder das Allgemeininteresse betreffenden Fragen gelangen auch zu den Bundesgerichten[117]. Die Veröffentlichungswürdigkeit beurteile sich vielmehr aus der Sicht derjenigen, die mit der Publikation erreicht werden sollen. Maßgeblich sei das tatsächliche oder zumindest mutmaßliche Interesse der

113 BVerwG NJW 1997, 2694 (2695). Als Anknüpfungspunkte für eine einfachgesetzliche Publikationspflicht nennt das *BVerwG* §§ 169, 173 GVG, § 55 VwGO sowie § 5 I UrhG. Ausnahmsweise gesetzlich geregelt ist die Veröffentlichungspflicht in § 31 Abs. II S. 3, 4 BVerfGG, § 47 Abs. V S. 2 Hs. 2 VwGO. In den Ausführungsgesetzen der Bundesländer zur VwGO enthalten Art. 8 S. 1 BayAGVwGO sowie § 5 S. 1 RPAGVwGO entsprechende Regelungen. Europarechtlich normiert Art. 6 Abs. 1 S. 2 Hs. 2 EMRK eine Veröffentlichungspflicht für zivil- und strafgerichtliche Urteile, wenngleich dort nur „öffentlich verkündet" zu lesen ist. Ebenso geht Art. 14 des Internationalen Paktes über bürgerliche und politische Rechte (BGBl. II 1973, S. 1533, 1540) von einer Veröffentlichungspflicht aus. S. dazu *Mensching*, AfP 2007, 534 (536).

114 BVerwG NJW 1997, 2694 (2697). S. zuletzt BVerfG (Kammer) NJW 2015, 3708 Rn 20.

115 Zustimmend *Huff*, NJW 1997, 2651 (2652).

116 BVerwG NJW 1997, 2694 (2695). Urteile des *EGMR* werden hingegen nicht anonymisiert, selbst dann nicht, falls der Rechtsstreit zuvor bei einem deutschen Gericht anhängig war. Beschwerdeführer und -gegner werden unter vollständiger namentlicher Nennung im Urteil aufgeführt, s. beispielhaft nur EGMR NZA 2017, 237. Zur Nennung der Namen von Funktionsträgern eines gerichtlichen Verfahrens, allerdings nicht in einem Urteil, sondern gegenüber Pressevertretern, s. BVerwG NJW 2015, 807.

117 BVerwG NJW 1997, 2694 (2695).

Öffentlichkeit[118]. Ein Urheberrecht des Richters an amtlich verfassten Entscheidungen und Leitsätzen verneint das *BVerwG* mit Blick auf § 5 UrhG[119].

Obwohl sich das Urteil des *BVerwG* mit der Publikationspflicht von Entscheidungen der Finanzgerichtsbarkeit befasst, dürfte seine Kernaussage auch auf Entscheidungen der Verwaltungs-, Zivil- und Strafgerichtsbarkeit übertragbar sein. Dies folgt bereits daraus, dass das *BVerwG* verallgemeinernd von der Pflicht zur Veröffentlichung von Gerichtsentscheidungen und nicht lediglich von finanzgerichtlichen Entscheidungen spricht. Das dem tatsächlich so ist, lässt sich mit nachfolgenden Urteilen des *BVerfG* sowie des *BGH* belegen.

III. Rechtsprechungsfortführung durch das BVerfG

Der Entscheidung des *BVerfG* lag ein verwaltungsgerichtliches Verfahren zugrunde, welches von der Übersendung einer anonymisierten Abschrift eines Strafurteils handelte. Auch das *BVerfG* hat eine verfassungsunmittelbare Pflicht zur Veröffentlichung von Gerichtsentscheidungen bejaht[120]. In Fortführung der Rechtsprechung des *BVerwG* hat das *BVerfG* ausgeführt, dass sich die Publikationspflicht betreffend veröffentlichungswürdiger Gerichtsentscheidungen nicht nur auf rechtskräftige Entscheidungen erstreckt, diese vielmehr bereits vor Rechtskraft des Urteils besteht[121]. Gerichte können die Weitergabe von

---

118 BVerwG NJW 1997, 2694 (2695). Unabhängig hiervon ist das Recht der Presse, Urteilsabschriften anzufordern. Dieses Recht folgt bereits aus dem presserechtlichen Auskunftsanspruch, s. *Huff*, NJW 1997, 2651 (2652) sowie Gliederungspunkt § 2 E. I. 3. Begehrt die Presse eine Urteilsabschrift, dann folgt hieraus die Veröffentlichungswürdigkeit des jeweiligen Urteils, s. BVerfG (Kammer) NJW 2015, 3708 Rn 24. Ebenso folgt die Veröffentlichungswürdigkeit aus dem Interesse der Wissenschaft, s. BeckOK-StPO/*Gertler*, RiStBV 23 Rn 52.

119 BVerwG NJW 1997, 2694 (2695) im Anschluss an BGH NJW 1992, 1316. Zustimmend *Huff*, NJW 1997, 2651 (2652).

120 BVerfG (Kammer) NJW 2015, 3708 Rn 20.

121 BVerfG (Kammer) NJW 2015, 3708 Rn 20, mit Anm. *Brink/Vogel*. So bereits zuvor VG Meiningen, Beschluss v. 25.2.2015 – 8 E 464/14 Me, zustimmend *Putzke/Zenthöfer*, NJW 2015, 1777 (1778). Der presserechtliche Auskunftsanspruch korrespondiert mit der Publikationspflicht veröffentlichungswürdiger Entscheidungen, BVerfG (Kammer) NJW 2015, 3708 Rn 20, zustimmend *von Coelln*, AfP 2016, 308 (311). Überholt dürfte diesbezüglich die in F 7 der Richtlinie für die Zusammenarbeit der hessischen Staatsanwaltschaften mit den Medien enthaltene Vorgabe sein, wonach Urteilsabschriften „nur in besonders begründeten Ausnahmefällen" erteilt werden dürfen, vgl. NJW 1996, 979.

Entscheidungsabschriften daher nicht mit Verweis darauf verweigern, dass die Entscheidungen noch nicht rechtskräftig sind.

Der Zugang zu Gerichtsentscheidungen ist jedoch nicht unbegrenzt. Hinsichtlich persönlicher Angaben und Umstände von Verfahrensbeteiligten sind Entscheidungen in der Regel zu anonymisieren[122]. An der grundsätzlichen Öffentlichkeit solcher Gerichtsentscheidungen ändert dies aber nichts.

IV. Urteil des BGH

Auch der BGH hat sich nunmehr zur Veröffentlichungspflicht von Gerichtsentscheidungen geäußert[123]. Konkret hatte der *BGH* sich mit der Zulässigkeit der Überlassung eines (anonymisierten) zivilgerichtlichen Beschlusses an nichtverfahrensbeteiligte Dritte zu befassen und führte folgenden aus. Gerichtsentscheidungen zu veröffentlichen sei Teil der öffentlichen Aufgabe der Gerichte[124]. Die Rechtspflicht der Gerichte zur Publikation von Entscheidungsabschriften folge verfassungsunmittelbar aus dem Rechtsstaatsgebot einschließlich der Justizgewährungspflicht, dem Demokratiegebot und dem Grundsatz der Gewaltenteilung[125]. Gefolgt ist der *BGH* ferner der Ansicht des *BVerfG*, wonach es für die Veröffentlichungswürdigkeit auf die Rechtskraft der Gerichtsentscheidung nicht ankommt[126]. Nur im „äußersten Fall" sei die Veröffentlichung von Entscheidungsabschriften zu verneinen, etwa beim Vorliegen „unabweisbare(r) höhere(r) Interessen[127]". Faktisch dürfte letzterer Fall kaum eintreten. Für den

---

122 BVerfG (Kammer) NJW 2015, 3708 Rn 21. **Krit.** zur Anonymisierung von Urteilsabschriften *Brink/Vogel*, NJW 2015, 3710 (3710 f.), wonach eine absolute Anonymisierung aufgrund umfangreicher vorhergehender Presseberichterstattung kaum denkbar sei. Beispielhaft sei das Urteil des LG München I BeckRS 2015, 07466, zum Fall Hoeneß genannt. Für Prozessbeobachter ist bei Durchsicht der Urteilsabschrift der Personenbezug zum ehemaligen Manager des FC Bayern München, trotz Anonymisierung, nicht von der Hand zu weisen. Zur Preisgabe von Namen von Funktionsträgern (hier Verteidiger und Staatsanwalt) nach Abschluss eines gerichtlichen Verfahrens an Pressevertreter, s. BVerwG NJW 2015, 807; **krit.** *Sättele*, FD-StrafR 2015, 365302.

123 BGH NJW 2017, 1819.

124 Demzufolge gelten die Anforderungen an die Akteneinsicht, hier nach § 299 Abs. 2 ZPO, nicht, vgl. BGH NJW 2017, 1819 Rn 14 ff.; So bereits BPatG GRUR 1992, 53 (53).

125 BGH NJW 2017, 1819 Rn 16.

126 BGH NJW 2017, 1819 Rn 17.

127 BGH NJW 2017, 1819 Rn 18. Der BGH verzichtet auf die Prüfung eines berechtigten Interesses an der Herausgabe der Urteilsabschrift und dessen Abwägung mit schutzwürdigen Interessen Beteiligter, zustimmend *Dölling*, NJW 2017, 1819 (1821).

Betroffenen, der eine Veröffentlichung der Gerichtsentscheidung verhindern will, hat der *BGH* mit dem Erfordernis der unabweisbaren höheren Interessen demnach eine hohe Hürde aufgestellt. Denn die Identifizierbarkeit der in einem Urteil genannten Beteiligten durch Vertraute soll insoweit gerade nicht ausreichen[128]. Sie lasse sich wegen der Öffentlichkeit von Gerichtsverhandlungen ohnehin nicht ausschließen[129].

Die aktive Öffentlichkeitsarbeit als eine verfassungsimmanente Aufgabe der Justiz bedarf nach alledem keiner einfachgesetzlichen Grundlage. Sie ist, so *Wassermann*, für das Demokratieverständnis der Gegenwart von entscheidender Bedeutung und ist nur möglich, wenn alle Staatstätigkeit, eingeschlossen der Staatsanwaltschaft, dem Öffentlichkeitsgebot unterliegt[130]. Die Pflicht zur aktiven Öffentlichkeitsarbeit folgt aus dem Publizitätsgebot für staatliches Handeln[131]. Sie folgt dem Bedürfnis des Staates, die Arbeit der Justiz gegenüber der Öffentlichkeit transparent zu machen[132]. Demgegenüber hat das Geheimhaltungsinteresse der Justiz zurückzutreten. Sie hat daneben auch die Aufgabe, die Arbeit der Justiz der Öffentlichkeit näher zu bringen und gleichzeitig Akzeptanz und Vertrauen in die Tätigkeit der Justiz zu schaffen und zu erhalten[133]. Öffentlichkeitsarbeit ist demgemäß Verfassungsgebot[134].

Sie wird gar als eine „Bringschuld der Justiz“[135] gegenüber der Öffentlichkeit betrachtet und hat ihren festen Platz im Arbeitsalltag der Justiz gefunden. Die Einrichtung einer eigenen Medienstelle bei Gericht und Staatsanwaltschaft ist inzwischen der Regelfall[136].

---

128 BGH NJW 2017, 1819 Rn 18.

129 BGH NJW 2017, 1819 Rn 18. Anders dürfte es sein, falls die Entscheidungsgründe gemäß § 173 Abs. 2 GVG nichtöffentlich verkündet worden sind. Will ein Beteiligter die Herausgabe einer Urteilsabschrift im Interesse der Diskretion verhindern, besteht darüber hinaus die Möglichkeit, gemäß § 174 Abs. 1 S. 1 Alt. 1 GVG den Ausschluss der Öffentlichkeit zu beantragen.

130 *Wassermann*, Justiz und Medien, S. 19.

131 OLG Celle NJW 1990, 2570 (2571).

132 Aus der Transparenzverpflichtung der Justiz folgt nach BVerwG NJW 2015, 807 (809) auch die Zulässigkeit der Nennung der Namen von Funktionsträgern in einem gerichtlichen Verfahren. S. auch *Brink/Vogel*, NJW 2015, 3708 (3710).

133 *Wassermann*, Justiz und Medien, S. 155; *von Coelln*, Zur Medienöffentlichkeit der Dritten Gewalt, S. 516.

134 *von Coelln*, Zur Medienöffentlichkeit der Dritten Gewalt, S. 517.

135 *Mackenroth*, ZRP 2002, 179 (181); *von Coelln*, Zur Medienöffentlichkeit der Dritten Gewalt, S. 515; *Huff*, AfP 2010, 332 (333).

136 *von Coelln*, Zur Medienöffentlichkeit der Dritten Gewalt, S. 515; *Mackenroth*, ZRP 2002, 179 (181); *Huff*, NJW 2004, 403 (403). Mittlerweile haben nahezu alle

Dies gründet nicht zuletzt in stetig wachsendem Bedarf der Öffentlichkeit an immer aktuelleren Nachrichten, katalysiert durch das Medium Internet. Presse, Rundfunk und Fernsehen sind längst dazu übergegangen, aktuelle Meldungen aus der Nachrichtenwelt unter stetiger Aktualisierung auch auf eigenen Webseiten anzubieten. Dass dabei die inhaltlichen Anforderungen, insbesondere die an sog. Qualitätsmedien, nicht immer erfüllt werden, wird in Kauf genommen. Wie *Schmidt* festgestellte, ist die Intention einer aktiven Öffentlichkeitsarbeit der Justiz auch die, falschen Medienberichten über die Tätigkeit der Justiz zuvorzukommen oder diesen entgegenzusteuern, um eine möglichst objektive Berichterstattung sicherzustellen[137]. Aufgabe der Öffentlichkeitsarbeit der Justiz ist es daher auch, als neutraler Gegenpol zu reißerischen Medienberichten zu fungieren.

V. Die Staatsanwaltschaft als Teil öffentlicher Staatsgewalt

Als Teil der öffentlichen Staatsgewalt sind die vorgenannten Ausführungen zur Öffentlichkeitsarbeit des Staates auf die staatsanwaltschaftliche Öffentlichkeitsarbeit übertragbar. Demnach ist die staatsanwaltschaftliche Öffentlichkeitsarbeit eine verfassungsunmittelbare Aufgabe. Ihre Grenzen sollen nachfolgend dargestellt werden[138].

VI. Begriffsdefinition von Öffentlichkeitsarbeit

Es gilt nun zu überlegen, was konkret unter dem Verfassungsgebot der „Öffentlichkeitsarbeit" zu verstehen ist. Dazu soll zunächst die Bedeutung des Begriffs der „Öffentlichkeit" aus mehreren Perspektiven erläutert werden.

Historisch hat sich der Begriff „Öffentlichkeit"[139] in der zweiten Hälfte des 18. Jahrhunderts aus dem Adjektiv „öffentlich" entwickelt und war zunächst nur ein Substitut für den Begriff der „Publicität"[140]. Darunter war die Offenheit von

---

Landgerichtsbezirke eigene, in der Öffentlichkeitsarbeit geschulte Pressesprecher, *Mackenroth*, ZRP 2002, 179 (181). Im Hessischen Ministerium der Justiz existiert ein eigens für Presse- und Öffentlichkeitsarbeit eingerichtetes Referat. Auch das Bundesjustizministerium sowie die Justizministerien der übrigen Bundesländer unterhalten Pressestellen.

137 *Schmidt*, JW 1929, 6 (10); *Simgen*, FS Wassermann, S. 534; Handbuch-StA/*Wankel*, S. 1332 Rn 1.

138 Vgl. 2. Kapitel E. II. und III.

139 Zu dessen etymologischer Herkunft s. *von Coelln*, Medienöffentlichkeit der Dritten Gewalt, S. 11 ff.; *Neuling*, Inquisition durch Information, S. 51 ff.

140 *von Coelln*, Zur Medienöffentlichkeit der Dritten Gewalt, S. 11 ff., 14.

Zuständen oder Vorgängen im Sinne einer tatsächlichen Wahrnehmbarkeit für eine unbestimmte Mehrheit von Personen zu verstehen[141]. Dem folgend war unter dem Begriff „Öffentlichkeit" zunächst eine tatsächliche Zugänglichkeit zu verstehen, welche aus dem Zustand der formellen Publizität folgt[142]. Im 19. Jahrhundert ist die Bedeutung der „Öffentlichkeit" um die Personenmehrheit selbst als Adressat zu der formellen Publizität hinzugetreten[143]. Das erste Element der „Zugänglichkeit" ergänzt sich nunmehr mit der des „Publikums". Mithin lässt sich der Begriff der „Öffentlichkeit" aus den Bestandteilen „Zugänglichkeit" und „Zuschauer" greifbar beschreiben[144]. Öffentlichkeit bedeutet danach die Aufgabe der Exklusivität. Dem Publikum wird nunmehr ein Teilnahmerecht zugestanden. Schließlich steht Öffentlichkeit auch für Transparenz[145]. Die Transparenz staatlichen Handelns mithilfe von Öffentlichkeit ermöglicht dem einzelnen Bürger zum einen die Teilhabe an staatlichen Entscheidungsprozessen. Zum anderen fördert Transparenz das Vertrauen in die Tätigkeit des Staates.

In der gegenwärtigen Zeit ist unter dem Begriff Öffentlichkeitsarbeit zunächst die deutsche Übersetzung des amerikanischen Begriffs Public Relations (PR), „öffentliche Beziehungen", zu verstehen[146]. Die Deutsche Public Relations-Gesellschaft (DPRG) formuliert in ihrer Satzung, Public Relations sind „das bewusste und legitimierte Bemühen um Verständnis sowie um Aufbau und Pflege von Vertrauen in der Öffentlichkeit[147]".

Auf die Öffentlichkeitsarbeit der Justiz übertragen bedeutet dies, dass die Kommunikation mit der Öffentlichkeit das Ziel verfolgt, die Arbeitsweise der Justiz der Öffentlichkeit näher bringen[148]. Dabei wird die Öffentlichkeitsarbeit der Justiz von der Bemühung bestimmt, die Institution Justiz in ihrer Funktion darzustellen, um so ein wechselseitiges Verstehen zwischen der Justiz und ihren Adressaten zu schaffen und zu erhalten[149]. Mit jeder einzelnen Öffentlichkeitsarbeit gewährt die Justiz daher einen Einblick in ihre Arbeitsweise und bezweckt

141 *von Coelln*, Zur Medienöffentlichkeit der Dritten Gewalt, S. 14.

142 *von Coelln*, Zur Medienöffentlichkeit der Dritten Gewalt, S. 14.

143 *von Coelln*, Zur Medienöffentlichkeit der Dritten Gewalt, S. 14.

144 *von Coelln*, Zur Medienöffentlichkeit der Dritten Gewalt, S. 15.

145 *Neuling*, Inquisition durch Information, S. 53.

146 *Wassermann*, Justiz und Medien, S. 148 mit weiteren Hinweisen zum Begriff Public Relations.

147 Die Satzung ist abrufbar unter http://www.dprg.de/pdf/DPRGSatzung.pdf (zuletzt abgerufen am 10.8.2015); *Wassermann*, Justiz und Medien, S. 149.

148 *Wassermann*, Justiz und Medien, S. 149.

149 *Wassermann*, Justiz und Medien, S. 149.

damit, das Vertrauen der Öffentlichkeit als Adressat dieser Öffentlichkeitsarbeit zu gewinnen.

D. Instrumente staatsanwaltschaftlicher Öffentlichkeitsarbeit

Zum Kommunikationsinstrument der Staatsanwaltschaft mit der Öffentlichkeit gehören die Herausgabe von Pressemitteilungen, das Abhalten von Pressekonferenzen sowie die vergleichsweise seltene Aufgabe, Interviews zu geben[150]. Innerhalb der Staatsanwaltschaft bestimmt der Behördenleiter[151], der leitende Oberstaatsanwalt beim Landgericht, den Pressesprecher[152], es sei denn, insoweit existieren anderslautende Vorgaben[153].

I. Pressemitteilung

Die Pressemitteilung ist ein wesentliches Instrument der Öffentlichkeitsarbeit und gleichzeitig das populärste. Zugleich ist namentliche Nennung eines Beschuldigten in einer Pressemitteilung während des Ermittlungsverfahrens wohl der häufigste Auslöser für die Einleitung juristischer Schritte von Seiten des Beschuldigten[154].

Bevor eine Pressemitteilung an die Medien gelangt, wird diese intern an den jeweils sachbearbeitenden Staatanwalt zur Kenntnisnahme und inhaltlichen

---

150 Zu weiteren Mitteln der Öffentlichkeitsarbeit der Justiz s. *Wassermann,* Justiz und Medien, S. 161ff.

151 Bei den Staatsanwaltschaften ist dies der erste Beamte, vgl. § 144 GVG, s. *Altenhain,* Öffentlichkeit im Strafverfahren, C 13; *Eisele,* JZ 2014, 932 (937 f.).

152 *Eisele,* JZ 2014, 932 (938) schlägt vor, die Entscheidung über Auskünfte künftig dem Generalstaatsanwalt (Leiter bei einem Oberlandesgericht) zu überlassen, der das Auskunftsrecht auch delegieren dürfe. Der Generalstaatsanwalt steht in der hierarchischen Ordnung über dem leitenden Oberstaatsanwalt. Er soll durch Ausübung seines Weisungsrechts (§ 147 Nr. 3 GVG) eine einheitliche und gleichmäßige Entscheidungspraxis gewährleisten. Unter dem Aspekt der einheitlich ausgeübten Öffentlichkeitsarbeit ist die Ansicht *Eiseles* für zu begrüßen.

153 *Altenhain,* Öffentlichkeit im Strafverfahren, C 13. In Hessen enthält 2.2. der Richtlinien für die Zusammenarbeit der hessischen Staatsanwaltschaften mit den Medien eine entsprechende Regelung. Danach bestellt die Behördenleitung den Pressedezernenten. Pressesprecherin der Staatsanwaltschaft Frankfurt a.M. etwa ist die Behördenleiterin selbst.

154 BGH NJW 1994, 1950; OLG Hamm NJW 2000, 1278; NJW-RR 2015, 936; OLG Düsseldorf NJW 2005, 1791 – Mannesmann; VG Saarlouis NJW 2003, 3431.

Überprüfung gesandt[155]. Inhaltlich ist zwischen aktiver und reaktiver Mitteilung, also einer Justizinformation aus Eigeninitiative heraus oder als Reaktion auf Anfragen oder zur Abwehr von Angriffen, zu unterscheiden[156]. Sie ist äußerst kurz und möglichst unter Vermeidung von Fachbegriffen, abzufassen. Adressat der Pressemitteilung sind zwar in der Regel Vertreter der Medien. Diese vermitteln den Inhalt der Mitteilung aber an die Öffentlichkeit, welche ihrerseits überwiegend aus Nichtjuristen besteht[157]. Dabei wird das inhaltlich Wichtigste vorangestellt, sog. Pyramidenprinzip. Die dem Beschuldigten vorgeworfene Straftat, die Umstände der Tat sowie der Stand der Ermittlung zum Zeitpunkt der Informationserteilung sind mitteilungsbedürftig[158]. Stets hat die Staatanwaltschaft bei Auskunftserteilung auch die Wirkung der Auskunft in Erwägung zu ziehen. Hierbei soll sie nicht auf den reinen Wortlaut der Auskunft, sondern auf ihren Eindruck beim Empfänger, also der Öffentlichkeit, abstellen[159]. Entscheidend ist die Öffentlichkeitswirkung des Verfahrens[160]. In „spektakulären Fällen[161]" kann es sogar zwingend erforderlich sein, eine Presseerklärung zu veröffentlichen, um einen Bestand an sicheren Informationen zu vermitteln und Spekulationen vorzubeugen.

Der tatsächliche Inhalt einer Pressemitteilung hängt aber letztlich vom Ermessen des jeweiligen Pressesprechers ab. Er ist für einen Beschuldigten daher nur schwer vorhersehbar.

II. Pressekonferenz

Das Abhalten einer Pressekonferenz ist im Gegensatz zur Herausgabe einer Pressemittelung deutlich aufwändiger. Sie ist deshalb nur aus wichtigem Anlässen

155 Handbuch-StA/*Wankel*, S. 1354 Rn 52. Der Pressesprecher der Staatsanwaltschaft entnimmt die für die Presseerklärung erforderlichen Informationen aus der Ermittlungsakte. Nicht erforderlich ist demgegenüber, dass der Pressesprecher der Staatsanwaltschaft seinerseits eigene Ermittlungen anstellt. Auch ist es nicht Aufgabe des Pressesprechers, die Arbeit der Staatsanwaltschaft zu kritisieren, vgl. OLG Hamm NJW-RR 2015, 936 Rn 42.

156 Handbuch-StA/*Wankel*, S. 1354 Rn 50.

157 BGH NJW 1959, 35 (36).

158 *Gounalakis*, NJW 2012 1473 (1475).

159 BGH NJW 1959, 35 (36).

160 Handbuch-StA/*Wankel*, S. 1339 Rn 18.

161 So Handbuch-StA/*Wankel*, S. 1339 Rn 18. Unter welchen Umständen ein sog. spektakulärer Fall vorliegen soll, wird leider nicht ausgeführt. Es ist aber davon auszugehen, dass darunter diejenigen Fälle fallen, die eine enorme mediale Beachtung erfahren.

und/oder in kompliziert gelagerten Fällen anzusetzen und auch nur dann, wenn ihr Inhalt die formalen Vorgaben einer schriftlichen Pressemitteilung sprengen würde[162]. Ein wichtiger Anlass liegt sicherlich dann vor, wenn der Verdacht der Begehung einer Straftat vorliegt, welche das öffentliche Interesse in hohem Maße tangiert. Dies dürfte etwa im Fall des Ex-Bundestagsabgeordneten Sebastian Edathy[163] aufgrund des Verdachts der Beschaffung kinderpornographischen Materials oder bei der sog. Love-Parade-Katastrophe von Duisburg[164] der Fall gewesen sein. Die Dauer der Pressekonferenz soll nach *Wankel*[165] entschieden von der „Brisanz" des jeweiligen Falls abhängen und liegt im Ermessen der Staatsanwaltschaft.

III. Interview

(Fernseh-)Interviews mit Pressesprechern der Staatsanwaltschaft stellen die Ausnahme dar[166]. Sie werden von Pressesprechern der Staatsanwaltschaft höchst selten und auch nur dann gegeben, wenn sich der jeweilige Pressesprecher dies zutraut oder Erfahrung auf diesem Gebiet hat[167]. Falls ausnahmsweise ein Interview gegeben wird, dann in der Regel nur unter dem Vorbehalt der Möglichkeit mehrmaliger Korrektur der Äußerungen des Pressesprechers sowie in vorheriger Absprache mit dem das Interview führenden Journalisten[168].

---

162 Handbuch-StA/*Wankel*, S. 1353 Rn 48; *Wassermann*, Justiz und Medien, S. 162.

163 S. die Pressekonferenz der Staatsanwaltschaft Hannover vom 14.2.2014 zum Fall Edathy: https://www.youtube.com/watch?v=l8-O5uot-Yk (zuletzt abgerufen am 9.10.2017).

164 Die Pressekonferenz der Staatsanwaltschaft Duisburg zur Love-Parade-Katstrophe von 2010 ist abrufbar unter: https://www.youtube.com/watch?v=2GUy-CvjuOo (zuletzt abgerufen am 9.6.2016).

165 Handbuch-StA/*Wankel*, S. 1353 Rn 48.

166 Die Bundesanwaltschaft etwa lehnt Interviewanfragen generell ab, NJW-aktuell, 40/2017, S. 13.

167 Handbuch-StA/*Wankel*, S. 1349 Rn 41. *Wankel* gibt dies betreffend neben Verhaltensregeln gar eine Anleitung hinsichtlich Kleidung sowie für die Aufmachung des Vorder- und Hintergrundes während des Interviews, etwa, die Vermeidung karierter Kleidung aufgrund des Flimmer-Effekts. Kurios ist auch die Bedingung, Interviews grundsätzlich im Stehen zu geben, da im Sitzen der Pressesprecher den Fragen eines möglicherweise aggressiv und unfair fragenden Journalisten ausgeliefert sei und im Stehen das Interview leichter abgebrochen werden könne. In jedem Fall vermieden werden sollte die Preisgabe von Emotionen, s. dazu *Wassermann*, Justiz und Medien, S. 163; Handbuch-StA/*Wankel*, S. 1349 Rn 41.

168 *Wassermann*, Justiz und Medien, S. 163; Handbuch-StA/*Wankel*, S. 1349 Rn 41.

IV. Neue Medien

Zum Instrument der Öffentlichkeitsarbeit der Staatsanwaltschaft gehört in der heutigen Zeit auch das Internet. Ein Internetauftritt der Staatsanwaltschaften ist inzwischen die Regel[169]. Pressemitteilungen werden daher nicht nur über den herkömmlichen Weg via Fax an Medienvertreter versendet, sondern auch über die eigene Webseite für jedermann zugänglich veröffentlicht.

Die neueste Form sog. Online-Öffentlichkeitsarbeit stellen online abrufbare Pressemitteilungen der Staatsanwaltschaften dar. Dazu gehört auch die Nutzung neuer Online-Kommunikationsdienste wie etwa Twitter. So unterrichtet zwar nicht die Staatsanwaltschaft selbst, aber das Hessische Ministerium der Justiz via Twitter[170] über aktuelle Vorgänge in der Justiz. Neben Personalien und organisatorischen Maßnahmen kündigt das Hessische Justizministerium über Twitter auch anstehende Pressemitteilungen an. Die Öffentlichkeitsarbeit über den Kommunikationsdienst Twitter ist aus Beschuldigtensicht unbedenklich. Inhalte von Pressemitteilungen, die in seine Rechte eingreifen, gelangen über diesen Weg jedenfalls nicht an die Öffentlichkeit.

Was neue Medien anbelangt, dürfte die größte Herausforderung für die Öffentlichkeitsarbeit der Staatsanwalt die Kontrolle über die ihrer im Internet auffindbaren Stellungnahmen sein[171].

E. (Gesetzliche) Vorgaben für die Öffentlichkeitsarbeit der Staatsanwaltschaft

Zur Öffentlichkeitsarbeit verpflichtet ist nach den vorherigen Ausführungen auch die Staatsanwaltschaft. Einerseits dient die Öffentlichkeitsarbeit dem Informationsbedürfnis von Öffentlichkeit und Medien. Andererseits kollidiert sie mit schützenswerten Interessen des betroffenen Beschuldigten. Nach Belieben äußern darf die Staatsanwaltschaft sich deshalb nicht. Es ist ihr als Teil der Staatsgewalt sogar untersagt, öffentlich belastende Äußerungen betreffend Dritter zu tätigen, es sei denn, ein formelles Parlamentsgesetz ermächtigt hierzu.

169 S. etwa den Internetauftritt der Staatsanwaltschaft Frankfurt a.M., https://sta-frankfurt-justiz.hessen.de/irj/STA_Frankfurt_am_Main_Internet (zuletzt abgerufen am 8.9.2016).

170 Unter dem Twitter-Benutzernamen @Justiz_Hessen twittert die Pressestelle des Hessischen Ministeriums der Justiz in regelmäßigen Abständen. Einen Facebook-Account hat das Justizministerium (bislang) nicht.

171 Zu dieser Problematik s. § 5 D. IV.

Im Folgenden ist deshalb nach einer Ermächtigungsgrundlage – dem „Ob“ der Öffentlichkeitsarbeit der Staatsanwaltschaft – zu suchen, die es ihr erlaubt, über ein bevorstehendes oder laufendes Ermittlungsverfahren öffentlich zu berichten. Anschließend werden die inhaltlichen Vorgaben für staatsanwaltschaftliche Stellungnahmen, das „Wie“, dargestellt.

I. Gesetzliche Ermächtigungsgrundlage

Der Staatsanwalt ist Organ der Rechtspflege. Seine Bindung an die Gesetze folgt aus der Gesetzesbindung allen staatlichen Handelns gemäß den Art. 1 Abs. 3, 20 Abs. 3 GG. Eingriffe von Seiten der Staatsanwaltschaft sind demnach nur dann rechtmäßig, wenn hierfür eine gesetzliche Grundlage besteht[172]. Für öffentlich getätigte belastende Äußerungen der Staatsanwaltschaft (im Ermittlungsverfahren) betreffend die Person des Beschuldigten ist somit eine gesetzliche Ermächtigungsgrundlage erforderlich, um das Handeln der Staatsanwaltschaft zu legitimieren[173].

1. Verfassungsunmittelbarer Auskunftsanspruch

Ausgehend von der Rechtsprechung des *BVerwG*[174] zum verfassungsunmittelbaren Auskunftsanspruch der Presse kann sich eine Auskunftspflicht der Staatsanwaltschaft unmittelbar aus dem Grundgesetz ergeben.

Ein Informations*recht* von Presseangehörigen gegenüber Justizbehörden folgt zunächst aus der Grundrechtsverpflichtung des Staates aus Art. 5 Abs. 1 S. 2 GG[175]. Die Presse ist wesentlicher Faktor für die Bildung der öffentlichen Meinung, die ihrerseits als das Ergebnis einer in freier geistiger Auseinandersetzung geführten öffentlichen Diskussion über Gegenstände von allgemeinem und politischem Interesse in einer modernen Demokratie eine entscheidende Rolle spielt[176]. Diese ihr zugeschriebe Rolle der Teilnahme am öffentlichen Meinungsbildungsprozess kann sie aber nur dann wirksam wahrnehmen, wenn ihr

172 OVG Koblenz NJW 1991, 2659 (2659); BeckOK-StPO/*Gertler*, RiStBV 1 Rn 20; *Lehr*, NStZ 2009, 409 (411).

173 OVG Koblenz NJW 1991, 2695 (2695); LG Wiesbaden NJW 2015, 2975 Rn 93 – Jahns; *Lehr*, NStZ 2009, 409 (411); *Gounalakis*, NJW 2012, 1473 (1474); *Strubel/Sprenger*, NJW 1972, 1734 (1738).

174 BVerwG NVwZ 2013, 1006.

175 S. zuletzt LG Wiesbaden NJW 2015, 2975 Rn 93 – Jahns; OLG Hamm NJW-RR 2015, 936 Rn 34; *Eisele*, JZ 2014, 932 (934).

176 BVerfG NJW 1961, 819 (821 f.); 1979, 1400 (1401).

ein prinzipiell ungehinderter Zugang zu Informationen ermöglicht wird[177]. Von zentraler Bedeutung für die Unterrichtung der Öffentlichkeit sind die untereinander im Wesentlichen inhaltsgleichen auf Abwägung zielenden Auskunftsansprüche der Landespressegesetze[178]. Danach haben auskunftspflichtige (Landes-) Behörden unter den Voraussetzungen des presserechtlichen Auskunftsanspruchs Angehörigen der Presse die gewünschten Informationen herauszugeben. Ihrer zentralen Funktion für einen presserechtlichen Auskunftsanspruch geschuldet, ging die einhellige Praxis davon aus, die Auskunftspflicht gelte auch für Bundesbehörden[179]. In letzterem Fall war dasjenige Landespressegesetz einschlägig, in dessen Geltungsbereich die jeweilige Bundesbehörde ihren Sitz hatte, sog. „Sitzlandprinzip"[180]. Gleichwohl gab es auch Gegenstimmen, die einen Auskunftsanspruch unmittelbar aus Art. 5 Abs. 1 S. 2 GG herleiten wollten[181].

a. Urteile des BVerwG

Erneuet entfacht hat sich die Uneinigkeit über einen originären Auskunftsanspruch aus Art. 5 Abs. 1 S. 2 GG gegenüber staatlichen Stellen[182] nach einem

177 BVerfG NJW 1979, 1400 (1401); 2001, 503 (504); BVerfG (Kammer) NVwZ 2016, 50 Rn 14.

178 In Hessen ist dies § 3 HPresseG. S. dazu sogleich unter 2. Kapitel E. I. 4.

179 S. etwa OVG Berlin NVwZ-RR 1997, 32 (33); OVG Münster NJW 1995, 2741 (2742); 2000, 1968 (1968f.); *Huff*, AfP, 2010, 332 (333); *Germelmann*, DÖV 2013, 667 (668); *Schnabel*, NVwZ 2012, 854 (855); *ders.*, NJW 2016, 1692 (1692 f.). Eine Ausnahme bildet lediglich § 4 Abs. 1 PrG (Pressegesetz Bremen). Dieser spricht ausdrücklich von einer „Behörde des Landes".

180 OVG Berlin, NVwZ-RR 1997, 32 (33); *Partsch*, NJW 2013, 2858 (2859); *Schnabel*, NJW 2016, 1692 (1693). So auch weiterhin OVG Nordrhein-Westfalen ZUM-RD 2014, 307 (311 f.).

181 S. etwa *Löffler*, NJW 1964, 2277 (2279), wonach die Landespressegesetze bloß eine Konkretisierung des Art. 5 Abs. 1 GG seien. *Heintschel v. Heinegg*, AfP 2003, 295 (298 ff.); *Lorz/Bosch*, AfP 2005, 97 (101); Löffler/*Burkhardt*, LPG § 4 Rn 24 unter Berücksichtigung des Gleichheitssatzes.

182 **Offengelassen:** BVerfG (Kammer) NVwZ 2016, 50 Rn 12; BVerfG (Kammer) NJW 2014, 3711 Rn 26. Beide Entscheidungen betrafen einen Auskunftsanspruch der Presse gegenüber *Bundes*behörden. Gleichwohl hat sich das BVerfG (Kammer) NVwZ 2016, 50 Rn 12 in einem obiter dictum zugunsten eines landespressegesetzlichen Auskunftsanspruchs gegenüber Bundesbehörden ausgesprochen. BVerfG NJW 1989, 382 (382); BVerwG NJW 1975, 891 (892); NJW 1985, 1655 (1656), offengelassen, ob ein originärer Anspruch jedenfalls dann zu bejahen wäre, wenn das Maß staatlicher Informationen unter einen „Minimalstandard" fällt. BGH NJW 1994, 1950 (1951) nimmt dazu keine Stellung; *Jarass*, DÖV 1986, 721 (722). **Dafür:** *Löffler*, NJW 1964, 2277 (2279),

Urteil des *BVerwG* aus dem Jahr 2013[183]. Darin hat das *BVerwG* einen presserechtlichen Auskunftsanspruch gegen eine *Bundes*behörde unmittelbar aus

---

wonach die Landespressegesetze bloß eine Konkretisierung des Art. 5 Abs. 1 GG seien; *Heintschel v. Heinegg*, AfP 2003, 295 (298 ff.); *Lorz/Bosch*, AfP 2005, 97 (101); *Soehring/Hoene*, Presserecht, § 1 Tz. 8, 10d f, § 4 Tz. 4; Löffler/*Burkhardt*, LPG, § 4 Rn 24 unter Berücksichtigung des Gleichheitssatzes; Löffler/Ricker/*Weberling*, Handbuch des Presserechts, 18. Kapitel Rn 6; Handbuch-StA/*Wankel*, S. 1336 Rn 8. **Dagegen:** BVerfG NJW 1986, 1243 (1243); 2001, 1633 (1634) – n-tv II; 2008, 977 (978), die Urteile bezogen sich allerdings auf die Rundfunk- und/oder Informationsfreiheit. Das *BVerfG* hat Ansprüche auf Eröffnung nicht allgemein zugänglicher Quellen aus den zuvor genannten Grundrechten verneint. OVG Berlin NVwZ-RR 1997, 32 (33) mit Verweis auf den Wortlaut des presserechtlichen Auskunftsanspruchs, der nicht zwischen Bundes- und Landesbehörden differenziert; OVG Münster NJW 1995, 2741 (2742); 2000, 1968 (1968 f.); OVG Berlin-Brandenburg Urteil vom 7.6.2012 – 12 B 34.10, Rn 44 (zitiert nach juris); *Thum*, AfP 2005, 30 (35); *Huff*, AfP 2010, 332 (333).

183 BVerwG NVwZ 2013, 1006. Das Gericht hat erstinstanzlich entschieden, § 50 Abs. 1 Nr. 4 VwGO. Konkret hatte es über einen Auskunftsanspruch eines Presseangehörigen gegen den Bundesnachrichtendienst (BND) zu entscheiden. S. ferner BVerwG NVwZ 2015, 1388, ebenfalls zum Auskunftsanspruch eines Presseangehörigen gegen den Bundesnachrichtendienst. **Dem folgend:** OVG Niedersachsen ZUM-RD, 2015, 32; OVG Berlin-Brandenburg ZUM 2016, 389 (390); Beschluss vom 30.12.2016 – OVG 6 S 29.16, Rn 22 – „Schmähgedicht“; Beschluss vom 13.12.2016 – OVG 5 22.16, Rn 11, betreffend den Eilrechtsschutz im Auskunftsverfahren (jeweils zitiert nach juris); Beschluss v. 8.3.2017 – OVG 6 S 1.17, Rn 6, BeckRS 2017, 103494; *Schnabel*, NJW 2016 1692 (1693) kritisiert jedoch die kurze Begründung des *BVerwG* in BVerwG NVwZ 2013, 1006. **A.A:** OVG Nordrhein-Westfalen ZUM-RD 2014, 307 (311 f.) mit Verweis auf die Gesetzgebungskompetenz der Länder betreffend das Presserecht; OVG Weimar NJW 2015, 1836 (1838) mit Hinweis auf die Nichtanwendbarkeit auch des Art. 10 EMRK; *Putzke/Zenthöfer*, NJW 2015, 1777 (1780); *Cornils*, DÖV 2013, 657 (664); *Germelmann*, DÖV 2013, 667 (675). **Offengelassen:** Dem Urteil des OLG Hamm NJW-RR 2015, 936 Rn 34 ist eine eindeutige Stellungnahme hierzu nicht zu entnehmen, da das Gericht Art. 5 Abs. 1 S. 2 GG ausdrücklich neben dem landespressegesetzlichen Auskunftsanspruch zitiert. Zum aktuellen Meinungsstand mit zahlreichen Verweisen s. nur Löffler/*Burkhardt*, LPG, § 4 Rn 19 ff. Zur Forderung des Deutschen Journalisten-Verbandes nach einem Bundes-Presseauskunftsgesetz s. becklink 2001338. Zur Forderung der Medienverbände nach einem Bundes-Presseauskunftsgesetz s. *Libor*, AfP 2015, 536 (536). **Anders** ist zu beurteilen, wenn sich die begehrte Information in Privatbesitz befindet. Ein verfassungsunmittelbarer Auskunftsanspruch (eines Presseangehörigen) scheidet dann aus, vgl. BVerfG NVwZ 2017, 1618 Rn 19. Das *BVerfG* hat in seiner jüngsten Entscheidung einen verfassungsunmittelbaren Auskunftsanspruch „in besonderen Konstellationen“ gleichwohl ausdrücklich nicht ausgeschlossen, BVerfG NVwZ 2017, 1618 Rn 20.

Art. 5 Abs. 1 S. 2 GG hergeleitet, da die Landespressegesetze nur Landesbehörden zur Auskunftserteilung gegenüber Pressevertretern verpflichten könnten[184]. Eine Verpflichtung von Bundesbehörden zur Auskunft gegenüber Pressevertretern nach dem landespressegesetzlichen Auskunftsanspruch scheitere bereits an der insoweit mangelnden Gesetzgebungskompetenz der Länder[185].

Danach können Bundesländer im Rahmen ihrer Gesetzgebungskompetenz für das Presserecht nach Art. 70 Abs. 1 GG keine Auskunftspflichten gegenüber Bundesbehörden[186] begründen, weil ihnen insoweit die Gesetzgebungskompetenz fehle[187]. Denn die Gesetzgebungskompetenz des Bundes zur Regelung der Sachmaterie „Bundesnachrichtendienst" schließe als Annex zur ausschließlichen Kompetenz für die Gesetzgebung in auswärtigen Angelegenheiten sowie die Verteidigung einschließlich des Schutzes der Zivilbevölkerung nach Art. 73 Abs. 1 Nr. 1 GG auch die Befugnis ein, Voraussetzungen und Grenzen zu regeln, unter denen der Presse Informationen zu erteilen sind. Insoweit liege gegenüber der Gesetzgebungskompetenz der Länder zum Pressewesen eine vorrangige

184 Ebenso wenig können Bundesbehörden nach dem RStV zur Auskunft verpflichtet werden. Der RStV ist ein Staatsvertrag zwischen den Bundesländern. Auskunftsansprüche nach dem RStV stehen innerhalb der Rechtsquellenhierarchie auf gleicher Ebene wie der presserechtliche Auskunftsanspruch der Länder, s. BeckOK-InfoMedienR/*Schleyer*, RStV § 9a Rn 8.2; *Alexander*, ZUM 2013, 614 (619); *Altenhain*, Öffentlichkeit im Strafverfahren, C 43.

185 BVerwG NVwZ 2013, 1006 Rn 21. In BVerwG NVwZ 2015, 1383; 2015, 1388; 2016, 945; 2016, 1020 bestätigt das *BVerwG* seine Rechtsprechung. **Krit.** *Partsch*, NJW 2013, 2858 (2862), der darin eine Schwächung der Pressefreiheit sieht; Löffler/*Burkhardt*, LPG, § 4 Rn 15 ff., 24 f. mit weiteren Nachweisen. Ein Gesetzesentwurf zur Einführung eines Presseauskunftsgesetztes auf Bundesebene, s. BT-Drs. 17/12484, wurde abgelehnt. Ein neuer Gesetzesentwurf für eine Bundesregelung zum presserechtlichen Auskunftsanspruch wurde am 27.4.2016 von der Fraktion Bündnis 90/Die Grünen vorgelegt, s. BT-Drs. 18/8246. Der Ansicht des *BVerwG* **folgend**: OVG Berlin-Brandenburg NVwZ 2013, 1501 (1501); ZUM 2016, 389 (390); Beschluss vom 30.12.2016 – OVG 6 S 29.16, Rn 22 – „Schmähgedicht", (zitiert nach juris); VG Köln ZUM-RD 2016, 271; VG Karlsruhe BeckRS 2015, 49898. **Dagegen**: OVG Nordrhein-Westfalen ZUM-RD 2014, 307 (311 f.).

186 In dem zu entscheidenden Fall war über einen Auskunftsanspruch von Presseangehörigen gegen den Bundesnachrichtendienst zu entscheiden. Nach Art. 73 Abs. 1 Nr. 1 GG ist der Bund ausschließlich für die Regelung der Sachmaterie Bundesnachrichtendienst zuständig.

187 BVerwG NVwZ 2013, 1006 Rn 17.

anderweitige ungeschriebene Annexkompetenz vor[188]. Zwar seien die Länder für gesetzliche Regelungen auf dem Gebiet des Presserechts nach Art. 70 Abs. 1 GG zuständig, da die Art. 73 f. GG diese nicht dem Bund zuweise[189]. Hierauf komme es jedoch nicht an, da eine Annexkompetenz des Bundes insbesondere in Themenbereichen in Frage komme, die grundsätzlich in der Gesetzgebungszuständigkeit der Länder liegen[190]. Das *BVerwG* nimmt sodann eine verfassungskonforme Auslegung des presserechtlichen Behördenbegriffs vor und sieht den BND als von diesem nicht umfasst an[191]. Das Resultat der Entscheidung ist, dass ein presserechtlicher Auskunftsanspruch gegenüber Behörden des Bundes nicht mehr aus den Landespressegesetzen herzuleiten ist.

Da der außerdem in Frage kommende Anspruch der Presse aus dem Informationsfreiheitsgesetz des Bundes (IFG)[192] gegenüber dem Bundesnachrichtendienst nicht auf die besondere Kontroll- und Vermittlungsfunktion der Presse in der Verfassung zugeschnitten sei, gelangte das *BVerwG* mit ebendieser Begründung zur Feststellung, dass der zuständige Gesetzgeber, also der Bundesgesetzgeber, diesbezüglich untätig geblieben sei[193]. Solange der Bundesgesetzgeber keine entsprechende einfachgesetzliche Regelung für seine Behörden schaffe, folge ein Auskunftsanspruch der Presse ausnahmsweise unmittelbar aus dem Grundrecht des Art. 5 Abs. 1 S. 2 GG, um ein Leerlaufen des objektivrechtlichen Gewährleistungsgehalts des Grundrechts der Pressefreiheit – soweit es Auskunftsansprüche gegenüber Behörden des Bundes anbelangt – zu verhindern[194]. Sodann begrenzt das *BVerwG* den verfassungsunmittelbaren Auskunftsanspruch

---

188 BVerwG NVwZ 2013, 1006 Rn 22. Bestätigt in BVerwG NVwZ 2015, 1383 Rn 6; 2015, 1388 Rn 11; 2016, 945 Rn 11. Erneut bestätigt in BVerwG NVwZ 2016, 1020 Rn 14. Die Entscheidung betraf einen Auskunftsanspruch eines Pressevertreters gegenüber der Bundestagsverwaltung. Auf die ungeschriebene Annexkompetenz des Bundes musste das *BVerwG* in dieser Entscheidung nicht zurückgreifen. Weil das Grundgesetz die Regelungskompetenz über Auskunftsansprüche betreffend die Rechtsstellung von Bundestagsabgeordneten in den Art. 38 Abs. 3, 48 Abs. 3 S. 3 GG dem Bundesgesetzgeber zuordne, folge schon hieraus die Bundeskompetenz.

189 BVerwG NVwZ 2013, 1006 Rn 20.

190 BVerwG NVwZ 2013, 1006 Rn 20 ff.; 2015, 1388 Rn 18.

191 BVerwG NVwZ 2013, 1006 Rn 22; 2015, 1388 Rn 10.

192 Siehe dazu 2. Kapitel E. I. 6.

193 BVerwG NVwZ 2013, 1006 Rn 29. Abgesehen davon würde ein (presserechtlicher) Informationszugangsanspruch gegen den BND mit hoher Wahrscheinlichkeit an § 3 Nr. 8 IFG scheitern.

194 BVerwG NVwZ 2013, 1006 Rn 29. Den Ausnahmecharakter eines unmittelbaren Anspruchs aus Art. 5 Abs. 1 S. 2 GG betont das *BVerwG* in seinem Urteil ausdrücklich.

der Presse auf das „Niveau eines Minimalstandards“, den auch der Gesetzgeber nicht unterschreiten dürfe[195]. Mithilfe einer negativen Formulierung bestimmt das *BVerwG* anschließend den Umfang dieses sog. „Minimalstandards“. Danach ende das verfassungsunmittelbare Auskunftsrecht von Pressevertretern dort, wo berechtigte schutzwürdige Interessen Privater oder öffentlicher Stellen der Vertraulichkeit entgegenstehen[196]. Berechtigte schutzwürdige Interessen seien beispielhaft in den Landespressegesetzen aufgeführt. Daran habe sich der Umfang des grundrechtlichen Auskunftsanspruchs zu orientieren[197].

Das *BVerwG* knüpft demzufolge nicht an die Kompetenzverteilung im Bereich des Presserechts an, die nach Art. 70 Abs. 1 GG den Ländern obliegt. Es stellt vielmehr an die jeweilige Sachmaterie, die der Bundesbehörde unterliegt, gegen die der Auskunftsanspruch gerichtet ist, ab und prüft dann, ob von dieser Sachmaterie als ungeschriebene Annexkompetenz auch ein Auskunftsanspruch gegenüber der jeweiligen Bundesbehörde umfasst ist. Auf den verfassungsunmittelbaren Auskunftsanspruch nach Art. 5 Abs. 1 S. 2 GG soll nach Ansicht des *BVerwG* solange zurückgegriffen werden, wie der Bundesgesetzgeber untätig bleibt.

Zwei Jahre nach dem Urteil vom 20.2.2013 hatte das *BVerwG*[198] die Möglichkeit, sich erneut zum verfassungsunmittelbaren Auskunftsanspruch zu äußern. Anders als bei der Entscheidung vom 20.2.1013 erging in diesem Fall aber eine Revisionsentscheidung zum Urteil des *OVG Münster*[199]. Das *OVG Münster* hatte sich ausdrücklich gegen die Entscheidung des *BVerwG* gestellt und hielt weiterhin an der bisherigen Praxis fest, wonach wegen des weiten Wortlauts des presserechtlichen Auskunftsanspruchs grundsätzlich alle Behörden mit Sitz im Geltungsbereich des jeweils einschlägigen Landespressegesetzes, unabhängig davon, ob es sich um eine Landes- oder Bundesbehörde handelt, der Auskunftspflicht nach dem Landespressegesetz unterlägen[200]. Weiterhin argumentierte das

---

195 BVerwG NVwZ 2013, 1006 Rn 29.

196 BVerwG NVwZ 2013, 1006 Rn 29.

197 BVerwG NVwZ 2013, 1006 Rn 30; *Cornils*, DÖV 2013, 657 (666).

198 BVerwG NVwZ 2015, 1388. **Krit.** zu der mit Spannung erwarteten Entscheidung *Schnabel*, NJW 2016, 1692 (1694). In BVerwG NVwZ 2016, 1020 bestätigt das *BVerwG* wiederholt seine Rechtsprechung zum verfassungsunmittelbaren Auskunftsanspruch von Pressevertretern gegenüber Behörden des Bundes.

199 OVG Nordrhein-Westfahlen, ZUM-RD 2014, 307, Gegenstand der Entscheidung war ein Auskunftsanspruch gegen die Bundesanstalt für Immobilienaufgaben.

200 OVG Nordrhein-Westfahlen, ZUM-RD 2014, 307 (311 f.). In einer neueren Entscheidung folgt auch das *OVG Münster* der Ansicht des *BVerwG*, vgl. OVG

OVG Münster mit der Gesetzgebungskompetenz der Länder für das Pressewesen nach Art. 70 Abs. 1 GG.

Das *BVerwG* stellte eine Verletzung von Bundesrecht durch die Entscheidung des *OVG Münster* fest, da es einen presserechtlichen Anspruch gegen eine Bundesbehörde aus dem Landespressegesetz hergeleitet habe[201]. Allerdings führte das *BVerwG* auch aus, dass der verfassungsunmittelbare Anspruch das Niveau des presserechtlichen Auskunftsanspruchs nicht unterschreiten dürfe[202]. Im Übrigen hielt es an seiner Rechtsansicht fest, eine Bundeskompetenz als Annex zur jeweiligen Sachmaterie herzuleiten[203]. Weitere Erkenntnis aus dem Urteil des *BVerwG* ist, dass seine zuvor ergangenen Urteile, die jeweils Auskunftsansprüche gegen den BND betrafen[204], nicht ausschließlich zum Schutz der Arbeitsmethoden des BND erfolgten. Der verfassungsunmittelbare Auskunftsanspruch gilt gegenüber allen Bundesbehörden.

b. Urteil des BVerfG

Die gegen die letztgenannte Entscheidung des *BVerwG* eingelegte Verfassungsbeschwerde hat das *BVerfG* mangels grundsätzlicher Bedeutung oder Grundrechtsverletzung nicht zur Entscheidung angenommen[205]. Das *BVerfG* hatte die Möglichkeit, über das Bestehen eines verfassungsunmittelbaren Auskunftsanspruchs zu entscheiden, hat es jedoch versäumt, im Streit um die Anwendbarkeit des Art. 5 Abs. 1 S. 2 GG Stellung zu nehmen. Vielmehr ließ es die entscheidende Frage ausdrücklich offen[206]. Dahinstehen ließ es auch die Frage, ob die Landespressegesetze sich als Rechtsgrundlage für presserechtliche Auskunftsansprüche

---

Nordrhein-Westfahlen NJW 2017, 3458 (Auskunftsanspruch der Presse gegenüber dem Bundesamt für Verfassungsschutz).

201 BVerwG NVwZ 2015, 1388 Rn 9.

202 BVerwG NVwZ 2015, 1388 Rn 26. Nach Ansicht *Schnabels*, NJW 2016, 1692 (1694) wolle das *BVerwG* die Folgen seiner Rechtsprechung vom 20.2.2013, die Schwächung der Pressefreiheit, beseitigen, indem es erst in diesem Urteil festhält, dass das Niveau des verfassungsunmittelbaren Anspruchs nicht hinter denjenigen des presserechtlichen Auskunftsanspruchs zurückbleiben dürfe. Dem ist aber entgegenzuhalten, dass bereits in seinem Urteil vom 20.2.2013 NVwZ 2013, 1006 Rn 29 das *BVerwG* die gleiche Position vertreten hat. Das BVerwG NVwZ 2015, 1388 Rn 26 beruft sich erneut ausdrücklich darauf.

203 BVerwG NVwZ 2015, 1388 Rn 18 f.

204 BVerwG NVwZ 2013, 1006; 2015, 1383.

205 BVerfG (Kammer) NVwZ 2016, 50 Rn 11. **Krit.** Löffler/*Burkhardt*, LPG, § 4 Rn 24; *Schnabel*, NJW 2016 1692 (1695); *Kindler*, NVwZ 2016, 50 (52).

206 BVerfG (Kammer) NVwZ 2016, 50 Rn 12.

gegenüber Bundesbehörden eignen[207]. Für eine Verletzung der Pressefreiheit ist nach Ansicht des *BVerfG* jedenfalls dann nichts ersichtlich, sofern die Fachgerichte Presseangehörigen einen Auskunftsanspruch einräumen, der hinter dem Gehalt des landespresserechtlichen Auskunftsanspruchs im Ergebnis nicht zurück bleibe[208]. Es komme nicht darauf an, auf welche Rechtsgrundlage die Fachgerichte ihre Entscheidung stützten, sei es etwa unmittelbar auf Art. 5 Abs. 1 S. 2 GG oder einer Analogie zu den Landespressegesetzen. Solange die Fachgerichte die Ansicht des *BVerwG*, wonach Bundesbehörden aus landespresserechtlichen Auskunftsansprüchen nicht wirksam verpflichtet werden können, mittels den vorstehend genannten Möglichkeiten kompensieren, komme eine Verletzung von Grundrechten Presseangehöriger nicht in Betracht[209]. Die ausdrückliche Anerkennung eines verfassungsunmittelbaren Auskunftsanspruchs durch das *BVerfG* ist hierin nicht zu erblicken[210].

Mangels einer Sachentscheidung des *BVerfG* entfalten seine Rechtsansichten zum Vorgenannten keine Bindungswirkung gemäß § 31 Abs. 1 BVerfGG für Gerichte und Behörden, da seiner Entscheidung die Nichtannahme einer Verfassungsbeschwerde voranging. Eine Bindungswirkung geht aus Entscheidungen des BVerfG über die Annahme oder Ablehnung einer Verfassungsbeschwerde oder bloßen Prozessentscheidungen nicht hervor[211].

c. Reaktionen auf die Urteile des BVerwG

Sowohl in der Rechtsprechung als auch der Literatur gab es divergierende Reaktionen auf die Urteile des *BVerwG*.

aa. Gegenstimmen

Mit Verweis auf die ausschließliche Gesetzgebungskompetenz der Länder nach Art. 70 Abs. 1 GG betreffend des Presserechts[212] wird gegen die Notwendigkeit eines Rückgriffs auf einen verfassungsunmittelbaren Auskunftsanspruch argumentiert. Der presserechtliche Auskunftsanspruch gehöre wesensmäßig zum Presserecht, so dass es sich bei ihm um eine pressespezifische Regelung handele,

207 BVerfG (Kammer) NVwZ 2016, 50 Rn 12. S. auch BT-Drs. 18/8246, S. 1.

208 BVerfG (Kammer) NVwZ 2016, 50 Rn 12.

209 BVerfG (Kammer) NVwZ 2016, 50 Rn 12.

210 *Schnabel*, NJW 2016, 1692 (1694).

211 *Lenz/Hansel*, NK-BVerfGG, § 31 Rn 23.

212 OVG Münster NJW 1995, 2741 (2742); 2000, 1968 (1968 f.); OVG Nordrhein-Westfalen ZUM-RD 2014, 307 (311 f.).

für welche die Länder die Gesetzgebungskompetenz besitzen[213]. Folge man der These des *BVerwG*, wonach Auskunftsansprüche nicht dem Presserecht, sondern als Annex der jeweiligen Sachkompetenz zuzuordnen sind, unterfielen auch Auskunftsansprüche gegenüber Landesbehörden nicht dem Presserecht, sondern seien als Annex der jeweiligen Sachmaterie zuzuordnen[214]. Der presserechtliche Auskunftsanspruch wäre mithin obsolet. Deshalb stehe der presserechtliche Auskunftsanspruch in unmittelbarem Zusammenhang mit der in Art. 5 Abs. 1 S. 2 GG garantierten Pressefreiheit und diene, unabhängig davon, welche Behörde Träger der begehrten Information ist, der ausschließlichen Informationsbeschaffung in seiner Ausprägung als spezifisches, der Bedeutung des Instituts freie Presse Rechnung tragendes Instrument der Presse[215]. Auch mit dem Wortlaut der Pressegesetze der Länder sowie dem weit zu verstehenden sog. „presserechtlichen Behördenbegriff"[216] versagen die Gegner einen verfassungsunmittelbaren Anspruch[217]. Ausgenommen des bremischen Pressegesetzes[218] sei in den Pressegesetzen der Länder generalisierend von „Behörden" die Rede, so dass zu den auskunftsverpflichteten Behörden auch Bundesbehörden zu zählen seien[219]. Dies folge auch aus der Rechtsprechungspraxis des *BVerwG* selbst, wonach eine Verpflichtung des Bundes bestehe, landesrechtliche Normen zu beachten[220]. Demnach bestehe bereits keine Notwendigkeit, unmittelbar auf Art. 5 Abs. 1 S. 2 GG zurückzugreifen[221]. Der Ansicht des *BVerwG* wird entgegengehalten, die Begrenzung eines verfassungsunmittelbaren Auskunftsanspruchs auf einen „Minimalstandard" führe zu einer Schwächung der Pressefreiheit[222]. Der verfassungsunmittelbare Auskunftsanspruch sei gegenüber dem presserechtlichen

---

213 OVG Nordrhein-Westfalen ZUM-RD 2014, 307 (312).

214 *Germelmann*, DÖV 2013, 667 (677).

215 OVG Nordrhein-Westfalen ZUM-RD 2014, 307 (312); *Germelmann*, DÖV 2013, 667 (675).

216 OVG Berlin NVwZ-RR 1997, 32 (33); *Germelmann*, DÖV 2013, 667 (670).

217 OVG Berlin NVwZ-RR 1997, 32 (33); *Germelmann*, DÖV 2013, 667 (670); *Schnabel*, NJW 2016, 1692 (1692 f.).

218 Nach § 4 Abs. 1 PrG sind „Behörden des Landes und der Gemeinden" auskunftspflichtig.

219 S. *Germelmann*, DÖV 2013, 667 (670).

220 BVerwG DÖV 1968, 749 (für den Bereich der Forstpolizei); NVwZ 1989, 867 (für den Bereich des Naturschutzrechts); *Germelmann*, DÖV 2013, 667 (670).

221 *Germelmann*, DÖV 2013, 667 (670).

222 *Schnabel*, NJW 2016, 1692 (1693) mit zahlreichen Nachweisen; *Partsch*, NJW 2013, 2858 (2862); *Huber*, NVwZ 2013, 1006 (1010); *Cornils*, DÖV 2013, 657 (666) liest aus dem Urteil des BVerwG vom 20.2.2013 NVwZ 2013, 1006 „beunruhigend restriktive Andeutungen", etwa wenn das BVerwG unter Rn 27 ausführt, der Gesetzgeber sei

Auskunftsanspruch ferner deshalb geschwächt, da er der Schranke des Art. 5 Abs. 2 GG unterliege, mithin den Vorschriften der allgemeinen Gesetzte sowie entgegenstehenden Grundrechte anderer[223]. Das ist insoweit richtig, als die Pressegesetze der Länder, in Hessen § 3 Abs. 1 Nr. 1-3 HPresseG, nur unter bestimmten geschriebenen Voraussetzungen eine Verweigerung der Auskunft vorsehen und dieses auch erst dann, wenn im Rahmen einer Interessensabwägung im Einzelfall durch die auskunftspflichtige Behörde das Interesse der Öffentlichkeit an der von der Presse gewünschten Information gegenüber den in den Ausschlusstatbeständen aufgezählten Interessen überwiegt. Kritisiert wird auch die funktionelle Erweiterung des Art. 5 Abs. 1 S. 2 GG hin zu einem Leistungsgrundrecht, da das Grundrecht der Pressefreiheit ein Abwehrgrundrecht sei[224]. Ein solcher Eingriff könne nur dann gerechtfertigt sein, falls zunächst eine Notwendigkeit für einen Auskunftsanspruch der Presse gegenüber Bundesbehörden bestehe, welche jedoch gerade mit Verweis auf die Landespressegesetze abgelehnt wird[225]. Schließlich wird auf die vielseitigen anderweitigen Informationsmöglichkeiten der Presse in Gestalt von Informanten sowie informellen Quellen verwiesen und ihr damit die Schutzwürdigkeit gewissermaßen abgesprochen[226]. Auch das

---

„nicht gehindert [...], bestimmte behördliche Funktionsbereiche von der Pflicht zur Auskunftserteilung ganz auszunehmen.“; *Schnabel*, NJW 2016 1692 (1693).

223 OVG Berlin-Brandenburg, NVwZ 2013, 1501 (1501).

224 *Schnoor/Giesen/Addicks*, NStZ 2016, 256 (258); *Thum*, AfP 2005, 30 (33 ff.); *Schnabel*, NVwZ 2012, 854 (855); *Germelmann*, DÖV 2013, 667 (673 f.). Einen verfassungsunmittelbaren Auskunftsanspruch hat die Rechtsprechung in besonders gelagerten Fallkonstellationen zuerkannt, BVerfG (Kammer) NJW 2006, 1116 (Recht auf Einsicht in Krankenunterlagen aus dem Grundrecht auf informationelle Selbstbestimmung nach Art. 2 Abs. 1 GG i.V.m. Art. 1 Abs. 1 GG); BVerwG NJW 2003, 2693 (Informationsanspruch aus Art. 12 Abs. 1 GG); BVerfG NJW 2006, 891 (verfassungsunmittelbarer Anspruch auf Krankenversorgung in Fällen lebensbedrohlicher Erkrankung aus Art. 2 Abs. 1 GG i.V.m. dem Sozialstaatsprinzip aus Art. 20 Abs. 1 GG sowie Art. 2 Abs. 2 S. 1 GG); S. aber auch BVerfG (Kammer) Beschluss vom 11.4.2017 – 1 BvR 452/17, BeckRS 2017, 109367; *Schnabel*, NVwZ 2012, 854 (855).

225 BVerwG NJW 2015, 807 Rn 50; OVG Weimar NJW 2015, 1836 (1838). Beiden Entscheidungen lagen allerdings Ansprüche auf Übersendung einer Urteilsabschrift zugrunde.

226 S. *Thum*, AfP 2005, 30 (33 ff.), der für eine teleologische Auslegung keine Notwendigkeit sieht, da der Presse wichtige Informationen zur Aufdeckung von Missständen ohnehin aus informellen Quellen zugespielt würden und sie eine Vielzahl anderer Informationsmöglichkeiten nutze, wie z.B. Informanten. Dieses Argument ist insoweit dürftig, als die Presse auf informelle Quellen verwiesen wird und Gefahr läuft, über

BVerwG[227] stütze sich in einer Entscheidung aus dem Jahr 1984 noch auf das Wortlautargument sowie auf eine systematische und historische Auslegung des Art. 5 Abs. 1 S. 2 GG unter Hinweis darauf, dass sich ein originärer Auskunftsanspruch weder dem Wortlaut der Norm noch des Normgefüges des Art. 5 Abs. 1 S. 2 GG entnehmen lasse. Den Wortlaut des Art. 5 Abs. 1 S. 2 GG nimmt auch *Thum* zum Anlass, um einen verfassungsunmittelbaren Anspruch zu verneinen[228]. Auch aus dem historischen Willen des Gesetzgebers sei nicht zu erkennen, dass Art. 5 Abs. 1 S. 2 GG einen verfassungsunmittelbaren Auskunftsanspruch beinhalte. Nicht nur aus dem Grundrecht der Pressefreiheit, sondern auch aus dem Grundrecht der Informationsfreiheit nach Art. 5 Abs. 1 S. 1 Hs. 2 GG sei eine Rechtsgrundlage für einen Auskunftsanspruch nicht ersichtlich[229]. Auch das Institut Freie Presse rechtfertige keinen verfassungsunmittelbaren Auskunftsanspruch der Presse, da sie aufgrund der Schrankenregelung des Art. 5 Abs. 2 GG ohnehin nicht schutzwürdiger sei als jedermann[230].

bb. Befürworter

Hauptargument für einen verfassungsunmittelbaren Auskunftsanspruch ist nach den Urteilen des *BVerwG*[231] die Kompetenzordnung des Grundgesetzes. Liegt die Gesetzgebungskompetenz, als ausschließliche- oder Annexkompetenz, über eine Materie beim Bund, könne eine Bundesbehörde nicht aus den jeweiligen Landespressegesetzen zur Auskunftserteilung verpflichtet werden. Denn insoweit trete die Gesetzgebungskompetenz der Länder für den Bereich Presse aus Art. 70 Abs. 1 GG zurück[232]. Ob der Auskunftsanspruch wesensmäßig dem Presserecht zuzuordnen ist, sei nicht entscheidungserheblich.

---

das nach § 353b Abs. 3 StGB erlaubte Maß hinaus an einem Geheimnisverrat beteiligt zu sein. S. dazu zuletzt BVerfG (Kammer), NJW 2015, 3430; ZUM-RD 2016, 153.

227 BVerwG NJW 1985, 1655 (1656); Dem folgend OVG Münster NJW 1995, 2741 (2742). So auch *Thum*, AfP, 2005, 30 (33).

228 *Thum*, AfP 2005, 30 (34), wonach als Folge dieser Unbestimmtheit, nehme man einen Auskunftsanspruch an, der Rechtsprechung dessen Ausgestaltung obläge. Dies wiederum widerspreche dem Grundsatz der Gewaltenteilung, da eine Ausgestaltung der Norm primär dem Gesetzgeber obliegt. Zur generellen inhaltlichen Variationsbreite der Grundrechte s. *Böckenförde*, NJW 1533, 1529 (1530 ff.).

229 S. nur BVerfG NJW 2001, 1633 (1634) – n-tv II; 2008, 977 (978); *Thum*, AfP 2005, 30 (35); *Schnabel*, NVwZ 2012, 854 (855).

230 So argumentieren *Schnoor/Giesen/Addicks*, NStZ 2016, 256 (257).

231 BVerwG NVwZ 2013, 1006; 2015, 1383; 2015, 1388; 2016, 945; 2016, 1020.

232 BVerwG NVwZ 2013, 1006 Rn 22.

Befürworter eines originären Anspruchs leiten diesen zwar nicht aus dem Wortlaut des Art. 5 Abs. 1 S. 1 Hs. 2 GG[233], wohl aber überwiegend aus der in Art. 5 Abs. 1 S. 2 GG statuierten Institutsgarantie der Presse her[234], die durch den landesrechtlichen Auskunftsanspruch lediglich konkretisiert werde[235]. Die Grundlage für einen Informationsanspruch unmittelbar aus dem Grundgesetz wird in der verfassungsrechtlich übertragenen öffentlichen Aufgabe der Presse gesehen[236]. Mit der besonderen verfassungsrechtlichen Bedeutung argumentiert auch das *BVerwG*[237], wenn es aus der institutionellen Garantie der Presse einen verfassungsunmittelbaren Anspruch begründet. *Heintschel v. Heinegg* konstruiert aus dem vorstehend Genannten ein Teilhabe-, nicht aber ein Leistungsrecht der Presse[238] und geht auf diese Weise Kritikern aus dem Weg, die sich gegen eine Erweiterung des Art. 5 Abs. 1 S. 2 GG als Leistungsgrundrecht ausgesprochen haben. Einen Mittelweg gehen das *OLG Düsseldorf*[239] sowie das *VG Saarlouis*[240]. Der Auskunftsanspruch der Presse sei in Art. 5 Abs. 1 S. 2 GG garantiert, unterliege aber den Schranken der jeweiligen Landespressegesetze. Das *OLG Düsseldorf* berücksichtigt in seiner Begründung die Landespressegesetze und kommt insoweit den Gegnern eines verfassungsunmittelbaren Anspruchs entgegen, als diese auf deren Maßgeblichkeit verweisen.

cc. Ansicht Altenhains

Erwähnenswert ist die Ansicht *Altenhains* in dessen Gutachten zum 71. Deutschen Juristentag. Danach gehöre der Auskunftsanspruch gegen Behörden generell (nicht nur gegen Bundesbehörden) nicht zur Sachmaterie des Presse- und Rundfunkrechts und falle demnach auch nicht unter die Gesetzgebungskompetenz

---

233 So aber *Löffler*, NJW 1964 2277 (2277 f.), mit Verweis auf die der Presse von der Verfassung übertragene öffentliche Aufgabe, zu der insbesondere die Unterrichtung der Bürger gehöre.

234 Löffler/*Burkhardt*, LPG, § 4 Rn 19; Soehring/*Hoene*, Presserecht, § 1 Tz. 8, 10d f., § 4 Tz. 3f; *Heintschel v. Heinegg*, AfP 2003, 295 (299); *Groß*, DÖV 1997, 133 (134 f.) mit Verweis auf § 242 BGB, der (auch) als Anspruchsgrundlage dient.

235 *Soehring*/Hoene, Presserecht, § 4 Tz. 3; *Groß*, DÖV 1997, 133 (137), wonach die Landespressegesetze nur deklaratorischen Charakter haben.

236 *Löffler*, NJW 1964, 2277 (2278).

237 BVerwG NVwZ 2013, 1006 Rn 27.

238 *Heintschel v. Heinegg*, AfP 2003, 295 (297).

239 OLG Düsseldorf NJW 2005, 1791 – Mannesmann.

240 VG Saarlouis NJW 2003, 3431 (3432).

der Länder[241]. Dies ergebe sich zum einen aus der Rechtsprechung des *BVerfG* betreffend des Zeugnisverweigerungsrechts von Medienangehörigen[242] sowie des Rechtsschutzes gegen die Beschlagnahme von Druckwerken[243]. Das *BVerfG* hat vorgenannte Konstellationen dem Strafverfahrensrecht zugeordnet, da nicht ausschließlich die Arbeit der Medien betreffende Fragen berührt seien[244]. Überschneiden sich Regelungen unterschiedlicher Sachgebiete, wie dies mit dem Zeugnisverweigerungsrecht und dem Rechtsschutz gegen die Beschlagnahme von Druckwerken (jeweils konkurrierende Gesetzgebungskompetenz des Bundes nach Art. 74 Abs. 1 S. 1 Nr. 1 GG) einerseits und dem Pressewesen (Gesetzgebungskompetenz der Länder nach Art. 70 Abs. 1 GG) andererseits der Fall ist, dann sei, so das *BVerfG*, eine Zuordnung zu einem der Sachgebiete erforderlich, weil das Grundgesetz eine sog. „Doppelzuständigkeit" nicht kenne[245]. Abzustellen sei für eine Zuordnung zu einem Sachgebiet auf die „wesensmäßige und historische Zugehörigkeit" der Materie zu dem einen oder anderen Bereich[246].

Aus diesen Überlegungen heraus handele es sich beim Auskunftsanspruch gegen die Strafjustiz nicht um eine ausschließlich auf die Arbeit der Medien

241 *Altenhain*, Öffentlichkeit im Strafverfahren, C 53 ff.; So auch *Schnoor/Giesen/Addicks*, NStZ 2016, 256 (256 f.).

242 BVerfG NJW 1974, 356 (357 f.). Das *BVerfG* hatte zu entscheiden, ob für die Zeugnisverweigerung eines Pressevertreters im Strafverfahren neben § 53 Abs. 1 S. 1 Nr. 5 StPO auch das nach alter Fassung des HPresseG noch geltende, mittlerweile aus dem HPresseG gestrichene, Zeugnisverweigerungsrecht von Pressevertretern anzuwenden ist. Weil das Zeugnisverweigerungsrecht Bestandteil des Beweiserhebungsrechts im Strafverfahren sei, hat das *BVerfG* eine Gesetzgebungskompetenz der Länder betreffend das Zeugnisverweigerungsrecht verneint und gelangte damit zur formellen Verfassungswidrigkeit der Regelung im HPresseG. Das Zeugnisverweigerungsrecht gehöre nach Art. 74 Abs. 1 Nr. 1 GG zur Sachmaterie des Strafrechts und damit der konkurrierenden Gesetzgebung des Bundes an. Mit Erlass des § 53 Abs. 1 S. 1 Nr. 5 StPO habe der Bund von seiner Kompetenz auch Gebrauch gemacht.

243 BVerfG NJW 1978, 1911 (1911). Wie die oben zitierte Entscheidung betraf auch diese Entscheidung des *BVerfG* eine mittlerweile aus dem HPresseG gestrichene Norm betreffend den Rechtsschutz gegen die Beschlagnahme von Druckwerken. Auch hier hat das *BVerfG* die Regelung im HPresseG für formell verfassungswidrig erklärt. Die Gewährung von Rechtsschutz gegen die Beschlagnahme von Druckwerken sichere nicht das Institut Freie Presse und sei daher nicht ausschließlich dem Pressewesen zuzuordnen, so dass dem Land insoweit die Gesetzgebungskompetenz fehle.

244 BVerfG NJW 1974, 356 (377 f.); 1978, 1911 (1911); *Altenhain*, Öffentlichkeit im Strafverfahren, C 54.

245 BVerfG NJW 1974, 356 (377 f.); 1978, 1911 (1911).

246 BVerfG NJW 1974, 356 (377 f.); 1978, 1911 (1911).

zugeschnittene Frage, was *Altenhain* mit der Existenz der §§ 475 ff. StPO zu belegen versucht[247]. § 475 StPO beispielsweise enthalte Bestimmungen über die Informationsübermittlung zu laufenden oder bereits abgeschlossenen Strafverfahren an nicht am Verfahren beteiligte Personen[248]. Der Auskunftsanspruch der Presse gegen Behörden sei also keine ausschließlich auf die Medien bezogene Frage. Er regele vielmehr allgemein den Umgang der Strafverfolgungsbehörden mit den von ihnen erhobenen Informationen[249]. Auch aus historischer Sicht lehnt *Altenhain* eine Regelungskompetenz der Länder für den Auskunftsanspruch ab. Seiner Auffassung nach fehle dem Auskunftsanspruch der Presse gegen Behörden eine vorkonstitutionelle Tradition[250].

Ferner argumentiert *Altenhain* mit dem Urteil des *BVerwG*[251], worin das Gericht bekanntlich einen Auskunftsanspruch der Presse gegenüber Bundesbehörden mangels Gesetzgebungskompetenz der Länder nicht aus dem presserechtlichen Auskunftsanspruch, sondern, mangels einfachgesetzlicher Regelung des Bundesgesetzgebers unmittelbar aus Art. 5 Abs. 1 S. 2 GG hergeleitet hat[252]. Das *BVerwG* gehe davon aus, dass die Gesetzgebungskompetenzen der Art. 73 f. GG als Annex auch die Befugnis einschließe, Voraussetzungen und Grenzen zu regeln, unter denen der Öffentlichkeit einschließlich der Presse Informationen zu erteilen sind. Weil nach Ansicht *Altenhains* der Auskunftsanspruch der Presse gegenüber der Strafjustiz ohnehin überwiegend zur Sachmaterie Strafrecht gehöre, schließt er aus der Rechtsprechung des *BVerwG*, dass die Gesetzgebungskompetenz zur Regelung des Auskunftsanspruchs als Annexkompetenz des Bundes zur Regelung des Strafverfahrens zu begreifen sei[253].

---

247 *Altenhain*, Öffentlichkeit im Strafverfahren, C 54. Nach § 475 StPO haben nicht am Straf-oder Ermittlungsverfahren beteiligte Personen Anspruch auf Auskünfte aus den Akten, die dem Gericht vorliegen oder diesem im Falle der Erhebung der öffentlichen Klage vorzulegen wären, soweit sie ein berechtigtes Interesse darlegen. Vgl. zu § 475 StPO, 2. Kapitel E. I. 5.

248 KK-StPO/*Gieg*, 475 StPO Rn 1.

249 *Altenhain*, Öffentlichkeit im Strafverfahren, C 54.

250 Das älteste der heute in Kraft befindlichen Landespressegesetze ist das bayerische (BayPrG). Es trat im Jahr 1963 in Kraft, Löffler/*Burkhardt*, LPG § 4 Rn 97. Das Grundgesetz ist demgegenüber bereits am 24.5.1949 in Kraft getreten. Zur Entstehungsgeschichte des Grundgesetzes s. *Kröger*, NJW 1989, 1318.

251 BVerwG NVwZ 2013, 1006; 2015, 1388.

252 Mit der Ansicht des *BVerwG*, einen Auskunftsanspruch der Presse unmittelbar aus der Verfassung herzuleiten, setzt sich *Altenhain* ausdrücklich nicht auseinander, *Altenhain*, Öffentlichkeit im Strafverfahren, C 55.

253 *Altenhain*, Öffentlichkeit im Strafverfahren, C 54.

Nach alledem gehöre der Auskunftsanspruch der Presse mithin nicht überwiegend zum Presse- und Rundfunkrecht, sondern vielmehr zur Sachmaterie Strafrecht und damit in die Zuständigkeit der konkurrierenden Gesetzgebungskompetenz des Bundes nach Art. 74 Abs. 1 Nr. 1 GG.

d. Stellungnahme

Entscheidend ist der Schwerpunkt der Kompetenzverteilung. Folgt man der Ansicht des *BVerwG*, ist eine Gesetzgebungskompetenz der Länder zu verneinen, da ein Auskunftsanspruch gegen eine Bundesbehörde auf Grundlage eines landesrechtlichen Gesetzes nicht möglich ist. In einem solchen Fall würde eine Bundesbehörde nämlich durch Landesrecht verpflichtet werden. Dies widerspricht dem föderalen Prinzip der Bundesrepublik. Für die Ansicht des *BVerwG* spricht weiterhin, dass dem Grundgesetz sog. Doppelzuständigkeiten in Bezug auf die Gesetzgebung fremd sind[254]. Vielmehr ist die Gesetzgebungskompetenz nach den Art. 70 ff. GG entweder dem Bund oder den Ländern zugewiesen. Auch das sog. „Sitzlandprinzip", an welchem sich die Praxis orientiert[255], ist dogmatisch nicht zu begründen, wenngleich es für Rechtssicherheit sowohl für Anspruchsinhaber als auch für auskunftsverpflichtete Behörden sorgt[256]. Der zufällige Sitz einer Bundesbehörde im jeweiligen Bundesland führt in diesem Fall dazu, dass die Bundesbehörde aufgrund des dort geltenden landespresserechtlichen Auskunftsanspruchs zur Erteilung von Auskunft verpflichtet wird. Grundsätzlich ist darin kein Problem zu erkennen, da der presserechtliche Auskunftsanspruch der Länder im Wesentlichen inhaltsgleich ist. Eine spürbar differenzierte, länderabhängige Behördenpraxis wäre demnach nicht zu erwarten. Marginale Unterschiede in den Gesetzestexten der Länder stehen dem ebenfalls nicht entgegen, sondern sind Ausdruck der Länderautonomie in Bezug auf ihre Kompetenz[257].

Die vom *BVerwG* vorgenommene Begrenzung des unmittelbaren Anspruchs auf einen „Minimalstandard", welcher von Gegnern als Einschränkung der Pressefreiheit angesehen wird, relativiert sich, sofern bedacht wird, dass das *BVerwG* diesen Minimalstandard an den Grundsätzen orientiert, die für die einfachgesetzlichen Pressegesetze entwickelt worden sind[258]. So darf der

---

254 BVerfG NJW 1974, 356 (357); 2003, 41 (44); *Cornils*, DÖV 2013, 657 (658).

255 So weiterhin OVG Nordrhein-Westfalen ZUM-RD 2014, 307.

256 *Schnabel*, NJW 2016, 1692 (1693); *ders.*, ZUM 2010, 412 (414 f.).

257 *Germelmann*, DÖV 2013, 667 (676).

258 BVerwG NVwZ 2015, 1390; *Cornils*, DÖV 2013, 657 (666); *Schnabel*, NJW 2016, 1692 (1694).

verfassungsunmittelbare Auskunftsanspruch in seinem materiell-rechtlichen Gehalt nicht hinter dem Inhalt der presserechtlichen Auskunftsansprüche zurücktreten[259]. Der verfassungsunmittelbare Auskunftsanspruch ist deshalb als denjenigen nach den Landespressegesetzen mindestens gleichwertig anzusehen[260]. Größere Schwierigkeiten für eine Positionierung zugunsten des verfassungsunmittelbaren Auskunftsanspruchs bereitet der Wortlaut des Art. 5 Abs. 1 S. 2 GG, der für einen derartigen Anspruch auf den ersten Blick nichts hergibt.

Für die Gegner eines verfassungsunmittelbaren Auskunftsanspruchs, folgt aus der Gesetzgebungskompetenz der Länder für das Presserecht (Art. 70 Abs. 1 GG) auch die Kompetenz, Bundesbehörden aufgrund des presserechtlichen Auskunftsanspruchs verpflichten zu können[261]. Abgestellt wird in diesem Fall nicht auf den Rechtsträger der Behörde, sondern auf die Informationsbeschaffung durch die Presse, wodurch die Kompetenzzuordnung für den Bereich Presse überwiegt. Auch die Rechtssicherheit spricht für die Beibehaltung der bisherigen Praxis. Denn durch das Urteil des *BVerwG* vom 20.2.2013, welches für die Praxis derzeit zwangsläufig maßgeblich sein sollte[262], zumal das *BVerfG*[263] insofern keine abweichende Entscheidung getroffen hat, keineswegs Rechtssicherheit geschaffen worden, da einzelne Instanzgerichte dem *BVerwG* offen die Gefolgschaft verweigert haben[264].

Gegen die Erforderlichkeit eines verfassungsunmittelbaren Anspruchs spricht zudem der Wortlaut des Art. 5 Abs. 1 S. 2 GG. Das Grundrecht garantiert das Institut Freie Presse, gewährt jedoch keinen Auskunftsanspruch. Aus dem Wortlaut der Norm folgt ein solcher jedenfalls offenkundig nicht. Zudem sind Grundrechte prinzipiell nicht als Leistungs-, sondern als Abwehrgrundrechte ausgestaltet[265]. Ferner ist das Grundrecht der Pressefreiheit kein im Vergleich zu den übrigen Grundrechten qualitativ höherwertiges Grundrecht. Vorstellbar wäre demnach, dass auch andere Grundrechtsträger unter dem Aspekt der

---

259 BVerwG NVwZ 2013, 1006 Rn 29; 2016, 1020 Rn 17.

260 *Schnabel*, NJW 2016, 1692 (1695).

261 OVG Nordrhein-Westfalen ZUM-RD 2014, 307; *Huber*, NVwZ 2013, 1006 (1010); *Cornils*, DÖV 2013, 657 (666); *Germelmann*, DÖV 2013, 667 (668).

262 *von Coelln*, AfP 2016, 308 (310).

263 BVerfG (Kammer) NVwZ 2016, 50.

264 OVG Nordrhein-Westfalen ZUM-RD 2014, 307.

265 Grundrechte mit subjektivrechtlicher Dimension wie bspw. Art. 19 Abs. 4 GG, Art. 6 Abs. 4 GG, Art. 33 Abs. 1 GG, Art. 38 Abs. 1 GG oder Art. 1 Abs. 1 GG i.V.m. dem Sozialstaatprinzip aus Art. 20 Abs. 1 GG, s. dazu BVerfG NJW 2014, 3425, sind im Grundgesetz die Ausnahme.

Gleichbehandlung aus Grundrechten Ansprüche gegenüber dem Staat einfordern. Die Ansicht des *BVerwG* weitergedacht, könnte ein Anspruch der Presse auf Zusendung anonymisierter Urteilsabschriften gegenüber Bundesgerichten derzeit nicht auf den landespresserechtlichen Auskunftsanspruch gestützt werden[266]. Der Presse verbliebe sodann ein Anspruch aus § 1 Abs. 1 IFG, der insofern ein qualitatives Minus zum landesrechtlichen Auskunftsanspruch darstellt, als er nicht an die spezifische Funktion der Presse anknüpft, indem er Pressevertretern dem sog. jedermann gleichstellt[267].

Tragfähige Argumente können beide Seiten für sich beanspruchen. Das *BVerfG* hätte Klarheit schaffen können, diese Möglichkeit hat es jedoch vertan. Es verbleibt damit dem Bundesgesetzgeber, im Rahmen der ihm durch das *BVerwG* zugesprochenen Kompetenz einen presserechtlichen Auskunftsanspruch gegenüber Bundesbehörden zu normieren[268], der sich vermutlich an den presserechtlichen Auskunftsanspruch der Länder orientieren dürfte[269]. Dringlich ist ein solches Gesetzesvorhaben des Bundes nicht, da den Medien der nach dem *BVerwG* zugebilligte verfassungsunmittelbare Auskunftsanspruch gegenüber Bundesbehörden zusteht, welcher sich an der Reichweite des grundrechtsgeprägten sowie materiell verfassungsgemäßen[270] presserechtlichen Auskunftsanspruchs orientiert[271]. Eine Handlungsunfähigkeit von Presseangehörigen gegenüber Bundesbehörden ist vor diesem Hintergrund nicht festzustellen[272].

---

266 *von Coelln*, AfP 2016 308 (310).

267 *von Coelln*, AfP 2016 308 (310 f.); *Germelmann*, DÖV 2013, 667 (672). Vgl. 2. Kapitel E. I. 6.

268 *Schnabel*, NJW 2016, 1692 (1696); *Cornils*, DÖV 2013, 657 (666), der jedoch ein mögliches Bundesauskunftsgesetz verfassungsrechtlich für bedenklich hält und diesbezüglich mit einer verfassungsrechtlichen Klärung der Kompetenzfrage rechnet.

269 *Schnabel*, NJW 2016, 1692 (1696); *Cornils*, DÖV 2013, 657 (666).

270 BVerfG (Kammer) NVwZ 2016, 50 Rn 12.

271 *Cornils*, DÖV 2013, 657 (666).

272 Ein Gesetzesentwurf zur Einführung eines Presseauskunftsgesetztes auf Bundesebene, s. BT-Drs. 17/12484, wurde bereits abgelehnt. Ein neuer Gesetzentwurf hat die Fraktion Bündnis 90/Die Grünen des 18. Deutschen Bundestages vorgelegt, s. BT-Drs. 18/8246. Zur Forderung des Deutschen Journalisten-Verbandes nach einem Bundes-Presseauskunftsgesetz s. becklink 2001338. *Schnabel*, NJW 2016, 1692 (1696) attestiert gar, die durch das Urteil des *BVerwG* neu entfachte Diskussion um einen verfassungsunmittelbaren Auskunftsanspruch könne schon bald in Rechtsgeschichte übergehen, wenn sich der status quo – ein verfassungsunmittelbarer, an den presserechtlichen Auskunftsanspruch orientierender Auskunftsanspruch gegenüber Bundesbehörden – verfestige.

Für die Öffentlichkeitsarbeit der Staatsanwaltschaften der Länder folgt aus der Rechtsprechung des *BVerwG* erkennbar keine unmittelbar aus der Verfassung folgende Auskunftsverpflichtung. Denn bei ihr handelt es sich jeweils um eine Landesbehörde. Eine Rechtsgrundlage für staatsanwaltschaftliche Medienauskünfte stellen daher weiterhin die jeweiligen Pressegesetze der Länder dar[273].

e. *Zusammenfassung*

1. Nach gegenwärtiger Rechtsprechung des *BVerwG* können *Bundes*behörden grundsätzlich nicht aus dem presserechtlichen Auskunftsanspruch der Länder zur Auskunftserteilung gegenüber Vertretern der Presse verpflichtet werden.
2. Eine Regelungskompetenz behördlicher Auskunftspflichten ist wesensmäßig zwar dem Presserecht und damit der Kompetenz der Länder zuzuordnen. Soweit aber eine geschriebene oder ungeschriebene Annexkompetenz des Bundes berührt ist, liegt eine vorrangige Gesetzgebungskompetenz des Bundes vor.
3. In Ermangelung einer einfachgesetzlichen Regelung des Bundesgesetzgebers verleiht Art. 5 Abs. 1 S. 2 GG Pressevertretern einen verfassungsunmittelbaren Auskunftsanspruch gegenüber Bundesbehörden. Dieser darf seinem materiell-rechtlichen Inhalt nach nicht hinter demjenigen des jeweiligen landespresserechtlichen Auskunftsanspruchs zurückstehen.
4. Eine verfassungsunmittelbare Pflicht der Staatsanwaltschaft zur Öffentlichkeitsarbeit folgt aus der Rechtsprechung des *BVerwG* nicht. Denn der verfassungsunmittelbare Auskunftsanspruch von Medienvertretern besteht nur gegenüber Behörden des Bundes. Staatsanwaltschaften sind Landesbehörden. Auskunftsansprüche der Presse gegenüber der Staatsanwaltschaft folgen demnach weiterhin aus den Pressegesetzen der Länder.

2. *Landesverfassung*

Eine Pflicht der Staatsanwaltschaft zur Herausgabe von Informationen könnte aus den Verfassungen der Länder erwogen werden.

Die Rechtssetzungsautonomie der Länder ist in Art. 28 Abs. 1 GG normiert. Als Ausfluss des Bundesstaatsprinzips besitzen sowohl der Bund als auch die Länder Staatsqualität[274]. Dies hat weiterhin zur Folge, dass neben dem

---

273 So auch BVerwG NJW 2015, 807 Rn 50. Dazu sogleich unter 2. Kapitel E. I. 4.

274 Das BVerfG NJW 1974, 1181 (1182) hat dazu ausgeführt, es sei „das Eigentümliche des Bundesstaates, […] dass der Gesamtstaat Staatsqualität und die Gliedstaaten Staatsqualität besitzen." S.a. Maunz/Düring/*Mehde*, GG, Art. 28 Rn 1.

Grundgesetz auch die Bundesländer jeweils eigene, von ihnen selbst bestimmte Verfassung besitzen dürfen[275], diese jedoch dem Grundgesetz sowie sonstigen Bundesrecht unterstellt ist[276]. Begrenzt wird die sog. Verfassungsautonomie der Länder[277] durch Art. 28 Abs. 1 S. 1 GG selbst. Danach ist der Landesverfassungsgeber an die Grundsätze des republikanischen, demokratischen und sozialen Rechtsstaates im Sinne des Grundgesetzes gebunden[278]. Eine weitere Einschränkung erfahren die Landesverfassungen durch die Kollisionsnorm[279] des Art. 31 GG, nach welcher Bundesrecht Landesrecht bricht. Ungeachtet des Art. 31 GG bleiben Bestimmungen der Landesverfassungen insoweit in Kraft, als sie in Übereinstimmung mit den Artikeln 1 bis 18 GG ihrerseits Grundrechte gewährleisten. Das heißt Bundes- und Landesgrundrechte werden insoweit nebeneinander gewährleistet. Liegen diese Voraussetzungen nicht vor, ist Art. 31 GG auch auf Landesgrundrechte anwendbar[280].

Nach *Wankel* können sich auch aus den Verfassungen der Länder Informations- und Auskunftserteilungspflichten der Justiz gegenüber Medienvertretern ergeben[281]. So sehen bspw. Art. 111 und Art. 111a der Bayerischen Verfassung und Art. 11 Abs. 2 der Landesverfassung Thüringens entsprechend der grundgesetzlich verankerten Presse- und Rundfunkfreiheit einen Auskunftsanspruch unmittelbar aus der Landesverfassung vor[282], auch wenn – im Besonderen in der Bayerischen Verfassung – eine Übereinstimmung mit dem Wortlaut des Art. 5 GG insoweit zu verneinen ist. In der Hessischen Landesverfassung findet sich keine vergleichbare Regelung. Aus Art. 11 Abs. 2 und Art. 125 Abs. 1 S. 2 VerfHE (Verfassung des Landes Hessen), in welchen die Presse Erwähnung findet, folgt kein solcher Anspruch. Art. 11 Abs. 2 VerfHE verbietet eine Pressezensur. Art. 125 Abs. 1 S. 2 VerfHE regelt die Voraussetzungen, unter denen die Freiheit der Presse ausnahmsweise eingeschränkt werden kann[283].

Eine Auskunftspflicht der Staatsanwaltschaft gegenüber den Medien oder der Öffentlichkeit folgt aus der Hessischen Landesverfassung demgegenüber nicht.

---

275 BVerfG NJW 1974, 1181 (1182).

276 *Holzner*, PdK, A 3 Bay Rn 68b.

277 Maunz/Düring/*Mehde*, GG, Art. 28 Rn 3.

278 Insofern fordert das *BVerfG* zwischen Bundes- und Landesverfassung nur ein Mindestmaß an Homogenität, s. BVerfG, NJW 1974, 1181 (1182).

279 Maunz/Düring/*Korioth*, GG, Art. 31 Rn 1.

280 Maunz/Düring/*Korioth*, GG, Art. 142 Rn 10f.

281 Handbuch-StA/*Wankel*, S. 1336 Rn 8.

282 Handbuch-StA/*Wankel*, S. 1336 Rn 8.

283 Eine ähnliche Regelung enthält auch Art. 48 Abs. 1 der Bayerischen Verfassung.

3. *Pressegesetze der Länder*

Eine gesetzlich normierte Auskunfts*pflicht* der Staatsanwaltschaft gegenüber der Presse[284] folgt aus den einfachgesetzlich ausgestalteten, untereinander im Wesentlichen inhaltsgleichen und auf eine Abwägung zielenden Pressegesetzen der Länder[285]. In Hessen folgt der Auskunftsanspruch der Presse aus § 3 Abs. 1 HPresseG[286]. Danach sind die „Behörden […] verpflichtet, der Presse die gewünschten Auskünfte zu erteilen"[287].

Ausgangspunkt des presserechtlichen Auskunftsanspruchs ist Art. 5 Abs. 1 S. 2 GG. Der presserechtliche Auskunftsanspruch[288] stellt eine besondere Form der Privilegierung des Instituts Freie Presse dar und ist verfassungsrechtlich abgesicherter Bestandteil der Pressefreiheit[289]. Er ermöglicht es der Presse, ihrer

284 Für den Rundfunk folgt der Anspruch aus dem bundesweit geltenden § 9a Rundfunkstaatsvertrag (RStV), *Lent*, LKV 2015, 145 (145). Für Anbieter von Onlinemedien mit journalistisch-redaktionell gestalteten Angeboten folgt der Anspruch aus § 55 Abs. 3 i.V.m. § 9a RStV. Umfasst ist hiervon vor allem die „elektronische Presse". Bei dem RStV handelt es sich um einen Staatsvertrag zwischen den Bundesländern, der jeweils durch Landesrecht umgesetzt worden ist. Auskunftsansprüche von Rundfunkanbietern stehen innerhalb der Rechtsquellenhierarchie auf gleicher Ebene wie der presserechtliche Auskunftsanspruch der Länder. Die Ausführungen zum presserechtlichen Auskunftsanspruch sind daher auf die Ansprüche nach dem Rundfunkstaatsvertrag übertragbar, s. BeckOK-InfoMedienR/*Schleyer*, RStV § 9a Rn 8.2; *Alexander*, ZUM 2013, 614 (619); *Altenhain*, Öffentlichkeit im Strafverfahren, C. 43.

285 Ein Landespressegesetz wird nicht in jedem Bundesland ausdrücklich als solches bezeichnet. In Saarland existiert anstelle dessen das Saarländische Mediengesetz, in Rheinland-Pfalz das sog. Landesmediengesetz. Gleichwohl sind stets auch diese Gesetze mitumfasst, wenn in dieser Arbeit von den Landespressegesetzen die Rede ist.

286 Behandelt wird in dieser Arbeit vorwiegend das Hessische Landespressegesetz. Eine inhaltlich vergleichbare Regelung beinhalten auch die jeweiligen Pressegesetze der weiteren Bundesländer. So zum Beispiel Bayern: Art. 4 LPG, Nordrhein-Westfalen: § 4 LPG.

287 Mit Ausnahme von Bayern und Hessen sehen die Auskunftsansprüche der Bundesländer die Einschränkung vor, dass die Auskunft der Erfüllung der öffentlichen Aufgabe der Presse dienen muss, s. *Altenhain*, Öffentlichkeit im Strafverfahren, C 11; *Simgen*, FS Wassermann, S. 534.

288 Zum Verhältnis des presserechtlichen Auskunftsanspruchs zu den gegenüber Behörden des Bundes bestehenden Auskunftsanspruch aus dem Informationsfreiheitsgesetz (§ 1 Abs. 1 S. 1 IFG) s. BVerwG NVwZ 2013, 431. Zur Frage der Anwendbarkeit des landesrechtlichen Auskunftsanspruchs gegenüber Bundesbehörden s. § 2 E. I. 1.

289 BVerfG NJW 1966, 1603 (1604 f.) – Spiegel Teilurteil; BVerwG NVwZ 2013, 431 Rn 45; *Partsch*, NJW 2013, 2858 (2858); *Germelmann*, DÖV 2013, 667 (669).

Aufgabe im Rahmen der demokratischen Meinungs- und Willensbildung in der Bevölkerung insoweit nachzukommen, als sie möglichst umfassende und wahrheitsgetreue Informationen über Geschehnisse von öffentlichem Interesse erhält und dadurch in die Lage versetzt wird, die Öffentlichkeit entsprechend zu unterrichten[290]. An seiner materiellen Verfassungsmäßigkeit bestehen keine Zweifel[291]. Vor dem verfassungsrechtlichen Hintergrund des presserechtlichen Auskunftsanspruchs stellen auch Staatsanwaltschaft sowie Gerichtsverwaltung Behörden i.S.d. presserechtlichen Auskunftsanspruchs dar[292]. Innerhalb der Behörde bestimmt der Behördenleiter, wer zur Auskunft verpflichtet ist[293], sofern keine sonstigen Vorgaben existieren[294]. Eine Verpflichtung der Staatsanwaltschaft, Öffentlichkeitsarbeit zu betreiben, folgt aus dem presserechtlichen Auskunftsanspruch allerdings nur mittelbar[295].

a. Inhalt, Form und Frist des Auskunftsanspruchs

Die Auskunft ist nur über Tatsachen zu erteilen. Die Auskunft erteilende Behörde ist nicht verpflichtet, rechtliche Stellungnahmen zu bestimmten Fragen abzugeben[296]. Der Auskunftsanspruch ist auf die Beantwortung konkreter Fragen gerichtet[297]. Er verschafft Zugang zu Informationen, aber nur zu solchen,

---

290 BGH NJW 2005, 1720 (1720); vgl. auch OVG Saarlouis ZUM-RD 1998, 573 (574).

291 S. zuletzt BVerfG (Kammer) NVwZ 2016, 50 Rn 12, s. aber *Meier*, FS Schreiber, S. 331 (334), der an der Bestimmtheit des Auskunftsanspruchs zweifelt, da eine ausdrückliche Befugnis zu Eingriffen in das informationelle Selbstbestimmungsrecht des Betroffenen nicht ausdrücklich normiert sei.

292 LG Wiesbaden NJW 2015, 2975 Rn 93 – Jahns; OLG Hamm NJW-RR 2015, 936 Rn 34; *Soehring*/Hoene, Presserecht, § 4 Rn 18; *Schroers*, NJW 1996, 969 (969 f.); *Huff*, AfP 2010, 332 (333) mit Verweis auf OLG Stuttgart AfP 1992, 291; Handbuch-StA/*Wankel*, S. 1336 Rn 8; *Wassermann*, Justiz und Medien, S. 153; *Huff*, AfP 2010, 332 (333); NK-StPO/*Hölscher*, § 475 Rn 1.

293 Bei den Staatsanwaltschaften ist dies der erste Beamte, vgl. § 144 GVG. Bei den Gerichten ist dies der Präsident, vgl. §§ 59, 115, 124 GVG, oder der Direktor, s. *Altenhain*, Öffentlichkeit im Strafverfahren, C 13.

294 *Altenhain*, Öffentlichkeit im Strafverfahren, C 13. In Hessen enthält 2.2. der Richtlinien für die Zusammenarbeit der hessischen Staatsanwaltschaften mit den Medien eine entsprechende Regelung. Danach bestellt die Behördenleitung den Pressedezernenten.

295 *Gounalakis*, NJW 2012, 1473 (1477).

296 OVG Münster NJW 1995, 2741 (2742); *Soehring*/Hoene, Presserecht, § 4 Rn 40; *Altenhain*, Öffentlichkeit im Strafverfahren, C 14.

297 VG Cottbus ZUM 2014, 441 (444).

die bei öffentlichen Stellen bereits vorhanden sind[298]. Ein Anspruch der Medien, Interviews – etwa mit Behördenleitern – führen zu dürfen, besteht ebenfalls nicht[299]. Ebenso wenig besteht ein Anspruch auf Akteneinsicht[300]. Art und Inhalt der Auswertung der erhaltenen Auskünfte obliegen ausschließlich dem Presseorgan[301].

Aus der Verpflichtung der Gerichtsverwaltung zur Auskunftserteilung folgt, dass Vertretern der Presse aus dem presserechtlichen Auskunftsanspruch auch ein Anspruch auf Überlassung gerichtlicher Entscheidungen zum Zwecke der Publikation zusteht[302].

Der presserechtliche Auskunftsanspruch ist nicht begründungspflichtig[303]. Eine bestimmte Form der Auskunftserteilung oder die Erteilung der Auskunft binnen einer bestimmten Frist kann von den Behörden nicht begehrt werden, da die Art und Weise der Auskunftserteilung im Ermessen der Behörde steht[304]. Sie erfolgt gebührenfrei[305].

---

298 BVerfG (Kammer) NVwZ 2016, 50 Rn 15; BVerwG NVwZ 2013, 1006 Rn 24; OVG Nordrhein-Westfalen ZUM-RD 2013, 348 (353); Soehring/*Hoene*, Presserecht, § 1 Rn 9a, § 4 Rn 40.

299 *Soehring*/Hoene, Presserecht, § 4 Tz. 40.

300 BVerfG (Kammer) NJW 2015, 3708 Rn 18; *Altenhain*, Öffentlichkeit im Strafverfahren, C 15; *Soehring*/Hoene, Presserecht, § 4 Rn 22b, außer bei Vorliegen komplexer Sachverhalte, etwa bei Auswertung von Sachverständigengutachten. Eine Ausnahme wird auch dann zugelassen, wenn die Auskunft nur in Form der Akteneinsicht sachgemäß wahrgenommen werden kann, wenn also das Ermessen der Behörde bezüglich der Auskunftserteilung auf Null reduziert ist, VG Cottbus ZUM 2014, 441 (444); VG Karlsruhe BeckRS 2016, 48435.

301 VG Berlin NJW 2001, 3799 (3801 f.), wonach eine Prüfung der auskunftspflichtigen Behörde, ob die erteilte Auskunft unverändert durch das Presseorgan veröffentlicht wird, einer verbotenen Vorzensur gleichkäme. Schließlich sei das Presseorgan im Falle unzulässiger Veröffentlichung Schadensersatz- und Unterlassungsklagen ausgesetzt; *Soehring*/Hoene, Presserecht, § 4 Rn 36.

302 *Soehring*/Hoene, Presserecht, § 4 Rn 35b. Für die Überlassung von nichtveröffentlichten anonymisierten Strafurteilen an Pressevertreter ist nicht das erkennende Gericht, sondern der Behördenleiter der Staatsanwaltschaft, der leitende Oberstaatsanwalt, befugt, s. Handbuch-StA/*Wankel*, S. 1341 Rn 21. Zur Publikationspflicht betreffend gerichtlicher Entscheidungen s. bereits § 2 C. II.

303 *Püschel*, AfP 2006, 401 (406); *Schnabel*, NVwZ 2012, 854 (855).

304 BVerfG (Kammer) NJW 2015, 3708 Rn 18; BVerwG, Beschluss vom 25.03.1966 – I B 18.65, Rn 7 (zitiert nach JurionRS 1066, 14190); VG Cottbus ZUM 2014, 441 (444); OVG Nordrhein-Westfalen ZUM-RD 2013, 348 (353); Löffler/*Burkhardt*, LPG, § 4 Rn 81 f.

305 *Schnabel*, NVwZ 2012, 854 (857).

b. Schranken

Nach § 3 Abs. 1 S. 1 HPresseG sind Behörden verpflichtet, der Presse die gewünschte Auskunft zu erteilen. Die Pflicht besteht aber nicht schrankenlos. Liegt ein Auskunftsverweigerungsgrund vor, „kann" die Behörde die Auskunft verweigern[306]. Die Verweigerung der Auskunft stellt eine Ermessensentscheidung der Behörde dar, welche ihrerseits gerichtlich überprüfbar ist[307]. Die Ermessenentscheidung erfordert eine Güterabwägung. Abzuwägen ist das jeweils konkret in Frage stehende Informationsinteresse der Öffentlichkeit nach Aktualität und Intensität einerseits und das Gewicht derjenigen öffentlichen und privaten Belange, die der Auskunftserteilung ganz oder teilweise entgegenstehen könnten, andererseits[308]. Nach dem Prinzip der praktischen Konkordanz sind die kollidierenden Rechtsgüter in einen angemessenen Ausgleich zu bringen[309]. Die Unzulässigkeit eines generellen Auskunftsverbots normiert § 3 Abs. 2 HPresseG.

In Hessen sind die Ausschlussgründe in § 3 Abs. 1 S. 2 Nrn. 1 bis 3 HPresseG geregelt[310]. Sie sind generalklauselartig formuliert[311].

aa. § 3 Abs. 1 S. 2 Nr. 1 HPresseG

Die Auskunft kann verweigert werden, wenn durch sie die sachgemäße Durchführung eines schwebenden straf- oder dienststrafgerichtlichen Verfahrens

306 Zu den jeweiligen Schranken mit zahlreichen Beispielfällen s. Löffler/*Burkhardt*, LPG, § 4 Rn 102 ff.

307 Löffler/*Burkhardt*, LPG, § 4 Rn 98; *Pruggmayer/Möller*, KuR 2011, 234 (235).

308 OVG Bremen NJW 1989, 926 (926); VG Berlin NJW 2001, 3799 (2780 f.); VG Saarlouis NJW 2003, 3431 (3432); Löffler/*Burkhardt*, LPG, § 4 Rn 98; *Soehring*/Hoene, Presserecht, § 4 Tz. 24; *Germelmann*, DÖV 2013, 667 (669); Zu den einzelnen Abwägungskriterien s. *Soehring*/Hoene, Presserecht, § 4 Rn 25 ff., 41 ff.

309 *Kalenborn*, JA 2016, 6 (7); *Altenhain*, Öffentlichkeit im Strafverfahren, C 15. Obwohl das Prinzip der praktischen Konkordanz nur auf die vorbehaltlos gewährleisteten Grundrechte Anwendung findet, greift es nach BVerfG NJW 1958, 257 (258) – Lüth, auch im Rahmen des Art. 5 Abs. 1 GG ein, obgleich die in Art. 5 Abs. 1 GG aufgezählten Grundrechte gemäß Art. 5 Abs. 2 GG nur in den Schranken der allgemeinen Gesetze gewährleistet werden. Zur weiteren Ausnahme, der Anwendbarkeit des Prinzips der praktischen Konkordanz auf Art. 12 Abs. 1 GG, s. BVerfG NJW 1958, 1035 (1037 f.).

310 Die in sämtlichen Landespressegesetzen enthaltene Schranke der entgegenstehenden Vorschriften über die Geheimhaltung wird im hessischen Pressegesetz nicht erwähnt. Insoweit gelten jedoch allgemeine Abwägungsgrundsätze, Löffler/*Burkhardt*, LPG, § 4 Rn 108; *Altenhain*, Öffentlichkeit im Strafverfahren, C 17.

311 *Pruggmayer/Möller*, KuR 2011, 234 (234).

vereitelt, erschwert, verzögert oder gefährdet würde, § 3 Abs. 1 S. 2 Nr. 1 HPresseG[312]. Das Ermittlungsverfahren wird hiernach nicht erfasst, da es nicht dem straf- oder dienstgerichtlichen Verfahren zugeordnet werden kann[313].

bb. § 3 Abs. 1 S. 2 Nr. 3 HPresseG

Ferner kann die Auskunft verweigert werden, falls eine im öffentlichen Interesse liegende Maßnahme durch ihre vorzeitige öffentliche Erörterung vereitelt, erschwert, verzögert oder gefährdet werden könnte, § 3 Abs. 1 S. 2 Nr. 3 HPresseG. Bei dem Ermittlungsverfahren handelt es sich um eine im öffentlichen Interesse liegende Maßnahme in diesem Sinne[314]. Straftaten effektiv zu verfolgen und für eine funktionsfähige Strafrechtspflege zu sorgen ist aus dem Rechtsstaatsprinzip des Art. 20 Abs. 3 GG begründet und genießt daher Verfassungsrang[315]. Dazu ist eine möglichst umfassende Wahrheitsermittlung durch die Strafverfolgungsorgane erforderlich[316]. Die Sachverhaltsaufklärung wird aber gefährdet oder wird unmöglich, wenn Strafverfolgungsorgane ausnahmslos zur Auskunft verpflichtet sind[317]. An das Erfordernis der Vereitelung, Erschwerung, Verzögerung oder Gefährdung einer im öffentlichen Interesse liegenden Maßnahme sind strenge Anforderungen zu stellen. Die Auskunftsverweigerung muss auf einer konkret begründeten Gefahr beruhen und darf nicht aufgrund abstrakter Befürchtung abgelehnt werden[318].

---

312 Außer in Hessen und Thüringen schränken die Landespressegesetze der Länder die Auskunftserteilungspflicht auch bei entgegenstehendem Geheimhaltungsinteresse ein, etwa wenn Staats- und Dienstgeheimnisse schützende Normen wie §§ 93 ff., 203, 353b StGB oder § 43 DRiG betroffen sind.

313 Löffler/*Burkhardt*, LPG, § 4 Rn 103; *Altenhain*, Öffentlichkeit im Strafverfahren, C 15.

314 *Altenhain*, Öffentlichkeit im Strafverfahren, C 15.

315 BVerfG NJW 1988, 329 (330); 2014, 2777 (2778); *Altenhain*, Öffentlichkeit im Strafverfahren, C 15.

316 BVerfG NJW 1972, 1123 (1124); 1988, 329 (330); 2001, 1121 (1123).

317 *Altenhain*, Öffentlichkeit im Strafverfahren, C 16.

318 OVG NRW ZUM-RD 2013, 484 (487); Löffler/*Burkhardt*, LPG, § 4 Rn 106. Die Auslegung entspricht denjenigen des in den §§ 147 Abs. 2 S. 1, Abs. 7 S. 1, 406e Abs. 2 S. 2, 477 Abs. 2 S. 1, 492 Abs. 3 S. 3 Hs. 2 StPO anzutreffenden Begriffs der Gefährdung des Untersuchungszwecks, s. *Altenhain*, Öffentlichkeit im Strafverfahren, C 16. Eine Gefährdung des Untersuchungszwecks tritt nicht etwa dann ein, wenn das erkennende Gericht infolge der Informationsweitergabe an die Presse Kenntnis vom Stand der Ermittlungen erhält. Nach § 199 Abs. 2 S. 2 StPO erhält das zuständige Gericht bereits vor Eröffnungsbeschluss Kenntnis vom Akteninhalt. Nach § 200 Abs. 2 S. 1 StPO ist es neben der Anklageschrift auch über das wesentliche Ergebnis der Ermittlungen in Kenntnis zu setzen, *Altenhain*, Öffentlichkeit im Strafverfahren, C 16.

cc. § 3 Abs. 1 S. 2 Nr. 2 HPresseG

Schließlich kann die Auskunft verweigert werden, wenn an der öffentlichen Bekanntgabe „persönlicher Angelegenheiten Einzelner" kein berechtigtes Interesse besteht, § 3 Abs. 1 S. 2 Nr. 2 HPresseG[319]. Insoweit bieten das HPresseG sowie das Thüringische Landespressegesetz den weitest gehenden Schutz persönlicher Daten und Informationen[320]. Auch wenn ein privates Interesse für sich genommen nicht schutzwürdig ist, kann die Auskunft verweigert werden, wenn an der öffentlichen Weitergabe der Information kein berechtigtes Interesse von Seiten der Presse dargelegt wird[321]. „Persönliche Angelegenheiten" i.S.d. Norm umfassen, auch wenn nicht ausdrücklich normiert, Angelegenheiten des Allgemeinen Persönlichkeitsrechts[322]. Zu ihnen soll auch das Recht von der Auskunft Betroffener am eingerichteten und ausgeübten Gewerbebetrieb fallen[323]. Eine Schranke des § 3 Abs. 1 S. 2 Nr. 2 HPresseG bilden demnach auch wirtschaftliche Interessen des Betroffenen, auch wenn dies nicht explizit aus dem Wortlaut hervorgeht.

Bei Gleichwertigkeit der widerstreitenden Interessen ist der Schutz des privaten Interesses vorrangig, weil das öffentliche Interesse nicht überwiegt[324].

319 *Altenhain*, Öffentlichkeit im Strafverfahren, C 57 hält die Regelungen in den Landespressegesetzen insoweit nicht für überzeugend, als diese die Entscheidung, ob Auskunft erteilt wird, insbesondere über personenbezogene Informationen, der auskunftsverpflichteten Behörde alleine überlässt. Eine solche Entscheidung wirke sich im Zweifel zulasten des Beschuldigten aus, da dieser in der Regel nicht in der Lage sein werde, gegen die Entscheidung vorzugehen. Ähnlich auch BeckOK-InfoMedienR/*Soppe*, HPresseG § 3 Rn 38.

320 Vgl. § 4 Abs. 2 S. 1 Nr. 2 Landespressegesetz Thüringen. Löffler/*Burkhardt*, LPG, § 4 Rn 129.

321 Löffler/*Burkhardt*, LPG, § 4 Rn 129. Wo eine solche Formulierung fehlt, soll der Schutz des Allgemeinen Persönlichkeitsrechts der von der Auskunft Betroffenen über die Schranke der allgemeinen Gesetze des Art. 5 Abs. 2 GG erfolgen, *Soehring*/Hoene, Presserecht, § 4 Rn 24.

322 Vgl. nur VGH Mannheim NJW 2018, 90 Rn 12 ff.

323 BeckOK-InfoMedienR/*Soppe*, HPresseG § 3 Rn 38; OVG Münster, Beschluss vom 21.8.2008 – 8 B 913/08, Rn 21 (Juris).

324 BGH NJW 1994, 1950 (1952); OLG Hamm NJW-RR 2015, 936 Rn 34.

4. § 475 Abs. 4, 1 StPO

Nach § 475 Abs. 4, 1 StPO können „Privatpersonen“ und „sonstigen Stellen“ Auskünfte aus den Akten[325] zu laufenden oder bereits abgeschlossenen Strafverfahren[326] gewährt werden, soweit hierfür ein berechtigtes öffentliches Interesse dargelegt wird. § 475 StPO ist sowohl gesetzliche Grundlage für einen Eingriff in das Recht auf informationelle Selbstbestimmung des Betroffenen[327] als auch eine materielle Anspruchsgrundlage des Strafprozessrechts[328]. Akteneinsicht kann hingegen nicht verlangt werden[329], da § 475 Abs. 4 StPO nur auf Absatz 1 und nicht auch auf Absatz 2 verweist. Das berechtigte öffentliche Interesse muss dargelegt und schlüssig begründet werden[330]. Eine Glaubhaftmachung ist dagegen nicht erforderlich[331]. Die Stellung als Verfahrensbeteiligter im Ermittlungs- bzw. Strafverfahren schließt einen Auskunftsanspruch nach § 475 Abs. 4, 1 StPO aus[332]. Die Auskunft ist unter den Voraussetzungen des § 477 Abs. 2 S. 1 StPO dann zu versagen, wenn der Übermittlung der Auskunft Zwecke des Strafverfahrens entgegenstehen[333].

Wegen des Eingriffscharakters der Auskunftserteilung hat die Auskunft erteilende Stelle eine Interessensabwägung vorzunehmen[334]. Die Entscheidung über die Auskunftserteilung stellt eine Ermessensentscheidung dar[335]. Zuständig im

---

325 Der Anspruch bezieht sich, im Gegensatz zum presserechtlichen Auskunftsanspruch, nur auf „Auskünfte aus den Akten“, also nicht auch auf alle der Behörde vorliegenden Informationen, *Altenhain*, Öffentlichkeit im Strafverfahren, C 44.

326 KK-StPO/*Gieg*, StPO § 475 Rn 1.

327 Die Erteilung von Auskünften aus Verfahrensakten stellt stets einen Eingriff in das Recht auf informationelle Selbstbestimmung desjenigen dar, dessen personenbezogene Daten einem Dritten zugänglich gemacht werden, BVerfG (Kammer) NJW 2007, 1052 (1052).

328 BeckOK-StPO/*Wittig*, StPO § 475 Rn 1.

329 OVG Münster NJW 2001, 3803 (3803); BeckOK-StPO/*Wittig*, StPO § 475 Rn 14.

330 NK-Strafrecht/*Hölscher*, StPO § 475 Rn 3; KK-StPO/*Gieg*, StPO § 475 Rn 4.

331 KK-StPO/*Gieg*, StPO § 475 Rn 4. Ebenso wenig ist die Einschaltung eines Rechtsanwalts Voraussetzung für die Auskunftserteilung, KK-StPO/*Gieg*, StPO § 475 Rn 9.

332 Die Vorschrift regelt die Informationsübermittlung an Private, die nicht Beschuldigte, Privatkläger, Nebenkläger oder Verletzte sind, s. BT-Drs. 14/1484, S. 26. Eine Aufzählung bieten KK-StPO/*Gieg*, StPO § 475 Rn 1; BeckOK-StPO/*Wittig*, StPO § 475 Rn 2.

333 *Meier*, FS Schreiber, S. 331 (335).

334 BVerfG (Kammer) NJW 2007, 1052 (1052).

335 BeckOK-StPO/*Wittig*, StPO § 475 Rn 14; *Meier*, FS Schreiber, S. 331 (335). S. auch den Wortlaut des § 475 Abs. 4 StPO: „können“.

vorbereitenden Verfahren ist die Staatsanwaltschaft, § 478 Abs. 1 S. 1 StPO[336]. Auch nach Erhebung der öffentlichen Klage ist die Staatsanwaltschaft befugt, Auskunft zu erteilen, § 478 Abs. 1 S. 2 StPO.

Ob die Presse als „sonstige Stelle“ i.S.d. § 475 Abs. 4, Alt. 2 StPO anspruchsberechtigt ist, ist umstritten[337]. Der Wortlaut der Norm schließt die Medien nicht aus, sie werden vom Gesetzgeber jedoch auch nicht ausdrücklich erwähnt[338]. Da sie vom Gesetzgeber aber auch nicht ausdrücklich von einem Anspruch nach § 475 Abs. 4, 1 StPO ausgeschlossen werden, ist ein Auskunftsanspruch von Medien gegenüber der Staatsanwaltschaft auch aus § 475 Abs. 4, 1 StPO zu bejahen. Den Medien bringt ein Auskunftsanspruch nach § 475 Abs. 4, 1 StPO jedoch qualitativ weniger als derjenige nach den jeweiligen Landespressegesetzen. Zum einen wird die privilegierte Stellung der Presse in § 475 Abs. 4 StPO nicht berücksichtigt[339]. Zum anderen liegt in dem Stadium, in dem die Auskunftserteilung

---

336 Im Zwischen- und Hauptverfahren ist auch der Vorsitzende des Gerichts zuständig, § 487 Abs. 1 S. 1 StPO.

337 **Offengelassen** in BVerwG NJW 2015, 807 Rn 49. **Verneinend:** OVG Weimar BeckRS 43453; Handbuch-StA/*Wankel*, S. 1336 Rn 14; BeckOK-StPO/*Wittig*, StPO § 475 Rn 4; *Altenhain*, Öffentlichkeit im Strafverfahren, C 44 f; *Eisele*, JZ 2014, 932 (936 f.). **Bejahend:** VGH München NJW 2014, 2057 Rn 23 – Fall Gurlitt; VG Augsburg ZUM-RD 2014, 322 (326); OVG Münster NJW 2001, 3803 (3803); *Meyer*, Der Gerichtsprozess in der medialen Berichterstattung, S. 287 f.; AE-StuM/*Meier*, S. 89; *ders.*, FS Schreiber, S. 331 (335) argumentiert damit, dass § 475 StPO im Gegensatz zum presserechtlichen Auskunftsanspruch die Befugnis normiert, in das Recht auf informationelle Bestimmung des Einzelnen einzugreifen. AE-StuM/*Weigand* S. 35 f., stellt für einen Auskunftsanspruch der Medien auf berechtigtes Interesse der Allgemeinheit ab. Sofern § 475 Abs. 4, 1 StPO als Rechtsgrundlage für staatsanwaltschaftliche Medienauskünfte bejaht wird, stehen nach VG München BeckRS 2012, 57548 der presserechtliche Auskunftsanspruch und der Anspruch gemäß § 475 Abs. 4, 1 StPO nebeneinander.

338 Eine Konkretisierung der „sonstigen Stellen“ erfolgt in der Gesetzesbegründung nicht, s. BT-Drs. 14/1484, S. 27. Nach *Altenhain*, Öffentlichkeit im Strafverfahren, C 43, legt dies die Annahme nahe, der Gesetzgeber habe wegen des presserechtlichen Auskunftsanspruchs keinen Regelungsbedarf gesehen. Dafür spreche auch die von § 475 Abs. 1 StPO geforderte Darlegung eines berechtigten Interesses an der Auskunft, welches aufgrund der verfassungsrechtlichen Position der Presse nicht verlangt werden dürfe und auch nicht in den Landespressegesetzen sowie dem Rundfunkstaatsvertrag enthalten sei. Für den presserechtlichen Auskunftsanspruch erforderlich sei insoweit nur eine konkrete Anfrage.

339 Nach *Meier*, FS Schreiber, S. 331 (335) wird die Presse lediglich unter den schwammigen Begriff der „sonstigen Stellen“ subsumiert.

für die Presse interessant wäre, dem Bereich der ersten Ermittlungshandlungen, meist noch gar keine Akte i.S.d. § 475 Abs. 4, 1 StPO vor[340].

5. *Informationsfreiheitsgesetz (IFG)*

a. *Berechtigte, Verpflichtete*

Der für jedermann bestehende Anspruch auf Informationszugang gemäß § 1 Abs. 1 S. 1 IFG richtet sich gegen Behörden des Bundes[341]. Für Auskunftsansprüche gegenüber der Staatanwaltschaft zu laufenden oder abgeschlossenen Ermittlungen spielt das IFG des Bundes daher keine Rolle.

Er findet dennoch Beachtung in dieser Arbeit, da nach der Rechtsprechung des *BVerwG*[342] zum verfassungsunmittelbaren Auskunftsanspruch der Presse der Informationszugangsanspruch nach dem IFG an Bedeutung gewinnt, soweit Auskunft gegenüber einer Bundesbehörde begehrt wird. Von Bedeutung sind für die vorliegende Arbeit Auskunftsansprüche der Presse gegenüber Bundesgerichten sowie der Bundesanwaltschaft, hier eigens gegenüber dem Generalbundesanwalt beim BGH[343].

Als Organe der Rechtspflege, die rechtsprechende Gewalt i.S.d. Art. 92, 95 f. GG ausüben, fallen das *BVerfG* sowie die Bundesgerichte nicht in den Anwendungsbereich des IFG[344]. Soweit dort allerdings öffentlich-rechtliche Verwaltungsaufgaben, etwa Aufgaben der Justizverwaltung nach § 23 EGGVG, wahrgenommen werden, fallen sie als sonstige Bundesorgane und -einrichtungen in den Anwendungsbereich des IFG nach § 1 Abs. 1 S. 2 IFG[345]. Auch der Generalbundesanwalt beim BGH (GBA) ist als Organ der Rechtspflege, vgl. §§ 142 Abs. 1 Nr. 1, 142a GVG, nach § 1 Abs. 1 S. 2 IFG informationspflichtig, soweit er eine öffentlich-rechtliche Verwaltungstätigkeit wahrnimmt[346].

---

340 *Meier*, FS Schreiber, S. 331 (335).

341 BT-Drs. 15/4493, 7; *Germelmann*, DÖV 2013, 667 (671). Mit Ausnahme der Länder Baden-Württemberg, Bayern, Hessen, Sachsen und Niedersachsen existieren neben dem IFG auch entsprechende Landesgesetze, s. *Altenhain*, Öffentlichkeit im Strafverfahren, C 45.

342 BVerwG NVwZ 2013, 1006; 2015, 1383; 2015, 1388; 2016, 945; 2016, 1020.

343 **Krit.** zur Personifizierung einer Behördenbezeichnung, KK-StPO/*Mayer*, GVG § 142 Rn 7.

344 BeckOK-InfoMedienR/*Debus*, IFG § 1 Rn 143.2; *Schoch*, IFG, § 1 Rn 219.

345 BT-Drs. 15/4493, S. 7; BeckOK-InfoMedienR/*Debus*, IFG § 1 Rn 143.2; PdK-IFG/*Brink/Wirtz*, IFG § 1 Rn 4.2.

346 VG Karlsruhe BeckRS 2016, 48435; BeckOK-InfoMedienR/*Debus*, IFG § 1 Rn 143.3; *Schnabel*, NVwZ 2012, 854 (855).

b. Form, Inhalt, Schranken

Spezialgesetzliche Informationszugangsregeln[347] gehen nach § 1 Abs. 3 IFG dem Informationszugangsanspruch vor[348], verdrängen ihn allerdings nicht[349].

Der Antrag auf Informationszugang ist in der Regel formfrei[350]. Im Gegensatz zum presserechtlichen Auskunftsanspruch gewährt der Anspruch nach dem IFG auch ein Recht auf Akteneinsicht[351]. Der letztlich voraussetzungslose[352] Anspruch auf Zugang zu amtlichen Informationen ist unter den Vorgaben des § 3 IFG ausgeschlossen. Der Ausschluss erfordert keine vorherige Abwägung widerstreitender Interessen durch die Behörde[353], da der Gesetzgeber bei Erlass des IFG die Abwägung bereits vorweggenommen hat[354]. Es handelt sich bei den in § 3 IFG aufgezählten Tatbeständen um absolute Ausnahmetatbestände[355]. Unter den Voraussetzungen des § 10 Abs. 1 S. 1 IFG ist die Auskunftserteilung grundsätzlich gebührenpflichtig[356], es sei denn, es handelt sich um die Erteilung

---

347 Nach BGH NStZ 2007, 538 (539) stellen etwa die Vorschriften der StPO zur Akteneinsicht abschließende Regelungen dar, die dem IFG vorgehen. **Krit.** BeckOK-InfoMedienR/*Debus*, IFG § 1 Rn 216, der auf die Existenz des § 3 Nr. 1g 1. Var. IFG verweist und im Umkehrschluss davon ausgeht, dem IFG seien Informationszugangsansprüche bei Durchführung eines Gerichtsverfahrens nicht vollständig fremd.

348 BT-Drs. 15/4493, S. 8.

349 So BeckOK-InfoMedienR/*Debus*, IFG § 1 Rn 180.

350 Die Behörde kann im Einzelfall einen schriftlichen Antrag verlangen, um die Identität des Antragstellers festzustellen, etwa, wenn ein Dritter über die Identität des Antragstellers unterrichtet werden muss, um der Freigabe seiner personenbezogenen Daten oder seiner Betriebs- oder Geschäftsgeheimnisse zuzustimmen, s. *Schmitz/Jastrow*, NVwZ 2005, 984 (989).

351 *Germelmann*, DÖV 2013, 667 (672).

352 BeckOK-InfoMedienR/*Debus* IFG § 3 Rn 152; *Schnabel*, NVwZ 2012, 854 (855).

353 *Püschel*, AfP 2012, 401 (405); *Schoch*, NVwZ 2016, 940 (943).

354 *Püschel*, AfP 2012, 401 (405).

355 *Püschel*, AfP 2012, 401 (405).

356 Die Berechnung richtet sich nach der Verordnung über die Gebühren und Auslagen nach dem Informationsfreiheitsgesetz (IFGGebV). Die Höchstgrenze beträgt 500 Euro, s. BT-Drs. 15/4493, S. 16. Die Entscheidung über einen Antrag auf Informationszugang, der einen einheitlichen Lebenssachverhalt betrifft, ist im Hinblick auf die dafür anfallenden Gebühren als einheitliche Amtshandlung anzusehen, unabhängig davon, ob sie durch einen oder mehrere Verwaltungsakte erfolgt, vgl. BVerwG NVwZ 2017, 485 (486).

einer einfachen Auskunft, § 10 Abs. 1 S. 2 IFG[357]. Lehnt die Behörde den Informationszugangsanspruch ab, dürfen keine Gebühren erhoben werden[358].

Der Informationszugangsanspruch steht auch Pressevertretern zur Verfügung[359]. Da jedoch der Anspruch nach dem IFG nicht an die spezifische Informations- und Kontrollfunktion der Presse anknüpft, stehen Pressevertreter nach dem IFG bloß jedermann gleich[360]. Die unter den Voraussetzungen des § 10 IFG zu erhebenden Gebühren gelten daher auch gegenüber Vertretern der Presse[361]. Die Gebührenpflicht verstößt demzufolge nicht gegen die Pressefreiheit des Art. 5 Abs. 1 S. 2 GG[362]. Nach § 7 Abs. 5 S. 2 IFG soll der Informationszugang innerhalb eines Monats erfolgen.

c. Auswirkungen des Urteils des BVerwG vom 20.2.2013

Nach dem oben bereits erörterten Urteil des *BVerwG* vom 20.2.2013[363] können Behörden des Bundes aus dem presserechtlichen Auskunftsanspruch der Länder nicht zur Auskunftserteilung gegenüber Pressevertretern verpflichtet werden. Diesen verbleibt für Auskunftsansprüche gegenüber Bundesbehörden nur noch

357 Darunter fallen insbesondere mündliche Auskünfte ohne Rechercheaufwand, BT-Drs. 15/4493, S. 16.

358 BT-Drs. 15/4493, S. 16.

359 BVerwG NVwZ 2012, 854 (858); 2013, 431 Rn 46; OVG Münster BeckRS 2011, 55609; *Germelmann*, DÖV 2013, 667 (672). *Schnabel*, NVwZ 2012, 854 (857 f.); *Püschel*, AfP 2006, 401 (407). Die Pressegesetze der Länder Berlin (§ 4 Abs. 4 Pressegesetz Berlin), Hamburg (§ 16 Pressegesetz Hamburg) und Nordrhein-Westfalen (§ 4 Abs. 2 S. 1 Pressegesetz NRW) sehen ein Nebeneinander vom Landes-IFG und dem presserechtlichen Auskunftsanspruch vor, *Schnabel*, NVwZ 2012, 854 (858). Die Ansprüche aus dem IFG sowie den Pressegesetzen der Länder können parallel geltend gemacht werden. Wird der Auskunftsanspruch sowohl auf das IFG als auch auf das Landespressegesetz gestützt, handelt es sich prozessual um eine Klagehäufung und nicht um eine Anspruchsnormkonkurrenz. Insoweit liegen unterschiedliche Klagearten und damit auch unterschiedliche Streitgegenstände vor, s. BVerwG AfP 2016, 564 (564 f.). Das ist insofern für Pressevertreter von Bedeutung, als sie flexibel in Bezug auf die begehrte Rechtsfolge Auskunft (nach den Pressegesetzen der Länder) oder Akteneinsicht (nach dem IFG) begehren können.

360 BVerwG NVwZ 2013, 1006 Rn 28; AfP 2016, 564 Rn 7; *Germelmann*, DÖV 2013, 667 (672).

361 OVG Berlin-Brandenburg BeckRS 2014, 58830.

362 OVG Berlin-Brandenburg BeckRS 2014, 58830.

363 BVerwG NVwZ 2013, 1006. Bestätigt in BVerwG NVwZ 2015, 1383; 2015, 1388; 2016, 945; 2016, 1020.

der Informationszugangsanspruch nach dem IFG respektive der vom *BVerwG* als Anspruchsgrundlage ernannte Art. 5 Abs. 1 S. 2 GG.

Für Auskunftsverlangen von Presseangehörigen gegenüber Bundesgerichten oder dem GBA, beispielsweise in Gestalt von Einsichtnahmen in Gerichtsakten, kommt ausweislich der Rechtsprechung des *BVerwG* der presserechtliche Auskunftsanspruch der Länder insoweit nicht mehr in Betracht, als eine entgegenstehende Gesetzgebungskompetenz des Bundes vorliegt. Wird eine Bundeskompetenz bejaht, ist zu ermitteln, ob ein Bundesgesetz Voraussetzungen eines diesbezüglichen Auskunftsanspruchs regelt. Soweit dies nicht der Fall sein sollte, kommt für die Presse ein Anspruch unmittelbar aus Art. 5 Abs. 1 S. 2 GG in Betracht.

aa. Oberste Bundesgerichte

Ein Auskunftsanspruch der Presse auf Herausgabe von Urteilsabschriften gegenüber den obersten Gerichtshöfen des Bundes[364] folgt in konsequenter Fortführung der Rechtsprechung des *BVerwG* aus dem IFG[365]. Die Veröffentlichung von Gerichtsentscheidungen stellt keine „Rechtsprechung“ dar, welche ihrerseits dem Anwendungsbereich des IFG entzogen ist[366], sondern ist Aufgabe der Gerichtsverwaltung. Der Zugang zu Gerichtsentscheidungen unterfällt daher § 1 Abs. 1 S. 2 IFG[367]. Die Publikation gerichtlicher Entscheidungen sieht auch das *BVerwG* als eine Aufgabe der Gerichtsverwaltung an[368]. Etwas anderes gilt für die Amtspflicht zur Information der Öffentlichkeit über laufende Gerichtsverfahren[369]. Eine öffentlich-rechtliche Tätigkeit liegt darin nicht, so dass das IFG insoweit nicht anwendbar ist.

---

364 Oberste Gerichtshöfe des Bundes sind der Bundesgerichtshof, das Bundesarbeitsgericht, das Bundesfinanzgericht, das Bundesverwaltungsgericht sowie das Bundessozialgericht, Art. 95 Abs. 1 GG. Das Bundesverfassungsgericht (Art. 94 GG) ist nach § 1 Abs. 1 BVerfGG selbständiges und unabhängiges Verfassungsorgan des Bundes.

365 *Schoch*, IFG, § 1 Rn 104, 220.

366 *Schoch*, IFG, § 1 Rn 119; *Schmitz/Jastrow*, NVwZ 2005, 984 (988).

367 Zwar trifft das erkennende Gericht die Auswahl der zur Veröffentlichung bestimmten Gerichtsentscheidungen. Die Presse- oder Medienstelle des Gerichts (die Gerichtsverwaltung) ist es aber, der die Veröffentlichung gewährleistet und den Zugang zu Gerichtsentscheidungen sichert, so dass es sich um eine Aufgabe der Gerichtsverwaltung und nicht um eine der Rechtsprechung handelt. S. *Schoch*, IFG, § 1 Rn 220; NK-Strafrecht/*Hölscher*, StPO § 475 Rn 1.

368 BVerwG NJW 1997, 2694 (2695); *Schoch*, IFG, § 1 Rn 220.

369 *Schoch*, IFG, § 1 Rn 104.

Aus dem presserechtlichen Auskunftsanspruch können oberste Gerichtshöfe des Bundes nicht mehr verpflichtet werden[370]. Die Gesetzgebungskompetenz zur Regelung bundesgerichtlicher Auskunftspflichten liegt insoweit beim Bund und folgt als Annex zu der jeweiligen Sachkompetenz des Bundes. Sie ergibt sich aus der ausschließlichen Gesetzgebungskompetenz des Bundes zur Errichtung oberster Bundesgerichte gemäß Art. 95 Abs. 1 GG[371]. Die Kompetenz zur Errichtung der obersten Gerichtshöfe des Bundes schließt als Annex die Befugnis ein, Voraussetzungen und Grenzen zu regeln, unter denen der Öffentlichkeit einschließlich der Presse Informationen zu erteilen sind oder erteilt werden dürfen[372].

In Verfahren vor dem *BVerfG* folgt das Recht auf Akteneinsicht aus den §§ 35a, 35b BVerfGG[373]. Das vorgenannte Problem stellt sich in solchen Verfahren demnach nicht.

bb. GBA

Auskunftsansprüche der Presse gegenüber dem GBA sind weitaus problematischer. Öffentlich-rechtliche Verwaltungstätigkeiten des Generalbundesanwalts sind vom Informationszugangsanspruch nach § 1 Abs. 1 S. 2 IFG zwar umfasst. Ist aber eine Tätigkeit des Generalbundesanwalts funktional dem Bereich der Strafrechtspflege zuzuordnen, was bei Maßnahmen während laufender Ermittlungen

370 VG München BeckRS 2014, 48411, betreffend des Auskunftsanspruchs eines Medienunternehmens gegen den Bundesfinanzhof auf Herausgabe eines anonymisierten Gerichtsbescheides.

371 VG München BeckRS 2014, 48411. Im zu entscheidenden Fall hat das VG München den Anspruch auf Herausgabe des streitgegenständlichen anonymisierten Gerichtsbescheids unter dem Aspekt der Publikationspflicht der Gerichte betreffend veröffentlichungswürdiger Entscheidungen verneint. Ein Gerichtsbescheid entfalte nach Ansicht des Gerichts keine eigenständige rechtliche Wirkung und sei daher nicht veröffentlichungswürdig. Mit der gleichen Begründung hat es auch einen Anspruch aus Art. 5 Abs. 1 S. 2 GG verneint. Andernfalls würden die rechtsstaatlichen Grundsätze zur Herausgabe von Gerichtentscheidungen faktisch umgangen. Ebenfalls unter dem genannten Gesichtspunkt hat das Gericht einen Anspruch nach § 1 Abs. 1 S. 2 IFG gestützt auf § 3 Nr. 1g 1. Var. IFG verneint.

372 Als erster der obersten Gerichte wurde der Bundesfinanzhof durch das Gesetz über den Bundesfinanzhof vom 29.6.1950 (BGBl. I, S. 257) mit Sitz in München errichtet, VG München BeckRS 2014, 48411.

373 *Schoch*, IFG, § 1 Rn 225. Vertreter der Presse dürften auch hier „nur" Privatpersonen im Sinne der Norm sein. Für am Verfahren vor dem *BVerfG* Beteiligte folgt das Recht auf Akteneinsicht aus § 20 BVerfGG.

kaum zu verneinen sein dürfte, scheidet eine Anwendung des IFG aus[374]. Als Bundesbehörde kann der Generalbundesanwalt beim BGH nach der Rechtsprechung des *BVerwG* auch nicht nach dem presserechtlichen Auskunftsanspruch verpflichtet werden. Aus den Art. 95, 96 Abs. 5 GG folgt eine ausschließliche Gesetzgebungskompetenz des Bundes für die Strafgerichtsbarkeit im Rahmen der Zuständigkeit des *BGH*[375]. Von dieser Gesetzgebungskompetenz umfasst ist auch die Befugnis zur Errichtung einer dem Bundesgerichtshof zugeordneten Strafverfolgungsbehörde sowie zur Regelung deren Aufgaben[376]. Folglich fehlt dem Landesgesetzgeber die Kompetenz, um mittels des presserechtlichen Auskunftsanspruchs den GBA zur Auskunftserteilung zu verpflichten. Dass der Bund im Rahmen der ihm zustehenden ausschließlichen Gesetzgebungskompetenz keine Regelung betreffend einen presserechtlichen Auskunftsanspruch getroffen hat, ist unschädlich[377]. Soweit eine einfachgesetzliche Bundesregelung fehlt, steht der Presse gegenüber dem Generalbundesanwalt beim BGH ein verfassungsunmittelbarer Auskunftsanspruch aus Art. 5 Abs. 1 S. 2 GG zu[378]. Ebenso wenig stellt die Unterrichtung der Öffentlichkeit eine öffentlich-rechtliche Tätigkeit dar, womit das IFG auch diesbezüglich gar nicht erst zur Anwendung kommt[379].

d. Nachteile des IFG

Ob der Anspruch nach dem IFG als Äquivalent zum presserechtlichen Auskunftsanspruch angesehen werden kann, ist fraglich[380]. Die Nachteile des IFG gegenüber dem presserechtlichen Auskunftsanspruch der Länder liegen auf der Hand. Der Vorteil des Informationszugangsanspruchs, wonach Akteneinsicht statt Aktenauskunft verlangt werden kann, kann die Schwächen des IFG – aus Sicht der Pressevertreter – nicht ausgleichen.

---

374 VG Karlsruhe BeckRS 2016, 48435.

375 VG Karlsruhe NVwZ-RR 2015, 884 (885).

376 Die Gesetzgebungskompetenz schließt als Annex die Befugnis ein, Voraussetzungen und Grenzen zu regeln, unter denen der Öffentlichkeit Informationen erteilt werden dürfen. Insoweit ist der presserechtliche Behördenbegriff auch betreffend der Behörde des Generalbundesanwalts beim BGH verfassungskonform dahingehend auszulegen, dass dieser keine Behörde im Sinne der Pressegesetze ist, s.VG Karlsruhe NVwZ-RR 2015, 884 (885). S. dazu §§ 142a, 120 GVG.

377 So VG Karlsruhe NVwZ-RR 2015, 884 (885).

378 VG Karlsruhe NVwZ-RR 2015, 884 (885).

379 *Schoch*, IFG, § 1 Rn 104 f.

380 S. *Germelmann*, DÖV 2013, 667 (671 f.). Einen Vergleich zwischen dem IFG und dem presserechtlichen Auskunftsanspruch zieht *Schnabel*, NVwZ 2012, 854.

Das IFG berücksichtigt die informationsrechtliche Stellung der Presse nicht, da es Pressevertreter einem „jedermann" gleichsetzt. Der Informationszugangsanspruch ist nicht grundrechtlich garantiert, wohingegen der presserechtliche Auskunftsanspruch einer grundgesetzlichen Verpflichtung entstammt[381]. Weil der Auskunftsanspruch nach den Landespressegesetzen gebührenfrei zu gewähren ist, hat die Rechtsprechung des *BVerwG* für die Pressevertreter die (wirtschaftlich) nachteilige Auswirkung, dass sie nunmehr eine Verwaltungsgebühr entrichten müssen, wenn sie Zugang zu Informationen gegenüber Behörden des Bundes begehren. Die Arbeit der Presse wird dadurch freilich nicht behindert, die Erhebung von Gebühren wird der grundrechtlichen Dimension der Pressefreiheit und ihrer Aufgabe in einer freiheitlichen Demokratie aber kaum gerecht und könnte durchaus abschreckende Wirkung entfalten[382], zumal eine solche Gebühr bis zu 500 Euro betragen kann. Auch die Monatsfrist des § 7 Abs. 5 S. 2 IFG ist mit einer auf Aktualität basierenden journalistischen Tätigkeit kaum vereinbar. Eine Schwächung der Pressefreiheit stellen auch die Ausschlussgründe des § 3 IFG[383] dar. Zwar sieht auch der presserechtliche Auskunftsanspruch Gründe für ein Absehen von Auskunft vor. Im Gegensatz zum IFG erfordert der presserechtliche Auskunftsanspruch jedoch stets eine einzelfallabhängige Abwägung der widerstreitenden Interessen. Die Bundesbehörde muss nach dem IFG aber nicht darlegen, weshalb sie sich für eine Versagung des Informationszugangs entschieden hat.

Wie schwerwiegend das Urteil des *BVerwG* für die Informationsbeschaffungsfreiheit der Presse ist, zeigt sich gleichsam am Beispielsfall eines Auskunftsanspruchs gegen den BND[384]. Gemäß § 3 Nr. 8 IFG besteht unter

---

381 *Schnabel*, NVwZ 2012, 854 (855).

382 *Schnabel*, NVwZ 2012, 854 (857).

383 Für die Arbeit relevant ist der Versagungsgrund des § 3 Nr. 1g IFG. Danach besteht kein Anspruch auf Informationszugang, wenn etwa das Bekanntwerden der Information nachteilige Auswirkungen auf die Durchführung eines Gerichtsverfahrens oder strafrechtliche Ermittlungen haben kann.

384 BVerwG NVwZ 2013, 1006; 2015, 1383; 2016, 945. Der Bund hat nach Art. 73 Abs. 1 Nr. 1 GG die ausschließliche Gesetzgebungskompetenz in auswärtigen Angelegenheiten sowie in Angelegenheiten der Verteidigung, wozu auch die Sachmaterie Bundesnachrichtendienst gehört. Aus dieser ausschließlichen Kompetenz folge als Annex die Befugnis des Bundes, Voraussetzungen und Grenzen zu regeln, unter denen der Öffentlichkeit, einschließlich der Presse, Informationen zu erteilen sind. Aufgrund diesbezüglicher Untätigkeit des Bundesgesetzgebers folge der Anspruch für Pressevertreter bis auf weiteres unmittelbar aus Art. 5 Abs. 1 S. 2 GG.

bestimmten Voraussetzungen kein Anspruch auf Informationszugang gegenüber Nachrichtendiensten. Damit scheidet in diesem Fall neben dem presserechtlichen Auskunftsanspruch faktisch auch der Informationszugangsanspruch aus. Mithin wird der Zugang zu Informationen gegenüber Nachrichtendiensten praktisch versagt. Es ist auf den ersten Blick einleuchtend, wenn dem sog. einfachen Jedermann als Anspruchsberechtigtem der Zugang zu Informationen der Nachrichtendienste zum Schutz ihrer Strategie und Aktivitäten versagt wird. Bedenkt man jedoch, dass selbst der Presse der Weg über den presserechtlichen Auskunftsanspruch verwehrt bleibt, so bewirkt das Urteil einen schwerwiegenden Eingriff in die Informationsbeschaffungsfreiheit der Presse. Insofern hatte das *BVerwG* keine andere Möglichkeit, als einen Auskunftsanaspruch der Presse unmittelbar auf Art 5 Abs. 1 S. 2 GG zu stützen, da der Presse sonst Vorgänge des Bundesnachrichtendienstes gänzlich versagt blieben.

6. *Zusammenfassung*

1. Eine verfassungsunmittelbare Verpflichtung der Staatsanwaltschaft aus Art. 5 Abs. 1 S. 2 GG zur Erteilung von Auskunft im Ermittlungsverfahren ist abzulehnen.
2. Eine mittelbare Pflicht der Staatsanwaltschaft zur Erteilung von Auskunft im Ermittlungsverfahren folgt hingegen aus dem PresseG der Länder in Hessen aus § 3 Abs. 1 S. 1 HPresseG, sowie aus § 475Abs. 4, 1 StPO.

II. Inhaltliche Vorgaben für die Öffentlichkeitsarbeit der Staatsanwaltschaft

Einfachgesetzlich normierte Vorgaben für das „Wie" der Öffentlichkeitsarbeit existieren nicht. Der presserechtliche Auskunftsanspruch der Länder regelt zwar, unter welchen Voraussetzungen Auskunft zum Stand des Ermittlungsverfahrens an Pressevertreter gegeben werden kann, also das „Ob" der Auskunftsverteilung. Inhaltliche Vorgaben betreffend die zu erteilende Auskunft enthält § 3 Abs. 1 HPresseG dagegen nicht. Die Auskunftsverweigerungsgründe des § 3 Abs. 1 S. 2 HPresseG helfen insoweit auch nicht weiter. Sie bestimmen nur, unter welchen Voraussetzungen die Auskunft verweigert werden kann. Es stellt sich daher die Frage, welcher Maßstab für den Inhalt der Informationsweitergabe durch die Staatsanwaltschaft an die Medien gilt.

Anhaltspunkte für das „Wie" der Öffentlichkeitsarbeit der Staatsanwaltschaft liefern die Ziffern 4, 4a, 23 der Richtlinien des Bundesjustizministeriums für das

Straf- und Bußgeldverfahren (RiStBV)[385]. Auch die „Richtlinien für die Zusammenarbeit der hessischen Staatsanwaltschaften mit den Medien"[386] geben eine Richtschnur. Daneben spielen die richterrechtlich entwickelten Grundsätze zur sog. Verdachtsberichterstattung eine nicht unerhebliche Rolle.

1. *Ziffer 23 RiStBV*

Das bundeseinheitliche[387] RiStBV richtet sich vornehmlich an den Staatsanwalt, teils aber auch an den Richter[388]. Von Bedeutung ist im Besonderen Ziffer 23 RiStBV, welche die Zusammenarbeit der Staatsanwaltschaft mit Presse und Rundfunk zum Gegenstand hat. Satz 1 stellt klar, dass aufgrund der besonderen Aufgabe und Bedeutung der Presse für die öffentliche Meinungsbildung mit dieser zusammen zu arbeiten ist. Ziffer 23 RiStBV enthält im ersten Absatz einzelne, allgemein zu beachtende Grundsätze[389] zur Erfüllung des presserechtlichen Auskunftsanspruchs. Diese beziehen sich auf die dem Auskunftsanspruch immanente Abwägung zwischen dem Interesse der Öffentlichkeit an einer Informationsweitergabe an die Presse und damit an die Öffentlichkeit und dem Allgemeinen Persönlichkeitsrecht des Betroffenen[390]. Leitende Abwägungskriterien sind mithin das Informationsinteresse der Öffentlichkeit, das Allgemeine Persönlichkeitsrecht des Betroffenen[391] sowie die Funktionsfähigkeit der

---

385 Auf die Ziffern 4 (Grundsatz der Verhältnismäßigkeit) sowie 4a RiStBV (keine unnötige Bloßstellung des Beschuldigten) wird nicht weiter eingegangen. Beiden Ziffern kommt kein eigenständiger Regelungsgehalt zu. Sie finden vielmehr auf alle staatlichen Eingriffsmaßnahmen Anwendung, s. BeckOK-StPO/*Gertler*, RiStBV 4 Einl; Graf/*Gertler*, RiStBV und Mistra, RiStBV 4a Einl. Grundlegende Vorgaben für die Erfüllung der aus dem presserechtlichen Auskunftsanspruch resultierenden Informationspflicht der Staatsanwaltschaft enthält lediglich Ziffer 23 RiStBV. Die Ziffern 4, 4a RiStBV können allenfalls ergänzend herangezogen werden. Nicht relevant für die vorliegende Arbeit ist ferner Ziffer 129 RiStBV. Ziffer 129 RiStBV enthält Vorgaben zur Arbeit der Presse während der Hauptverhandlung.

386 NJW 1996, 979.

387 *Meier*, FS Schreiber, S. 331 (336).

388 S. Einführung zum RiStBV.

389 BeckOK-StPO/*Gertler*, RiStBV 23 Einl.

390 BeckOK-StPO/*Gertler*, RiStBV 23 Einl. Die selbstständige Informationsgewinnung der Presse fällt nicht in den Anwendungsbereich von Ziffer 23 RiStBV, BeckOK-StPO/*Gertler*, RiStBV 23 Rn 2; Graf/*Gertler*, RiStBV und Mistra, RiStBV 23 Rn 2.

391 Auch das Persönlichkeitsrecht sonstiger Prozessbeteiligter – etwa von Verteidiger, Nebenkläger, Geschädigter und Zeuge – spielt nach Ziffer 23 RiStBV für die Abwägungsentscheidung eine Rolle, s. BeckOK-StPO/*Gertler*, RiStBV 23 Rn 39 f.

Strafrechtspflege[392]. Eine Abwägung dieser drei Gesichtspunkte untereinander bestimmt, wie konkret die staatsanwaltliche Äußerung gegenüber Vertretern der Presse sein darf[393].

a. Rechtsnatur

Die für das Ermittlungsverfahren maßgeblichen Richtlinien finden sich im Allgemeinen Teil des RiStBV unter dem Abschnitt Vorverfahren. In diesem befinden sich auch die Ziffern 4, 4a sowie Ziffer 23 RiStBV. Ausgangspunkt für die Schaffung des RiStBV war eine möglichst bundeseinheitliche Sachbehandlung von Straf- und Bußgeldverfahren[394]. In der Einführung zum RiStBV werden die Richtlinien als eine vornehmlich für den Staatsanwalt bestimmte Anleitung für den Regelfall dargestellt. Sie stellen interne Verwaltungsvorschriften mit Soll-Charakter dar[395], obwohl es sich bei der Staatsanwaltschaft keinesfalls um eine Verwaltungsbehörde handelt. Ihnen fehlt es sowohl an Gesetzeskraft[396] als auch an Außenwirkung[397]. Dennoch entfalten sie über die Grundsätze der Selbstbindung der Verwaltung nach Art. 3 Abs. 1 GG eine drittschützende Wirkung und statuieren damit konkrete Amtspflichten gegenüber Betroffenen[398]. Für die Staatsanwaltschaft sind sie deshalb zwar verbindlich[399], gleichwohl darf der Staatsanwalt aufgrund Besonderheiten des Einzelfalls von den Richtlinien abweichen[400]. In ihrer Wirkung haben die Richtlinien nach *Graf*[401] demzufolge letztlich nur eine „Richtung gebende" Funktion, da jeder Einzelfall Besonderheiten

392 BeckOK-StPO/*Gertler*, RiStBV 23 Rn 10; Graf/*Gertler*, RiStBV und Mistra, RiStBV 23 Rn 10.

393 BeckOK-StPO/*Gertler*, RiStBV 23 Rn 10; Graf/*Gertler*, RiStBV und Mistra, RiStBV 23 Rn 10.

394 BeckOK-StPO/*Graf*, RiStBV Einf. Rn 2.

395 VG Saarlouis NJW 2003, 3431 (3435); *Meier*, FS Schreiber, 331 (336); *Gounalakis*, NJW 2016, 737 (740).

396 BeckOK-StPO/*Graf*, RiStBV Einf. Rn 1; *Schlüter*, Verdachtsberichterstattung, S. 136; *Eisele*, JZ 2014, 932 (939).

397 BeckOK-StPO/*Graf*, RiStBV Einf. Rn 8; *Eisele*, JZ 2014, 932 (937).

398 VGH Kassel NJW 2001, 3802 (3803); VG Saarlouis NJW 2003, 3431 (3435); *Gounalakis*, NJW 2016, 361 740). Eine Bindungswirkung für die Gerichte **verneinend** *Meier*, FS Schreiber, 331 (336).

399 *Pruggmayer/Möller*, KuR 2011, 234 (235).

400 S. Einführung RiStBV.

401 BeckOK-StPO/*Graf*, RiStBV Einf.

aufweise, die mühelos eine Abweichung von den Vorgaben der Richtlinien zur Folge haben könnten[402].

b. Leitlinien

aa. Unschuldsvermutung

Ähnlich des § 3 Abs. 1 Nr. 1 HPresseG darf gemäß Ziffer 23 Abs. 1 S. 2 Hs. 1 RiStBV die Unterrichtung der Presse den Untersuchungszweck nicht gefährden und dem Ergebnis der Hauptverhandlung nicht vorgreifen. Konkret bedeutet dies, dass die Staatsanwaltschaft alles zu unterlassen hat, was zu einer öffentlichen Vorverurteilung des Beschuldigten führen kann[403]. Solange das Ergebnis der Hauptverhandlung nicht zum Nachweis der dem Beschuldigten vorgeworfenen Straftat geführt hat, gilt zugunsten des Beschuldigten der Grundsatz der Unschuldsvermutung[404]. Die Vorgabe entspricht dem in Art. 6 Abs. 2 EMRK garantierten Grundsatz der Unschuldsvermutung welcher das gesamte Strafverfahren erfasst[405].

bb. Faires Verfahren

Nach Ziffer 23 Abs. 1 S. 2 Hs. 2 RiStBV darf die Pressearbeit der Staatsanwaltschaft das Recht des Beschuldigten auf ein faires Verfahren[406] nicht beeinträchtigen. Insbesondere dürfen Erkenntnisse aus den Ermittlungen grundsätzlich erst dann an Vertreter der Presse herausgegeben werden, wenn diese zuvor dem Beschuldigten oder seinem Verteidiger bekannt gegeben worden sind[407]. Der

---

402 Der Stellenwert der Richtlinien wird teilweise von den Staatsanwaltschaften selbst als gering eingestuft, so BeckOK-StPO/*Graf*, RiStBV Einf. *Rn* 4; *Wagner*, Strafprozessführung über Medien, S. 97; *Schlüter*, Verdachtsberichterstattung, S. 136; *Gounalakis*, NJW 2016, 737 (740).

403 BeckOK-StPO/*Gertler*, RiStBV 23 Rn 16; Graf/*Gertler*, RiStBV und Mistra, RiStBV 23 Rn 16.

404 VGH Mannheim NJW 2018, 90 Rn 15; VG Saarlouis NJW 2003, 3431 (3432 f.); LG Wiesbaden NJW 2015, 2975 Rn 101 – Jahns; OLG Hamm NJW-RR 2015, 936 Rn 34; Graf/*Gertler*, RiStBV und Mistra, RiStBV 23 Rn 16. Vgl. zur Unschuldsvermutung bereits 2. Kapitel B. II. 5.

405 EGMR NJW 2011, 1789 Rn 50.

406 Vgl. bereits 2. Kapitel B. II. 4., 2. Kapitel E. II. 1. b. bb.

407 OLG Düsseldorf NJW 2005, 1791 (1800) – Mannesmann; VGH Kassel NJW 2001, 3802 (3802 f.); VG Saarlouis NJW 2003, 3431 (3435); LG Wiesbaden NJW 2015, 2975 Rn 124 f. – Jahns; Handbuch-StA/*Wankel*, S. 1339 Rn 18. Erforderlich ist eine Vorabmitteilung auch nach Einstellung eines Ermittlungsverfahrens, wenn dessen

Beschuldigte darf nicht erst aus den Medien erfahren, dass ein Verfahren gegen ihn eingeleitet wurde[408]. Andererseits soll ein Verstoß gegen den Grundsatz des fairen Verfahrens dann nicht vorliegen, wenn die Staatsanwaltschaft die Presse vorab aus ermittlungstaktischen Gründen informiert[409]. Ein Recht des Beschuldigten, unverzüglich über die Einleitung eines Ermittlungsverfahrens informiert zu werden, gibt es jedoch nicht, da dies den Untersuchungserfolg gefährden würde[410].

cc. Bekanntgabe über Anklageschrift

Nach Ziffer 23 Abs. 2 RiStBV darf die Öffentlichkeit über die Anklageerhebung[411] sowie Einzelheiten der Anklage grundsätzlich erst unterrichtet werden, nachdem die Anklageschrift dem Beschuldigten zugestellt oder sonst bekanntgegeben worden ist[412]. Eine förmliche Zustellung ist hierbei nicht zwingend. Der

---

Einleitung bereits öffentliches Interesse herbeigeführt hat. Ein solches Vorgehen dient dem Rehabilitationsinteresse des Beschuldigten, s. Handbuch-StA/*Wankel*, S. 1340 Rn 19. Eine Informierung vorab ist für diejenigen Umstände entbehrlich, die dem Beschuldigten oder seinem Verteidiger bereits bekannt sind. Das ist bspw. dann anzunehmen, wenn der Beschuldigte bei Durchsuchung seiner Wohnung anwesend ist und wahrnimmt, wie bestimmte Gegenstände aufgefunden werden, s. BeckOK-StPO/*Gertler*, RiStBV 23 Rn 21; Graf/*Gertler*, RiStBV und Mistra, RiStBV 23 Rn 21. Um Missverständnisse zwischen Staatsanwaltschaft und Beschuldigtem zu vermeiden, kann es ausnahmsweise auch sinnvoll sein, Pressemitteilungen vorab dem Beschuldigten bzw. dessen Verteidiger zuzuleiten, s. Handbuch-StA/*Wankel*, S. 1339 Rn 18.

408 Handbuch-StA/*Wankel*, S. 1339 Rn 17.

409 OLG Düsseldorf NJW 2005, 1791 (1800) – Mannesmann, mit Verweis auf *Becker-Toussaint*, NJW 2004, 414 (415 f).

410 OLG Düsseldorf NJW 2005, 1791 (1800) – Mannesmann. Nach § 136 Abs. 1 S. 1 StPO ist dem Beschuldigten erst bei Beginn der ersten Vernehmung zu eröffnen, welche Tat ihm zur Last gelegt wird und welche Strafvorschriften in Betracht kommen, s. MüKoStPO/*Schuhr*, Bd. 1, StPO § 136 Rn 9. § 136 StPO gilt nicht nur im Ermittlungsverfahren, sondern auch für richterliche Vernehmungen vor und außerhalb der Hauptverhandlung, KK-StPO/Diemer, StPO § 136 Rn 2. Vgl. auch 2. Kapitel B. II. 4.

411 Die Anklage ist erhoben, wenn die Staatsanwaltschaft die Anklageschrift bei dem zuständigen Gericht einreicht, § 170 Abs. 1 StPO.

412 VGH Kassel NJW 2001, 3802 (3802 f.), wonach das Abhalten einer seitens der Staatsanwaltschaft anberaumten Pressekonferenz sowie die Abgabe von Presseerklärungen per einstweiliger Anordnung untersagt werden kann, wenn ein Verstoß der Staatsanwaltschaft gegen den Grundsatz des fairen Verfahrens festgestellt wird; LG Wiesbaden NJW 2015, 2975 (2981 f.); Handbuch-StA/*Wankel*, S. 1333 Rn 3. Eine förmliche Zustellung ist nicht zwingend.

Beschuldigte muss Kenntnis vom genauen Wortlaut der Anklageschrift haben, bevor Ausschnitte aus ihr an die Medien gelangen[413]. Über eine beabsichtigte Mitteilung an Pressevertreter, Anklage gegen den Beschuldigten zu erheben, ist dieser vorab zu informieren[414]. Eine vorzeitige Mitteilung an die Medien ohne Kenntnis des Beschuldigten oder seines Verteidigers verstößt gegen den dem Grundsatz des fairen Verfahrens innewohnenden Grundsatz der Waffengleichheit[415] und greift in die Verteidigungsautonomie des Beschuldigten ein[416]. Der Beschuldigte soll nämlich unmittelbar im Anschluss an eine öffentliche Äußerung der Staatsanwaltschaft in der Lage sein, auf Fragen seitens der Medien fundiert antworten zu können. Dafür ist aber entscheidend, dass dem Beschuldigten oder seinem Verteidiger die Anklageschrift einen angemessenen Zeitraum[417] vor Unterrichtung der Medien hierüber vorliegt[418].

dd. Nichtidentifizierbarkeitsgrundsatz

Eine unnötige Bloßstellung des Beschuldigten ist gemäß Ziffer 23 Abs. 1 S. 4 RiStBV zu vermeiden[419]. Medieninformationen der Staatsanwaltschaft müssen deshalb sachlich und neutral formuliert sein. Eine unnötige Bloßstellung soll zuvörderst durch Vermeidung identifizierender Äußerungen von Seiten der Staatsanwaltschaft erreicht werden[420]. Ziffer 23 Abs. 1 S. 5 RiStBV stellt

---

413 *Huff*, NJW 2015, 2985 (2985). Um Missverständnisse zwischen der Staatsanwaltschaft und dem Beschuldigtem zu vermeiden, rät *Wankel* dazu, vor Mitteilung an die Medien die Zustellung der Anklageschrift beim Beschuldigten bzw. seinem Verteidiger abzufragen, Handbuch-StA/*Wankel*, S. 1333 Rn 3.

414 BeckOK-StPO/*Gertler*, RiStBV 23 Rn 22; Graf/*Gertler*, RiStBV und Mistra, RiStBV 23 Rn 22.

415 VGH Kassel NJW 2001, 3802 (3802 f.).

416 Handbuch-StA/*Wankel*, S. 1333 Rn 3.

417 Die Dauer eines angemessenen Zeitraums bemisst sich nach dem Umfang der Anklageschrift und der Komplexität des Verfahrens, VGH Kassel NJW 2001, 3803 (3802). Nach *Huff*, NJW 2015, 2985 (2985) können notfalls auch nur „wenige Stunden" Zeitvorsprung für den Beschuldigten genügen, um sich auf eventuelle Fragen seitens der Medien vorzubereiten.

418 VGH Kassel NJW 2001, 3803 (3802); LG Wiesbaden NJW 2015, 2975 Rn 124 f. – Jahns.

419 S. auch Ziffer 4a RiStBV.

420 BeckOK-StPO/*Gertler*, RiStBV 23 Rn 25; Graf/*Gertler*, RiStBV und Mistra, RiStBV 23 Rn 25. Hiervon umfasst ist auch die Nennung individueller Merkmale, aufgrund derer eine Identifizierung des Beschuldigten möglich ist. Eine Identifizierung des Beschuldigten nur durch Tatbeteiligte, Zeugen, Familie oder Freunde macht eine Presseinformation aber nicht unzulässig. Was der Grundsatz der Nichtidentifizierbarkeit des Beschuldigten anbetrifft, gelten ab dem Zeitpunkt der Eröffnung der

deshalb klar, dass dem allgemeinen Informationsinteresse in der Regel ohne namentliche Nennung des Beschuldigten entsprochen werden kann[421]. Denn die Information der Öffentlichkeit über eine Straftat unter Namensnennung stellt immer einen Eingriff in das Allgemeine Persönlichkeitsrecht des hiervon Betroffenen dar[422].

Bevor Informationen zum Ermittlungsstand an die Öffentlichkeit gelangen, ist ihr Für und Wider mit „besonderer Sorgfalt abzuwägen[423]“. Dies gilt im Besonderen für das nichtöffentlich geführte Ermittlungsverfahren, da es nur auf Verdacht hin eröffnet wird[424] und für den juristisch nicht vorgebildeten Laien seine Eröffnung mit dem Nachweis der Tat gleichgestellt wird[425]. Alleine aus der Nichtöffentlichkeit des Ermittlungsverfahrens lässt sich für die Unzulässigkeit der namentlichen Nennung des Beschuldigten allerdings nichts ableiten[426].

Ob eine namentliche Nennung erfolgt, ist laut Ziffer 23 RiStBV mittels vorhergehender einzelfallabhängiger Abwägung der widerstreitenden Interessen – Informationsinteresse von Presse und Öffentlichkeit einerseits und Allgemeines Persönlichkeitsrecht des Beschuldigten andererseits – zu entscheiden[427]. Zu ermitteln ist hierbei, ob dem öffentlichen Interesse generell und nach den Besonderheiten des Einzelfalls Vorrang gegenüber dem beabsichtigten Eingriff in das

---

Hauptverhandlung aufgrund der grundsätzlichen Öffentlichkeit der Hauptverhandlung gemäß § 169 S. 1 GVG – zu den Ausnahmen s. §§ 170 ff. GVG – geringere Anforderungen, s. BeckOK-StPO/*Gertler*, RiStBV 23 Rn 25; Graf/*Gertler*, RiStBV und Mistra, RiStBV 23 Rn 25. Die sog. Saalöffentlichkeit des § 169 S. 1 GVG bedeutet allerdings nicht gleichzeitig auch Medienöffentlichkeit, sondern ist ein Aliud gegenüber dieser, BVerfG NJW 2001, 1633 (1636) – n-tv; OLG Köln ZUM 2012, 330 (335) – Kachelmann. Zur Ausnahme in Jugendstrafsachen s. § 48 JGG.

421 Die Namensnennung im Ermittlungsstadium sollte die Ausnahme darstellen, s. BGH NJW 1994, 1950 (1952); OLG Düsseldorf OLGZ 1990, 202 (206); NJW 2005, 1791 (1799) – Mannesmann; OLG Hamm NJW-RR 2015, 936 Rn 34; *Gounalakis*, NJW 2012, 1473 (1475). Zur Namensnennung der übrigen Verfahrensbeteiligten s. BeckOK-StPO/*Gertler*, RiStBV 23 Rn 36 ff.

422 BVerfG NJW 1973, 1226 (1228) – Lebach; OLG Düsseldorf NJW 2005, 1791 (1798) – Mannesmann; *Gounalakis*, NJW 2012, 1473 (1475).

423 BGH NJW 1994, 1950 (1952) zur Namens- sowie Berufsnennung eines Rechtsanwalts und gleichzeitigen Namensgebers einer Sozietät.

424 BGH NJW 1994, 1950 (1952); OLG Düsseldorf NJW 2005, 1791 (1799) – Mannesmann; OLG Hamm NJW-RR 2015, 936 Rn 35.

425 BGH NJW 1994, 1950 (1952).

426 VG Saarlouis NJW 2003, 3431 (3433).

427 OLG Hamm NJW 2000, 1278 (1279); VG Saarlouis NJW 2003, 3431 (3432).

Persönlichkeitsrecht des Beschuldigten gebührt und das Öffentlichkeitsinteresse in einem angemessenen Verhältnis zur Bedeutung der Sache steht[428].

Bei Straftaten von schwerster Kriminalität, die über die Tat hinaus besonderes öffentliches Interesse erregen, soll eine namentliche Nennung des Beschuldigten in der Regel gerechtfertigt sein[429]. Ferner soll das Vorliegen erheblicher, den Tatverdacht begründender Umstände eine identifizierende Stellungnahme der Staatsanwaltschaft rechtfertigen[430]. Ist das Berichtsgeschehen der Zeitgeschichte zuzuordnen, kann dies ebenfalls eine namentliche Nennung des Beschuldigten rechtfertigen[431]. Eine Namensnennung des Beschuldigten kann schließlich dann erwogen werden, wenn dieser im Zusammenhang mit allgemein interessierenden Vorgängen in die Rolle einer „Person der Zeitgeschichte" gelangt ist[432]. Auch die öffentliche Stellung des Beschuldigten soll zur Zulässigkeit einer Namensnennung führen[433].

---

428 BVerfG 1973, 1226 (1228) – Lebach; OLG Hamm NJW 2000, 1278 (1279); VG Saarlouis NJW 2003, 3431 (3432). Vgl. Ziffer 23 Abs. 1 S. 3 RiStBV.

429 BGH NJW 1994, 1950 (1952); OLG Hamm NJW-RR 2015, 936 Rn 34; NJW 2000, 1278 (1279) („bedeutende Wirtschaftsstraftat"); VG Saarlouis NJW 2003, 3431 (3432); OLG Düsseldorf NJW 2005, 1791 (1799) – Mannesmann. Die Stellung der Person des Beschuldigten in der Öffentlichkeit kann eine namentliche Nennung des Beschuldigten ausnahmsweise auch dann rechtfertigen, wenn der Verdacht einer weniger schwerwiegenden Tat besteht, s. VG Saarlouis NJW 2003, 3431 (3432); *Gounalakis*, NJW 2012, 1473 (1475).

430 BGH NJW 1994, 1950 (1952); OLG Düsseldorf OLGZ 1990, 202 (205 f.); NJW 2005, 1791 (1799) – Mannesmann; nach OLG Celle NJW 2004, 1461 (1462) rechtfertigt das Vorliegen eines dringenden Tatverdachts eine namentliche Nennung, wenn sie der Verifizierung des dringenden Tatverdachts dient. Gleichwohl dürfe ein dringender Tatverdacht nicht mit dem anschließenden Nachweis der Schuld gleichgestellt werden; OLG Hamm NJW-RR 2015, 936 Rn 34; NJW 2000, 1278 (1279).

431 BGH NJW 1994, 1950 (1952); OLG Hamm NJW 2000, 1278 (1279); NJW-RR 2015, 936 Rn 34; VG Saarlouis NJW 2003, 3431 (3432). Das OLG Hamm sowie das VG Saarlouis orientieren sich in den vorstehend zitierten Entscheidungen zur Zulässigkeit der Namensnennung an den Wertungen der §§ 22, 23 Abs. 1 Nr. 1 KUG.

432 BGH NJW 1994, 1950 (1952); OLG Frankfurt a.M. NJW 1980, 597 (598) betreffend die namentliche Nennung eines ehemaligen SS-Obersturmführers durch die Presse, gegen den die Staatsanwaltschaft ihrerseits Ermittlungen aufgenommen hat. OLG Hamm NJW 2000, 1278 (1279) noch zur „absoluten Person der Zeitgeschichte" bei Verstrickung in eine „bedeutende Wirtschaftsstraftat"; OLG Düsseldorf NJW 2005, 1791 (1799) – Mannesmann, zur „relativen Person der Zeitgeschichte"; OLG Hamm NJW-RR 2015, 936 (937).

433 OLG Hamm NJW 2000, 1278 (1279); NJW-RR 2015, 936 Rn 34.

Ebenso unproblematisch dürfte eine Namensnennung durch die Staatsanwaltschaft dann sein, wenn der Beschuldigte sich bereits selbst oder durch seinen Verteidiger öffentlich zu dem Tatvorwurf geäußert hat; geschehen ist dies etwa im Fall des Fernsehmoderators Jan Böhmermann. Die Staatsanwaltschaft Mainz hat gegen Böhmermann wegen des Vorwurfs der Beleidigung von Organen und Vertretern ausländischer Staaten (§ 103 StGB[434]), namentlich des türkischen Staatspräsidenten Recep Tayyip Erdogan, ermittelt. Anlass war ein auf dem Kanal des Senders ZDFneo am 31.3.2016 ausgestrahlter Beitrag in der von Böhmermann moderierten satirischen Fernsehsendung „Neo Magazin Royale". Darin hat Böhmermann ein sog. „Schmähgedicht" vorgetragen, welches sich unter anderem mit der Politik des türkischen Staatspräsidenten befasste. Mit Schreiben seines Verteidigers vom 1.9.2016 hat Böhmermann selbst öffentlich Stellung zum Tatvorwurf genommen. Die Staatsanwaltschaft Mainz hat am 4.10.2016 das Ermittlungsverfahren gegen Böhmermann nach § 170 Abs. 2 StPO eingestellt. Die hiergegen eingelegte Beschwerde des türkischen Staatspräsidenten hat die Generalstaatsanwaltschaft (GenStA) Koblenz als unbegründet zurückgewiesen[435]. In ihrer dies betreffenden Pressemitteilung hat sie Böhmermann namentlich genannt[436]. Die namentliche Nennung Böhmermanns ist in Ansehung der vorstehenden Ausführungen nicht zu beanstanden, da die „Causa Böhmermann"[437] als Ereignis der Zeitgeschichte, an welchem ein berechtigtes Informationsinteresse besteht, eine Namensnennung rechtfertigte.

---

434 Der sog. Majestätsbeleidigungsparagraph wurde durch einstimmigen Beschluss des Bundestags vom 2.6.2017 zum 1.1.2018 aufgehoben, BT-Drs. 18/11243, S. 5. Auslöser der Reform war das sog. „Schmähgedicht" Böhmermanns. Nunmehr gelten (auch) für den Ehrschutz ausländischer Organe und Vertreter ausschließlich die §§ 185 ff. StGB, BT-Drs. 18/11243, S. 1.

435 GenStA Koblenz AfP 2016, 556; zustimmend *Sajuntz*, NJW 2017, 698 (702).

436 Die Pressemitteilung der GenStA Koblenz vom 14.10.2016 ist abrufbar unter: http://gstko.justiz.rlp.de/de/startseite/detail/news/detail/News/pressemeldung-gsta-koblenz/ (zuletzt abgerufen am 23.3.2017). Ebenfalls namentlich benannt wird Böhmermann in der Pressemitteilung der Staatsanwaltschaft Mainz betreffend die Einstellung des gegen ihn geführten Ermittlungsverfahrens, s. http://stamz.justiz.rlp.de/de/startseite/detail/news/detail/News/pressemeldung-staatsanwaltschaft-mainz-1/ (zuletzt abgerufen am 23.3.2017).

437 In zivilrechtlicher Sicht hat das OLG Hamburg Urteil vom 15.5.2018 – 7 U 34/14 Äußerungen bestimmter Passagen aus Böhmermanns Gedicht untersagt. Geklagt hatte wiederum der türkische Staatspräsident. Damit hat das Gericht die Entscheidung des LG Hamburg ZUM-RD 2017, 412 im Hauptsacheverfahren und aus dem vorangegangenen einstweiligen Verfügungsverfahren, s. dazu LG Hamburg NJW-RR 2017, 36, bestätigt. **Krit.** *Sajuntz*, NJW 2017, 698 (702). Unbedenklich ist die zivilgerichtlich

ee. Einzelfalldarstellung: Fall Jahns

Die Informierung der Medien durch die Staatsanwaltschaft im Stadium des Ermittlungsverfahrens verstößt dann gegen die Unschuldsvermutung und das Allgemeine Persönlichkeitsrecht des Beschuldigten, wenn ihr Inhalt beim Empfänger den Eindruck erweckt, der Betroffene sei bereits der ihm vorgeworfenen Tat überführt, ohne dass dessen Schuld in einem mutmaßlich zu erwartenden Strafverfahren durch das erkennende Gericht überhaupt nachgewiesen worden ist. Ein Verstoß gegen die Unschuldsvermutung liegt hingegen nicht vor, wenn die Äußerung der Staatsanwaltschaft durch das Informationsbedürfnis der Öffentlichkeit gerechtfertigt ist[438].

Einen mehrfachen Verstoß gegen die Unschuldsvermutung hat das *LG Wiesbaden* im Fall Jahns festgestellt[439]. Anlass waren sieben[440](!) nach Ansicht des Gerichts konkret vorverurteilende Äußerungen des Sprechers der Staatsanwaltschaft Wiesbaden gegenüber Medienvertretern während des laufenden Ermittlungsverfahrens[441]. Als Negativbeispiel staatsanwaltschaftlicher

---

ergangene teilweise Unterlassung auch mit Blick auf das eingestellte Strafverfahren, da Staatsanwaltschaft und Generalstaatsanwaltschaft die Frage der Zulässigkeit des Inhalts des Gedichts gerade offengelassen hatten, s. LG Hamburg, Urteil vom 10.2.2017 – 324 O 402/16, becklink 2005723.

438 So etwa in OLG Hamm NJW 2000, 1278; OLG Hamm NJW-RR 2015, 936; VG Saarlouis NJW 2003, 3431; VG Berlin NJW 2001, 3799.

439 LG Wiesbaden NJW 2015, 2975 Rn 96 ff. – Jahns. Ein Verstoß gegen die Unschuldsvermutung stellte auch das OLG Düsseldorf NJW 2005, 1791 – Mannesmann fest. Andere Beispielsfälle, in denen das erkennende Gericht sich mit einem möglichen Verstoß gegen die Unschuldsvermutung zu befassen hatte, diesen jedoch im Ergebnis nicht festgestellte, OLG Hamm NJW 2000, 1278; OLG Hamm NJW-RR 2015, 936; VG Saarlouis NJW 2003, 3431; VG Berlin NJW 2001, 3799.

440 Die sieben von Seiten Jahns gerügten Äußerungen werden im Folgenden nicht allesamt dargestellt, da sie sich teilweise in ihrer rechtlichen Würdigung überlagern.

441 Das *LG Wiesbaden* hat die von Seiten Jahns gerügten Äußerungen des Sprechers der Staatsanwaltschaft jeweils isoliert auf ihre Rechtmäßigkeit hin überprüft. Soweit es eine gerügte Äußerung als rechtswidrig, weil vorverurteilend, angesehen hat, hat es sodann eine isolierte Betrachtung dieser Äußerung im Hinblick auf die Schwere ihres Eingriffs in das Allgemeine Persönlichkeitsrecht des Betroffenen vorgenommen. Dabei ist das *LG Wiesbaden* teils zur Annahme gelangt, dass einzelne gerügte rechtswidrige Äußerung so schwerwiegend seien, dass sie bereits für sich genommen einen Geldentschädigungsanspruch Jahns rechtfertigten. Soweit das *LG Wiesbaden* zu der Annahme gelangt, eine einzelne rechtswidrige Äußerung stelle für sich genommen keinen derart schwerwiegenden Eingriff in das Allgemeine Persönlichkeitsrecht des Beschuldigten dar, welcher für sich genommen einen Anspruch auf

Öffentlichkeitsarbeit im Ermittlungsverfahren sollen nachfolgend einzelne Rechtsverstöße der Staatsanwaltschaft Wiesbaden dargestellt werden. Sie sollen als Hilfestellung zur Vermeidung künftiger Fehler im Zusammenhang mit staatsanwaltschaftlichen Stellungnahmen dienen.

(1) Die Erklärung der Staatsanwaltschaft, gegen Jahns sei eine Strafanzeige[442] eingegangen, stellt nach Ansicht des *LG Wiesbaden* eine objektiv falsche und damit rechtswidrige Information dar, da zu keinem Zeitpunkt eine solche Strafanzeige eingegangen sei[443]. Die Staatsanwaltschaft müsse, insbesondere im sensiblen Stadium des Ermittlungsverfahrens, die Ermittlungsergebnisse zutreffend wiedergeben[444]. Aus der Information der Staatsanwaltschaft darf also nicht eine andere Motivlage des Beschuldigten oder ein anderer Tatvorwurf hervorgehen als die Anklageschrift oder, in einem früheren Stadium, das Ergebnis der Ermittlungen hergibt. Ist sie sich der Quelle einer Information auch nach gründlicher Recherche nicht sicher, ist diesbezüglich von einer Weitergabe an die Öffentlichkeit eher abzuraten.

(2) Äußert sich die Staatsanwaltschaft gegenüber der Presse nicht klar genug zum Ermittlungsstand, und ergeht infolge dieser Äußerung eine aus dem Zusammenhang gerissene Presseberichterstattung, geht dies zulasten der Staatsanwaltschaft. Denn es sei grundsätzlich Aufgabe der Staatsanwaltschaft, sich bei ihrer Informationsarbeit gegenüber Medien so klar zu äußern, dass Missverständnisse ausgeschlossen werden. Werde die Äußerung der Staatsanwaltschaft missverstanden, stelle deren Existenz nach den

---

Geldentschädigung rechtfertige, hat es dennoch im Wege einer Gesamtschau einen Geldentschädigungsanspruch bejaht. **Krit.** zur Zusammenfassung der rechtswidrigen Äußerungen zu einem „entschädigungspflichtigen Sachverhalt" *Huff*, NJW 2015, 2975 (2985), der das Vorgehen des *LG Wiesbaden* diesbezüglich als „systemwidrig" bezeichnet. S. auch OLG Düsseldorf NJW 2005, 1791 (1808 f.) – Mannesmann, wonach eine Zusammenrechnung von für sich genommen eine Geldentschädigung nicht rechtfertigenden Persönlichkeitsrechtsverletzungen in ein und demselben Ermittlungsverfahren eine Geldentschädigung nicht rechtfertige.

442 Wegen vorenthaltenen Arbeitsentgelts.

443 LG Wiesbaden NJW 2015, 2975 Rn 96 – Jahns. Diese konkrete Äußerung der Staatsanwaltschaft stellt nach Ansicht des Gerichts bei isolierter Betrachtung keinen derart schwerwiegenden Eingriff in das Persönlichkeitsrecht des Beschuldigten dar, welcher einen Geldentschädigungsanspruch rechtfertigt. **Krit.** *Huff*, NJW 2015, 2975 (2985), der darin einen gravierenden Sorgfaltspflichtverstoß seitens der Staatsanwaltschaft in Gestalt von Informationsbeschaffung und -weitergabe sieht.

444 OLG Celle NJW 2004, 1461 (1462); OLG Hamm NJW-RR 2015, 936 Rn 44.

Grundsätzen des Anscheinsbeweises ein Indiz dafür da, dass die Staatsanwaltschaft sich tatsächlich in der fraglichen Art und Weise geäußert habe[445]. Je knapper, sachlicher und distanzierter eine Information ist, desto unwahrscheinlicher ist es, dass sie missverstanden wird. Im Fall Jahns war konkret eine Äußerung der Staatsanwaltschaft betroffen, wonach Jahns eine weitaus höhere Summe als die „bislang bekannten 180.000 Euro" veruntreut habe. Nach Ansicht des *LG Wiesbaden* suggeriere die Äußerung, dass der Verdacht gegen den Beschuldigten bezüglich der bislang der Staatsanwaltschaft bekannten Summe bereits erwiesen sei[446].

(3) Die Erklärung der Staatsanwaltschaft, nach der „theoretisch schon jetzt eine Anklage erhoben werden könne", sei vorverurteilend. Der Verdachtsgrad, der sog. Anfangsverdacht, sei nicht distanziert dargestellt[447]. Verlautbarungen amtlicher Stellen wie der Staatsanwaltschaft, sog. privilegierter Quellen, werde regelmäßig ein gesteigerter Grad an Vertrauen entgegengebracht[448]. Bei ihren Äußerungen gegenüber Medienvertretern müsse daher stets berücksichtigt werden, dass die Rezipienten sich vorwiegend aus juristischen Laien zusammensetzen, die allzu leicht dazu neigen, die Einleitung eines Ermittlungsverfahrens mit dem Nachweis der Schuld gleichzusetzen[449]. Die Äußerung der Staatsanwaltschaft dürfe daher nicht tendenziös sein[450].

---

445 Den Anschein kann die Staatsanwaltschaft vor Gericht (vertreten durch das jeweilige Bundesland, in welchem sie ihren Sitz hat) nur durch substantiiertes Bestreiten widerlegen, s. LG Wiesbaden NJW 2015, 2975 Rn 119 – Jahns.

446 LG Wiesbaden NJW 2015, 2975 Rn 118 f. – Jahns. Die Äußerung war nach Ansicht des *LG Wiesbaden* jedoch nicht so schwerwiegend, dass sie unter isolierter Betrachtung einen Geldentschädigungsanspruch Jahns gerechtfertigt hätte. Sie fand jedoch im Rahmen der Gesamtwürdigung Berücksichtigung.

447 LG Wiesbaden NJW 2015, 2975 Rn 99 ff. – Jahns. Auch diese Äußerung sah das *LG Wiesbaden* isoliert betrachtet als nicht hinreichend schwerwiegenden Eingriff in das Persönlichkeitsrecht des Betroffenen an, um einen Geldentschädigungsanspruch zu rechtfertigen. Das erscheint angesichts des eindeutigen Inhalts der Äußerung jedoch zweifelhaft. Wenn der juristische Laie die Einleitung des Ermittlungsverfahrens regelmäßig mit der Schuld des Beschuldigten gleichstellt, dürfte eine Äußerung des vorliegenden Inhalts die strafrechtliche Schuld des Beschuldigten gleichsam besiegeln.

448 BVerfG NJW-RR 2017, 31 Rn 34; 2010, 1195 (1197); OLG Karlsruhe NJW-RR 1993, 732 (733); LG Wiesbaden NJW 2015, 2975 Rn 101 – Jahns.

449 LG Wiesbaden NJW 2015, 2975 Rn 101 – Jahns.

450 LG Wiesbaden NJW 2015, 2975 Rn 104 – Jahns.

(4) Suggeriert die Äußerung der Staatsanwaltschaft, der Beschuldigte sei einer wesentlich schwereren Straftat verdächtig und müsse mit einer Verurteilung zur Höchststrafe rechnen, handelt es sich nach Ansicht des *LG Wiesbaden* um eine amtspflichtwidrige Äußerung[451]. Die Differenzierung zwischen Verdacht und Schuld werde verwischt und der Beschuldigte werde bereits auf die Stufe eines Angeklagten gestellt[452], dessen erwartbarer, von Seiten des ermittelnden Staatsanwalts bestimmter, Strafrahmen frühestens in der Anklageschrift erkennbar wird. Problematisch an dieser Äußerung ist auch, dass die Nennung eines Mindeststrafrahmens unterbleibt. Dadurch verstärkt sich der Eindruck, dass die Tat wesentlich schwerer wiegen könnte, als sie tatsächlich ist.

(5) Ebenfalls vorverurteilend sei eine Äußerung der Staatsanwaltschaft, in der der Fall des Beschuldigten mit einem anderen (längst vergangenen) Fall verglichen werde[453]. Da jeder Fall unterschiedlich ist, sollten Vergleiche möglichst vermieden werden, zumal es kaum vorkommen dürfte, dass medienwirksam an die Öffentlichkeit gelangte Fälle ihrem Tatvorwurf und Strafmaß nach vergleichbar sind. Konkret hat der Sprecher der Staatsanwaltschaft den Fall Jahns „ohne Auskunftscharakter" gegenüber einem einzigen Journalisten mit einem anderen Fall verglichen. Letzterer hatte jedoch ein weitaus größeres Ausmaß (Schadenshöhe 35.000.000 Euro) als der Fall Jahns (Schadenshöhe 180.000 Euro).

(6) Ein Verstoß gegen die Unschuldsvermutung könne schließlich auch durch Unterlassen begangen werden, wenn eine Pflicht zur Aufklärung bzw. zur Klarstellung besteht[454]. Werden im Rahmen medialer Berichterstattung

---

451 LG Wiesbaden NJW 2015, 2975 Rn 106 – Jahns. Die Angabe der Staatsanwaltschaft zur erwarteten Haftstrafe von 15 Jahren hatte das Höchstmaß der Jahns bis zu diesem Zeitpunkt vorgeworfenen Tat, einer gewerbsmäßigen Untreue (höchstens 10 Jahre), um 5 Jahre überschritten. Das *LG Wiesbaden* sah hierin eine schwerwiegende, das Persönlichkeitsrecht beeinträchtigende Äußerung, die für sich genommen einen Geldentschädigungsanspruch rechtfertige.

452 LG Wiesbaden NJW 2015, 2975 Rn 108 – Jahns.

453 LG Wiesbaden NJW 2015, 2975 Rn 114 – Jahns. Einen schwerwiegenden Eingriff in Jahns Persönlichkeitsrecht erkannte das Gericht hierin aber nicht, da die Äußerung nachweislich nur einem Journalisten gegenüber geäußert worden sei. Auch habe die Äußerung keinen Niederschlag in Medienveröffentlichungen gefunden habe. Weiterhin hat *LG Wiesbaden* diese Informationsweitergabe nicht im Rahmen seiner Gesamtwürdigung zur Begründung eines Geldentschädigungsanspruchs berücksichtigt, da sie nicht medial verbreitet worden sei.

454 LG Wiesbaden NJW 2015, 2975 Rn 116 – Jahns; **zust.** *Huff* NJW 2015, 2975 (2985). Die Staatsanwaltschaft Wiesbaden hat es versäumt, in den Medien kursierenden

unwahre Tatsachen über den Tathergang publiziert, treffe die Staatsanwaltschaft die Pflicht, unrichtigen Medienberichten klar und entschieden entgegen zu treten. Denn der Staatsanwaltschaft obliegt es, auch Tatsachen zu veröffentlichen, die den Beschuldigten entlasten[455].

Das *LG Wiesbaden* stellt gewissermaßen eine neue Vorgabe für die Öffentlichkeitsarbeit der Staatsanwaltschaft auf[456]. Die Konsequenz hieraus ist, dass die Staatsanwaltschaft unter Umständen bereits nach einer ersten öffentlichen Äußerung gegenüber Medienvertretern zum Stand der Ermittlungen in der Pflicht ist, die Berichterstattung in den Medien zu verfolgen und ihr nötigenfalls öffentlich entgegenzutreten. Die Rechtsprechung des *LG Wiesbaden* steht mit der Ansicht *Schmidts* im Einklang, wonach es zur Öffentlichkeitsarbeit der Justiz gehört, ihre Zusammenarbeit mit der Presse so zu gestalten, dass nach Möglichkeit bereits im Vorfeld unrichtigen Meldungen vorgebeugt wird[457]. Gelingt dies der Justiz nicht, erwächst hieraus deren Pflicht, (mit)verursachten unrichtigen Medienberichten aktiv entgegenzutreten.

Der Nachteil dieser Aufklärungspflicht liegt auf der Hand. Möglicherweise wollte sich die Staatsanwaltschaft in dem entschiedenen Fall zu dem laufenden Ermittlungsverfahren aus ermittlungstaktischen Gründen nicht mehr gegenüber den Medien äußern. Sie wird aber nach den Vorgaben des *LG Wiesbaden* hierzu gedrängt. Auch führt eine Klarstellungspflicht dazu, dass den Medien neues

---

Gerüchte über Morddrohungen seitens Jahns gegenüber einem unbekannten Personenkreis entgegenzutreten. Die unzutreffende Berichterstattung in den Medien war auf das Verhalten der Staatsanwaltschaft zurückzuführen. Weil der Verstoß nach Ansicht des Gerichts schwer wog, hat es einen isolierten Anspruch auf Geldentschädigung bejaht.

455 LG Wiesbaden NJW 2015, 2975 Rn 116 – Jahns. **Zust.** *Rathgeber*, FD-StrafR 2015, 37058; *Huff*, NJW 2015, 2975 (2985). So auch BeckOK-StPO/*Gertler*, RiStBV 23 Rn 57; *Pruggmayer/Möller*, KuR 2011, 234 (234). Nach *Eisele*, JZ 2014, 932 (942) soll mit Blick auf § 162 Abs. 2 StPO eine Aufklärungspflicht der Staatsanwaltschaft auch dann bestehen, wenn sie nicht (Mit)Verursacher unrichtiger Medienberichterstattung ist.

456 Im konkreten Fall war die unrichtige mediale Berichterstattung auf das Vorverhalten der Staatsanwaltschaft Wiesbaden zurückzuführen, LG Wiesbaden NJW 2015, 2975 Rn 116 – Jahns. *Rathgeber*, FD-StrafR 2015, 370588, sieht in der Aufklärungspflicht der Staatsanwaltschaft auch die Möglichkeit für Strafverteidiger, in solchen Situationen künftig ihnen bekannte, gleichzeitig den Beschuldigten entlastende Faktoren durch die Staatsanwaltschaft publizieren zu lassen, um sich auf diese Weise deren Eigenschaft als „privilegierte Quelle" zunutze zu machen.

457 *Schmidt*, JW 1929, 6 (10).

Recherchematerial ungewollt zur Verfügung gestellt wird, wodurch, ungünstig für den Beschuldigten, die mediale Berichterstattung anhält.

Eine Pflicht zur Korrektur dürfte dann unproblematisch anzunehmen sein, wenn Falschinformationen in den Medien auf Fehler von Seiten der Staatsanwaltschaft zurückzuführen sind[458].

c. *Folgen eines Verstoßes gegen Ziffer 23 RiStBV*

Ziffer 23 RiStBV stellt zwar nur eine Anleitung für den Regelfall dar. Ein Verstoß dagegen begründet aber gleichwohl eine Amtspflichtverletzung der Staatsanwaltschaft[459]. Dem Beschuldigten stehen Unterlassungs-, Widerrufs- und Schadensersatzansprüche (Amtshaftungsanspruch) zu[460].

2. *Richtlinien für die Zusammenarbeit der hessischen Staatsanwaltschaft mit den Medien*

Eine weitere Konkretisierung der Vorgehensweise der Staatsanwaltschaft im Rahmen ihrer Öffentlichkeitsarbeit stellen die Richtlinien der Justizverwaltungen der Bundesländer[461], in Hessen die Richtlinien für die Zusammenarbeit der hessischen Staatsanwaltschaften mit den Medien vom 5.10.1995, dar[462]. Ziel dieser Richtlinien ist gemäß ihrer Vorbemerkung, durch eine landesweit einheitliche Zusammenarbeit aller hessischen Staatsanwaltschaften mit den Medien „die Öffentlichkeitsarbeit der Staatsanwaltschaft durchschaubarer zu gestalten[463]". Die Existenz der Richtlinien, zusätzlich zu den in 23 RiStBV niedergeschriebenen Vorgaben, verdeutlicht allerdings auch die Unvollständigkeit normierter Verhaltenspflichten betreffend die Öffentlichkeitsarbeit der Staatsanwaltschaft.

---

458 *Eisele*, JZ 2014, 932 (942).

459 Palandt/*Sprau*, BGB, § 839 Rn 140; *Gounalakis*, NJW 2016, 737 (740).

460 BeckOK-StPO/*Gertler*, RiStBV 23 Rn 61.

461 Vergleichbare Richtlinien für die Zusammenarbeit von Staatsanwaltschaft und Medien finden sich auch in anderen Bundesländern, etwa in Nordrhein-Westfalen, NRWJBI 2015, 329, s. *Meier*, FS Schreiber, S. 331 (336); *Gounalakis*, NJW 2016, 737 (740); *Schroers*, NJW 1996, 969 (971).

462 NJW 1996, 979.

463 NJW 1996, 979 (979).

a. Rechtsnatur

Die Presserichtlinien stellen ebenso wie Ziffer 23 RiStBV unverbindliche Verwaltungsvorschriften dar[464]. Sie normieren Handlungsanweisungen für die Staatsanwaltschaft in Bezug auf ihre Öffentlichkeitsarbeit. Sie betreffen zwar die Zusammenarbeit zwischen Staatsanwaltschaft und Medien, richten sich formell aber nur an die Staatsanwaltschaft[465]. In der Sache ergänzen sie einerseits die Vorgaben aus Ziffer 23 RiStBV[466], andererseits gehen sie in ihrer Formulierung weiter, soweit sie Pflichten statuieren, die über die Informationserteilung hinausgehen. Gesetzeskraft haben die Presserichtlinien allerdings nicht, zumal sie durch den hessischen Generalstaatsanwalt[467] geschaffen wurden. Sie entfalten aber als Justizverwaltungsrichtlinien über die Grundsätze der Selbstbindung der Verwaltung nach Art. 3 Abs. 1 GG[468] ebenso wie Ziffer 23 RiStBV[469] eine drittschützende Wirkung. Damit konkretisieren die Presserichtlinien die Amtspflichten der Staatsanwaltschaft gegenüber dem Beschuldigten in Hinsicht auf ihre Öffentlichkeitsarbeit.

b. Inhaltliche Vorgaben

Die Richtlinien enthalten insgesamt sechs Regelungsbereiche (A. bis F.). Sie enthalten zum einen Regelungen über die Errichtung, Organisation und Aufgaben der Pressestelle, zum anderen enthalten sie unter Abschnitt F. „Schutzpflichten und Verhaltensregeln bei der Informationserteilung" durch die Staatsanwaltschaft. Abschnitt E. der Richtlinie ähnelt in der Formulierung dem presserechtlichen Auskunftsanspruch, wonach eine Auskunft an die Medien grundsätzlich zu erteilen ist. Die in der Richtlinie enthaltenen Auskunftsablehnungsgründe entsprechen ebenfalls denen des presserechtlichen Auskunftsanspruchs. Die in Abschnitt F. der Richtlinie festgehaltenen Verhaltensregeln bei der Information

---

464 *Schlüter*, Verdachtsberichterstattung, S. 137; *Eisele*, JZ 2014, 932 (937). *Scherer*, ZRP 1990, 332 (336) zweifelt angesichts der Grundrechtsrelevanz von staatsanwaltschaftlichem Informationshandeln an der Geeignetheit derartiger Verwaltungsvorschriften.

465 Nach *Schroers*, NJW 1996, 969 (971) stellen die Richtlinien ein Zusammenarbeitsangebot von Seiten der Staatsanwaltschaft an die Medien dar.

466 VGH Kassel NJW 2001, 3802 (3802).

467 Neben dem damaligen Generalstaatsanwalt Dr. Hans Christoph Schaefer wirkten auch dessen Vertreter Leitender Oberstaatsanwalt Jochen Schroers, sowie eine eigens hierzu eingerichtete Arbeitsgruppe an der Herausgabe der Richtlinien mit, NJW 1996, 979.

468 VGH Kassel NJW 2001, 3802 (3803).

469 *Gounalakis*, NJW 2016, 737 (740).

von Medienvertretern ähneln denen aus Ziffer 23 RiStBV und betreffen das „Wie“ der Öffentlichkeitsarbeit.

Von Bedeutung, weil weder im presserechtlichen Auskunftsanspruch noch in Ziffer 23 RiStBV erfasst, ist freilich die in Abschnitt F. Ziffer 8 der Richtlinie festgehaltene Soll-Vorgabe an die Staatsanwaltschaft, unrichtige Tatsachenbehauptungen in den Medien richtigzustellen und gegebenenfalls eine Gegendarstellung abzugeben. Insoweit wird, auch wenn nicht gesetzlich fixiert, erstmals eine Pflicht der Staatsanwaltschaft statuiert, derartigen Persönlichkeitsrechtsverletzungen des Beschuldigten durch die Medien entgegenzutreten. Unbeachtlich – da in der Richtlinie nicht vorausgesetzt – ist, ob die Äußerung in den Medien infolge eigener Recherchetätigkeit der Medien oder als Folge staatsanwaltschaftlichen Informationshandelns erfolgt ist.

Im Einklang mit Abschnitt F. Ziffer 8 steht jedenfalls auch das Urteil des *LG Wiesbaden* zum Fall Jahns. Denn auch das *LG Wiesbaden* hat eine Pflicht der Staatsanwaltschaft zur Aufklärung bzw. Klarstellung statuiert, welche vornehmlich aus der Verpflichtung der Staatsanwaltschaft zur Objektivität gemäß § 160 Abs. 2 StPO folgt, nach dem auch die zur Entlastung des Beschuldigten dienenden Umstände zu berücksichtigen sind[470].

c. *Folgen eines Richtlinienverstoßes*

Ein Verstoß insbesondere gegen die in Abschnitt F. aufgestellten Vorgaben begründet eine Amtspflichtverletzung i.S.d. § 839 Abs. 1 S. 1 BGB i.V.m. Art. 34 S. 1 GG[471]. Die in der Richtlinie aufgestellten Verhaltensregeln entfalten damit Bindungswirkung für die Staatsanwaltschaft hinsichtlich ihrer Öffentlichkeitsarbeit[472].

3. *Richterrechtliche Grundsätze der Verdachtsberichterstattung*

Neben den keine Gesetzeskraft entfaltenden Verwaltungsvorschriften der RiStBV sowie den Richtlinien über die Zusammenarbeit der hessischen Staatsanwaltschaft mit den Medien folgt eine Konkretisierung der Öffentlichkeitsarbeit der Staatsanwaltschaft auch aus den richterrechtlich entwickelten Grundsätzen der sog. Verdachtsberichterstattung[473].

---

470 LG Wiesbaden NJW 2015, 2975 Rn 116 – Jahns.

471 VGH Kassel NJW 2001, 3802 (3802); *Gounalakis*, NJW 2016, 737 (740).

472 VGH Kassel NJW 2001, 3802 (3802).

473 Zu deren Voraussetzungen mit zahlreichen Beispielen, Palandt/*Sprau*, BGB, § 823 Rn 105 ff.; Zur Entwicklung der Rechtsprechung zur Verdachtsberichterstattung s. *Schlüter*, Verdachtsberichterstattung, S. 71 ff.; *Rinsche*, AfP 2013, 1.

Diese zunächst auf die Arbeit der Presse[474] bezogenen Grundsätze[475] sind modifiziert[476] auch auf die Öffentlichkeitsarbeit der Justiz übertragbar[477]. Anders als bei einer Verdachtsberichterstattung durch die Medien stehen sich im Falle der Öffentlichkeitsarbeit der Staatsanwaltschaft allerdings nicht zwei Grundrechtsträger gegenüber[478]. Eine Kollision von Grundrechten ist bei der Öffentlichkeitsarbeit der Staatsanwaltschaft im Verhältnis Staatsanwaltschaft und Beschuldigter demnach ausgeschlossen. Als Träger staatlicher Hoheitsgewalt ist die Staatsanwaltschaft kein Träger von Grundrechten[479]. Sie ist gemäß Art. 1 Abs. 3, 20 Abs. 3 GG vielmehr Grundrechtsadressat[480]. Dies hat zur Folge, dass sich die Staatsanwaltschaft in höherem Maße an die Grundsätze der Verdachtsberichterstattung zu halten hat als die Medien[481].

474 Medien sind nicht Träger hoheitlicher Gewalt, so dass eine Bindung an die Grundsätze der Unschuldsvermutung – welchen die Staatsanwaltschaft unterliegt – im Rahmen ihrer Berichterstattung über ein laufendes Strafverfahren nicht in Betracht kommt. Eine grenzenlose Berichterstattung ist den Medien dennoch nicht gestattet. Für die mediale Berichterstattung gelten seit BVerfG NJW 1973, 1226 – Lebach, vielmehr die Grundsätze der sog. Verdachtsberichterstattung, *Franke*, NJW 2016, 2618 (2618); *Schlüter*, Verdachtsberichterstattung, S. 71 ff.

475 S. nur BVerfG (Kammer) NJW-RR 2010, 470 (473); BVerfG (Kammer) ZUM 2010, 243 (246); BGH NJW 1977, 1288 (1289) – Abgeordnetenbestechung; 2000, 1036 (1036 f.); 2013, 1681 (1682) – Kachelmann; 2015, 778 (779); OLG Köln ZUM 2012, 330 (333) – Kachelmann. Zur Verdachtsberichterstattung bei einer Internetveröffentlichung, BGH NJW 2014, 2029. Zur aktuellen Entwicklung des Presse- und Äußerungsrechts, s. *Sajuntz*, NJW 2016, 1921; *ders.*, 2017, 698.

476 *Eisele*, JZ 2014, 932 (934); *Lehr*, NJW 2013, 728 (730).

477 BGH NJW 1994, 1950 (1952); LG Wiesbaden NJW 2015, 2975 Rn 93 – Jahns; OLG Hamm NJW-RR 2015, 936 Rn 36; *Lehr*, NStZ 2009, 409 (411); *ders.*, NJW 2013, 728 (733); *Eisele*, JZ 2014, 932 (934); *Gounalakis*, NJW 2016, 737 (738); *Franke*, NJW 2016, 2618 (2618).

478 Die Medien sind Grundrechtsträger der Presse- und Rundfunkfreiheit aus Art. 5 Abs. 1 GG, der von der Berichterstattung betroffene ist Grundrechtsträger des Allgemeinen Persönlichkeitsrechts aus Art. 2 Abs. 1 GG i.V.m. Art. 1 Abs. 1 GG. Bei einer Verdachtsberichterstattung durch die Medien kollidieren die Interessen zweier gleichrangiger Rechtsgüter, deren Ausgleich mithilfe der Herstellung praktischer Konkordanz erfolgt, *Lehr*, NJW 2013, 728 (730).

479 *Lehr*, NJW 2013, 728 (730).

480 *Lehr*, NJW 2013, 728 (730); *Gounalakis*, NJW 2012, 1473 (1477).

481 *Lehr*, NJW 2013, 728 (730).

Die Grundsätze der Verdachtsberichterstattung sind auf die Öffentlichkeitsarbeit der Staatsanwaltschaft übertragbar. Dies gebieten sowohl das Rechtsstaatsprinzip (Art. 20 Abs. 3 GG) als auch der in Art. 6 Abs. 2 EMRK verankerte Grundsatz der Unschuldsvermutung[482]. Hinzu kommt, dass es sich bei der Staatsanwaltschaft um eine sog. privilegierte Quelle handelt und ihren Äußerungen deshalb ein gesteigertes Vertrauen entgegengebracht wird[483]. Eine an sich unzulässige Verdachtsberichterstattung seitens der Medien kann nämlich mit Verweis auf eine privilegierte Quelle letztlich doch zulässig sein[484]. Medien sind nämlich nicht gehalten, zurückhaltender als die Staatsanwaltschaft zu berichten[485]. Die Einhaltung der Grundsätze der Verdachtsberichterstattung stellt für die Staatsanwaltschaft eine Amtspflicht dar[486].

Die von der Rechtsprechung entwickelten Grundsätze zulässiger Verdachtsberichterstattung sollen im Folgenden kurz dargestellt werden.

482 *Gounalakis*, NJW 2016, 737 (738). An den Grundsatz der Unschuldsvermutung ist die Staatsanwaltschaft unmittelbar gebunden, BVerfG (Kammer) NJW-RR 2010, 1195 (1197).

483 BVerfG (Kammer) NJW-RR 2010, 1195 (1197); BGH NJW-RR 2017, 31 Rn 28; OLG Karlsruhe NJW-RR 1993, 732 (733); OLG Düsseldorf NJW 2005, 1791 (1802) – Mannesmann; LG Wiesbaden NJW 2015, 2975 Rn 101 – Jahns; *Lehr*, NStZ 2009, 409 (411 f.); *ders.*, NJW 2013, 728 (733); *Hohmann* NJW 2009, 881 (882); *Sajuntz*, NJW 2016, 1921 (1922). Zu den Voraussetzungen für eine Privilegierung s. *Peters*, NJW 1997, 1334 (1336 f.).

484 *Lehr*, NStZ 2009, 409 (412) spricht von einer Legalisierungswirkung einer an sich unzulässigen Verdachtsberichterstattung durch die Medien, wenn diese eine tendenziöse Berichterstattung mit Verweis auf eine privilegierte Quelle veröffentlichen. Eine solche Legalisierungswirkung wird in den Fällen zu verneinen sein, in denen sich die Rechtswidrigkeit einer staatsanwaltschaftlichen Äußerung gegenüber dem Pressevertreter geradezu aufdrängt.

485 Im Fall OLG Düsseldorf NJW 2005, 1971 (1800) – Mannesmann, äußerte der Generalstaatsanwalt gegenüber Journalisten, dass gegenüber dem Beschuldigten auch wegen „erkauften Sinneswandels" ermittelt werde solle. Die Presse hat diese Mitteilung unverändert übernommen. LG Berlin BeckRS 2009, 01667; *Hohmann*, NJW 2009, 881 (882); *Lehr*, NStZ 2009, 409 (412). Die journalistische Sorgfalt gebietet es jedoch, Mittelungen einer privilegierten Quelle zu überprüfen, sofern die privilegierte Quelle erkennbar die Grenzen der Verdachtsberichterstattung überschreitet, *Hohmann*, NJW 2009, 881 (882).

486 Palandt/*Sprau*, BGB, § 839 Rn 140; *Gounalakis*, NJW 2016, 737 (738).

a. Die Verdachtsberichterstattung

Verdachtsberichterstattung ist eine öffentliche, nicht selten identifizierende[487], Berichterstattung in der Presse, in der der bloße Verdacht eines Fehlverhaltens des Beschuldigten im Raum steht[488]. Ob der Verdacht strafrechtlich relevantes Verhalten anbelangt oder ein bloß moralisch oder sozial verwerfliches Verhalten betrifft, ist unerheblich[489]. Die Grundsätze der Verdachtsberichterstattung finden vielmehr immer dann Anwendung, wenn der in der Berichterstattung dargestellte Vorwurf geeignet ist, das Ansehen des Betroffenen herabzusetzen[490]. Ob dieses Fehlverhalten auch tatsächlich begangen wurde, steht im Zeitpunkt der Berichterstattung indes noch nicht fest. Die Verdachtsberichterstattung stellt in den meisten Fällen eine Tatsachenbehauptung mit Meinungsbezug dar, die dem Schutzbereich des Art. 5 Abs. 1 S. 1 GG unterfällt und eine die Öffentlichkeit wesentlich berührende Angelegenheit betrifft[491]. Der Wahrheitsgehalt einer derartigen Berichterstattung ist zwar (noch) ungeklärt, ihre Mitteilung ist aber zulässig, wenn sie zur Wahrnehmung berechtigter Interessen (Art. 5 Abs. 1 S. 1 GG, § 193 StGB) erfolgt[492]. Ist die Berichterstattung im Äußerungszeitpunkt

---

487 Zu den Besonderheiten einer identifizierenden Verdachtsberichterstattung s. *Schlüter*, Verdachtsberichterstattung, S. 104 ff.; *Rinsche*, AfP 2013, 1 (6 ff.); *von Pentz*, AfP 2015, 11 (17 f.); *Sajuntz*, NJW 2016, 1921 (1922 ff.); 2017, 698 (701 f.). Ausreichend ist eine Identifizierbarkeit aufgrund mitgeteilter Einzelheiten, OLG Karlsruhe NJW-RR 2015, 670 (671); OLG Hamburg NJW-RR 1992, 536 (537); *Molle*, ZUM 2010, 331 (332); *Gounalakis*, NJW 2016, 737 (737).

488 OLG Hamm NJW-RR 2015, 936 Rn 36; *Molle*, ZUM 2010, 331 (332).

489 OLG Hamburg ZUM-RD 2009, 326 (328); *Rinsche*, AfP 2013, 1 (1); *Molle*, ZUM 2010, 331 (332); *Schlüter*, Verdachtsberichterstattung, S. 1.

490 OLG Hamburg ZUM-RD 2009, 326 (328); *Molle*, ZUM 2010, 331 (332).

491 BGH NJW 2015, 778 (779); ZUM-RD 2016, 494 (499); OLG Karlsruhe NJW-RR 2015, 670 (671); *von Pentz*, AfP 2015, 11 (16); *Schlüter*, Verdachtsberichterstattung, S. 70. Das Verbreiten bewusst unwahrer Tatsachen unterfällt von vorherein nicht den Kriterien einer Verdachtsberichterstattung, *Molle*, ZUM 2010, 331 (332).

492 BGH NJW 2015, 778 (779); ZUM-RD 2016, 494 (499); *Gounalakis*, NJW 2016, 737 (741); *Schlüter*, GRUR-Prax 2016, 264 (264). Liegt eine zulässige Verdachtsberichterstattung durch ein Presseorgan vor, stehen dem Betroffenen bei nachträglicher Ausräumung des Verdachts weder ein Anspruch auf Berichtigung und Widerruf noch ein solcher auf Schadensersatz oder Geldentschädigung gegen das Presseorgan zu, *von Pentz*, AfP 2015, 11 (16). Vielmehr hat der Betroffene nur einen Anspruch auf Nachtrag dahingehend, dass der berichtete Verdacht nicht mehr aufrechterhalten werde. Ein Anspruch darauf, dass der Nachtrag im Inhaltsverzeichnis der Publikation angekündigt oder mit der Überschrift „Richtigstellung" versehen wird, besteht indes nicht, da der unbefangene Leser mit der Bezeichnung „Richtigstellung" die

rechtmäßig, da den Grundsätzen einer zulässigen Verdachtsberichterstattung entsprechend, ist es unschädlich, wenn sich die Tatsachenbehauptung später als unwahr herausstellt[493]. Demnach folgt aus dem besonderen Informationsinteresse der Allgemeinheit die Rechtfertigung dafür, auch über den bloßen Verdacht einer strafbaren Handlung zu berichten[494]. Ähnlich hat dies bereits das *BVerfG* in seiner Lebach-Entscheidung[495] gesehen. Wer den Rechtsfrieden breche, müsse sich nicht nur der dafür in der Rechtsordnung vorgesehenen Strafsanktion beugen. Er müsse grundsätzlich auch dulden, dass das von ihm selbst durch seine Tat erregte Informationsinteresse der Öffentlichkeit in einer nach dem Prinzip freier Kommunikation lebenden Gemeinschaft auf den dafür üblichen Wegen befriedigt werde. Weil Straftaten wie auch der bloße Verdacht deren Begehung, zum Zeitgeschehen gehören, sei es Aufgabe der Medien, über diese zu berichten[496].

Die Verdachtsberichterstattung greift zwangsläufig in das Allgemeine Persönlichkeitsrecht (Art. 2 Abs. 1 i.V.m. Art. 1 Abs. 1 GG) des von der Berichterstattung Betroffenen ein[497]. Eine Verletzung des Allgemeinen Persönlichkeitsrechts scheidet jedoch dann aus, wenn die Berichterstattung durch die Meinungs- und Pressefreiheit gedeckt ist[498].

b. Kriterien zulässiger Verdachtsberichterstattung

Um einer Vorverurteilung des Betroffenen in der Öffentlichkeit zuvorzukommen und gleichfalls dem Berichterstattungsinteresse der Medien gerecht zu

---

Vorstellung einer unzulässigen Verdachtsberichterstattung verbinden würde, s. BGH NJW 2015, 778 (782).

493 BVerfG (Kammer) NJW-RR 2000, 1209 (1210); *von Pentz*, AfP 2015, 11 (16); *Rinsche*, AfP 2013, 1 (5).

494 *Rinsche*, AfP 2013, 1 (1); *Lehr*, NStZ 2009, 409 (412); *Schlüter*, Verdachtsberichterstattung, S. 70. Auch Straftaten von mittlerer Kriminalität können ein berechtigtes Informationsinteresse begründen, BGH NJW 2000, 1036 (1038).

495 BVerfG NJW 1973, 1226 (1230) – Lebach.

496 So auch weiterhin BVerfG (Kammer) ZUM 2010, 243 (245 f.); BGH NJW 2013, 1681 (1682) – Kachelmann; 2015, 778 (779); *Rinsche*, AfP 2013, 1 (1); *Peters*, NJW 1997, 1334 (1338).

497 BVerfG (Kammer) ZUM 2010, 243 (246); BGH NJW 1977, 1288 – Abgeordnetenbestechung; 1979, 1041; 2000, 1036; 2006, 599; NJW 2013, 1681 (1681 f.) – Kachelmann. Zuletzt OLG Karlsruhe, NJW-RR 2015, 670; LG Wiesbaden NJW 2015, 2975 Rn 93 – Jahns; *Eisele*, JZ 2014, 932 (934); *Rinsche*, AfP 2013, 1 (1).

498 *Molle*, ZUM 2010, 331 (332).

werden, hat die Rechtsprechung Kriterien für eine zulässige Verdachtsberichterstattung entwickelt[499]. Sind diese erfüllt, muss der Betroffene die Berichterstattung hinnehmen[500].

aa. Mindestbestand an Beweistatsachen

Voraussetzung für eine zulässige Verdachtsberichterstattung ist zunächst das Vorliegen eines Mindestbestands an Beweistatsachen[501], die für den Wahrheitsgehalt der Information sprechen und ihr hierdurch „Öffentlichkeitswert" verleihen[502]. Der Berichterstattung hat mithin eine sorgfältige Recherche voranzugehen[503]. Dabei sind die Anforderungen umso höher, je schwerer und nachhaltiger das Ansehen des Betroffenen durch die Veröffentlichung beeinträchtigt werden kann[504]. Die Recherchepflicht entfällt aber dann, wenn die Information von einer privilegierten Quelle wie die Staatsanwaltschaft stammt[505]. In diesem Fall darf die Presse dann regelmäßig davon ausgehen, dass die Information der

---

499 Andererseits dürfen die Anforderungen an die Medien nicht überspannt werden. Dürften die Medien nur solche Informationen verbreiten, deren Wahrheitsgehalt zum Zeitpunkt der Veröffentlichung des Artikels feststeht, käme dies einer Verhinderung ihrer verfassungsrechtlich übertragenen Aufgabe der öffentlichen Meinungsbildung gleich, BGH ZUM-RD 2016, 494 Rn 38; NJW 2000, 1036 (1037); *Schlüter*, GRUR-Prax 2016, 264 (264); *Molle*, ZUM 2010, 331 (332); *Rinsche*, AfP 2013, 1 (1).

500 Materiell-rechtlich könnte der Betroffene dem jedoch entgegenhalten, dass zum Zeitpunkt der Veröffentlichung des streitigen Artikels ein Verdacht gegen ihn noch nicht bestand. Die Grundsätze der Verdachtsberichterstattung griffen dann nämlich nicht mehr. Dem Betroffenen stünden somit Unterlassungs- und Gegendarstellungsansprüche zu, *Molle*, ZUM 2010, 331 (332). Maßgeblicher Zeitpunkt für die Frage, ob die Grundsätze der Verdachtsberichterstattung eingreifen, ist der Zeitpunkt der Erstveröffentlichung des Artikels, BGH ZUM-RD 2016, 494 Rn 35.

501 *Rinsche*, AfP 2013, 1 (2 f.) mit zahlreichen Beispielsfällen.

502 BGH NJW-RR 2017, 98 Rn 39; NJW 2000, 1036 (1036 f.); 2015, 778 Rn 16; ZUM-RD 2016, 494 Rn 39; OLG Hamm NJW-RR 2015, 936 Rn 36; OLG Karlsruhe NJW-RR 2015, 670 (671); *Molle*, ZUM 2010, 331 (333); *Schlüter*, Verdachtsberichterstattung, S. 91 ff.

503 Die Anforderung für die Sachverhaltsaufklärungspflicht ist umso höher, je schwerwiegender die Berichterstattung das Persönlichkeitsrecht beeinträchtigt, BGH NJW 2015, 778 Rn 15; ZUM-RD 2016, 494 Rn 38; *Molle*, ZUM 2010, 331 (333). Nach *Peters*, NJW 1997, 1334 (1337) ist eine ordentliche Recherche erste Publizistenpflicht.

504 BGH NJW 2015, 778 Rn 15; ZUM-RD 2016, 494 Rn 38; OLG Hamm NJW-RR 2015, 936 Rn 36; *Rinsche*, AfP 2013, 1 (2).

505 KG NJW-RR 2010, 622 (622) – Nadja Benaissa.

Staatsanwaltschaft zuverlässig und umfassend ist[506], es sei denn, die Information wurde widerrufen oder ist erkennbar überholt[507].

Das Erfordernis eines Mindestbestands an Beweistatsachen lässt sich auf die Öffentlichkeitsarbeit der Staatsanwaltschaft übertragen. Für die Staatsanwaltschaft bedeutet dies, dass sie den jeweiligen Ermittlungsstand sowie den Gegenstand der Anklage zutreffend darzustellen hat[508]. Dazu bedarf es einer gesicherten Faktenlage, welche den Wahrheitsgehalt der für die Öffentlichkeit bestimmten Information stützt[509].

bb. Keine Vorverurteilung

Eine öffentliche Vorverurteilung des Betroffenen hat in der Berichterstattung zu unterbleiben[510]. Das heißt, der Betroffene ist, sofern über die Einleitung eines Ermittlungsverfahrens berichtet wird, nicht als Täter, sondern als Tatverdächtiger darzustellen[511]. Daraus folgt für die Berichterstattung, dass sie entsprechend zurückhaltend und ausgewogen sein muss[512]. Die Berichterstattung über den bloßen Verdacht darf bei einem unbefangenen Leser nicht den unzutreffenden Eindruck erwecken, der Beschuldigte sei der ihm vorgeworfenen Tat bereits überführt oder angeklagt[513]. Unzulässig ist eine bewusst einseitige oder verfälschte Darstellung[514]. Daher müssen den Medien bekannte, den Beschuldigten entlastende Argumente ebenfalls in der Berichterstattung Anklang finden[515]. Ein

---

506 OLG Karlsruhe NJW-RR 1993, 732 (733) allerdings zu Verlautbarungen der Polizei. Die Ausführungen dürften jedoch problemlos auf die Staatsanwaltschaft zu übertragen sein.

507 *Peters*, NJW 1997, 1334 (1336).

508 LG Wiesbaden NJW 2015, 2975 Rn 94 – Jahns; *Gounalakis*, NJW 2016, 737 (737 f.).

509 *Gounalakis*, NJW 2016, 737 (738).

510 S. *Rinsche*, AfP 2013, 1 (4) mit Beispielfällen. Zum Begriff der öffentlichen Vorverurteilung s. *Gounalakis*, NJW 2016, 737 (737 ff.).

511 *Gounalakis*, NJW 2016, 737 (737 f.). Eine zulässige vorverurteilende Äußerung durch die Presse liegt aber dann vor, wenn die Täterschaft des Betroffenen unzweifelhaft feststellbar ist, etwa dann, wenn ein Geiselnehmer vor Ort von der Polizei überwältigt wird. In diesem Fall ist ein Gebrauch der Begriffe „Täter“ oder „Geiselnehmer“ unschädlich. Ein Geständnis des Beschuldigten soll hingegen nicht ausreichen, *Schlüter*, Verdachtsberichterstattung, S. 96 f.

512 BVerfG (Kammer) NJW 2009, 350 Rn 14 – Holzklotz-Fall.

513 BGH NJW 2000, 1036 (1036 f.); 2015, 778 Rn 16; ZUM-RD 2016, 494 Rn 39; *Schlüter*, Verdachtsberichterstattung, S. 96 ff.; *Molle*, ZUM 2010, 331 (333); *Gounalakis*, NJW 2016, 737 (739); *Lehr*, NStZ 2009, 409 (412); *Rinsche*, AfP 2013, 1 (5).

514 *Molle*, ZUM 2010, 331 (333).

515 BGH NJW 2000, 1036 (1037); *Molle*, ZUM 2010, 331 (333); *Rinsche*, AfP 2013, 1 (5).

Verbot vorverurteilender medialer Berichterstattung über Ermittlungsverfahren ist überdies in Ziffer 13 des Pressekodexes des Deutschen Presserats ausdrücklich vorgesehen[516].

Auf die Öffentlichkeitsarbeit der Staatsanwaltschaft übertragen bedeutet dies, dass öffentliche Äußerungen besonders distanziert vom Tatverdacht und inhaltlich diskret formuliert sein müssen[517]. Die Art der Darstellung der Information muss beim Empfänger den Eindruck erwecken, dass die Sachlage noch offen ist.

Die Staatsanwaltschaft hat bei ihrer öffentlichen Informationsweitergabe weiterhin zu berücksichtigen, dass es sich bei den Empfängern ihrer Information in der Regel um juristische Laien handelt[518]. Für den Empfänger muss vor diesem Hintergrund mit besonderer Deutlichkeit erkennbar sein, dass es sich bloß um den Verdacht einer Tat handelt, der Ausgang des Ermittlungsverfahrens also noch offen ist. Eine unnötige Bloßstellung ist zu vermeiden[519]. Eine Mitteilungspflicht betreffend der den Beschuldigten entlastenden Umstände folgt bereits aus der Pflicht der Staatsanwaltschaft zu Objektivität, vgl. § 160 Abs. 2 StPO.

cc. Gelegenheit zur Stellungnahme

Vor Veröffentlichung der Verdachtsberichterstattung sind Journalisten verpflichtet, eine Stellungnahme des Betroffenen einzuholen[520], sog. Gegenrecherche[521]. Die Stellungnahme des Betroffenen muss in der Berichterstattung berücksichtigt werden[522]. Auf diese Weise soll dem Betroffenen die Möglichkeit eingeräumt werden, etwaige Missverständnisse aufzuklären und ihn entlastende

516 Ziffer 13 des Pressekodexes trägt den Titel „Unschuldsvermutung“. Laut Ziffer 13 soll die Unschuldsvermutung auch von der Presse zu beachten sein. Da die Unschuldsvermutung jedoch nur für die staatliche Gewalt eine unmittelbare Bindungswirkung entfaltet, kann Ziffer 13 allenfalls als Gebot ausgewogener Berichterstattung verstanden werden, s. *Rinsche*, AfP 2013, 1 (5). Ergänzt wird der Pressekodex durch Richtlinien für die publizistische Arbeit, *Gounalakis*, NJW 2016, 737 (739).

517 OLG Hamm NJW-RR 2015, 936 Rn 42 f.; LG Wiesbaden NJW 2015, 2975 Rn 94 – Jahns; *Gounalakis*, NJW 2016, 737 (749).

518 BGH NJW 1995, 1950 (1952); LG Wiesbaden NJW 2015, 2975 Rn 96 – Jahns.

519 LG Wiesbaden NJW 2015, 2975 Rn 94 – Jahns; *Gounalakis*, NJW 2016, 737 (749). Dies entspricht Ziffer 23 Abs. 1 S. 4 RiStBV, dazu 2. Kapitel E. II. 1. b. dd.

520 BGH NJW-RR 2017, 98 Rn 39; NJW 2000, 1036 (1037); 2015, 778 Rn 16; ZUM-RD 2016, 494 Rn 39; *Schlüter*, Verdachtsberichterstattung, S. 100 ff.; *Molle*, ZUM 2010, 331 (333); *Gounalakis* NJW 2016, 737 (740); *Peters*, NJW 1997, 1334 (1338); *Rinsche*, AfP 2013, 1 (3 f.) mit zahlreichen Beispielfällen.

521 *Schlüter*, Verdachtsberichterstattung, S. 100 f.

522 *Hohmann*, NJW 2009, 881 (882); *Schlüter*, Verdachtsberichterstattung, S. 101.

Tatsachen vorzutragen. Der ernsthafte Versuch der Medien, eine Stellungnahme des Betroffenen einzuholen, soll insofern genügen[523].

Die Pflicht der Staatsanwaltschaft zur Unterrichtung des Beschuldigten oder seines Verteidigers[524] von einer beabsichtigten Informationsweitergabe an die Medien ist deutlich strenger ausgestaltet, als dies vorstehend für Medienangehörige der Fall ist. Eine direkte Übertragung der presserechtlichen Erfordernisse ist daher nicht genügend. Aus dem Rechtsstaatsprinzip des Art. 20 Abs. 3 GG i.V.m. Art. 2 Abs. 1 GG und dem in Art. 6 Abs. 1 EMRK verankerten Recht auf ein rechtsstaatlich faires Verfahren folgt die Pflicht der Staatsanwaltschaft zur Einholung einer Stellungnahme des Beschuldigten, bevor eine öffentliche Stellungnahme an die Medien erfolgt. Der Betroffene muss rechtzeitig Kenntnis von einer geplanten Verdachtsäußerung der Staatsanwaltschaft an die Medien haben. Nur dann ist er in der Lage, unmittelbar nach der öffentlichen Informationsweitergabe der Staatsanwaltschaft fundiert auf eventuelle Fragen von Medienvertretern reagieren zu können[525]. Die Pflicht zur Unterrichtung des Beschuldigten ist auch aus einem anderen Grund nicht vergleichbar mit der presserechtlichen Anforderung der sog. Gegenrecherche. Die Staatsanwaltschaft ist gesetzlich aus dem presserechtlichen Auskunftsanspruch verpflichtet, auf Auskunftsverlangen von Medienvertretern hin Informationen zu laufenden Ermittlungen zu geben. Eine Verpflichtung der Staatsanwaltschaft zur Berücksichtigung einer Stellungnahme des Beschuldigten findet sich im presserechtlichen Auskunftsanspruch nicht[526].

---

523 KG NJW-RR 2010, 622 (623); *Molle*, ZUM 2010, 331 (333). Wird eine Stellungnahme nicht eingeholt, ist die Verdachtsberichterstattung rechtswidrig. Ein umfassendes Berichterstattungsverbot folgt daraus aber nicht. Vielmehr ist bei einer erneuten Berichterstattung eine nachgeholte Stellungnahme des Betroffenen mitzuteilen, KG ZUM 2008, 58 (58) – Rütli-Schule. Entbehrlich dürfte die Einholung einer Stellungnahme dann sein, wenn sie faktisch nicht möglich ist etwa, falls der Betroffene auf der Flucht ist, s. *Rinsche*, AfP 2013, 1 (3). **Anders** sieht dies *Peters*, NJW 1997, 1334 (1338), nach dem es unter dem Gesichtspunkt einer vollständigen Darstellung journalistische Pflicht ist, die Reaktion des Betroffenen in jedem Fall darzustellen.

524 OLG Düsseldorf NJW 2005, 1791 (1800) – Mannesmann; OLG Hamm NJW-RR 2015, 936 Rn 36; LG Wiesbaden NJW 2015, 2975 Rn 94 – Jahns, zur Unterrichtungspflicht betreffend die Aufnahme von Ermittlungen einerseits sowie Anklagerhebung andererseits vgl. 2. Kapitel E. II. b. bb. sowie 2. Kapitel E. II. 1. b. cc.

525 VGH Kassel NJW 2001, 3802 (3802); OLG Hamm NJW-RR 2015, 936 Rn 71; LG Wiesbaden NJW 2015, 2975 Rn 125 – Jahns; *Lehr*, NStZ 2009, 409 (413). Das erfordert jedenfalls das Recht des Beschuldigten auf Waffengleichheit.

526 *Lehr*, NStZ 2009, 409 (413).

dd. Vorgang von gravierendem Gewicht

Zuletzt muss es sich für eine zulässige Verdachtsberichterstattung um einen Vorgang von gravierendem Gewicht handeln, dessen Mittelung durch ein Informationsbedürfnis der Allgemeinheit gerechtfertigt ist[527]. Die Anwendung der Grundsätze einer zulässigen Verdachtsberichterstattung scheidet nicht deswegen aus, weil es sich beim Verhalten des Betroffenen um keine Straftat handelt[528]. Eine Berichterstattung über Straftaten unterhalb der Schwelle der Schwerkriminalität ist zulässig, wenn die Art der Tat oder die Person des Täters ein öffentliches Informationsinteresse rechtfertigen[529]. Dies erfordert eine einzelfallabhängige Abwägung zwischen dem Allgemeinen Persönlichkeitsrecht des Betroffenen einerseits und der Presse- und Meinungsfreiheit andererseits[530]. Auf Seiten des Betroffenen ist im Abwägungsprozess zu berücksichtigen, dass über den bloßen Verdacht berichtet wird, welcher sich letztlich als falsch erweisen könnte[531]. Ein Informationsbedürfnis der Allgemeinheit an einer medialen Berichterstattung liegt nach der Einstellung des Ermittlungsverfahrens regelmäßig nicht mehr vor[532].

Auch für die Öffentlichkeitsarbeit der Staatsanwaltschaft gelten die soeben genannten Grundsätze. Die staatsanwaltschaftliche Erhebung einer Anklage nach Abschluss der Ermittlungen ist ein Vorgang von gravierendem Gewicht und rechtfertigt eine Mitteilung, sofern bereits das vorangegangene Ermittlungsverfahren ein Informationsbedürfnis der Allgemeinheit begründet hat[533]. Ob bereits die bloße Einleitung eines Ermittlungsverfahrens einen Vorgang von gravierendem Gewicht darstellt, hängt vom Einzelfall ab. Fälle schwerer

527 BGH NJW 2000, 1036 (1037); 2015, 778 Rn 16; ZUM-RD 2016, 494 Rn 39; KG NJW-RR 2010, 622 (622) – Nadja Benaissa; *Schlüter*, Verdachtsberichterstattung, S. 102 ff.; *Rinsche*, AfP 2003, 1 (5) mit Beispielsfällen; *Molle*, ZUM 2010, 331 (332); *Gounalakis*, NJW 2016, 737 (737 f.).

528 Die Anforderungen an eine zulässige Verdachtsberichterstattung dienen auch dem Zweck, einer Vorverurteilung des Betroffenen durch die Medien im Sinne der Verhängung eines sozialen und moralischen Unwerturteils zuvorzukommen, so OLG Hamburg ZUM-RD 2009, 326 (328).

529 BVerfG (Kammer) NJW 2006, 2835, zur Presseberichterstattung über einen Verkehrsverstoß eines Angehörigen des Hochadels (Prinz Ernst August von Hannover); KG NJW-RR 2010, 622 (623) – Nadja Benaissa; *Schlüter*, Verdachtsberichterstattung, S. 103.

530 *Schlüter*, Verdachtsberichterstattung, S. 102.

531 *Prinz/Peters*, Medienrecht, Rn 268; *Schlüter*, Verdachtsberichterstattung, S. 102.

532 *Peters*, NJW 1997, 1334 (1339).

533 OLG Hamm NJW-RR 2015, 936 Rn 36.

Kriminalität dürften in der Regel ein Informationsbedürfnis der Allgemeinheit begründen[534]. Auch Vergehen, die besondere mediale Aufmerksamkeit erregen, können ein Informationsbedürfnis begründen[535].

4. *Zusammenfassung*

1. Ziffer 23 RiStBV, die Richtlinien für die Zusammenarbeit der hessischen Staatsanwaltschaften mit den Medien sowie die Grundsätze einer zulässigen Verdachtsberichterstattung stellen lediglich präventive Vorgaben für eine rechtmäßige Öffentlichkeitsarbeit der Staatsanwaltschaft dar, das sog. „Wie".
2. Weder Ziffer 23 RiStBV, noch die Richtlinien für die Zusammenarbeit der hessischen Staatsanwaltschaften mit den Medien beanspruchen Gesetzeskraft. Sie sind bloße Verwaltungsvorschriften.
3. Auch die durch Richterrecht entwickelten Grundsätze der Verdachtsberichterstattung beanspruchen keine Gesetzeskraft[536]. Sie sorgen allerdings für Rechtssicherheit und stellen für die Öffentlichkeitsarbeit der Staatsanwaltschaft eine wichtige Rechtserkenntnisquelle dar[537].
4. Die Beachtung der Vorgaben in Ziffer 23 RiStBV, der Richtlinien für die Zusammenarbeit der Staatsanwaltschaft mit den Medien sowie der Grundsätze der Verdachtsberichterstattung stellen eine Amtspflicht der Staatsanwaltschaft dar.

III. Allgemeines Persönlichkeitsrecht des Beschuldigten

Für eine rechtmäßige Öffentlichkeitsarbeit der Staatsanwaltschaft ist das Allgemeine Persönlichkeitsrecht[538] des Beschuldigten von zentraler Bedeutung und

---

534 *Gounalakis*, NJW 2016, 737 (737 f.).

535 *Gounalakis*, NJW 2016, 737 (738). So im Fall der „*No Angels*"-Sängerin *Nadja Benaissa*, welcher den Tatvorwurf einer gefährlichen Körperverletzung zum Inhalt hatte, also um einen Fall von leichter bis mittlerer Kriminalität, KG NJW-RR 2010, 622 (623) – Nadja Benaissa.

536 Der Meinungsstreit darüber, ob Richterrecht als eine eigenständige Rechtsquelle anzusehen ist, soll an dieser Stelle nicht behandelt werden. S. dazu aber BeckOK-BGB/*Förster*, BGB § 823 Rn 267; NK-BGB/*Looschelders*, BGB § 138 Rn 79; MüKoBGB/*Wagner*, Bd. 6, § 823 Rn 397.

537 Zum Richterrecht als Rechtserkenntnisquelle, NK-BGB/*Looschelders*, BGB § 138 Rn 79.

538 Umfasst vom Allgemeinen Persönlichkeitsrecht des Beschuldigten sind auch die zu seinen Gunsten sprechende Unschuldsvermutung sowie der Grundsatz des fairen Verfahrens, *Neuling*, Inquisition durch Information, S. 163 ff.; *Altenhain*, Öffentlichkeit

zugleich ihre wichtigste Grenze[539]. Es begrenzt die Öffentlichkeitsarbeit dergestalt, dass sie zur Rechtfertigung eines Eingriffs das Vorliegen eines anderen, gleichwertigen Interesses von Verfassungsrang erfordert, welches das Allgemeine Persönlichkeitsrecht des Beschuldigten überwiegt[540].

1. Das Allgemeine Persönlichkeitsrecht

Das in Art. 2 Abs. 1 i.V.m. Art. 1 Abs. 1 GG sowie Art. 8 Abs. 1 EMRK verankerte Allgemeine Persönlichkeitsrecht ist seit der Lesebrief-Entscheidung des *BGH*[541] aus dem Jahr 1954 ein verfassungsmäßig gewährleistetes Grundrecht[542], in Gestalt eines klassischen Abwehrrechts[543]. Gleichwohl ist das Allgemeine Persönlichkeitsrecht weder in der Verfassung noch im BGB kodifiziert[544]. Es sichert jedem Grundrechtsträger einen autonomen Bereich privater Lebensgestaltung, in dem er seine Individualität entwickeln und wahren kann[545]. Das Allgemeine Persönlichkeitsrecht ist als das Recht des Einzelnen auf Achtung und Entfaltung seiner Persönlichkeit zu verstehen[546]. Vom Schutzbereich umfasst ist die Abwehr von Beeinträchtigungen der engen persönlichen Lebenssphäre, der Selbstbestimmung sowie des Schutzes der Grundbedingungen der

---

im Strafverfahren, C 20; AE -StuM/*Riklin/Höpfel*, S. 53. Diese werden unter 2. Kapitel B. II. 4. und 5. dargestellt.

539 *Altenhain*, Öffentlichkeit im Strafverfahren, C 20; *Meyer*, Der Gerichtsprozess in der medialen Berichterstattung, S. 294; *Gounalakis*, NJW 2012, 1473 (1474); *Trüg*, NJW 2011, 1040 (1041 f.).

540 S. *Altenhain*, Öffentlichkeit im Strafverfahren, C 20.

541 Erstmals hat der *BGH* im Wege richterlicher Rechtsfortbildung das Allgemeine Persönlichkeitsrecht als „sonstiges Recht" i.S.v. § 823 Abs. 1 BGB anerkannt, BGH NJW 1954, 1404 (1405) – Lesebrief; Maunz/Düring/*Di Fabio*, GG, Art. 2 Rn 127; *Brox/Walker*, Schuldrecht BT, § 45 Rn 21. Zur Herleitung des Allgemeinen Persönlichkeitsrechts aus dem Menschenwürdesatz des Art. 1 Abs. 1 GG sowie seiner Entwicklung hin zu einem Grundrecht, *Brox/Walker*, Schuldrecht BT, § 45 Rn 21 f.; *Gounalakis*, NJW 2012, 1473 (1474 f.).

542 Maunz/Düring/*Di Fabio*, GG, Art. 2 Rn 127; *Gounalakis*, NJW 2012, 1473 (1474); *von Pentz*, AfP 2016, 101 (101); *Neuling*, Inquisition durch Information, S. 157 f.

543 Maunz/Düring/*Di Fabio*, GG, Art. 2 Rn 132.

544 Zu den Reformüberlegungen betreffend eine Kodifizierung des Allgemeinen Persönlichkeitsrechts, *Scherer*, ZRP 1990, 332 (332 ff.).

545 BVerfG NJW 1973, 1226 (1227) – Lebach.

546 *Brox/Walker*, Schuldrecht BT, § 45 Rn 21.

Persönlichkeitsentfaltung[547]. Dazu gehört auch der Schutz vor ehrverletzenden und herabsetzenden Äußerungen[548].

Eine abschließende Definition des (sachlichen) Schutzbereichs existiert jedoch aufgrund der Entwicklungsoffenheit des Grundrechts nicht[549]. Das Allgemeine Persönlichkeitsrecht wird nicht schrankenlos gewährleistet. Es unterliegt der Schranke der allgemeinen Gesetze nach Art. 2 Abs. 2 S. 3 GG. Eingriffe in das Allgemeine Persönlichkeitsrecht sind im überwiegenden Allgemeininteresse und unter Wahrung des Verhältnismäßigkeitsgebots hinzunehmen. Bei der Auslegung und Anwendung des Allgemeinen Persönlichkeitsrechts steht den Fachgerichten ein weiter Beurteilungsspielraum zu[550].

Die Information der Öffentlichkeit über ein beabsichtigtes oder bereits laufendes Ermittlungsverfahren hat für den betroffenen Beschuldigten neben den möglicherweise folgenden strafrechtlichen Konsequenzen auch erhebliche negative Auswirkungen auf dessen private und berufliche Beziehungen. Aus Beschuldigtensicht relevant sind daher dessen Recht auf informationelle Selbstbestimmung sowie sein Selbstdarstellungsrecht.

a. Recht auf informationelle Selbstbestimmung

Das aus dem Allgemeinen Persönlichkeitsrecht abgeleitete Recht auf informationelle Selbstbestimmung umfasst die Befugnis des Einzelnen, grundsätzlich selbst darüber zu entscheiden, wann und innerhalb welcher Grenzen persönliche Lebenssachverhalte offenbart werden[551]. Zu den persönlichen Lebenssachverhalten gehören auch die in der staatsanwaltschaftlichen Ermittlungsakte befindlichen personenbezogenen Daten über die Person des Beschuldigten[552]. Werden in der staatsanwaltschaftlichen Ermittlungsakte befindliche Daten von

---

547 BVerfG NJW 1980, 2070 (2070 f.); 1986, 1859 (1860); Maunz/Düring/*Di Fabio*, GG, Art. 2 Rn 147; BeckOK-InfoMedienR/*Gersdorf*, GG Art. 2 Rn 3.

548 BVerfG (Kammer) NJW 2011, 740 Rn 52; *Brox/Walker*, Schuldrecht BT, § 45 Rn 25.

549 Maunz/Düring/*Di Fabio*, GG, Art. 2 Rn 147; BeckOK-Informations-und Medienrecht/*Gersdorf*, GG Art. 2 Rn 3; *Neuling*, Inquisition durch Information, S. 158. Zur Entwicklungsoffenheit des Allgemeinen Persönlichkeitsrechts, BVerfG NJW 1980, 2070 (2070 f.); 1986, 1859 (1860); Maunz/Düring/*Di Fabio*, GG, Art. 2 Rn 147.

550 BVerfG NJW 2000, 1021 (1024) – Caroline von Monaco; 2008, 1793 Rn 71 – Caroline von Hannover.

551 BVerfG NJW 1984, 419 (420) – Volkszählungsurteil; 1991, 2411 (2411 f.); 2013, 3086 (3087); VGH München NJW 2014, 2057 Rn 25 – Fall Gurlitt.

552 OLG Frankfurt a.M. NJW 1996, 1484 (1484); *Altenhain*, Öffentlichkeit im Strafverfahren, C 21.

der Staatsanwaltschaft – ohne das Einverständnis des Beschuldigten – an die Presse herausgegeben, liegt darin ein Eingriff in das Recht auf informationelle Selbstbestimmung des Beschuldigten. Bereits die namentliche Nennung des Beschuldigten durch die Staatsanwaltschaft stellt einen Eingriff in das informationelle Selbstbestimmungsrecht des Beschuldigten dar.

b. Selbstdarstellungsrecht

Eine weitere Ausprägung des Allgemeinen Persönlichkeitsrechts stellt das Selbstdarstellungsrecht dar[553]. Es umfasst insbesondere den Schutz gegenüber solchen Darstellungen, die die Persönlichkeit des Einzelnen in der Öffentlichkeit verfälschen oder entstellen oder dessen Persönlichkeitsentfaltung, etwa durch eine von der Darstellung ausgehende Stigmatisierung, erheblich beeinträchtigen[554]. Darunter fällt auch der Anspruch des Einzelnen, durch die öffentliche Gewalt nicht mit rufschädigenden Äußerungen überzogen zu werden, die sich außerhalb der verfassungsmäßigen Ordnung bewegen[555]. Eine erhebliche Beeinträchtigung stellt es etwa dar, wenn eine staatsanwaltschaftliche Mitteilung unwahre Tatsachenbehauptungen enthält, die geeignet sind, das Bild des Beschuldigten in der Öffentlichkeit zu verfälschen oder zu entstellen[556]. Ein Anspruch darauf, nur derart von anderen dargestellt zu werden, wie man sich selbst sieht oder gesehen werden möchte, folgt aus dem Selbstdarstellungsrecht jedoch nicht[557].

Ausformungen des Selbstdarstellungsrechts[558] sind das Recht am eigenen Bild sowie das Recht am gesprochenen Wort.

Das Recht am gesprochenen Wort[559] umfasst die Befugnis, selbst darüber zu bestimmen, ob ein Kommunikationsinhalt einzig dem Gesprächspartner, einem

553 Maunz/Düring/*Di Fabio*, GG, Art. 2 Rn 166.

554 BVerfG NJW 2000, 1859 (1860) – Lebach II.

555 OVG Koblenz NJW 1991, 2659 (2659), betreffend eine Presseerklärung der Staatsanwaltschaft nach Abschluss der Ermittlungen.

556 OVG Koblenz NJW 1991, 2659 (2660); LG Wiesbaden NJW 2015, 2975 – Jahns.

557 BVerfG NJW 1998, 1381 (1383); 1999, 1322 (1323); 2000, 1021 (1022) – Caroline von Monaco.

558 BVerfG NJW 1973, 1226 (1227 f.) – Lebach; NJW 2000, 1859 (1860) – Lebach II; OLG Hamburg ZUM-RD 2012, 462 (463); Maunz/Düring/*Di Fabio*, GG, Art. 2 Rn 166; *Beukelmann*, NJW-Spezial 2012, 440 (440).

559 BVerfG 1973, 891 (891 f.) – heimliche Tonbandaufzeichnungen; 1226 (1227 f.) – Lebach; OLG Hamburg ZUM-RD 2006, 513; Maunz/Düring/*Di Fabio*, GG, Art. 2 Rn 196 ff.

bestimmten Personenkreis oder gar der Öffentlichkeit zugänglich sein soll[560]. Ein Eingriff in das Recht am gesprochenen Wort des Beschuldigten liegt vor, wenn die Staatsanwaltschaft im Rahmen ihrer Öffentlichkeitarbeit etwa Inhalte von Tonbandaufzeichnungen des Beschuldigten veröffentlicht[561].

Das Recht am eigenen Bild gewährleistet dem Einzelnen Einfluss- und Entscheidungsmöglichkeiten, soweit es um die Verbreitung oder Zuschaustellung von Fotografien seiner Person geht[562]. Dabei spielt es grundsätzlich keine Rolle, ob die Abbildungen den Einzelnen in privaten oder öffentlichen Zusammenhängen zeigen[563]. Das Schutzbedürfnis folgt vielmehr aus der Möglichkeit, das Erscheinungsbild eines Menschen in einer bestimmten Situation von diesem abzulösen und jederzeit vor einem unüberschaubaren Personenkreis zu reproduzieren[564]. Die Bildveröffentlichung stellt einen rechtfertigungsbedürftigen Eingriff in das Allgemeine Persönlichkeitsrecht des Betroffenen dar[565].

Als spezialgesetzliche Regelung des Allgemeinen Persönlichkeitsrechts hat das Recht am eigenen Bild[566] durch § 22 KUG eine eigenständige einfachgesetzliche Rechtsposition erfahren[567]. Nach § 22 S. 1 KUG dürfen Bildnisse[568] nur mit

560 BVerfG NJW 1973, 891 (892) – heimliche Tonbandaufzeichnungen; 2002, 3619 (3621). Vgl. aber § 100c StPO, wonach Strafverfolgungsbehörden die akustische Überwachung und Aufzeichnung des nichtöffentlich gesprochenen Worts in Wohnräumen, in denen sich der Beschuldigte mutmaßlich aufhält, gestattet wird, s. hierzu auch MüKoStPO/*Günther*, Bd. 1, StPO § 100c Rn 3.

561 *Altenhain*, Öffentlichkeit im Strafverfahren, C 22.

562 BVerfG NJW 1998, 1627 (1632); 2000, 1021 (1022) – Caroline von Monaco.

563 BVerfG NJW 2000, 1021 (1022) – Caroline von Monaco.

564 BVerfG NJW 2000, 1021 (1022) – Caroline von Monaco.

565 BVerfG (Kammer) NJW 2011, 740 Rn 45; BGH NJW 2017, 804 Rn 5.

566 BVerfG NJW 1973, 1226 (1227 f.) – Lebach. *Altenhain*, Öffentlichkeit im Strafverfahren, C 23 f., sieht das Recht am eigenen Bild sowie das Recht am gesprochenen Wort nicht als Unterfälle des Selbstdarstellungsrechts an, sondern als jeweils eigenständige Ausprägungen des Allgemeinen Persönlichkeitsrechts.

567 *Golla/Herbort*, GRUR 2015, 648 (648). Zur auch eigenständigen Bedeutung des Selbstdarstellungsrechts Maunz/Düring/*Di Fabio*, GG, Art. 2 Rn 167. Beachte die Einschränkung des Rechts am eigenen Bild nach § 24 KUG. Eine weitere Einschränkung des Rechts am eigenen Bild enthalten die in den §§ 131 ff. StPO normierten Maßnahmen zur Öffentlichkeitsfahndung.

568 Das KUG unterscheidet zwischen Bildnissen (§ 23 Abs. 1 Nrn. 1, 4 KUG) und Bildern (§ 23 Abs. 1 Nrn. 2, 3 KUG). Ein Bildnis liegt vor, wenn die Darstellung dazu bestimmt und geeignet ist, eine Person in ihrer dem Leben nachgebildeten äußeren Erscheinung dem Beschauer vor Augen zu führen und das Aussehen, wie es gerade dieser bestimmten Person eigen sei, im Bilde wiederzugeben. Von Bedeutung ist allein die

Einwilligung des Abgebildeten verbreitet oder öffentlich zur Schau gestellt werden. Einer Einwilligung bedarf es dann nicht, wenn es sich gemäß § 23 Abs. 1 Nr. 1 KUG um ein Bildnis aus dem Bereich der Zeitgeschichte handelt[569]. Sofern dies bejaht wird, ist weiter zu prüfen, ob die Veröffentlichung des Bildnisses berechtigte Interessen des Abgebildeten verletzt oder nicht, § 23 Abs. 2 KUG. Nur in letzterem Fall handelt es sich um eine zulässige Bildnisveröffentlichung i.S.d. §§ 22, 23 Abs. 1 Nr. 1 KUG. § 23 Abs. 2 KUG erfordert eine Abwägung zwischen dem Allgemeinen Persönlichkeitsrecht des Betroffenen einerseits und dem Interesse an der Veröffentlichung des Bildnisses andererseits[570]. Ob eine Bildnisveröffentlichung zulässig ist, beurteilt sich nach dem sog. abgestuften Schutzkonzept[571]. Zunächst ist § 22 S. 1 KUG zu prüfen, sodann § 23 Abs. 1 Nr. 1 KUG und zuletzt § 23 Abs. 2 KUG.

Die Rechtsprechung hat früher im Rahmen des § 23 Abs. 1 Nr. 1 KUG zwischen sog. „relativen" und „absoluten" Personen der Zeitgeschichte unterschieden. Absolute Personen der Zeitgeschichte mussten eine Abbildung ihrer Person im Zusammenhang mit einem gegen sie geführten Strafverfahren dulden[572]. Als absolute Personen der Zeitgeschichte wurden Personen bezeichnet, die durch Geburt, Stellung, Status, Ämter, besondere Leistungen oder Taten, sowohl im positiven als auch im negativen, in das öffentliche Blickfeld geraten waren und sich dadurch außergewöhnlich aus dem Kreis ihrer Mitmenschen heraushoben[573]. Als solche waren beispielsweise Staatsoberhäupter[574], Schauspieler[575], Leistungssportler[576] oder Politiker anzusehen[577]. Auch die gesellschaftliche Stellung und Herkunft des Abgebildeten waren Kriterien[578]. Relative Personen der

---

Erkennbarkeit des Abgebildeten, vgl. BGH NJW 1965, 2148 (21448 f.) – Spielgefährtin I. Ein Bild zeigt eine Abbildung, bei der die Örtlichkeit im Vordergrund steht und die Personendarstellung eine untergeordnete Rolle spielt, BeckOK-Urheberrecht/*Engels*, KUG § 23 Rn 12.

569 Einen weiteren Ausnahmefall vom Einwilligungserfordernis normiert § 24 KUG.

570 BGH NJW 2007, 1977 (1978 f.) – Caroline von Hannover; 2010, 2432 Rn 33.

571 BGH NJW 2011, 3153 Rn 14; 2009, 757 (757 f.) – Karsten Speck; 3032 (3033) – Wer wird Millionär?; 2007, 1981 (1982) – Prinz Ernst August von Hannover; BVerfG (Kammer) NJW 2017, 1376 Rn 15 – Kachelmann; *Bünnigmann*, NJW-aktuell 17/2017, S. 14.

572 BVerfG NJW 1995, 184; *Stieper*, JZ 2014, 271 (272).

573 BeckOK-InfoMedienR/*Herrmann*, KUG § 23 Rn 8.

574 KG JW 1928, 363 – Kaiser Wilhelm II.

575 BGH NJW 1992, 2084 – Joachim Flensburger.

576 BGH NJW 1979, 2203 – Franz Beckenbauer.

577 BGH NJW 1996, 593 – Willy Brandt.

578 BGH NJW 1996, 1128 – Caroline von Monaco.

Zeitgeschichte waren diejenigen, die im Zusammenhang mit einem bestimmten zeitgeschichtlichen Ereignis in das Blickfeld der Öffentlichkeit geraten waren und nur solange im Blickpunkt der Öffentlichkeit standen, wie das allgemeine Interesse am Ereignis anhielt[579].

Mittlerweile verzichtet die Rechtsprechung auf die Begriffe der „absoluten" und „relativen" Person der Zeitgeschichte[580]. Abgestellt wird nunmehr auf den Begriff des zeitgeschichtlichen Ereignisses[581]. Nicht nur Vorgänge von historischer oder politischer Bedeutung werden vom Begriff des zeitgeschichtlichen Ereignisses erfasst, sondern auch solche von allgemeinem gesellschaftlichen Interesse[582]. Handelt es sich um eine alltägliche Information, folgt alleine aus der Prominenz einer Person aber noch kein öffentliches Interesse an umfassender Information unter Bildnisdarstellung[583].

Für die öffentliche Verbreitung des Bildnisses eines Beschuldigten ist ferner die zu dessen Gunsten sprechende Unschuldsvermutung zu beachten[584]. Insofern besteht die Gefahr, dass aufgrund der Bildberichterstattung die Person des Beschuldigten in den Augen der Adressaten von vornherein negativ qualifiziert wird[585].

An einer Einwilligung nach § 22 S. 1 KUG des Beschuldigten in die Veröffentlichung seines Bildnisses wird es in der Regel fehlen, so dass sich die Zulässigkeit der Bildnisveröffentlichung nach § 23 KUG zu richten hat. Bei der Beurteilung, ob ein Bildnis des Beschuldigten ein zeitgeschichtliches Ereignis i.S.v. § 23 Abs. 1 Nr. 1 KUG darstellt, sind das Persönlichkeitsrecht des Abzubildenden einerseits

579 BeckOK-InfoMedienR/*Herrmann*, KUG § 23 Rn 6.

580 BGH NJW 2007, 1981 (1981 f.) – Prinz Ernst August von Hannover. Der Verzicht hält verfassungsrechtlichen Vorgaben stand, BVerfG NJW 2008, 1793 Rn 80 ff. – Caroline von Hannover. Die Rechtsprechungsänderung steht auch im Einklang mit Art. 8 Abs. 1 EMRK, EGMR NJW 2012, 1053 (1057) – Caroline von Hannover II. S. auch BeckOK-Urheberrecht/*Engels*, KUG § 22 Rn 12.3; *Stieper*, JZ 2014, 271 (272 f.); *Teichmann*, NJW 2007, 1917.

581 BVerfG (Kammer) NJW 2001, 1921 (1922) – Prinz Ernst August von Hannover; NJW 2008, 1793 Rn 58 ff. – Caroline von Hannover.

582 BVerfG (Kammer) NJW 2001, 1921 (1923) – Prinz Ernst August von Hannover; BVerfG NJW 2000, 1021 (1024) – Caroline von Monaco; BGH NJW 2007, 3440 (3442) – Grönemeyer; 2009, 3032 (3033) – Wer wird Millionär?.

583 BVerfG (Kammer) NJW 2006, 2835 (2835); BVerfG (Kammer) NJW 2001, 1921 (1922) – Prinz Ernst August von Hannover.

584 LG Berlin, Beschluss vom 17.1.2012 – 27 O 637/11, BeckRS 2013, 03560.

585 BGH NJW 2010, 2432 Rn 34; LG Berlin, Beschluss vom 17.1.2012 – 27 O 637/11, BeckRS 2013, 03560 Rn 32.

sowie das Informationsinteresse andererseits gegeneinander abzuwägen[586]. Entscheidend ist der Gegenstand der Berichterstattung, die mittels sachbezogener und ernsthafter Auseinandersetzung zur Bildung einer öffentlichen Meinung beiträgt[587]. Berücksichtigt wird die zu dem Bildnis gehörende Berichterstattung, ihr Anlass sowie die Umstände, unter denen die Aufnahme entstanden ist[588]. Zu berücksichtigen ist ferner, dass mit zeitlichem Abstand zur Tat das Interesse des Beschuldigten, von einer Reaktualisierung seiner Verfehlung verschont zu bleiben, zunehmend Bedeutung erlangt[589].

Für den sog. prominenten Beschuldigten gilt Folgendes: Wird ein innerer Zusammenhang zwischen der Straftat und der Person des prominenten Beschuldigten bejaht, dann ist dessen Prominentenstatus in der Abwägungsentscheidung mit zu berücksichtigen. In derartigen Konstellationen handelt es sich bei einem Strafverfahren um ein zeitgeschichtliches Ereignis[590]. Handelt es sich allerdings um eine Abbildung des Beschuldigten in einem privaten Raum, dann überwiegt trotz seiner Prominenz das Allgemeine Persönlichkeitsrecht des Beschuldigten[591]. Das Interesse an der Veröffentlichung eines Bildnisses des Beschuldigten kann schließlich bei Geringfügigkeit des Tatvorwurfs zurücktreten, wenn sich aus der Person des Täters oder der Tat keine besonderen Umstände ergeben[592]. Fällt eine dem prominenten Beschuldigten vorgeworfene Tat nicht aus dem Rahmen allgemeiner Kriminalität und wäre, sofern der Beschuldigte ein

586 BGH NJW 2007, 1977 (1977) – Caroline von Monaco; 2008, 3141 Rn 25; 2010, 2432 Rn 33.

587 BGH NJW 2010, 2432 Rn 34.

588 BGH NJW 2010, 2432 Rn 35.

589 BGH NJW 2010, 2432 Rn 34.

590 BVerfG (Kammer) NJW 2017, 1376 Rn 19 – Kachelmann; (Kammer) NJW-RR 2010, 1195 Rn 30, Fund einer Cannabispflanze durch Journalisten in der Wohnung der ehemaligen FDP-Generalsekretärin *Cornelia Pieper* im Rahmen einer sog. Homestory. Bei der anschließenden Berichterstattung über die Homestory wurde auch über den Fund der Cannabispflanze berichtet. Aufgrund dieser Berichte leitete die zuständige Staatsanwaltschaft ein Ermittlungsverfahren gegen den damals 18 Jahre alten Sohn *Piepers* wegen des Verdachts des Verstoßes gegen das Betäubungsmittelgesetz (BtMG) ein. Auch darüber wurde unter Nennung des Familiennamens *Pieper* medial berichtet. S. ferner *Bünnigmann*, NJW-aktuell 17/2017, S. 14.

591 BVerfG (Kammer) NJW 2017, 1377 Rn 1 – Kachelmann. Das *BVerfG* hatte über die Zulässigkeit einer Abbildung zu entscheiden, welche Kachelmann im Vorfeld eines Strafprozesses auf einem privaten Gelände (Innenhof der Kanzlei seiner Verteidigerin) zeigte. Vgl. auch BVerfG NJW 2008, 1793 Rn 53 – Caroline von Hannover.

592 BGH NJW 1994, 1950 (1952 f.); OLG Hamburg ZUM-RD 2006, 513 (513).

Unbekannter wäre, die Tat für die Öffentlichkeit ohne jedes Interesse, dann ist das Allgemeine Persönlichkeitsrecht des prominenten Beschuldigten vorrangig gegenüber dem Informationsbedürfnis der Öffentlichkeit[593].

Die eben genannten Kriterien wurden zwar für die Arbeit der Presse entwickelt, sind aber gleichsam auch für die Öffentlichkeitsarbeit der Staatsanwaltschaft maßgeblich[594]. Im Gegensatz zur Presse kann sich die Staatsanwaltschaft jedoch bei der vorzunehmenden Abwägungsentscheidung zwischen dem Allgemeinen Persönlichkeitsrecht des Beschuldigten und dem öffentlichen Informationsinteresse mangels Grundrechtsträgerschaft nicht auf die Grundrechte der Meinungs- und Informationsfreiheit (Art. 5 Abs. 1 S. 1 GG) berufen[595].

In den Schutzbereich des Rechts am eigenen Bild wird von Seiten der Staatsanwaltschaft auch dann eingegriffen, wenn diese zur Aufklärung oder Bekämpfung einer Straftat Lichtbilder des Beschuldigten im Rahmen der Öffentlichkeitsfahndung nach den §§ 131 ff. StPO zeigt[596]. Hierbei handelt es sich aber nicht um Öffentlichkeitsarbeit der Staatsanwaltschaft, sondern vielmehr um eine Maßnahme im Ermittlungsverfahren[597].

c. Recht auf Anonymität

Überlegenswert ist ferner, dem Beschuldigten ein aus dem Allgemeinen Persönlichkeitsrecht abzuleitendes Recht auf Anonymität zu gewähren[598]. Dafür spricht, dass der Schutzbereich des Allgemeinen Persönlichkeitsrechts entwicklungsoffen ist. In der Caroline von Monaco-Entscheidung spricht das *BVerfG*[599] von der Notwendigkeit einer lückenfüllenden Gewährleistung des Allgemeinen Persönlichkeitsrechts, insbesondere mit Blick auf neuartige Gefährdungen der

---

593 OLG Hamburg ZUM-RD 2006, 513 (513 f.), Zur Wortberichterstattung über den Besitz und Eigengebrauch geringer Mengen von BtM eines als TV-Kommissar bekannt gewordenen Schauspielers.

594 *Stieper*, JZ 2014, 271 (274).

595 *Schnoor/Giesen/Addicks*, NStZ 2016, 256 (257).

596 Maunz/Düring/*Di Fabio*, GG, Art. 2 Rn 194.

597 Die §§ 131 ff. StPO normieren die Befugnis der Staatsanwaltschaft im Rahmen von Strafverfolgungsmaßnahmen an die Öffentlichkeit zu treten.

598 So bereits SK-StPO/*Rogall*, Bd. 2, vor StGB § 133 Rn 81; *von Becker*, Straftäter und Tatverdächtige in den Massenmedien, S. 91; *Dalbkermeyer*, Schutz des Beschuldigten vor identifizierenden Pressemitteilungen der Staatsanwaltschaft, S. 15 ff.; *Neuling*, Inquisition durch Information, S. 159 f., *ders.*, StV 2008, 387 (389), *Gounalakis*, NJW 2012, 1473 (1473), der von einem Geheimhaltungsinteresse des Beschuldigten spricht.

599 BVerfG NJW 2000, 1021 (1021) – Caroline von Monaco.

Persönlichkeitsentfaltung, die in Begleitung des wissenschaftlich-technischen Fortschritts auftreten. Als neuartige Gefährdungsform kommt gegenwärtig die Verbreitung der staatsanwaltschaftlichen Information in den Massenmedien, insbesondere im Internet, in Betracht. Durch minimalen technischen Aufwand wird eine gegenüber den Medien getätigte Äußerung der Staatsanwaltschaft vielfach im Internet für jedermann mit wenigen Klicks auffindbar und dauerhaft gespeichert wiedergegeben.

Entgegengehalten werden könnte dem, dass ein Recht des Beschuldigten auf Anonymität bereits vom Recht auf informationelle Selbstbestimmung sowie vom Selbstdarstellungsrecht mit umfasst ist[600]. Aus dem Schutzbereich des Rechts auf informationelle Selbstbestimmung folgt der Schutz des Beschuldigten vor Veröffentlichung seines Namens, sodass eine sog. Namensanonymität bereits gewährleistet ist. Das Recht am eigenen Bild sichert die sog. Bildanonymität[601]. Gegen ein Recht auf Anonymität spricht weiterhin auch die *Lebach-II* Entscheidung des *BVerfG*[602], wonach das Allgemeine Persönlichkeitsrecht Straftätern keinen Anspruch darauf vermittele, in der Öffentlichkeit nicht mehr mit der Tat konfrontiert zu werden. Selbst nach Verbüßung der Straftat erwerbe der Täter keinen Anspruch darauf, mit der Tat „allein gelassen zu werden"[603]. Das *BVerfG* betont ausdrücklich, dass ein Recht „auf vollständige Immunisierung[604]" auch nicht aus seiner ersten *Lebach*-Entscheidung folge[605]. Letztlich bietet ein Recht des Beschuldigten auf Anonymität ohnehin nicht mehr Schutz als ihn der Beschuldigte bereits durch das Recht auf Informationelle Selbstbestimmung und das Selbstdarstellungsrecht erfährt. Denn auch ein Recht auf Anonymität unterfiele als ein aus dem Allgemeinen Persönlichkeitsrecht abgeleitetes Recht den Schranken der Allgemeinen Gesetze. Damit wäre ein Eingriff in das Recht auf Anonymität mit der gleichen Begründung wie in das Recht auf informationelle Selbstbestimmung und das Selbstdarstellungsrecht gerechtfertigt, nämlich dann,

600 Gegen ein Recht auf Anonymität ist auch *Altenhain*, Öffentlichkeit im Strafverfahren, C 23.

601 Zur Bildanonymität, VGH Mannheim NVwZ 2001, 1292 (1293).

602 BVerfG NJW 2000, 1859 (1860) – Lebach II.

603 BVerfG NJW 2000, 1859 (1860) – Lebach II.

604 BVerfG NJW 2000, 1859 (1860) – Lebach II.

605 BVerfG NJW 2000, 1859 (1860) – Lebach II. Auf die Ausführungen des *BVerfG* zum *Lebach*-Urteil, BVerfG NJW 1973, 1226, stützen sich insoweit *Dalbkermeyer*, Schutz des Beschuldigten vor identifizierenden Pressemitteilungen der Staatsanwaltschaft, S. 15 ff.; *Neuling*, Inquisition durch Information, S. 159 f., *ders.*, StV 2008, 387 (389).

wenn für die namentliche Nennung des Beschuldigten oder die Veröffentlichung seines Bildnisses ein überwiegendes öffentliches Interesse vorliegt.

Ein Recht auf Anonymität ist daher abzulehnen. Der Beschuldigte ist bereits hinreichend geschützt.

2. *Sphärentheorie*

Das Allgemeine Persönlichkeitsrecht wird teilweise aus dem Menschenwürdesatz des Art. 1 Abs. 1 GG hergeleitet[606]. Zwecks Bestimmung von Inhalt und Reichweite von Eingriffen in das Grundrecht hat das *BVerfG* die sog. Sphärentheorie entwickelt[607].

Ob ein Eingriff zulässig ist und wie intensiv er sein darf, hängt von der jeweiligen Sphäre des Persönlichkeitsrechts ab. Die Sozialsphäre schützt und bewahrt die persönliche Eigenart des Menschen in seinem öffentlichen, wirtschaftlichen und beruflichen Wirken[608]. Umfasst hiervon sind das Recht auf informationelle Selbstbestimmung sowie das Selbstdarstellungsrecht[609]. Der Persönlichkeitsschutz ist in dieser Sphäre am schwächsten. Die Privatsphäre umfasst denjenigen Lebensbereich, zu dem andere Menschen nach der sozialen Anschauung nur mit Zustimmung des Betroffenen Zugang haben, insbesondere das Leben im häuslichen oder familiären Kreis[610]. Eingriffe in dieser Sphäre sind nur zulässig, wenn sie im überwiegenden Interesse des Gemeinwohls erfolgen. Die Intimsphäre umfasst den Kernbereich höchstpersönlicher Lebensgestaltung, etwa die innere Gedanken- und Gefühlswelt[611]. Die Intimsphäre genießt wegen ihrer Nähe zur Menschenwürde absoluten Persönlichkeitsschutz. Eingriffe in die Intimsphäre sind unter keinen Umständen gerechtfertigt[612].

---

606 *Brox/Walker*, Schuldrecht BT, § 45 Rn 21 f.; *Gounalakis*, NJW 2012, 1473 (1474 f.).

607 BVerfG NJW 1970, 555 (555); 1972, 1123 (1124); 1973, 891 (892) – heimliche Tonbandaufzeichnungen. Zur Sphärentheorie des *BVerfG* s. etwa BVerfG NJW 1973, 1643 (1643); BVerfG (Kammer) NJW 2000, 2189 (2189); Maunz/Düring/*Di Fabio*, GG, Art. 2 Rn 158; Palandt/*Sprau*, BGB, § 823 Rn 86 ff.; BeckOK-InfoMedienR/*Gersdorf*, GG Art. 2 Rn 5; *Wölfl*, NVwZ 2002, 49.

608 Palandt/*Sprau*, BGB, § 823 Rn 87.

609 Palandt/*Sprau*, BGB, § 823 Rn 87.

610 Palandt/*Sprau*, BGB, § 823 Rn 87. Zur Privatsphäre kann unter Umständen auch ein privater Innenhof eines öffentlichen Raums gehören, wenn er nur eingeschränkt einsehbar ist. Voraussetzung ist eine durch räumliche Privatheit geprägte Situation, BVerfG (Kammer) NJW 2017, 1377 Rn 1 – Kachelmann.

611 Palandt/*Sprau*, BGB, § 823 Rn 87.

612 BVerfG NJW 1993, 2365 (2365); Palandt/*Sprau*, BGB, § 823 Rn 87; *von Pentz*, AfP 2016, 101 (101).

3. *Mediale Berichterstattung über Strafverfahren*

Bei medialen Informationen über Straftaten gilt seit dem *Lebach*-Urteil des *BVerfG*[613] in ständiger höchstrichterlicher Rechtsprechung[614], dass Straftaten zunächst zum Zeitgeschehen gehören. Maßstab für eine Informierung ist das Überwiegen eines legitimen öffentlichen Informationsinteresses gegenüber dem von der Berichterstattung betroffenen Allgemeinen Persönlichkeitsrecht des Straftäters. Ein legitimes öffentliches Informationsinteresse besteht dabei nicht nur an der Straftat, sondern grundsätzlich auch an der Person des Täters, weil eine Straftat (auch) durch die Persönlichkeit des Täters geprägt wird[615].

Bei schweren Straftaten wie Kapitalverbrechen kann eine identifizierende Berichterstattung daher zulässig sein[616]. Bei Straftaten von geringerem Gewicht ist hingegen danach zu differenzieren, ob die Person des Täters oder besondere Umstände der Tat eine Berichterstattung rechtfertigen[617]. Nach Ansicht des *BVerfG* ist bei einer (Bild-)Berichterstattung über Strafverfahren die Schwere der in Frage stehenden Straftat nämlich nicht nur zugunsten des öffentlichen Informationsinteresses, sondern auch zugunsten des entgegenstehenden Allgemeinen Persönlichkeitsrechts des Beschuldigten zu gewichten. Bei einem schwerwiegenden Tatvorwurf bestehe danach zwar ein hohes öffentliches Informationsinteresse, andererseits erhöhe sich hierdurch aber auch die Gefahr einer Stigmatisierung des noch nicht rechtskräftig verurteilten Beschuldigten, die ein später erfolgter Freispruch möglicherweise nicht mehr zu beseitigen vermag[618].

---

613 BVerfG NJW 1973, 1226 (1230) – Lebach.

614 BVerfG (Kammer) NJW 2009, 350 Rn 11 – Holzklotz-Fall; BVerfG NJW 2008, 977 (979); BGH NJW 2011, 3153 Rn 19; 2012, 2197 Rn 38.

615 BGH NJW 2011, 3153 Rn 24, wobei es in dem zu entscheidenden Fall nicht um die Abbildung eines Beschuldigten, sondern um die eines Angeklagten ging, der bereits erstinstanzlich verurteilt worden war. *Stieper*, JZ 2014, 271 (276).

616 OLG Hamburg ZUM-RD 2006, 513 (513). Diese Herangehensweise entspricht den Grundsätzen der Verdachtsberichterstattung, die sowohl für die Medienberichterstattung als auch für die Öffentlichkeitsarbeit der Staatsanwaltschaft von Bedeutung sind. Vgl. dazu bereits 2. Kapitel E. II. 3.

617 OLG Hamburg ZUM-RD 2006, 513 (513).

618 BVerfG (Kammer) NJW 2009, 350 Rn 15 – Holzklotz-Fall. Aus diesen Erwägung heraus hat das *BVerfG* im zu entscheidenden Fall eine sitzungspolizeiliche Anordnung (vgl. § 176 GVG) betreffend die Untersagung der Bildberichtberichterstattung aus dem Gerichtssaal im Hinblick auf die Person des Täters für zulässig erachtet. S. auch BVerfG (Kammer) NJW 2017, 798 Rn 10. Diese Vorgaben dürften nach BVerfG (Kammer) NJW-RR 2010, 1195 Rn 34 f. nicht nur auf eine Bildberichterstattung aus dem Gerichtssaal, sondern auch auf eine mediale Wortberichterstattung

Entsprechend könne eine Geringfügigkeit des Tatvorwurfs die Gewichtung des Allgemeinen Persönlichkeitsrechts mindern, weil die Gefahr einer Stigmatisierung hier nicht vorliege[619].

Letztlich differenziert das *BVerfG* nach der Schwere des Tatvorwurfs und gewichtet eine schwere Tat zugunsten des Allgemeinen Persönlichkeitsrechts. Diese Differenzierung läuft aber darauf hinaus, dass bei leichten bis mittelschweren Straftaten zugunsten des öffentlichen Informationsinteresses zu gewichten ist, weil dann eine Stigmatisierung nicht zu erwarten ist. Das *BVerfG* wollte mit seiner Rechtsprechung jedoch nicht bewirken, dass Schwerstkriminelle von einer Berichterstattung ausgenommen werden. Vielmehr wurde klargestellt, dass das Persönlichkeitsrecht eines Schwerverbrechers nicht per se gegenüber dem öffentlichen Informationsinteresse zurückbleibt.

Kriterien für die Zulässigkeit einer Berichterstattung über ein Strafverfahren sind demnach die Schwere der Schuld, die Person des Täters, die Umstände der Tat sowie ein überwiegendes öffentliches Informationsbedürfnis. Erforderlich ist in jedem Fall eine Interessensabwägung zwischen dem Persönlichkeitsrecht des Betroffenen sowie dem öffentlichen Informationsinteresse und der Pressefreiheit.

Für eine zulässige Berichterstattung über Strafverfahren ist es weiterhin von Bedeutung, in welchem Stadium sich das Strafverfahren befindet. Bis zu einem rechtskräftigen Gerichtsurteil, mithin während der Dauer des Ermittlungsverfahrens und der eventuell anschließenden Hauptverhandlung, streitet zugunsten des Beschuldigten die Unschuldsvermutung[620]. Etwas anderes gilt aber dann, wenn der Beschuldigte respektive sein Verteidiger selbst an die Öffentlichkeit treten und sich zum Tatvorwurf äußern[621]. Das Allgemeine Persönlichkeitsrecht tritt in einem solchen Fall zwar nicht per se hinter dem öffentlichen Informationsinteresse zurück, büßt aber an Gewicht im Rahmen der

---

im Ermittlungsverfahren anzuwenden sein. **Anders:** BGH NJW 2011, 3153 Rn 24, wonach gerade wegen der Schwere des Tatvorwurfs eine Bildberichterstattung entgegen anderslautender sitzungspolizeilicher Anordnung des Angeklagten für zulässig erachtet wurde.

619 BVerfG (Kammer) NJW-RR 2010, 1195 Rn 32. **Krit.** *Stieper*, JZ 2014, 271 (276), nach dem jede Straftat mit dem Makel eines sozial oder moralisch zu missbilligenden Verhaltens behaftet sei, egal wie schwer der Tatvorwurf wiegt.

620 BVerfG (Kammer) NJW 2006, 2835 (2835); BVerfG NJW 1973, 1226 (1230 f.) Lebach; MüKoStPO/*Miebach*, StPO § 261 Rn 2; *Stieper*, JZ 2014, 271 (279). Vgl. dazu bereits 2. Kapitel B II. 5.

621 BVerfG (Kammer) NJW 2009, 350 Rn 16 – Holzklotz-Fall.

Abwägung der widerstreitenden Interessen ein[622]. Dies gilt allerdings nur dann, wenn der Beschuldigte in seiner Eigenschaft als Beschuldigter eine öffentliche Stellungnahme abgegeben hat. Ist er zum Zeitpunkt seiner öffentlichen Äußerung lediglich Zeuge eines Ermittlungsverfahrens und wird er erst später zum Beschuldigten desselben Ermittlungsverfahrens, dann ist die getätigte Äußerung nicht zulasten des Allgemeinen Persönlichkeitsrechts des nunmehr Beschuldigten zu gewichten[623].

Liegt bereits eine erstinstanzliche Verurteilung vor, gilt der Grundsatz der Unschuldsvermutung zwar weiterhin, aber der Verdachtsgrad gegen den nunmehr Angeklagten hat sich so weit verdichtet, dass dem öffentlichen Informationsinteresse – zumindest bei schweren Straftaten – grundsätzlich der Vorrang vor dem Allgemeinen Persönlichkeitsrecht des Betroffenen gebührt[624].

Nach rechtskräftiger Verurteilung des Angeklagten gilt der Grundsatz der Unschuldsvermutung nicht mehr. Das öffentliche Informationsinteresse ist dann prinzipiell vorrangig gegenüber dem Allgemeinen Persönlichkeitsrecht des nunmehr Verurteilten[625]. Dem steht auch dessen Resozialisierungsinteresse nicht entgegen[626]. Dies gilt in zeitlicher Hinsicht allerdings nur für das aktuelle Informationsbedürfnis der Öffentlichkeit. Erst mit zeitlicher Distanz zur Straftat und -verfahren gewinnt das Allgemeine Persönlichkeitsrecht des Betroffenen wieder an zunehmender Bedeutung[627].

4. Übertragung der Sphärentheorien auf Stellungnahmen der Staatsanwaltschaft zum Ermittlungsverfahren

Die zuvor dargestellten Grundsätze gelten für die Arbeit der Medien. Gleichwohl dürften sie – ebenso wie die Grundsätze der Verdachtsberichtserstattung – auf die Öffentlichkeitsarbeit der Staatsanwaltschaft übertragbar sein, mit der Ausnahme, dass die Staatsanwaltschaft als Organ der Strafrechtspflege nicht grundrechtsberechtigt ist. Für sie gilt vielmehr der Grundsatz der Objektivität gemäß

---

622 BVerfG (Kammer) NJW 2009, 350 Rn 16 – Holzklotz-Fall.

623 BVerfG (Kammer) NJW 2009, 350 Rn 16 – Holzklotz-Fall.

624 BGH NJW 2011, 3153 Rn 25; **zust.** *Gastomzyk*, NJW 2011, 3156 (3157); *Stieper*, JZ 2014, 271 (279).

625 BVerfG (Kammer) NJW 2006, 2835 (2835); BVerfG NJW 1973, 1226 (1230 f.) – Lebach; BGH NJW 2009, 757 (759 f.) – Karsten Speck; 2011, 3153 Rn 25; MüKoStPO/*Miebach*, Bd. 2, StPO § 261 Rn 2; *Stieper*, JZ 2014, 271 (279).

626 BGH NJW 2011, 3153 Rn 25.

627 BGH NJW 2009, 757 (759 f.) – Karsten Speck; 2011, 3153 Rn 25.

§ 160 Abs. 2 StPO, sowohl im Hinblick auf ihre Ermittlungstätigkeit als auch auf ihre Öffentlichkeitsarbeit.

Die Herausgabe personenbezogener Informationen des Beschuldigten durch die Staatsanwaltschaft greift in dessen Allgemeines Persönlichkeitsrecht ein. Gesetzlich legitimiert wird der Eingriff lediglich vom presserechtlichen Auskunftsanspruch der Länder sowie von § 475 StPO[628]. Mangels Gesetzeskraft erfolgt eine Legitimierung demgegenüber weder durch Ziffer 23 RiStBV, noch durch die Richtlinien für eine Zusammenarbeit der Staatsanwaltschaft mit den Medien, noch aus den Grundsätzen der Verdachtsberichterstattung. Keine Ermächtigungsgrundlage stellt auch Art. 5 Abs. 1 S. 2 GG dar. Für die Zulässigkeit von Eingriffen in das Persönlichkeitsrecht des Betroffenen durch die Öffentlichkeitsarbeit der Staatsanwaltschaft ist entscheidend, welche Sphäre hiervon betroffen ist.

a. Intimsphäre

Die Intimsphäre ist ein „unantastbarer Bereich privater Lebensgestaltung" und Einwirkungen der öffentlichen Gewalt grundsätzlich entzogen[629].

Die Intimsphäre könnte etwa dann betroffen sein, wenn die Staatsanwaltschaft Informationen zur Krankheit des Beschuldigten veröffentlicht. Geschehen ist das in jüngster Zeit im Fall des Co-Piloten der abgestürzten Germanwings-Maschine[630]. Die Zuordnung einer Erkrankung zur Intimsphäre will *Trüg* unter entsprechender Anwendung des § 171b Abs. 1 S. 1 GVG herbeiführen[631]. Nach der Norm kann die Öffentlichkeit während einer Gerichtsverhandlung

---

628 **Anders:** *Trüg*, NJW 2011, 1040 (1041 f.), nach dem beide Anspruchsgrundlagen lediglich das Verhältnis zwischen Medien und staatlichen Stellen regeln, nicht aber das Verhältnis zwischen Bürger und Strafjustiz. Diese Ansicht verkennt jedoch, dass private Interessen Betroffener durch die Landespressegesetze (in Hessen) durch § 3 Abs. 1 S. 2 Nr. 2 HPresseG (Abwägung zwischen öffentlichem und privatem Interesse), berücksichtigt werden.

629 BVerfG NJW 1957, 297 (298); 1970, 555 (555); BVerwG NJW 1970, 1760 (1761); Maunz/Düring/*Di Fabio*, GG, Art. 2 Rn 158.

630 Zur Beschuldigteneigenschaft des Co-Piloten und der diesbezüglichen Öffentlichkeitsarbeit der Staatsanwaltschaft Düsseldorf vgl. nachfolgend 5. Kapitel C.

631 *Trüg*, NJW 2011, 1040 (1042), unter Bezugnahme auf den Fall der *No Angels*-Sängerin *Nadia Benaissa*. *Benaissa* hatte trotz HIV-Infektion mehrfach ungeschützten Geschlechtsverkehr und infizierte dadurch diverse Personen. Ihre Geschlechtspartner ließ sie über ihre Krankheit im Dunkeln. **Anders:** BGH NJW 2012, 3645 Rn 17; 2009, 754 Rn 11, 20; Palandt/*Sprau*, BGB, § 823 R. 87, wonach eine Erkrankung der Privatsphäre zuzuordnen sei.

ausgeschlossen werden, wenn Umstände aus dem persönlichen Lebensbereich zur Sprache kommen. Hierzu gehören diejenigen Informationen aus der Privat- oder Intimsphäre, an denen ein schutzwürdiges Diskretionsinteresse besteht, etwa Krankheit oder fachliche Eignung[632]. Weil zu den schutzwürdigen persönlichen Interessen gemäß § 171b Abs. 1 S. 1 GVG sowohl Interessen aus der Privat- als auch Intimsphäre gehören, lässt die Norm nicht erkennen, ob eine Krankheit zwingend der Intimsphäre zuzuordnen ist. Zudem erlaubt Satz 2 der Norm eine abweichende Entscheidung zugunsten eines überwiegenden öffentlichen Interesses. Selbst wenn eine Erkrankung danach der Intimsphäre zugeordnet würde, hätte dies mithin nicht in jedem Fall ein absolutes Verbot der Öffentlichkeitsarbeit der Staatsanwaltschaft entsprechend § 171b GVG zur Folge. Im Germanwings-Fall schließlich war die Krankheit des Co-Piloten entscheidender Auslöser des Unglücks, so dass infolgedessen ein öffentliches Informationsinteresse ausnahmsweise zu bejahen war.

b. Privat- und Sozialsphäre

Sofern die Staatsanwaltschaft Name und/oder Beruf des Beschuldigten im Zuge ihrer Öffentlichkeitsarbeit publik macht, sind Privat- und Sozialsphäre des Beschuldigten betroffen. Zulässig sind Mitteilungen hierüber nach der Sphärentheorie grundsätzlich dann, wenn nach dem Prinzip der Güter- und Interessenabwägung ein berechtigtes überwiegendes öffentliches Informationsinteresse zu bejahen ist[633]. Allerdings sprechen, anders als bei einer medialen Berichterstattung, § 160 Abs. 2 StPO, die Unschuldsvermutung, der Grundsatz des fairen Verfahrens sowie die Nichtöffentlichkeit des Ermittlungsverfahrens zunächst zugunsten des betroffenen Beschuldigten. Insofern gilt für die Öffentlichkeitsarbeit der Staatsanwaltschaft eine Vermutung für den Vorrang des Persönlichkeitsrechts[634]. Denn in diesem Stadium des Verfahrens ist der Verdacht gegen den Beschuldigten am niedrigsten. Auch ist die Erhebung einer Anklage zu diesem Zeitpunkt noch ungewiss. Erst bei hinreichendem Tatverdacht erhebt die Staatsanwaltschaft Anklage und gibt das Ermittlungsverfahren aus der Hand. Eine Verurteilung ist erst in diesem Stadium des Verfahrens wahrscheinlich. Lässt das zuständige Gericht die Anklage zur Hauptverhandlung zu, ist diese

---

632 Nicht schutzwürdig sind hingegen Informationen wie Name, Adresse und Beruf, MüKoZPO/*Zimmermann*, Bd. 3, GVG § 171b Rn 9.

633 Palandt/*Sprau*, BGB, § 839 Rn 96.

634 *Trüg*, NJW 2011, 1040 (1043).

ohnehin öffentlich. Für den Beschuldigten streitet aber weiterhin die Unschuldsvermutung.

Je nach Verdachtsgrad sowie besonderen Umständen (Bekanntheitsgrad des Beschuldigten, berufliche Stellung, Schwere des Tatvorwurfs und Ausführung der Tat) kann sich der grundsätzliche Vorrang des Persönlichkeitsrechts allerdings zugunsten des öffentlichen Interesses wenden. So ist das öffentliche Informationsinteresse etwa dann vorrangig, wenn dringender Tatverdacht besteht und besondere Umstände hinzutreten, etwa die Prominenz des Beschuldigten. Bei bloßem Anfangsverdacht dürfte das Persönlichkeitsrecht das öffentliche Informationsinteresse hingegen überwiegen.

3. Kapitel: Öffentlichkeitsarbeit im Ermittlungsverfahren

Staatsanwaltschaftliche Auskünfte im Stadium des Ermittlungsverfahrens sind problematisch. Zum einen deshalb, da sowohl in den Medien, als auch in der Öffentlichkeit meist unbekannt sein dürfte, dass die Einleitung eines Ermittlungsverfahrens lediglich einen Anfangsverdacht voraussetzt, das Verfahren also „nur“ auf Verdacht hin eröffnet wird. Ein Anfangsverdacht liegt dann vor, wenn der Sachverhalt die Verletzung eines Strafgesetzes in rechtlicher und tatsächlicher Hinsicht für möglich erscheinen lässt[635]. In diesem Stadium des Verfahrens ist der Betroffene daher auch nicht Täter, dem der Tatvorwurf bzw. eine Strafbarkeit im strafprozessualen Erkenntnisverfahren nachgewiesen worden ist, sondern nur Beschuldigter[636]. Zum anderen deshalb, da Staatsanwaltschaften vermehrt in die Kritik geraten sind, schon im Stadium des Ermittlungsverfahrens zu offensiv, zu voreingenommen und zu detailliert Auskünfte an die Medien und damit an die Öffentlichkeit weitergegeben zu haben[637]. Die Weitergabe der Informationen geht einher mit dem Problem der Vorverlagerung des Hauptverfahrens in das Stadium des Ermittlungsverfahrens.

Um das Problem der Vorverlagerung des Hauptverfahrens in das Stadium des Ermittlungsverfahrens zu veranschaulichen, sind zunächst die für die Staatsanwaltschaft im Rahmen ihrer Öffentlichkeitsarbeit im Ermittlungsverfahren geschaffenen Vorgaben darzustellen. Im Anschluss daran sollen die Verfahrensgrundsätze im Ermittlungs- und Hauptverfahren kurz gegenübergestellt werden. Sodann soll aufgezeigt werden, wann die Öffentlichkeitsarbeit der Staatsanwaltschaft im Ermittlungsverfahren die Grundsätze des Ermittlungsverfahrens

---

635 BeckOK-StPO/*Gertler*, RiStBV 1 Rn 3.

636 Ab Erhebung der öffentlichen Klage wird der Beschuldigte zum Angeschuldigten. Ab Zulassung der Anklage zur Hauptverhandlung wird er als Angeklagter bezeichnet, s. MüKoStPO/*Kudlich*, Bd. 1, Einl. Rn 280.

637 BeckOK-StPO/*Graf*, RiStBV Einf. Rn 12; *Saliger*, JZ 2016, 824 (825); *Mitsch*, JuS 2015, 884 (890); *Eisele*, JZ 2014, 932 (932); *Trüg*, NJW 2011, 1040 (1041); *Neuling*, HRRS 2006, 94 (95); *Frank/Titz*, ZRP 2008, 127 (127); *Schaefer*, NJW 2003, 2210 (2210 f.) bemängelt insbesondere, dass die Staatsanwaltschaft gerade bei Ermittlungsverfahren, die Prominente betreffen, medienbegleitend handelt. Anders sieht es hingegen mit der Öffentlichkeitsarbeit der Bundesanwaltschaft aus. Ihr wird eine zurückhaltende Öffentlichkeitsarbeit zugeschrieben, vgl. NJW-aktuell 40/2017, S. 12.

durchbricht. Die Problemdarstellung soll anschließend in einem Lösungsvorschlag münden.

A. Öffentlichkeit im Ermittlungsverfahren

Schon früh hat sich die Justiz mit dem Thema der Öffentlichkeit im Ermittlungsverfahren beschäftigt. Bereits im Jahr 1873 war dies Thema des 11. Deutschen Juristentags in Hannover[638]. Empfohlen wurde damals, nicht nur die Hauptverhandlung, sondern auch das Verfahren vor dem Untersuchungsrichter öffentlich zu gestalten[639]. Ein Ausschluss der Öffentlichkeit während des staatsanwaltschaftlichen Ermittlungsverfahrens wurde hingegen schon zu jener Zeit befürwortet[640]. Der 54. Deutsche Juristentag in Nürnberg beschäftigte sich wiederum mit der Frage der Neugestaltung von Vorschriften über die Öffentlichkeit des Strafverfahrens[641]. Jüngst hat sich der 71. Deutsche Juristentag in Essen erneut mit dem Thema Öffentlichkeit im Strafverfahren beschäftigt[642].

Seit dem Vorgehen der Staatsanwaltschaft Bonn in der, in der Öffentlichkeit besonderes Aufsehen erregenden[643], sog. Flick-Affäre[644] aus den 1980er Jahren

---

638 *Altenhain*, Öffentlichkeit im Strafverfahren, C 10.

639 *Altenhain*, Öffentlichkeit im Strafverfahren, C 10. Der Gesetzgeber hat sich indes nur für die Öffentlichkeit des Hauptverfahrens entschieden, § 169 S. 1 GVG.

640 *Altenhain*, Öffentlichkeit im Strafverfahren, C 10.

641 *Wagner*, Strafprozessführung über Medien, S. 12.

642 Vgl. dazu das Gutachten C von *Altenhain*, Öffentlichkeit im Strafverfahren – Transparenz und Schutz der Verfahrensbeteiligten.

643 *Stein*, Die Verantwortlichkeit politischer Akteure, S. 437.

644 Zur sog. Flick-Affäre kam es, als Steuerfahnder im Jahr 1981 herausfanden, dass die Unternehmensgruppe Flick verdeckte Parteispenden in zum Teil fünfstelliger Höhe an Politiker aller im Bundestag vertretenen Parteien geleistet hat. Im Februar 1982 leitete die Staatsanwaltschaft Bonn ein Ermittlungsverfahren u.a. gegen den seinerzeitigen Bundeswirtschaftsminister *Otto Graf Lambsdorff*, seinen Amtsvorgänger *Hans Friedrichs* (beide FDP) wegen des Vorwurfs der Bestechlichkeit sowie Steuerhinterziehung bzw. Beihilfe zu Steuerhinterziehung ein. Zum ersten Mal in der Geschichte der Bundesrepublik wurde ein Minister (und mit ihm sein Amtsvorgänger) angeklagt. *Lambsdorff* erklärte am 27.6.1984 seinen Rücktritt, nachdem das *LG Bonn* die Anklage zur Hauptverhandlung zuließ. Das Strafverfahren endete am 16.2.1987. *Lambsdorff* und *Friedrichs* wurden schließlich vom LG Bonn vom Vorwurf der Bestechlichkeit freigesprochen. Es kam lediglich zu einer Verurteilung beider wegen Steuerhinterziehung bzw. Beihilfe zur Steuerhinterziehung. *Lambsdorff* und *Friedrichs* wurden zur Zahlung einer Geldstrafe verurteilt. Eine kurze Zusammenfassung geben *Neuling*, Inquisition durch Information, S. 173 f.; *Stein*, Die Verantwortlichkeit politischer Akteure, S. 437 ff. Zur Pressekonferenz der Staatsanwaltschaft Bonn – bei der neben

ist das Thema der sog. Vorverlagerung des Hauptverfahrens nach *Wagner* gar zu einem Dauerbrenner in Rechtswissenschaft, Politik und Medien geworden[645]. In der Flick-Affäre sind nahezu vollständige Inhalte von Vermerken und Akten aus dem noch laufenden Ermittlungsverfahren von Seiten der Staatsanwaltschaft an Medienvertreter gelangt[646].

Problematisch wird die Öffentlichkeitsarbeit der Staatsanwaltschaft im Ermittlungsverfahren mithin immer dann, wenn aus ihr „Öffentlichkeit im Ermittlungsverfahren" wird, oder wie *Wagner* es formuliert, „wenn ein Strafprozess zweimal stattfindet, zuerst in den Medien (im Vorfeld der Hauptverhandlung), dann im Gerichtssaal (während der Hauptverhandlung)[647]".

Im Folgenden soll dargestellt werden, warum gerade Informationen aus laufenden Ermittlungsverfahren so problematisch sind. Um dies beantworten zu können, werden vorab die Grundsätze des Ermittlungsverfahrens dargestellt. Sodann wird ermittelt, welche Interessen von der Unterrichtung der Öffentlichkeit über Vorgänge aus dem Ermittlungsverfahren betroffen sind. Schließlich erfolgt eine Auseinandersetzung damit, ob eine Beschränkung der Öffentlichkeit nur auf die Hauptverhandlung zeitgemäß erscheint. Anlass dafür ist auch die von *Weigand*[648] vertretene Auffassung, der Grundsatz der Öffentlichkeit solle auch auf das Ermittlungsverfahren ausgeweitet werden.

B. Das Ermittlungsverfahren

Nach § 160 Abs. 1 StPO ist die Staatsanwaltschaft verpflichtet, ein Ermittlungsverfahren zu eröffnen und gegebenenfalls Anklage zu erheben, wenn sie Kenntnis

---

dem seinerzeitigen leitenden Oberstaatsanwalt *Franzbruno Eulencamp* fünf weitere Staatsanwälte anwesend waren – betreffend die beabsichtigte Anklageerhebung gegen *Lambsdorff*, s. *Grunenberg, Nina/Hofmann, Gunter/Piel, Dieter/Schwelien, Michael/Spörl, Gerhard*, Ein Dienstag der Bonn erbeben ließ, in Zeit-Online vom 2.12.1983, s. http://www.zeit.de/1983/49/ein-dienstag-der-bonn-erbeben-liess/komplettansicht (zuletzt abgerufen am 7.11.2016). Zur Kritik an der Anzahl der anwesenden Staatsanwälte, *Wagner*, Prozessführung über Medien, S. 124 f.

645 *Wagner*, Strafprozessführung über Medien, S. 12.

646 *Wagner*, Strafprozessführung über Medien, S. 122 f. Teilweise soll das Nachrichtenmagazin „Der Spiegel" wörtlich aus Ermittlungsakten zitiert und diese gar abgedruckt haben, *ders.*, Strafprozessführung über Medien, S. 123.

647 *Wagner*, Strafprozessführung über Medien, S. 32.

648 AE-StuM/*Weigand*, S. 33 ff. Zur Diskussion über eine öffentliche Ausgestaltung des Ermittlungsverfahrens s. *Neuling*, Inquisition durch Information, S. 11 ff; *Wagner*, Strafprozessführung über Medien, S. 32 ff.

von einer Straftat erlangt[649]. Das staatsanwaltschaftliche Ermittlungsverfahren bildet damit den Beginn eines Strafverfahrens[650] „auf dem Weg zur rechtsstaatlichen Wahrheitsfindung[651]". In diesem Stadium des Verfahrens wird die Entschließung der Staatsanwaltschaft, ob sie ein gerichtliches Verfahren gegen den Beschuldigten durch Erhebung der öffentlichen Klage initiiert oder nicht, vorbereitet, § 160 Abs. 1 StPO[652]. Dazu sammelt und sichtet sie den Beschuldigten besowie entlastendes Beweismaterial[653]. Erst wenn die Ermittlungen genügenden Anlass bieten, das heißt bei Vorliegen eines hinreichenden Tatverdachts gegen den Beschuldigten[654], erhebt die Staatsanwaltschaft öffentliche Klage durch Einreichung der Anklageschrift bei dem zuständigen Gericht, § 170 Abs. 1 StPO[655]. Andernfalls stellt sie die Ermittlungen ein, § 171 StPO[656]. Bis zum Abschluss des Ermittlungsverfahrens streitet auf Seiten des Beschuldigten die Unschuldsvermutung, Art. 20 Abs. 3 GG, Art. 6 Abs. 2 EMRK[657].

Zentrales Ziel des Ermittlungsverfahrens ist zuvörderst die Wahrheitsfindung und die Sachverhaltserforschung[658]. Diesem Zweck immanent ist, dass die Steuerung der Ermittlungen behördenintern bleibt[659]. Das Ermittlungsverfahren ist grundsätzlich geheim[660]. Es liegt daher in seiner Natur, dass es nicht öffentlich, unter Bekanntgabe der Ermittlungsschritte, geführt werden kann[661]. Auch hat der Beschuldigte – zwecks Schutzes des Untersuchungserfolgs – kein Recht

---

649 Zur Frage, ob auch außerdienstlich erworbenes Wissen eine Pflicht zur Einleitung eines Ermittlungsverfahrens begründet, s. *Roxin/Schünemann*, Strafverfahrensrecht, § 39 Rn 2 ff.

650 *Roxin/Schünemann*, Strafverfahrensrecht, § 39 Rn 1. Die strafprozessuale Ausgestaltung des Ermittlungsverfahrens findet sich im zweiten Abschnitt des zweiten Buchs der StPO, §§ 158 bis 169a StPO.

651 *Schnoor/Giesen/Addicks*, NStZ 2016, 256 (257).

652 MüKoStPO/*Kölbel*, Bd. 2, StPO § 160 Rn 3; *Roxin/Schünemann*, Strafverfahrensrecht, § 39 Rn 1.

653 *Roxin/Schünemann*, Strafverfahrensrecht, § 39 Rn 1.

654 MüKoStPO/*Kölbel*, Bd. 2, StPO § 160 Rn 3.

655 Der Verteidiger hat nunmehr gemäß § 147 Abs. 2 StPO ein uneingeschränktes Akteneinsichtsrecht.

656 Vorgaben zu den das Ermittlungsverfahren abschließenden Entscheidungen enthalten die §§ 170 bis 177 StPO, s. MüKoStPO/*Kölbel*, Bd. 2, StPO § 160 Rn 3.

657 Vgl. bereits 2. Kapitel B. II. 5.

658 BVerfG (Vorprüfungsausschuss) NJW 1984, 1451 (1451).

659 MüKoStPO/*Kölbel*, Bd. 2, StPO § 160 Rn 44.

660 *Roxin/Schünemann*, Strafverfahrensrecht, § 39 Rn 29.

661 BVerfG (Vorprüfungsausschuss) NJW 1984, 1451 (1451).

darauf, unverzüglich über die Einleitung eines gegen ihn geführten Ermittlungsverfahrens unterrichtet zu werden[662]. Aus diesen Erwägungen heraus kann sogar das Akteneinsichtsrecht seines Verteidigers nach § 142 Abs. 2 S. 1 StPO versagt werden[663]. Der Beschuldigte selbst bleibt deshalb im Frühstadium der gegen ihn laufenden Ermittlungen – jedenfalls vorläufig – ohne Kenntnis darüber, dass gegen ihn wegen des Verdachts einer Straftat ermittelt wird. Ausreichend ist es gemäß §§ 163a Abs. 1 S. 1, 136 Abs. 1, 2 StPO, den Beschuldigten erst anlässlich seiner ersten Vernehmung darüber zu informieren, welche Tat ihm zur Last gelegt wird[664]. Einen Anspruch auf frühzeitige Information über verdachtsbegründende Tatsachen hat der Beschuldigte nicht[665]. Dieser Informationsvorsprung der Staatsanwaltschaft ist unter rechtsstaatlichen Gesichtspunkten auch nicht zu beanstanden[666].

---

662 BVerfG (Vorprüfungsausschuss) NJW 1984, 1451 (1451 f.); OLG Düsseldorf NJW 2005, 1791 (1800) – Mannesmann. Anders ist es freilich bei der richterlichen Vernehmung unter den Voraussetzungen der §§ 168c, 168d StPO, s. dazu *Roxin/Schünemann*, Strafverfahrensrecht, § 39 Rn 29.

663 Um den Ermittlungserfolg nicht zu gefährden, kann die Staatsanwaltschaft Teile der Akte oder – falls erforderlich – die gesamte Akte zurückhalten. Sobald die Akten zu Gericht gelangt sind, besteht das Akteneinsichtsrecht des Verteidigers hingegen uneingeschränt, s. MüKoStPO/*Thomas/Kämpfer*, Bd. 1, StPO § 147 Rn 24. Nach *Weigand*, AE-StuM, S. 37, begründet § 147 Abs. 2 StPO wegen seines Ausnahmecharakters keine Rechtfertigung für eine Geheimhaltung des Ermittlungsverfahrens.

664 BVerfG (Vorprüfungsausschuss) NJW 1984, 1451 (1451 f.); OLG Düsseldorf NJW 2005, 1791 (1800) – Mannesmann. Dem Beschuldigten ist also nicht nur zu eröffnen, dass gegen ihn ermittelt wird, sondern auch welche Straftat ihm zur Last gelegt wird, §§ 163a Abs. 3, 136 Abs. 1 S. 1 StPO. Gemäß §§ 163a Abs. 1 S. 1, 136 Abs. 1, 2 StPO ist der Beschuldigte spätestens vor Abschluss der Ermittlungen zu vernehmen. Die Vernehmung muss zeitlich vor der staatsanwaltschaftlichen Abschlussverfügung (§ 169a StPO) erfolgen. Der Zeitpunkt der Vernehmung liegt dabei im Ermessen der Staatsanwaltschaft, MüKoStPO/*Kölbel*, Bd. 2, StPO § 163a Rn 14. **Etwas anderes** gilt für Abgeordnete des Deutschen Bundestages. Nach § 107 Abs. 2 GO-BT i.V.m. Anlage 6 Nr. 1 GO-BT des Beschlusses des Deutschen Bundestages betreffend die Aufhebung der Immunität von Mitgliedern des Bundestages ist (außer in den Fällen des Art. 46 Abs. 2 GG) *vor* Einleitung eines Ermittlungsverfahrens dem Bundestagspräsidenten und, soweit nicht Gründe der Wahrheitsfindung entgegenstehen, dem betroffenen Mitglied des Bundestages selbst, durch die Staatsanwaltschaft Mitteilung zu machen. Das Ermittlungsverfahren darf frühestens 48 Stunden nach Zugang der Mitteilung beim Bundestagspräsidenten eingeleitet werden.

665 so BVerfG (Vorprüfungsausschuss) NJW 1984, 1451 (1452).

666 BVerfG (Vorprüfungsausschuss) NJW 1984, 1451 (1452).

Eine gesetzliche Regelung zur Nichtöffentlichkeit des Ermittlungsverfahrens gibt es nicht. Die Nichtöffentlichkeit ergibt sich vielmehr aus einem Umkehrschluss zu § 169 S. 1 GVG. Ausweislich des Wortlauts des § 169 S. 1 GVG ist nur die Hauptverhandlung öffentlich. Daraus folgt, dass das gesamte Strafverfahren, einschließlich des Ermittlungsverfahrens, nichtöffentlich ist[667]. Eine analoge Anwendung des § 169 S. 1 GVG auf das Ermittlungsverfahren scheidet aus[668].

Was aus § 169 S. 1 GVG allerdings nicht zu entnehmen ist, ist, ob das Ermittlungsverfahren auch in dem Sinne nicht öffentlich ist, dass die im Ermittlungsverfahren erlangten Erkenntnisse in jedem Fall vor der Öffentlichkeit geheim zu halten sind[669]. Zur Frage, ob und inwieweit bereits im Ermittlungsverfahren eine Information der Öffentlichkeit erfolgen kann, findet sich im GVG oder in der StPO nämlich keine Maßgabe[670]. Lediglich nach den §§ 131 ff. StPO dürfen sich Strafverfolgungsbehörden vor Eröffnung des Hauptverfahrens zu Fahndungszwecken an die Öffentlichkeit wenden. In den §§ 475 ff. StPO finden sich Regelungen zur Weitergabe von Informationen an Privatpersonen vor Eröffnung des Hauptverfahrens. Schließlich hat der Strafverteidiger des Beschuldigten nach § 147 Abs. 1 StPO ebenso wie der Rechtsanwalt des Verletzten gemäß § 406e Abs. 1 StPO ein Akteneinsichtsrecht[671]. Gegen eine allumfassende Geheimhaltung von Ermittlungsergebnissen spricht jedenfalls auch Ziffer 219 Abs. 1 S. 1 RiStBV. Danach hat die öffentliche Bekanntgabe von Ermittlungsergebnissen wegen Falschgeldstraftaten[672] nur im

667 MüKoZPO/*Zimmermann*, Bd. 3, GVG § 169 Rn 11; *Altenhain*, Öffentlichkeit im Strafverfahren, C 10; *Altenhain*, NJW-Beilage 2016, 37 (37); *Franke*, NJW 2016, 2681 (2681).

668 *Franke*, NJW 2016, 2681 (2681).

669 *Altenhain*, Öffentlichkeit im Strafverfahren, C 10; *Altenhain*, NJW-Beilage 2016, 37 (37). Ausdrücklich gegen eine vollumfängliche Geheimhaltung des Ermittlungsverfahrens, *Weigand*, AE-StuM, S. 37.

670 *Altenhain*, Öffentlichkeit im Strafverfahren, C 10; *Altenhain*, NJW-Beilage 2016, 37 (37).

671 In diesem Umfang ist das Ermittlungsverfahren zumindest „parteiöffentlich", *Roxin/Schünemann*, Strafverfahrensrecht, § 39 Rn 29. Zu den Anwesenheitsrechten des Verteidigers im staatsanwaltschaftlichen Ermittlungsverfahren s. *Burhoff*, Handbuch strafrechtliches Ermittlungsverfahren, Abschnitt C Rn 1253. Der Anfechtungsausschluss betreffend die Entscheidung des Gerichts zum Umfang der Akteneinsicht (hier: von der Staatsanwaltschaft aufgezeichnete TKÜ-Daten) nach § 147 Abs. 4 S. 2 StPO gilt auch für die Staatsanwaltschaft, s. OLG Celle StV 2017, 158.

672 Etwa die Bekanntgabe von Fälschungsmethoden und -merkmalen, BeckOK-StPO/*Wußler*, RiStBV 219 Rn 1.

Einvernehmen mit dem BKA, den Landeskriminalämtern und der Bundesbank zu erfolgen[673].

Das Ermittlungsverfahren ist mithin nicht ausnahmslos geheim.

C. Probleme staatsanwaltschaftlicher Öffentlichkeitsarbeit im Ermittlungsverfahren

Nach dem vorstehenden verstößt letztlich jede Öffentlichkeitsarbeit der Staatsanwaltschaft gegen den Grundsatz des geheim zu führenden Ermittlungsverfahrens, sofern nicht eine der dargestellten Ausnahmen vorliegt. Die Weitergabe von Informationen aus dem Ermittlungsverfahren erfolgt nämlich stets wider die Natur des Ermittlungsverfahrens. Dabei bezweckt die Nichtöffentlichkeit des Ermittlungsverfahrens durchaus auch den Schutz des Beschuldigten. Dieser Schutz, ebenso wie eine effektive Ermittlungsarbeit, könnten aber gerade durch staatsanwaltschaftliche Öffentlichkeitsarbeit torpediert werden[674].

I. Grundsatz der Unschuldsvermutung

Auf Beschuldigtenseite kollidiert die Öffentlichkeitsarbeit der Staatsanwaltschaft im Ermittlungsverfahren insbesondere mit der zugunsten des Beschuldigten streitenden Unschuldsvermutung, Art. 20 Abs. 3 GG, Art. 6 Abs. 2 EMRK. Sie ist zugleich das stärkste Argument gegen eine (aktive) Öffentlichkeitsarbeit der Staatsanwaltschaft. Weil die strafrechtliche Schuld des Beschuldigten (noch) nicht gerichtlich erwiesen ist[675], ist die Weitergabe von Informationen durch die Staatsanwaltschaft in diesem Stadium des Verfahrens besonders geeignet für eine Verletzung der Unschuldsvermutung. Zudem sind (öffentliche) Äußerungen der Staatsanwaltschaft gegenüber Medienvertretern aufgrund ihrer Eigenschaft als privilegierte Quelle grundsätzlich als richtig zu unterstellen, was dazu führt, dass Medien in der Regel kritiklos Stellungnahmen der Staatsanwaltschaft wiedergeben können. Ein dem Strafprozess immanenter – aus der Würde des Menschen

---

673 Zweck der Regelung ist die Vorbeugung einer Nachahmungsgefahr, BeckOK-StPO/*Wußler*, RiStBV 219 Rn 1.

674 Die Einleitung eines Ermittlungsverfahrens verletzt für sich genommen keine Rechte des Beschuldigten, *Strubel/Sprenger*, NJW 1972, 1734 (1736). Insbesondere hat dieser kein Recht darauf, unverzüglich hierüber unterrichtet zu werden, OLG Düsseldorf NJW 2005, 1791 (1800) – Mannesmann. **Anders**: *Gounalakis*, NJW 2012, 1473 (1475), wonach jede Ermittlungstätigkeit einen rechtfertigungsbedürftigen Eingriff darstellt.

675 Die Unschuldsvermutung gilt solange, bis die Schuld des Beschuldigten rechtskräftig festgestellt worden ist, BVerfG (Kammer) NJW 2009, 350 Rn 14 – Holzklotz-Fall.

als eigenverantwortlich handelnde Person sowie aus dem Rechtsstaatsprinzip abgeleiteter – Grundsatz wird hierbei bedroht, nämlich, dass keine Strafe ohne Schuld verhängt werden darf[676]. Erst der richterliche Schuldspruch führt zu einer Verurteilung des Beschuldigten. Die Informierung der Öffentlichkeit durch die Staatsanwaltschaft über ein gegen den Beschuldigten laufendes Ermittlungsverfahren birgt in der öffentlichen Meinung aber die Gefahr der Vorwegnahme der Feststellung seiner individuellen Schuld. Welchem juristischen Laien kann unterstellt werden, den Unterschied zwischen Anfangsverdacht[677], hinreichendem Tatverdacht[678] und dringendem Tatverdacht[679] zu kennen? Für den juristischen Laien steht die Einleitung eines Ermittlungsverfahrens gegen den Beschuldigten in der Regel bereits mit dessen Schuld gleich. Die Staatsanwaltschaft hat ihre Äußerungen daher so zu formulieren, dass für den juristischen Laien eindeutig erkennbar ist, dass es sich lediglich um den Verdacht einer Straftat handelt.

Ergeht die Stellungnahme der Staatsanwaltschaft aufgrund einer auf den presserechtlichen Auskunftsanspruch gestützten Anfrage, beruht sie zwar auf einer formell-gesetzlichen Rechtsgrundlage, was allerdings keine Garantie dafür ist, dass auch die Unschuldsvermutung gewahrt wird. § 3 HPresseG enthält in seinen Auskunftsverweigerungsgründen auch keine Voraussetzung, dass die Auskunft der Staatsanwaltschaft nicht vorverurteilend im Sinne eines Verstoßes gegen die Unschuldsvermutung zu erfolgen habe[680].

Diesen Eingriff in die Unschuldsvermutung abzumildern versuchen zumindest die durch Richterrecht entwickelten Grundsätze der Verdachtsberichterstattung[681] sowie Ziffer 23 RiStBV[682], welche das „Wie“ staatsanwaltschaftlicher Stellungnahmen betreffen.

---

676 BVerfG NJW 1969, 1059 (1061); 1997, 929 (930); 2012, 1058 (1060 f.); MüKoStPO/*Trüg/Habetha*, Bd. 2, StPO § 244 Rn 4.

677 Nach § 152 Abs. 2 StPO ist die Staatsanwaltschaft verpflichtet, bei Vorliegen eines Anfangsverdachts Ermittlungen einzuleiten.

678 Bei Vorliegen eines hinreichenden Tatverdacht erhebt die Staatsanwaltschaft öffentliche Klage durch Einreichung einer Anklageschrift bei dem zuständigen Gericht, § 170 Abs. 1 StPO.

679 Der dringende Tatverdacht führt zu den Haftgründen der §§ 112, 112a StPO.

680 Dies verwundert nicht, da § 3 HPresseG nicht auf die Öffentlichkeitsarbeit der Staatsanwaltschaft zugeschnitten ist, sondern generell eine Auskunftspflicht von (Landes) Behörden bei einer konkreten Anfrage der Presse statuiert.

681 Vgl. bereits 2. Kapitel E. II. 3.

682 Vgl. 2. Kapitel E. II. 1.

Insofern kann festgehalten werden, dass die Öffentlichkeitsarbeit der Staatsanwaltschaft im Stadium des Ermittlungsverfahrens mit der auf Seiten des Beschuldigten streitenden Unschuldsvermutung kollidiert[683].

II. Allgemeines Persönlichkeitsrecht des Beschuldigten

Die staatsanwaltschaftliche Information der Öffentlichkeit über die Einleitung eines gegen den Beschuldigten laufenden Ermittlungsverfahrens kann für den Beschuldigten unter Umständen schwerwiegendere Folgen haben als eine Verurteilung durch das Gericht oder gar ein Freispruch. Nicht nur der engste Familienkreis erfährt, dass die Staatsanwaltschaft gegen den Beschuldigten wegen einer bestimmten Straftat ermittelt. Auch das soziale und berufliche Umfeld des Beschuldigten können infolge staatsanwaltschaftlicher Öffentlichkeitsarbeit erschüttert werden. Der Beschuldigte hat deshalb ein Interesse daran, dass insbesondere personenbezogene Informationen nicht an die Öffentlichkeit gelangen. Daher kollidiert das Allgemeine Persönlichkeitsrecht (Art. 2 Abs. 1 i.V.m. Art. 1 Abs. 1 GG) des Beschuldigten mit staatsanwaltschaftlicher Öffentlichkeitsarbeit im Ermittlungsverfahren[684].

Eine Verletzung des Allgemeinen Persönlichkeitsrechts kann dabei in den unterschiedlichsten Formen auftreten. Wird die Öffentlichkeit unter Nennung des Namens des Beschuldigten informiert, wird rechtfertigungsbedürftig in das Recht des Beschuldigten auf informationelle Selbstbestimmung eingegriffen. Je nachdem, wie weitgehend die Informationen sind, kann unter Umständen auch ein rechtfertigungsbedürftiger Eingriff in die Privatsphäre oder gar ein unzulässiger Eingriff in die Intimsphäre des Beschuldigten vorliegen.

III. Gefährdung des Ermittlungserfolgs

Zum Schutz des Ermittlungserfolgs ist das Ermittlungsverfahren grundsätzlich nichtöffentlich. Selbst gegenüber dem Beschuldigten darf die Staatsanwaltschaft die Einleitung des Ermittlungsverfahrens zunächst geheim halten[685]. Jede

---

683 Eine beispielhafte Aufzählung, durch welche Äußerungen die Unschuldsvermutung verletzt werden kann, liefert die Staatsanwaltschaft Wiesbaden im Fall Jahns, s. LG Wiesbaden NJW 2015, 2975 – Jahns.

684 BGH NJW 1994, 1950 (1951 f.); OLG Düsseldorf NJW 2005, 1791 (1799 f.); *Altenhain*, Öffentlichkeit im Strafverfahren, C 21 ff.; AE-StuM/*Weigand*, S. 36 f.; *Gounalakis*, NJW 2012, 1473 (1473).

685 BVerfG NStZ 1984, 228 (228). Auch dem Verteidiger kann das Akteneinsichtsrecht während laufender Ermittlungen zum Schutz des Ermittlungserfolgs versagt werden, § 147 Abs. 2 S. 1 StPO.

öffentliche Äußerung der Staatsanwaltschaft zum Stand des laufenden Ermittlungsverfahrens gefährdet letztlich den Ermittlungserfolg. Immerhin könnten anhand der erteilten Informationen sowohl der Beschuldigte als auch andere Verfahrensbeteiligte, etwa den Beschuldigten entlastende Zeugen, ihre Aussagen an der öffentlichen Information ausrichten und auf diese Weise versuchen, das Ermittlungsergebnis oder die daran anschließende Hauptverhandlung zu ihren Gunsten zu beeinflussen. Im Folgenden soll der Frage nachgegangen werden, inwieweit die Öffentlichkeitsarbeit der Staatsanwaltschaft im Ermittlungsverfahren eine Gefährdung für den Ermittlungserfolg darstellt. Hierbei wird aufgezeigt, welche Faktoren den Grundsatz der Nichtöffentlichkeit des Ermittlungsverfahrens durchbrechen, und ob diese Durchbrechung geeignet ist, eine ernsthafte Gefahr für eine effektive Strafverfolgung darzustellen. Schließlich soll die Möglichkeit in Erwägung gezogen werden, das grundsätzlich geheime Ermittlungsverfahren der Öffentlichkeit zugänglicher zu machen.

1. Divergenz zwischen Informationspflicht und nichtöffentlichem Ermittlungsverfahren

Der Grundsatz der Geheimhaltung von im Ermittlungsverfahren gewonnenen Erkenntnissen wird maßgeblich durch den presserechtlichen Auskunftsanspruch der Länder durchbrochen und das Ermittlungsverfahren auf diese Weise öffentlich gemacht[686]. Liegen die Voraussetzungen des presserechtlichen Auskunftsanspruchs vor, ist die Staatsanwaltschaft nämlich verpflichtet, der Presse Informationen zum Stand des Ermittlungsverfahrens zu geben.

Für die Durchbrechung des Nichtöffentlichkeitsgrundsatzes spricht zuvörderst Art. 5 Abs. 1 S. 2 GG. Gerade im nichtöffentlichen Ermittlungsverfahren ist der presserechtliche Auskunftsanspruch von Bedeutung. Die Medien sind insbesondere auf Informationen der Staatsanwaltschaft als sog. privilegierte Quelle angewiesen. Nur dann können sie auch im Vorfeld der Hauptverhandlung ihrer verfassungsrechtlich zugewiesenen Aufgabe der Information und Unterrichtung der Öffentlichkeit gerecht werden. Ist die Hauptverhandlung eröffnet, sind sie auf Informationen von Seiten der Staatsanwaltschaft nämlich nicht mehr angewiesen, da diese ohnehin gemäß § 169 S. 1 GVG öffentlich ist[687]. Danach ist Medienvertretern – wie jedermann – der Zugang zum Gerichtssaal eröffnet[688].

---

686 Voraussetzung ist wiederum eine konkrete Anfrage der Medien, MüKoStPO/*Kölbel*, Bd. 2, StPO § 160 Rn 45. Zum presserechtlichen Auskunftsanspruch s. § 2 E. I. 4.

687 Ausnahmen vom Öffentlichkeitsgrundsatz sind in den §§ 170 ff. GVG normiert.

688 BVerwG NJW 2015, 807 Rn 32; *Mitsch*, ZRP 2014, 137 (138).

Die Medien sind daher mühelos in der Lage, über den Ablauf der Hauptverhandlung zu berichten. Für eine Öffnung des nichtöffentlichen Ermittlungsverfahrens könnte auch die Entscheidung des *BVerwG* sprechen, wonach Medien ein Auskunftsanspruch gerichtet auf die Nennung von Namen von Verteidiger und Staatsanwalt, die an einer gerichtlichen Verhandlung mitgewirkt haben, zusteht – unabhängig davon, ob es sich um eine öffentliche oder nichtöffentliche Verhandlung handelte[689]. Der Ausschluss der Öffentlichkeit ist demnach kein absolutes Ausschlusskriterium für die Versagung des Auskunftsanspruchs.

Eine Gefahr für den Ermittlungserfolg gilt es allerdings auszuschließen. Die Auskunftspflicht der Staatsanwaltschaft gilt insofern nicht schrankenlos. Die Staatsanwaltschaft kann gemäß § 3 Abs. 1 S. 2 Nr. 1 HPresseG die Auskunft verweigern, soweit durch sie die sachgemäße Durchführung eines strafrechtlichen Verfahrens vereitelt, erschwert, verzögert oder gefährdet werden könnte[690].

2. *Staatsanwaltschaftliche Öffentlichkeitsarbeit in Eigeninitiative*

Durchbrochen wird der Grundsatz des nichtöffentlichen Ermittlungsverfahrens auch durch die Staatsanwaltschaft selbst, etwa dann, wenn sie in Eigeninitiative, ohne eine vorhergehende Anfrage der Medien, mit Informationen zum Stand des Ermittlungsverfahrens an die Öffentlichkeit tritt. Eine ernsthafte Gefährdung für den Ermittlungserfolg ist in dieser Konstellation allerdings mit an Sicherheit grenzender Wahrscheinlichkeit auszuschließen. Die Staatsanwaltschaft wird Informationen, deren Preisgabe die laufenden Ermittlungen gefährden würde, kaum aus freien Stücken an die Öffentlichkeit gelangen lassen. Es ist vielmehr davon auszugehen, dass die Staatsanwaltschaft durch eigenmächtige Information in der Regel bewusst eine Taktik verfolgt, etwa um einen flüchtigen Beschuldigten, mit erfolgreichen Ermittlungsergebnissen zu beunruhigen.

Die selbstinitiierte Information der Öffentlichkeit stellt damit keine Gefahr für den Ermittlungserfolg dar.

IV. Erweiterung des Öffentlichkeitsgrundsatzes auch im Ermittlungsverfahren?

Die Staatsanwaltschaft nutzt die aus dem presserechtlichen Auskunftsanspruch folgende Pflicht zur Auskunft mittlerweile als ein eigenes Recht auf Öffentlichkeitsarbeit[691] – dies jedenfalls dann, wenn sie ohne eine Anfrage von Seiten der

---

689 BVerwG NJW 2015, 807 Rn 33 f.
690 S. dazu bereits 2. Kapitel E. I. 4. c.
691 So *Gounalakis*, NJW 2012, 1473 (1476 f.)

Presse mit Informationen zum Ermittlungsstand an die Öffentlichkeit tritt. Damit durchbricht sie aus eigener Initiative den Grundsatz des geheimen Ermittlungsverfahrens. Überlegenswert ist deshalb, ob das grundsätzlich nichtöffentliche Ermittlungsverfahren einer Erweiterung zugunsten der Öffentlichkeit zugänglich zu machen ist. Anlass für eine Erweiterung des Öffentlichkeitsgrundsatzes im Ermittlungsverfahren gibt der neu gefasste § 169 GVG, der eine Erweiterung der mittelbaren Gerichtsöffentlichkeit zum Ziel hat. Aus der Intention des neugefassten § 169 GVG hin zu mehr Gerichtsöffentlichkeit könnte eine Erweiterung des Öffentlichkeitsgrundsatzes für das Ermittlungsverfahren legitimiert werden.

1. *Reformüberlegungen zu § 169 GVG*

Anstoß für eine Zugänglichmachung des Ermittlungsverfahrens für die Öffentlichkeit könnte der Entwurf einer Neufassung des § 169 S. 2 GVG durch die Bundesregierung sein. Das seit 1964 in § 169 S. 2 GVG normierte Verbot von Ton- und Filmaufnahmen aus dem Gerichtssaal[692] soll laut Gesetzentwurf der Bundesregierung „zur Erweiterung der Medienöffentlichkeit in Gerichtsverfahren" gelockert werden[693].

a. § 169 S. 2 GVG a.F.

Die Verhandlung vor dem erkennenden Gericht[694] einschließlich der Verkündung der Urteile und Beschlüsse ist öffentlich, § 169 S. 1 GVG[695]. Das Öffentlichkeitsprinzip[696] gründet in dem Demokratieprinzip (Art. 20 Abs. 1 GG) sowie

692 Zu dessen Verfassungsmäßigkeit s. BVerfG NJW 2001, 1633.

693 S. BT-Drs. 18/10144. Zum Beschluss des Bundestags s. BT-Drs. 18/12591. Für Verhandlungen vor dem Bundesverfassungsgericht sind Ton- und Fernseh-Rundfunkaufnahmen unter den in § 17a BVerfGG vorgegebenen Voraussetzungen seit dem Jahr 1998 zulässig, *Rittig*, NJ 2016, 265 (266). Zur Forderung nach vermehrtem Einsatz sozialer Medien im Gerichtssaal, s. *Hess*, Die Justiz muss sich öffnen, Frankfurter Allgemeine Zeitung vom 14.4.2016.

694 In Strafsachen ist es die Hauptverhandlung.

695 Zu den Ausnahmen vom Öffentlichkeitsgrundsatz s. §§ 170 bis 175 GVG. Besonderheiten gelten auch für das Verfahren vor den Jugendgerichten, s. § 48 JGG.

696 Zum Inhalt des Öffentlichkeitsprinzips sowie zur sog. mittelbaren und unmittelbaren Öffentlichkeit im Sinne des § 169 GVG, KK-StPO/*Diemer*, GVG § 169 Rn 6 ff.; MüKoZPO/*Zimmermann*, Bd. 3, GVG § 169 Rn 41 ff.

dem Rechtsstaatsprinzip (Art. 20 Abs. 3 GG)[697]. Zweck des Öffentlichkeitsprinzips ist die Kontrolle des Verfahrensgangs durch die Allgemeinheit[698].

Den Grundsatz der Öffentlichkeit schränkt der Ende des Jahres 1964 neu eingeführte § 169 S. 2 GVG[699] allerdings ein. Danach sind Ton- und Fernseh-Rundfunkaufnahmen sowie Ton- und Filmaufnahmen zum Zwecke der öffentlichen Vorführung oder Veröffentlichung ihres Inhalts unzulässig. Das strikte Verbot von Ton- und Filmaufnahmen (in der Hauptverhandlung) soll das Recht des Angeklagten auf ein rechtsstaatlich faires Verfahren wahren und ihn davor schützen, über den Gerichtssaal hinaus zum Schauobjekt degradiert zu werden[700]. Das Verbot dient darüber hinaus der Wahrheitsfindung des Gerichts, indem es das Geschehen im Sitzungssaal nicht unmittelbar nach außen trägt und es auf diese Weise nicht der Einflussnahme des Gerichts entzieht[701].

b. § 169 GVG n.F.

Vor dem Hintergrund neuer Verbreitungs- und Kommunikationsmöglichkeiten von Nachrichten durch die Medien mithilfe des Internets wurde das strenge Verbot von Ton- und Filmaufnahmen aus dem Gerichtssaal kritisch betrachtet[702]. Geplant war unter anderem eine Änderung des § 169 S. 2 GVG[703], was letztlich

697 MüKoZPO/*Zimmermann*, Bd. 3, GVG § 169 Rn 3; NK-Strafrecht/*Böttcher*, GVG § 169 Rn 1; *Rittig*, NJ 2016, 265 (265).

698 BGH NJW 1971, 715 (75); 1977, 157 (158); KK-StPO/*Diemer*, GVG § 169 Rn 2; *Rittig*, NJ 2016, 265 (265).

699 BGBl. I 1067 (1080).

700 *Meyer-Goßner*/Schmitt, StPO, GVG § 169 Rn 8; NK-StPO/*Böttcher*, GVG § 169 Rn 3; BT-Drs. 18/10144, S. 9.

701 MüKoZPO/*Zimmermann*, Bd. 3, GVG § 169 Rn 33. Ein Anspruch auf Bild- und Tonübertragung einer Gerichtsverhandlung in einem anderen Saal des Gerichts folgt auch nicht aus Art. 5 Abs. 1 S. 2 GG, BVerfG NJW 1993, 915 (915) – Erich Honecker.

702 BT-Drs. 18/10144, S. 1. Im Gesetzentwurf wird überdies auch mit der Entwicklung ausländischer Gerichte hin zu mehr Öffentlichkeit argumentiert, BT-Drs. 18/10144, S. 1. In Südafrika wurde etwa der Prozess gegen den ehemaligen Paralympics-Sprintstar Oscar Pistorius live im Fernsehen übertragen, trotz mehrfacher Proteste von Seiten Pistorius. In England und Wales werden seit 2013 unter bestimmten Voraussetzungen Urteilsverkündungen in Strafverfahren im Fernsehen übertragen, *von Coelln*, AfP 2014, 193 (199); Kritisch gegenüber der bisherigen Regelung des § 169 S. 2 GVG *ders*, AfP 2014, 193 (196 f.).

703 Das Gesetz enthält auch eine Regelung, welche die Inanspruchnahme von Kommunikationshilfen für hör- und sprachbehinderte Personen ermöglicht. Des Weiteren sollen § 17a BVerfGG, §§ 52 S. 4, 72 Abs. 6 ArbGG sowie § 59 Abs. 3 S. 4 PatG an den geänderten § 169 GVG angepasst werden, BT-Drs. 18/10144, S. 8 f.

(inhaltlich) nicht eingetreten ist. Vielmehr wurde zum 18.4.2018 § 169 GVG um einen Absatz 1 Satz 3-5 und den Absätzen 2–4 erweitert[704]. Nach § 169 Abs. 1 S. 3 GVG können zum einen Tonübertragungen aus der Gerichtsverhandlung in einen sog. Medienarbeitsraum ermöglicht werden, wenn der vorhandene Zuschauerbereich in Gerichtsverfahren von besonderem öffentlichen Interesse nicht genug Platz bietet[705]. Zum anderen können Ton- und Filmaufnahmen, einschließlich der Verkündung der Urteile und Beschlüsse, zu wissenschaftlichen und historischen Zwecken vom erkennenden Gericht zugelassen werden, wenn es sich um ein Verfahren von herausragender zeitgeschichtlicher Bedeutung handelt[706]. Die Aufnahmen werden jedoch nicht der Öffentlichkeit, sondern dem Bundes- oder Landesarchiv zur Verfügung gestellt[707]. In besonderen Fällen kann schließlich die Verkündung von Entscheidungen oberster Bundesgerichte in Hörfunk und Fernsehen ausgestrahlt werden[708].

2. *Übertragung auf die Öffentlichkeitsarbeit der Staatsanwaltschaft*

Die künftige Erweiterung der mittelbaren Gerichtsöffentlichkeit[709] soll der veränderten Medienlandschaft sowie dem zunehmenden Informationsbedürfnis der Allgemeinheit gerecht werden[710]. Es stellt sich daher die Frage, ob mit

---

704 Für Verfahren, die am 18.4.2018 anhängig sind, gilt § 169 Abs. 2 GVG n.F. nicht, vgl. § 43 Abs. 1 EGGVG.

705 BT-Drs. 18/10144, S. 7. Zuletzt hatte sich das *BVerfG* im Münchener NSU-Prozess mit zahlreichen Anträgen um eine Akkreditierung zum Verfahren sowie mit der Übertragung desselben in einen Medienraum befasst, s. BVerfG (Kammer), Beschluss vom 24.4.2013 - 2 BvR 872/12; BVerfG (Kammer) NJW 2013, 1293; BVerfG (Kammer), Beschluss vom 1.5.2013 - 1 BvQ 13/13; BT-Drs. 18/10144, S. 14 f. S. auch BVerfG (Kammer) NJW 1996, 581 - n-tv; 1999, 1951 - Kruzifix-Verfahren.

706 § 169 Abs. 2 S. 1 GVG n.F., s. BT-Drs. 18/10144, S. 7.

707 § 169 Abs. 2 S. 4 GVG n.F., s. BT-Drs. 18/10144, S. 7.

708 § 169 Abs. 3 S. 1 GVG n.F., s. BT-Drs. 18/10144, S. 7; becklink 2004850. Obwohl § 169 Abs. 3 S. 1 GVG n.F. explizit nur Entscheidungen des *BGH* nennt, ist die Verkündung von Entscheidungen sämtlicher oberster Bundesgerichte hiervon umfasst, mithin auch derjenigen des *BVerwG*, s. *Rittig*, NJ 2016, 265 (267). Die entsprechende Anwendung auf die Verkündung von Entscheidungen des *BVerwG* dürfte sich aus der Verweisungsnorm des § 55 VwGO ergeben. **Krit.** zur öffentlichen Übertragung der Verkündung von Entscheidungen, insbesondere aus der Hauptverhandlung *Kutschaty/Gerhardt*, ZRP 2013, 219 (219).

709 Zum Begriff der mittelbaren Öffentlichkeit s. MüKoZPO/*Zimmermann*, Bd. 3, GVG § 169 Rn 43.

710 BT-Drs. 18/10144, S. 14.

ebendieser Begründung nicht auch die Öffentlichkeitsarbeit der Staatsanwaltschaft im Ermittlungsverfahren erweiterungsfähig ist.

Bei einer Gegenüberstellung beider Verfahrensabschnitte wirkt eine derartige Überlegung allerdings bereits im Ansatz fernliegend. Die Änderung des § 169 S. 2 GVG a.F. beträfe im Strafverfahren das Hauptverfahren (§§ 212–275a StPO). In diesem Stadium des Verfahrens ist das Ermittlungsverfahren bereits abgeschlossen. Die Staatsanwaltschaft hat aufgrund hinreichenden Tatverdachts Anklage gegen den Beschuldigten beim zuständigen Gericht erhoben und dieses hat die Anklage schließlich zur Hauptverhandlung zugelassen, § 203 StPO. Für die Hauptverhandlung gilt der Öffentlichkeitsgrundsatz des § 169 S. 1 GVG.

Das Ermittlungsverfahren ist dem noch weit vorausgelagert. Insbesondere ist noch unklar, ob es zu einer Anklageerhebung und damit zu einer Hauptverhandlung kommt, da die Staatsanwaltschaft in diesem Verfahrensstadium noch den Sachverhalt ermittelt und hierzu den Beschuldigten be- sowie entlastendes Beweismaterial sammelt. Das Ermittlungsverfahren ist geprägt davon, dass es sich bei ihm zunächst um ein nichtöffentliches Verfahren handelt[711]. Der Öffentlichkeitsgrundsatz des § 169 S. 1 GVG gilt hier gerade nicht.

Eine Rechtfertigung für eine größere Öffentlichkeit im Ermittlungsverfahren lässt sich aus dem neu gefassten § 169 GVG folglich nicht herleiten. Es fehlt bereits an einer im Ansatz vergleichbaren Ausgangssituation.

V. Überwiegendes öffentliches Informationsinteresse

Die Durchbrechung des nichtöffentlichen Ermittlungsverfahrens kann durch ein überwiegendes Interesse von Öffentlichkeit und Medien an der von der Staatsanwaltschaft verfolgten Tat oder der Person des Täters gerechtfertigt sein. So sieht es jedenfalls *Weigand*[712], der zugunsten des Interesses der Öffentlichkeit bzw. der Medien den Grundsatz der Geheimhaltung des Ermittlungsverfahrens aufgeben will. Seiner Auffassung nach bestehe ein Interesse von Öffentlichkeit und Medien insbesondere dann, wenn die Staatsanwaltschaft ihre Ermittlungen aufnehme. Seinen Höhepunkt erreiche das Interesse an der Straftat schließlich dann, wenn die Person des Beschuldigten identifiziert werde. Als gering sei das Interesse von Öffentlichkeit und Medien hingegen einzustufen, wenn die Hauptverhandlung beginnt oder das erkennende Gericht das Urteil fällt[713].

711 *Roxin/Schünemann*, Strafverfahrensrecht, § 39 Rn 29. Vgl. auch 3. Kapitel B.
712 *Weigand*, AE-StuM, S. 33 ff.
713 *Weigand*, AE-StuM, S. 33 f.

Dem ist jedoch aus vielerlei Gründen nicht zu folgen. Zum einen stellt ein grundsätzlich öffentliches Ermittlungsverfahren eine massive Gefährdung des Untersuchungserfolgs dar. Wenn die Ermittlungen nicht mehr geheim, sondern – zwecks Information der Öffentlichkeit – in der Öffentlichkeit stattfinden, geht für die Staatsanwaltschaft jeglicher – durch das geheime Verfahren ermöglichter – Informationsvorsprung verloren. Eine effektive Strafverfolgung ist dann nicht mehr möglich. Zudem würden die Regelungen der §§ 163a Abs. 1 S. 1, 136 Abs. 1, 2 StPO obsolet.

Ein nachlassendes Interesse der Öffentlichkeit an der Hauptverhandlung lässt sich zum einen am Beispiel des NSU-Prozesses widerlegen[714]. Zum anderen sprechen die Reformüberlegungen zu § 169 S. 2 GVG a.F.[715] gegen ein nachlassendes Interesse von Öffentlichkeit und Medien an der Hauptverhandlung. Letztlich rechtfertigt ein nachlassendes Interesse von Öffentlichkeit und Medien an der Hauptverhandlung per se ohnehin keine Ausdehnung des Öffentlichkeitsgrundsatzes auf das Ermittlungsverfahren. Die Sensationslust von Medien und Öffentlichkeit kann undenkbar als Maßstab für eine Öffnung des geheimen Ermittlungsverfahrens herhalten. Der Beschuldigte wäre vogelfrei. Sein Allgemeines Persönlichkeitsrecht wäre überstrapaziert. Auch die weitere Argumentation *Weigands*, wonach der Schwerpunkt des strafrechtlichen Verfahrens, zumindest bezogen auf den Aspekt der Beweisgewinnung, im Ermittlungsverfahren liege, welches seinerseits als Grundstein für den Ausgang des öffentlichen Hauptverfahrens fingiere[716], überzeugt nicht. Dem kann gleichfalls die Gefährdung der Effektivität der Strafverfolgung entgegengehalten werden. Eine öffentliche Beweisgewinnung und -sicherung im Ermittlungsverfahren hätte sicher nicht den gleichen Ermittlungserfolg wie eine – unter Umständen selbst vor dem Beschuldigten – geheim zu haltende Ermittlungstätigkeit der Staatsanwaltschaft.

Schwierigkeiten könnte die Erweiterung des Ermittlungsverfahrens zugunsten der Öffentlichkeit auch im Hinblick auf die in der öffentlichen Hauptverhandlung

---

714 Mit Anträgen um eine Akkreditierung im Verfahren im Münchener NSU-Prozess hat sich sogar das *BVerfG* beschäftigt, s. BVerfG (Kammer), Beschluss vom 24.4.2013 – 2 BvR 872/12; BVerfG (Kammer) NJW 2013, 1293; BVerfG (Kammer), Beschluss vom 1.5.2013 – 1 BvQ 13/13; BT-Drs. 18/10144, S. 14 f. S. ferner BVerfG (Kammer) NJW 1996, 581 – n-tv; 1999, 1951 – Kruzifix-Verfahren.

715 Anlass für Reformüberlegungen war auch das Interesse, insbesondere der Medien, am NSU-Prozess, s. *Rittig*, NJ 2016, 265 (267).

716 Mit der Verlagerung des Schwerpunkts des Verfahrens verlagere sich auch das öffentliche Interesse, so *Weigand*, AE-StuM, S. 34.

geltenden Grundsätze der Unmittelbarkeit[717] und Mündlichkeit bereiten, etwa dann, wenn aus dem Ermittlungsverfahren Vernehmungsprotokolle von Zeugen und Sachverständigen an die Öffentlichkeit geraten und das erkennende Gericht eben diese Protokolle der Urteilsfindung zugrunde legt – sofern kein Ausnahmegrund vom Unmittelbarkeitsgrundsatz vorliegt. Probleme würde eine Erweiterung des Ermittlungsverfahrens auch für die Frage der Unbefangenheit von Prozessbeteiligten, insbesondere von Schöffen, mit sich bringen[718].

VI. Zwischenfazit

1. Der Grundsatz des geheimen Ermittlungsverfahrens wird durchbrochen durch den presserechtlichen Auskunftsanspruch, durch eigeninitiativ erfolgte öffentliche Informationen der Staatsanwaltschaft sowie eine eigenmächtig erfolgte öffentliche Stellungnahme des Beschuldigten. Gleichwohl stellen vorgenannte Durchbrechungen keine ernsthafte Gefährdung des Ermittlungserfolgs dar.
2. Die Erweiterung des Öffentlichkeitsgrundsatzes durch § 169 GVG n.F. auf das Ermittlungsverfahren ist mit den Grundsätzen des Ermittlungsverfahrens nicht vereinbar und stellt eine ernsthafte Gefährdung des Ermittlungserfolgs dar.

---

717 Der Grundsatz der Unmittelbarkeit ist in § 250 StPO normiert. Danach darf die persönliche Vernehmung von Zeugen oder Sachverständigen nicht durch den Urkundenbeweis ersetzt werden, wenn der Beweis einer Tatsache auf der Wahrnehmung einer dieser Personen beruht, s. MüKoStPO/*Kreicker*, StPO § 250 Rn 1; *Burhoff*, Handbuch für die strafrechtliche Hauptverhandlung, Abschnitt U Rn 2692. Ausnahmen vom Unmittelbarkeitsgrundsatz finden sich insbesondere in den §§ 249 Abs. 1 S. 2, 251, 253, 255a, 256 StPO, MüKoStPO/*Kreicker*, Bd. 2, StPO § 250 Rn 5. Mit dem Unmittelbarkeitsgrundsatz eng zusammen hängt der Mündlichkeitsgrundsatz. Danach darf nur der in der Hauptverhandlung mündlich vorgetragene Verfahrensstoff dem Urteil zugrunde gelegt werden, MüKoStPO/*Kudlich*, Einl. Rn 185. Ein Verstoß gegen den Unmittelbarkeitsgrundsatz kann mit der Begründung, der Zeugenbeweis sei durch den Urkundebeweis ersetzt worden, mit der Verfahrensrüge (relativer Revisionsgrund) in der Revision nach § 337 Abs. 1 StPO geltend gemacht werden, MüKoStPO/*Kreicker*, Bd. 2, StPO § 250 Rn 52; *Burhoff*, Handbuch für die strafrechtliche Hauptverhandlung, Abschnitt U Rn 2699. Weil der Unmittelbarkeitsgrundsatz keinen Verfassungsrang genießt, kann ein Verstoß gegen § 250 StPO nicht zusätzlich im Wege der Verfassungsbeschwerde gerügt werden, BVerfG NJW 1953, 177 (178).

718 Siehe dazu 3. Kapitel C. VI.

VII. Unbefangenheit von Prozessbeteiligten

Die öffentliche Weitergabe von Informationen zum Stand des gegen den Beschuldigten geführten Ermittlungsverfahrens durch die Staatsanwaltschaft birgt ferner die Gefahr der Einflussnahme auf die Unbefangenheit am Ermittlungsverfahren wie auch nachfolgend in der Hauptverhandlung beteiligter Personen. Betroffen hiervon sind neben dem erkennenden Gericht insbesondere Zeugen und Sachverständige.

1. Erkennendes Gericht

Kennzeichnend für das deutsche Strafverfahren ist die Trennung von Ermittlungs- und Hauptverfahren[719]. Im Ermittlungsverfahren wird von der Staatsanwaltschaft der Tathergang sowie die Person des Beschuldigten mithilfe von Beweismitteln ermittelt. Diese im Ermittlungsverfahren stattfindende Wahrheitssuche wird in der Hauptverhandlung durch das erkennende Gericht von Neuem betrieben[720]. Das Gericht führt zur Überführung des nunmehr Angeklagten eine eigenständige Beweisführung durch[721]. Prägend für diese erneute Beweisaufnahme in der Hauptverhandlung ist der Grundsatz der Unmittelbarkeit[722]. Das Gericht muss sich mithin erst mittels Beweisaufnahme in der Hauptverhandlung und darf sich nicht bereits aufgrund der Ermittlungsergebnisse der Staatsanwaltschaft von der Schuld oder eben Unschuld des Beschuldigten überzeugen. Sein Urteil ist unabhängig von den Ergebnissen des Ermittlungsverfahrens.

Die öffentliche Informationsweitergabe betreffend Vorgänge aus dem Ermittlungsverfahren könnte daher in Bezug auf die Objektivität des erkennenden Gerichts problematisch sein. Im strafgerichtlichen Verfahren sind die Amts- und

---

719 AE-StuM/*Weigand*, S. 37 f.; *ders.*, ZStW 113 (2001), 271 (280). Zu den Grundsätzen im Ermittlungsverfahren s. § 2 B. II.

720 AE-StuM/*Weigand*, S. 37 f.

721 Die Trennung der Verfahrensabschnitte sorgt dafür, dass der Beschuldigte der Tat zu zwei verschiedenen Zeitpunkten, einmal im Ermittlungsverfahren und anschließend in der Hauptverhandlung, mit jeweils eigenständiger Beweisführung, überführt wird, *Weigand*, ZStW 113 (2001), 271 (280).

722 MüKoStPO/*Kudlich*, Bd. 1, Einl. Rn 177. § 244 Abs. 2 StPO verlangt vom Gericht die Vornahme einer Beweisaufnahme zur Erforschung der Wahrheit. Hierbei hat sich das Gericht um den bestmöglichen Beweis zu bemühen, was in der Regel die Nutzung des unmittelbaren Beweises erfordert, MüKoStPO/*Kudlich*, Bd. 1, Einl. Rn 117; *Cornelius*, NStZ 2008, 244 (245).

Landgerichte – außer bei Entscheidungen des Strafrichters beim Amtsgericht (§§ 24, 25, 28 GVG) – neben dem oder den Berufsrichter(n) auch mit jeweils zwei Schöffen zu besetzen[723]. Insofern stellt sich die Frage der Beeinflussbarkeit des erkennenden Gerichts im Hinblick auf die Urteilsfindung durch Kenntnis von öffentlichen Äußerungen der Staatsanwaltschaft im Rahmen des Ermittlungsverfahrens.

a. Berufsrichter

Nach Art. 97 Abs. 1 GG sowie den §§ 1 GVG, 25 DRiG ist der Richter[724] unabhängig und nur dem Gesetz unterworfen. Als Organ der Judikative ist er gemäß Art. 20 Abs. 3 GG an Gesetz und Recht gebunden.

Die Unabhängigkeit der Richters kann durch die Öffentlichkeitsarbeit der Staatsanwaltschaft[725] beeinflusst werden; etwa dadurch, dass der erkennende Richter öffentliche Stellungnahmen betreffend zuvor ergangener staatsanwaltschaftlicher Erklärungen abgibt, die Zweifel an seiner Unbefangenheit hervorrufen[726]. Auch in Bezug auf den Unmittelbarkeitsgrundsatz in der Hauptverhandlung kann die Öffentlichkeitsarbeit der Staatsanwaltschaft problematisch sein. Eine konsequente Einhaltung des Grundsatzes der Unmittelbarkeit hätte allerdings zur Folge, dass Berufsrichtern bereits die Kenntnis vom Ergebnis des Ermittlungsverfahrens verwehrt werden müsste[727]. Eine Kenntnisnahme von der Ermittlungsakte durch Berufsrichter wird allerdings für unschädlich

723 Zur Besetzung des Schöffengerichts sowie des erweiterten Schöffengerichts beim Amtsgericht s. § 29 GVG. Zur Besetzung der kleinen und großen Strafkammern vor dem Landgericht s. § 76 Abs. 1 GVG. Zur Besetzung der Strafkammer als Schwurgericht s. § 76 Abs. 2 GVG.

724 § 1 GVG spricht von dem Gericht, während in Art. 97 Abs. 1 GG und § 25 DRiG vom Richter die Rede ist.

725 Kissel/*Mayer*, GVG, GVG §§ 15, 16 Rn 68. Zum Einfluss der Medien auf die Unabhängigkeit des Richters, s. *Meyer*, Der Gerichtsprozess in der medialen Berichterstattung, S. 189 ff. Einer – allerdings bereits im Jahr 2007 – durchgeführten Studie zufolge, an der neben der Staatsanwaltschaft ca. 450 Richter teilgenommen haben, gaben über 30% der Richter an, die Berichterstattung in den Medien über von ihnen zu entscheidende Fälle gezielt zu verfolgen. Über 50% der befragten Richter gaben an, die Berichterstattung zwar nicht gezielt zu verfolgen, sie aber auch nicht bewusst zu vermeiden. Weniger als 5% vermieden bewusst eine Berichterstattung über von ihnen zu entscheidende Fälle, s. *Holzinger/Wolff*, Im Namen der Öffentlichkeit, S. 80 f.

726 Beispiel nach *Pruggmayer/Möller*, KuR 2011, 234 (236).

727 S. AE-StuM/*Weigand*, S. 38.

gehalten. Diese ist vielmehr notwendige Voraussetzung für die Sachaufklärung in der Hauptverhandlung[728].

So hat der *BGH*[729] entschieden, äußere Einflüsse – bei öffentlichen Stellungnahmen der Staatsanwaltschaft dürfte es sich um solche handeln – seien für sich genommen kein Grund, um Misstrauen gegen die Unparteilichkeit des Richters zu rechtfertigen. Misstrauen sei erst dann gerechtfertigt, wenn – anhand von Äußerungen des Richters – sichere Anhaltspunkte für eine voreingenommene Einstellung vorlägen[730]. Von Berufsrichtern wird aufgrund ihrer juristischen Ausbildung schließlich erwartet, dass sie die von der Staatsanwaltschaft im Ermittlungsverfahren ermittelten Erkenntnisse von den in der Hauptverhandlung eigenständig gewonnenen Erkenntnissen zu unterscheiden und zu würdigen wissen[731].

b. Schöffe

Die Befugnisse des Schöffen regelt § 30 GVG. Nach § 30 Abs. 1 GVG übt der Schöffe während der Hauptverhandlung das Richteramt in vollem Umfang und mit gleichem Stimmrecht und in gleicher Verantwortung wie der Richter aus. Der Schöffe kann daher auch, ebenso wie der Berufsrichter, wegen Besorgnis der Befangenheit abgelehnt werden, §§ 31, 24 StPO[732].

Anders als der Berufsrichter dürfen Schöffen allerdings nicht die Ermittlungsakte einsehen[733]. Nach Ziffer 126 Abs. 3 S. 1 RiStBV darf ihnen auch der Inhalt des wesentlichen Ergebnisses der Ermittlungen in der Anklageschrift nicht zugänglich gemacht werden[734]. Eine gesetzliche Regelung zu diesem Verbot der Aktenkenntnis fehlt aber sowohl in der StPO als auch im GVG[735]. Umgekehrt

728 Kissel/*Mayer*, GVG, GVG § 30 Rn 2.

729 BGH NJW 1969, 703 (704).

730 BGH NJW 1969, 703 (704). Zur Ablehnung eines Richters am *BVerfG* (§ 19 BVerfGG) wegen Besorgnis der Befangenheit s. BVerfG NJW 1966, 923.

731 AE-StuM/*Weigand*, S. 38.

732 Das Ablehnungsrecht steht der Staatsanwaltschaft, dem Privatkläger und dem Beschuldigten zu, § 24 Abs. 3 StPO.

733 BGH NJW 1954, 483 (483 f.); AE-StuM/*Weigand*, S. 38. **Anders:** BGH NStZ 1997, 506 (506 f.), betreffend die Überlassung von Tonbandprotokollen aus einer nach § 100a StPO angeordneten Telefonüberwachung an Schöffen als Hilfsmittel im Rahmen der Beweisaufnahme.

734 BeckOK-StPO/*Temming*, RiStBV 126 Rn 7. Das Verbot der Aktenkenntnis soll dem Schutz der Unbefangenheit der Schöffen in der Hauptverhandlung dienen, BeckOK-StPO/*Temming*, RiStBV 126 Rn 7.

735 BGH NStZ 1997, 506 (506). Das RiStBV beansprucht keine Gesetzeskraft, vgl. bereits 2. Kapitel E. II. 1. a.

fehlt auch eine gesetzliche Regelung dazu, dass Schöffen prinzipiell ein Akteneinsichtsrecht zusteht[736]. Die für die Urteilsfindung erforderliche Tatsachengrundlage haben sich Schöffen vielmehr durch den Sachvortrag des Berufsrichters zu verschaffen[737].

Ging die Rechtsprechung früher davon aus, der Schöffe könne nicht strikt zwischen den im Hauptverfahren gewonnenen Erkenntnissen und den Erkenntnissen aus anderen Quellen, etwa der Ermittlungsakte, unterscheiden[738], wird nunmehr mit Blick auf § 30 Abs. 1 GVG eine gänzliche Abschottung des Schöffen von dem Inhalt der Ermittlungsergebnisse nicht mehr aufrechterhalten[739]. Es sei, so der *BGH*[740], davon auszugehen, dass der Schöffe äußeren Einwirkungen keinen Einfluss gewähre und seine Überzeugung zum Tathergang und Tatvorwurf ausschließlich aus der Hauptverhandlung gewinne. Auch für den Schöffen gilt, dass seine Unabhängigkeit dann in Frage gestellt werden kann, wenn sichere Anhaltpunkte für eine abweichende Einstellung vorliegen.

2. *Zeuge und Sachverständiger*

Der Sachverständige ist ein sog. persönliches Beweismittel der StPO[741]. Fehlt es der Staatsanwaltschaft oder dem Gericht zur Erforschung der Wahrheit an

---

736 Löwe-Rosenberg/*Gittermann* StPO Bd. 10, GVG § 30 Rn 8.

737 BGH NStZ 1997, 506 (507).

738 BGH NJW 1954, 483 (483 f.).

739 BGH NJW 1969, 703 (704), zur Information eines Schöffen über den Tathergang aus der örtlichen Presse; 1987, 1209 (1209 f.) lässt offen, ob die Rechtsprechung des *BGH* aus dem Jahr 1954 noch aufrechtzuerhalten sei. BGH NStZ 1997, 506 (506 f); NJW 1998, 1163 (1164). Auch der EGMR NJW 2009, 2871 (2872 f.), hat eine Unbefangenheit des Schöffen gemäß Art. 6 Abs. 1 S. 1 EMRK für den Fall der Kenntnis vom wesentlichen Ergebnis der Ermittlungen in der Anklageschrift bejaht, dies aber nur unter der Voraussetzung, dass die Unparteilichkeit der Schöffen durch ausreichende Schutzvorkehrungen gewährleistet wird. Im zu entscheidenden Fall hatte der Vorsitzende die Schöffen ausdrücklich über die mangelnde Verbindlichkeit des in der Anklageschrift enthaltenen wesentlichen Ermittlungsergebnisses aufgeklärt. Die geänderte Rechtsprechung entspricht auch der heute herrschenden Meinung in der Literatur, s. nur KK-StPO/*Barthe*, § 30 GVG Rn 2; BeckOK-StPO/*Temming*, RiStBV 126 Rn 7; Kissel/*Mayer*, GVG, GVG § 30 Rn 2 f.; Meyer-Goßner/*Schmitt*, StPO, GVG § 30 Rn 2; Löwe-Rosenberg/*Gittermann*, stopp, Bd. 10, GVG § 30 Rn 7; MüKoStPO/*Miebach*, Bd. 2, StPO § 261 Rn 22.

740 BGH NJW 1969, 703 (704).

741 Dies folgt bereits aus dem Verweis in § 72 StPO auf den sechsten Abschnitt des ersten Buches der StPO, welcher Zeugen zum Gegenstand hat, MüKoStPO/*Trück*, Bd. 1, StPO § 72 Rn 1.

hinreichender Sachkunde in fachfremden Disziplinen, ist ein Sachverständiger zu beauftragen[742]. Der Sachverständige erläutert hierbei nicht nur Erfahrungssätze und Wertungen, sondern vermittelt auch die Wahrnehmung von Tatsachen[743]. Im Ermittlungsverfahren ist der Sachverständige, soweit kein Richtervorbehalt besteht, gemäß § 161a Abs. 1 StPO verpflichtet, auf Ladung der Staatsanwaltschaft[744] zu erscheinen und zur Sache nichtöffentlich[745] ein mündliches Gutachten zu erstatten[746].

Problematisch mit Blick auf die Öffentlichkeitsarbeit der Staatsanwaltschaft ist die Erforderlichkeit einer objektiven und neutralen Vermittlung eigener Wahrnehmungen durch den Sachverständigen. Hat dieser etwa ein psychologisches Gutachten über den Beschuldigten zu erstellen, könnte er, möglicherweise beeinflusst vom Inhalt einer öffentlichen Stellungnahme der Staatsanwaltschaft, negative Wertungen über die Person des Beschuldigten in sein Gutachten einfließen lassen. Im Ermittlungsverfahren kann dadurch die Wahrheitserforschung negativ tangiert werden. Allein die Möglichkeit eines solchen dürfte aber nicht ausreichen, um von einer Gefährdung des Ermittlungserfolgs auszugehen. Zum einen ist es schlicht nicht zu vermeiden, dass ein von der Staatsanwaltschaft berufener Sachverständiger öffentliche Äußerungen der Staatsanwaltschaft, etwa aus der Presse wahrnimmt. Zum anderen ist die Staatsanwaltschaft ohnehin nicht an das Ergebnis des Sachverständigengutachtens gebunden[747]. Das folgt aus dem im Strafprozess geltenden Grundsatz der materiellen Wahrheit[748].

---

742 MüKoStPO/*Trück*, Bd. 1, StPO § 72 Rn 3 ff.; *Eisenberg*, NStZ 2006, 368 (369). Zu den Fachgebieten des Sachverständigen s. KK-StPO/*Senge*, StPO § 73 Rn 5.

743 MüKoStPO/*Trück*, Bd. 1, StPO § 72 Rn 7.

744 Oder auf Ladung der Ermittlungspersonen der Staatsanwaltschaft, § 163 Abs. 3 S. 3–5 StPO. Nach Eröffnung des Hauptverfahrens wird der Sachverständige durch das erkennende Gericht bestimmt, § 73 StPO.

745 KK-StPO/*Griesbaum*, StPO § 161a Rn 3.

746 MüKoStPO/*Kölbel*, Bd. 2, StPO § 161a Rn 7. Weil § 161a StPO nicht auf § 168c StPO verweist, der die Anwesenheit des Beschuldigten bei richterlicher Vernehmung gestattet, hat der Beschuldigte kein Anwesenheitsrecht. Er wird auch nicht benachrichtigt, wenn die Staatsanwaltschaft beabsichtigt, den Sachverständigen zu hören, KK-StPO/*Griesbaum*, § 161a StPO Rn 6. Allerdings hat die Staatsanwaltschaft gemäß den Voraussetzungen der Ziffer 70 Abs. 1 RiStBV vor Auswahl des Sachverständigen dem Verteidiger des Beschuldigten Gelegenheit zur Stellungnahme zu geben.

747 *Neuling*, Inquisition durch Information, S. 122. Ebenso wenig ist das erkennende Gericht an das Ergebnis des Sachverständigengutachtens gebunden, s. etwa MüKoStPO/*Trück*, Bd. 1, StPO § 72 Rn 2.

748 MüKoStPO/*Kudlich*, Bd. 1, Einl. Rn 7; *Roxin/Schünemann*, Strafverfahrensrecht, § 15 Rn 3.

Dieser in § 261 StPO normierte Grundsatz, wonach das Gericht über das Ergebnis der Beweisaufnahme nach seiner freien Überzeugung entscheidet, gilt auch für die Staatsanwaltschaft im Ermittlungsverfahren[749]. Ob die Staatanwaltschaft ein Sachverständigengutachten für eine Anklageerhebung als Beweis in Erwägung zieht, entscheidet sie nach eigenem Ermessen.

Der Zeuge ist ebenfalls ein sog. persönliches Beweismittel im Strafverfahren[750]. Er ist im Ermittlungsverfahren gemäß § 161a Abs. 1 S. 1 StPO verpflichtet, auf Ladung vor der Staatsanwaltschaft zu erscheinen und zur Sache auszusagen[751]. Die Vernehmung des Zeugen erfolgt in diesem Verfahrensstadium nichtöffentlich[752].

An die Aussage des Zeugen ist die Staatsanwaltschaft aber ebenso wenig wie an die des Sachverständigen gebunden. Ohnehin ist der Zeuge nicht einmal verpflichtet, bei seiner Aussage nach § 161a Abs. 1 S. 1 StPO die Wahrheit zu sagen. § 161a Abs. 1 S. 1 StPO enthält keine Regelung dahingehend, ob die Aussagen des Zeugen inhaltlich zutreffend sein müssen[753].

VIII. Fehlende Ermächtigungsgrundlage

Als Teil der staatlichen Gewalt unterliegt auch die Staatsanwaltschaft der Gesetzesbindung allen staatlichen Handelns gemäß Art. 1 Abs. 3 GG i.V.m. Art. 20 Abs. 3 GG[754]. Macht die Staatsanwaltschaft von der Möglichkeit der Öffentlichkeitsarbeit im Ermittlungsverfahren Gebrauch, stellt jede identifizierende öffentliche Äußerung über bevorstehende oder laufende Ermittlungen einen Eingriff

---

749 *Roxin/Schünemann*, Strafverfahrensrecht, § 15 Rn 3, 8.

750 MüKoStPO/*Kudlich*, Bd. 1, Einl. Rn 417.

751 Die Zeugnis- und Aussageverweigerungsrechte der §§ 52, 53, § 55 StPO gelten auch bei § 161a Abs. 1 S. 1 StPO, MüKoStPO/*Kölbel*, Bd. 2, StPO § 161a Rn 3. Zu den Rechten des Zeugen bei der Aussagepflicht nach § 161a Abs. 1 S. 1 StPO s. KK-StPO/*G-riesbaum*, StPO § 161a Rn 3; MüKoStPO/*Kölbel*, Bd. 1, StPO § 161a Rn 3 f. Ebenso wie bei der richterlichen (vgl. § 48 Abs. 1 StPO) und der staatsanwaltschaftlichen Vernehmung besteht seit dem 24.8.2017 bei polizeilichen Vernehmungen des Zeugen eine Erscheinens- und Aussagepflicht, wenn der Ladung der Polizei ein Auftrag der Staatsanwaltschaft zugrunde liegt, vgl. § 163 Abs. 3 StPO. Die Pflicht des Zeugen, in der Hauptverhandlung zu erscheinen und auszusagen, regeln die §§ 48 ff. StPO.

752 KK-StPO/*Griesbaum*, StPO § 161a Rn 3.

753 Eine Wahrheitspflicht folgt auch nicht aus § 153 StGB, da die Norm Aussagen vor der Staatsanwaltschaft mangels deren Befugnis zur eidlichen Vernehmung, vgl. § 161a Abs. 1 S. 3 StPO, nicht erfasst, MüKoStPO/*Kölbel*, Bd. 2, StPO § 161a Rn 4.

754 BVerfG NJW 1976, 34 (34 f.); Maunz/Düring/*Grzeszick*, GG, Art. 20 Rn 71; BeckOK-StPO/*Gertler*, RiStBV 1 Rn 20; *Gounalakis*, NJW 2012, 1473 (1476 f.).

in Rechte des Beschuldigten dar, namentlich in das Allgemeine Persönlichkeitsrecht (Art. 2 Abs. 1 i.V.m. Art. 1 Abs. 1 GG), die Unschuldsvermutung sowie den Grundsatz des fair-trial[755]. Ausreichend ist bereits die bloße identifizierende Mitteilung, dass gegen den Beschuldigten wegen des Verdachts einer Straftat ermittelt werde[756]. Je detaillierter die Information ist, umso intensiver erfolgt dabei der Eingriff in das Allgemeine Persönlichkeitsrecht des Beschuldigten[757]. Identifizierende Öffentliche Äußerungen der Staatsanwaltschaft sind daher immer staatliche Eingriffsmaßnahmen, die einer gesetzlichen Grundlage bedürfen. Zu öffentlichen Äußerungen ist die Staatsanwaltschaft daher nur befugt, falls und soweit eine gesetzliche Ermächtigungsgrundlage besteht[758].

1. Gesetzliche Grundlage

Als gesetzliche Grundlage kommt der presserechtliche Auskunftsanspruch der Länder in Betracht[759]. Danach ist die Staatsanwaltschaft zur Auskunftserteilung verpflichtet, sofern eine konkrete Anfrage eines Presseangehörigen vorliegt und kein Auskunftsverweigerungsgrund, in Hessen gemäß § 3 Abs. 1 S. 2 Nrn. 1–3 HPresseG, besteht[760]. Die Pflicht der Staatsanwaltschaft, die Öffentlichkeit über Vorgänge eines laufenden Ermittlungsverfahrens zu unterrichten, stellt eine aus dem presserechtlichen Auskunftsanspruch der Länder abgeleitete Informationspflicht dar[761]. Demnach existiert nur für den Fall einer konkreten Anfrage durch Medienangehörige eine gesetzliche Grundlage für Äußerungen der Staatsanwaltschaft zum Stand des Ermittlungsverfahrens.

---

755 LG Wiesbaden NJW 2015, 2975 Rn 93 - Jahns; *Lehr*, NStZ 2009, 409 (411).

756 *Lehr*, NStZ 2009, 409 (411). Nach *Gounalakis*, NJW 2012, 1473 (1475) stellt hingegen jede Ermittlungstätigkeit der Staatsanwaltschaft bereits einen Eingriff in das Allgemeine Persönlichkeitsrecht des Beschuldigten dar.

757 *Lehr*, NStZ 2009, 409 (411).

758 Vgl. grundlegend BVerfG NJW 1984, 419 (422) – Volkszählungsurteil, wonach staatliche Eingriffe in das Allgemeine Persönlichkeitsrecht immer einer gesetzlichen Grundlage bedürfen. BVerwG NJW 1985, 2274 (2275); OVG Koblenz NJW 1991, 2659 (2659); Maunz/Düring/*Di Fabio*, GG, Art. 2 Rn 133; *Lehr*, NStZ 2009, 409 (411).

759 Für den Rundfunk folgt der Anspruch aus dem bundeseinheitlich geltenden § 9a RStV. Für Anbieter von Onlinemedien mit journalistisch-redaktionell gestalteten Angeboten folgt der Anspruch aus § 55 Abs. 3 i.V.m. § 9a RStV.

760 Vgl. zum presserechtlichen Auskunftsanspruch bereits 2. Kapitel E. I. 4.

761 So *Gounalakis*, NJW 2012, 1473 (1477). Vgl. auch VGH Mannheim NJW 2018, 90 Rn 19.

Als weitere gesetzliche Grundlage für staatsanwaltschaftliche Medienauskünfte kommt ferner § 475 Abs. 4, 1 StPO in Betracht. Allerdings stellt auch der Anspruch nach § 475 Abs. 4, 1 StPO keine Ermächtigung der Staatsanwaltschaft dar, eigenmächtig Auskünfte über Vorgänge im Ermittlungsverfahren zu erteilen. § 475 Abs. 4, 1 StPO ist lediglich Rechtsgrundlage für Auskünfte aus den Akten an Medienvertreter als „sonstige Stellen".

Weder der presserechtliche Auskunftsanspruch aus § 3 Abs. 1 S. 1 HPresseG noch § 475 Abs. 4, 1 StPO ermächtigen zu eigeninitiativ erteilten Auskünften.

Der Rechtsprechung des *BVerwG*[762] zum verfassungsunmittelbaren Auskunftsanspruch folgend, ist mangels einfachgesetzlicher Grundlage zu erwägen, ob Art. 5 Abs. 1 S. 1, Hs. 2 GG eine Ermächtigungsgrundlage für die Staatsanwaltschaft zur Information von Medien und Öffentlichkeit in Eigeninitiative darstellt. Die Staatsanwaltschaft ist aber kein Grundrechtsträger. Außerdem hat das *BVerwG* der Presse insbesondere aufgrund ihrer verfassungsrechtlichen Aufgabe zur Unterrichtung der Öffentlichkeit einen verfassungsunmittelbaren Auskunftsanspruch in Ermangelung einer einfachgesetzlichen Grundlage zuerkannt.

2. *Legitimation aufgrund sonstiger Ermächtigung*

Liegt keine Anfrage der Presse vor, erweist sich die Suche nach einer einfachgesetzlichen Grundlage für die Öffentlichkeitsarbeit der Staatsanwaltschaft als schwierig.

Aus der StPO folgt keine *Ermächtigung* der Staatsanwaltschaft, Erkenntnisse aus dem Ermittlungsverfahren ohne vorherige Anfrage der Medien an die Öffentlichkeit weiterzugeben[763]. Demgegenüber findet sich in der StPO allerdings auch kein ausdrückliches gesetzliches *Verbot*, aus eigenem Anstoß Vorgänge aus dem Ermittlungsverfahren an die Öffentlichkeit weiterzugeben[764]. Liegt keine Anfrage der Presse vor, kann der presserechtliche Auskunftsanspruch nicht, auch nicht analog[765] als Ermächtigungsgrundlage für die Information der Öffentlichkeit herangezogen werden[766]. Mangels Gesetzeskraft scheidet auch Ziffer 23 RiStBV

762 BVerwG NVwZ 2013, 1006; 2015, 1383; 2015, 1388.

763 *Altenhain*, Öffentlichkeit im Strafverfahren, C 58; *Schnoor/Giesen/Addicks*, NStZ 2016, 256 (257).

764 *Pruggmayer/Möller*, KuR 2011, 234 (236).

765 S. § 3 C. VII. 1. Ebenso wenig kann § 9a RStV analog bzw. § 55 Abs. 3 i.V.m. § 9a RStV analog als Anspruchsgrundlage herhalten.

766 Nach *Gounalakis*, NJW 2012, 1473 (1476) haben Staatsanwaltschaften längst heimlich die presserechtliche Auskunfts*pflicht* zu einem Auskunfts*recht* umformatiert.

als gesetzliche Grundlage aus[767]. Ziffer C. 1. der Richtlinien für die Zusammenarbeit der hessischen Staatsanwaltschaften mit den Medien enthält immerhin die Vorgabe, die Berichterstattung der Medien aus eigener Initiative durch allgemeine Informationen und Anregungen zu unterstützen[768]. Allerdings scheiden auch die Richtlinien mangels Gesetzeskraft aus.

Für eigeninitiativ erfolgte öffentliche Äußerungen der Staatsanwaltschaft fehlt es demnach an einer gesetzlichen Grundlage. Dies beruht letztlich darauf, dass das Ermittlungsverfahren grundsätzlich nichtöffentlich ist[769]. Eine in Eigeninitiative erfolgte Information von Öffentlichkeit und Medien durch die Staatsanwaltschaft, gerade in spektakulären Fällen[770], ist die Rechtswirklichkeit[771]. Daher könnte erwogen werden, der Staatsanwaltschaft ein gewohnheitsrechtliches Recht auf Öffentlichkeitsarbeit zu gewähren. Dies ist jedoch entschieden abzulehnen. Die Öffentlichkeitsarbeit der Staatsanwaltschaft ist nicht mit einem für die Entstehung des Gewohnheitsrechts notwendigen allgemeinen Rechtsgestaltungswillen einer Gemeinschaft vergleichbar[772]. Gewohnheitsrechtlich dürften derartige Eingriffe, die infolge einer identifizierenden Öffentlichkeitsarbeit der Staatsanwaltschaft erfolgen, nicht zu rechtfertigen sein, selbst wenn Gewohnheitsrecht dem Gesetzesrecht gleichsteht[773].

3. *Recht der Staatsanwaltschaft auf Öffentlichkeitsarbeit*

Ein Recht der Staatsanwaltschaft auf Öffentlichkeitsarbeit im Ermittlungsverfahren scheidet aus. Der Staatsanwaltschaft steht kein eigenes geschütztes Recht auf Öffentlichkeitsarbeit zu[774], jedenfalls kein im einfachen Recht normiertes[775].

---

767 S. hierzu. § 2 E. II. 1. a.

768 NJW 1996, 979.

769 *Mitsch*, JuS 2015, 884 (890).

770 Vgl. hierzu auch die Ausführungen von Handbuch-StA/*Wankel*, S. 1339 Rn 18, wonach in spektakulären Fällen eine Presseerklärung zur Vermittlung sicherer Informationen zwingend erforderlich sein kann, um Spekulationen von Seiten der Medien vorzubeugen.

771 *Mitsch*, JuS 2015, 884 (890); *Lehr*, NJW 2013, 728 (729); *Eisele*, JZ 2014, 932 (935); *Gounalakis*, NJW 2012, 1473 (1473 f.).

772 *Brox/Walker*, BGB AT, § 1 Rn 8.

773 *Brox/Walker*, BGB AT, § 1 Rn 8.

774 LG Wiesbaden NJW 2015, 2975 Rn 93 – Jahns; *Schnoor/Giesen/Addicks*, NStZ 2016, 256 (257); *Eisele*, JZ 2014, 932 (937); *Gounalakis*, NJW 2012, 1473 (1476).

775 Die aus Ziffer 23 RiStBV und der Richtlinie für die Zusammenarbeit der hessischen Staatsanwälte, NJW 1996, 979, folgende Pflicht zur Zusammenarbeit mit den Medien beansprucht keine Gesetzeskraft, s. bereits § 2 E. II. 2. a.

Ein solches folgt auch nicht aus dem berechtigten Interesse an der Strafverfolgung[776]. Mangels Grundrechtsträgerschaft kann die Staatsanwaltschaft auch aus den Grundrechten der Meinungs- und Informationsfreiheit (Art. 5 Abs. 1 S. 1 GG) kein eigenes Recht auf Öffentlichkeitsarbeit ableiten[777]. Ein solches folgt auch nicht aus dem in § 152 Abs. 1 StPO normierten Offizialprinzip, der es der Staatsanwaltschaft erlaubt, das Ermittlungsverfahren frei zu gestalten[778]. Das Offizialprinzip beschränkt sich auf die Strafverfolgung. Überdies dürfte § 152 Abs. 1 StPO kaum eine rechtstaatlichen Anforderungen genügende Ermächtigungsgrundlage dafür sein, durch öffentliche Stellungnahmen in Rechte des Beschuldigten einzugreifen.

Ein eigenes Recht der Staatsanwaltschaft auf Öffentlichkeitsarbeit ist folglich zu verneinen.

4. Öffentlichkeitsarbeit als verfassungsimmanente Aufgabe

Dass die Staatsanwaltschaft Öffentlichkeitsarbeit leisten soll, folgt in Anlehnung an die Rechtsprechung des *BVerwG*[779] zur Veröffentlichungspflicht betreffend Gerichtsentscheidungen[780]. Danach stellt die aktive Öffentlichkeitsarbeit der Justiz eine verfassungsimmanente öffentliche Aufgabe dar, die einer einfachgesetzlichen Grundlage vor diesem Hintergrund eben gerade nicht bedarf[781]. Die Staatsanwaltschaft hat demnach die verfassungsunmittelbare *Aufgabe*, die Öffentlichkeit über die Einleitung eines Ermittlungsverfahrens zu unterrichten.

a. Übertragbarkeit der Rechtsprechungsgrundsätze des BVerwG

Denn die Begründungen, die das *BVerwG* für die Pflicht zur Veröffentlichung von Gerichtsentscheidungen genannt hat, sind auf die Öffentlichkeitsarbeit der Staatsanwaltschaft nicht ohne weiteres übertragbar.

Zum einen folge eine Publikationspflicht der Gerichte daraus, dass Gerichtsentscheidungen einer der Verkündung von Rechtsnormen vergleichbare Bedeutung zukomme[782]. Dies ist bei der Einleitung eines Ermittlungsverfahrens keinesfalls der Fall. Schließlich entbehre die Publikationspflicht von

---

776 *Gounalakis*, NJW 2012, 1473 (1476).
777 *Schnoor/Giesen/Addicks*, NStZ 2016, 256 (257).
778 Vgl. 2. Kapitel B. II. 1.
779 BVerwG NJW 1997, 2694. Dazu 2. Kapitel C. II.
780 BVerwG NJW 1997, 2694 (2697); zuletzt BVerfG (Kammer) NJW 2015, 3708 Rn 20.
781 BVerwG NJW 1997, 2694 (2695).
782 BVerwG NJW 1997, 2694 (2697).

Gerichtsentscheidungen einer gesetzlichen Grundlage, da sie sich unmittelbar aus der Verfassung ergebe[783]. Im Hinblick auf die Öffentlichkeitsarbeit der Staatsanwaltschaft kann auch dieses Argument nicht kritiklos übernommen werden. Weil jede staatsanwaltschaftliche Information, die geeignet ist, eine Identifizierung des Beschuldigten zu ermöglichen, in das Allgemeine Persönlichkeitsrecht des Beschuldigten eingreift, bedarf sie zu ihrer Rechtfertigung nach dem Grundsatz des Vorbehalts des Gesetzes einer gesetzlichen Grundlage[784].

b. Inhalt der getätigten Äußerung

Mit der verfassungsunmittelbaren Aufgabe der Unterrichtung der Öffentlichkeit sitzt die Staatsanwaltschaft gewissermaßen in der Zwickmühle. Einerseits hat sie eine verfassungsunmittelbare Aufgabe zur Unterrichtung der Öffentlichkeit. Die Rechtsprechung erkennt sogar an, dass die Staatsanwaltschaft, um den berechtigten Informationsinteressen von Öffentlichkeit und Medien (Art. 5 Abs. 1 GG) zu genügen, in engen Grenzen doch von sich aus die Öffentlichkeit informieren darf, und sogar muss[785]. Andererseits darf sie mangels einfachgesetzlicher Grundlage keine eigeninitiierte Öffentlichkeitsarbeit betreiben.

Ein Kompromiss zwischen der fehlenden einfachgesetzlichen Grundlage und der verfassungsunmittelbaren Aufgabe der Staatsanwaltschaft, Öffentlichkeitsarbeit zu betreiben, kann im Wege der inhaltlichen Abgrenzung öffentlicher Äußerungen der Staatsanwaltschaft erreicht werden. In das Allgemeine Persönlichkeitsrecht des Beschuldigten greift eine Äußerung der Staatsanwaltschaft vornehmlich nur dann ein, wenn es sich um personenbezogene Informationen handelt, die geeignet sind, eine Identifizierung des Beschuldigten zu ermöglichen[786]. Personenbezogen ist eine Information dann, wenn in der Äußerung der Staatsanwaltschaft etwa der Name des Beschuldigten, sein Alter, seine Herkunft oder etwa seine Konfession genannt werden, die Informationen also geeignet sind, einen Bezug zur Person des Beschuldigten herzustellen. Unproblematisch sind allgemein gehaltene Informationen ohne Personenbezug, etwa über die einzelnen Ermittlungsschritte der Staatsanwaltschaft im laufenden Ermittlungsverfahren oder den Tathergang sowie Tatvorwurf. Diese Informationen sind mit

---

783 BVerwG NJW 1997, 2694 (2697).

784 LG Wiesbaden NJW 2015, 2975 Rn 93 – Jahns; *Altenhain*, Öffentlichkeit im Strafverfahren, C 57; *Lehr*, NStZ 2009, 409 (411); *Eisele*, JZ 2014, 932 (937).

785 BGH NJW 1994, 1950 (1951); LG Wiesbaden NJW 2015, 2975 Rn 93 – Jahns.

786 *Altenhain*, Öffentlichkeit im Strafverfahren, C 57; *Pruggmayer/Möller*, KuR 2011, 234 (238).

Blick auf das Allgemeine Persönlichkeitsrecht des Beschuldigten nicht zu beanstanden[787].

Soweit in den Medien bereits identifizierend über ein gegen den Beschuldigten geführtes Ermittlungsverfahren berichtet wird, gilt zwar, dass eine Nichtnennung personenbezogener Daten durch die Staatsanwaltschaft überflüssig wäre[788]. Gleichwohl bedarf die Weitergabe personenbezogener Informationen von Seiten der Staatsanwaltschaft wegen des verfassungsrechtlichen Grundsatzes des Vorbehalts des Gesetzes nach Art. 20 Abs. 3 GG einer gesetzlichen Grundlage.

D. Zusammenfassung

1. Das Ermittlungsverfahren ist nichtöffentlich. Durchbrochen wird der Grundsatz des nichtöffentlichen Ermittlungsverfahrens maßgeblich durch den presserechtlichen Auskunftsanspruch der Länder.
2. Aus dem presserechtlichen Auskunftsanspruch der Länder folgt nur eine mittelbare Pflicht der Staatsanwaltschaft, Auskunft über einzelne Vorgänge des Ermittlungsverfahrens zu erteilen.
3. Die Staatsanwaltschaft *darf* die Öffentlichkeit in Eigeninitiative über ein laufendes Ermittlungsverfahren informieren. Ein gesetzliches Ge- oder Verbot der eigeninitiierten Information der Öffentlichkeit über Vorgänge im Ermittlungsverfahren existiert allerdings nicht. Ein eigenes Recht auf Öffentlichkeitsarbeit steht der Staatsanwaltschaft indes nicht zu.
4. Die Öffentlichkeitsarbeit der Staatsanwaltschaft im Ermittlungsverfahren stellt keine Gefahr für die Wahrheitsfindung in der strafrechtlichen Hauptverhandlung dar. Ebenso wenig ist eine Gefährdung des Ermittlungsergebnisses aufgrund verfälschter Zeugenaussagen oder Sachverständigengutachten im Stadium des Ermittlungsverfahrens zu befürchten.
5. Es existiert kein formelles Gesetz für öffentliche Mitteilungen der Staatsanwaltschaft betreffend ein beabsichtigtes oder laufendes Ermittlungsverfahren, soweit die Mitteilung aus eigener Initiative erfolgt.
6. Die Staatsanwaltschaft hat die verfassungsunmittelbare *Aufgabe*, die Öffentlichkeit (eigeninitiativ) über die Einleitung eines Ermittlungsverfahrens zu unterrichten, soweit ein öffentliches Informationsinteresse bejaht wird.
7. Liegt eine eigenmächtige öffentliche Stellungnahme der Staatsanwaltschaft vor, ist danach zu differenzieren, ob diese auch personenbezogene- oder

787 So auch *Altenhain*, Öffentlichkeit im Strafverfahren, C 57.

788 So auch *Pruggmayer/Möller*, KuR 2011, 234 (238).

ausschließlich nichtpersonenbezogene Informationen beinhaltet. Nichtpersonenbezogene Informationen zum Stand der Ermittlungen bedürfen nicht zwingend einer gesetzlichen Regelung, da sie nicht in das Allgemeine Persönlichkeitsrecht des Beschuldigten eingreifen.

8. Demgegenüber bedürfen eigenmächtig erfolgte Informationen der Staatsanwaltschaft dann einer gesetzlichen Grundlage, wenn sie (auch) personenbezogene Informationen enthalten. Denn dann liegt ein Eingriff in das Allgemeine Persönlichkeitsrecht des Beschuldigten vor, der seinerseits ohne die Existenz einer gesetzlichen Ermächtigungsgrundlage erfolgt. Dies verstößt wiederum gegen Art. 1 Abs. 3 GG i.V.m. Art. 20 Abs. 3 GG.

E. Reformvorschlag

Eine gesetzliche Ermächtigungsgrundlage, welche die eigenmächtige Öffentlichkeitsarbeit der Staatsanwaltschaft legitimiert, existiert nicht.

Unter rechtsstaatlichen Gesichtspunkten ist eine Ermächtigungsgrundlage aber unerlässlich, da aufgrund eigeninitiierter öffentlicher Informationstätigkeit der Staatsanwaltschaft ein rechtfertigungsbedürftiger Eingriff in das Allgemeine Persönlichkeitsrecht des Beschuldigten bewirkt wird. Weiterhin würde sie eine souveräne Öffentlichkeitsarbeit ermöglichen, da die Staatsanwaltschaft sich nicht dem Vorwurf ungesetzlichen Handels stellen müsste. Eine gesetzliche Regelung, die das Auskunftsverhalten der Staatsanwaltschaft im Ermittlungsverfahren regelt, ist auch aus Gründen der Rechtssicherheit geboten[789]. Als Nebeneffekt einer einheitlichen gesetzlichen Regelung wird auch der Streit über den zu wählenden Rechtsweg[790] zur gerichtlichen Überprüfung staatsanwaltschaftlicher Stellungnahmen beigelegt.

Vorab festzustellen ist, dass die Einführung einer entsprechenden Regelung in Ziffer 23 RiStBV mangels Gesetzescharakter nicht zweckdienlich wäre[791]. Aus dem gleichen Grund erschiene auch eine entsprechende Regelung in den Richtlinien für die Zusammenarbeit der hessischen Staatsanwaltschaften mit den Medien als ungeeignet[792].

789 *Eisele*, JZ 2014, 932 (937).
790 Dazu 5. Kapitel B. I.
791 Dazu bereits 2. Kapitel E. II. 1. a.
792 Dazu bereits 2. Kapitel E. II. 2. a.

I. Gesetzgebungskompetenz

Vor dem Hintergrund, dass der Auskunftsanspruch der Presse auf Länderebene in den jeweiligen Pressegesetzen geregelt ist, ist die Frage der Gesetzgebungskompetenz für eine bundeseinheitliche Regelung des Auskunftsverhaltens der Staatsanwaltschaft im Ermittlungsverfahren nicht trivial, da sich Strafverfahrens- und Presserecht dann überschnitten[793].

Nach Art. 74 Abs. 1 Nr. 1 GG unterfallen das Strafrecht sowie das gerichtliche Verfahren der konkurrierenden Gesetzgebungskompetenz des Bundes. Zum gerichtlichen Verfahren aller Fachgerichtsbarkeiten im Sinne der Norm zählt auch deren unmittelbares Vorfeld[794]. Das Ermittlungsverfahren unterfällt demnach als gerichtliches Verfahren der konkurrierenden Gesetzgebungskompetenz des Bundes nach Art. 74 Abs. 1 Nr. 1 GG, von welcher der Bund durch Erlass der StPO auch Gebrauch gemacht hat[795]. Mangels einer Gesetzgebungskompetenz des Bundes für das Gebiet „Presserecht" unterliegt das Presse- und Rundfunkrecht gemäß Art. 70 Abs. 1 GG hingegen der Gesetzgebungskompetenz der Länder[796]. Durch Erlass der Pressegesetze haben die Länder jeweils von ihrer Kompetenz Gebrauch gemacht.

1. Wesensmäßige und historische Zugehörigkeit

Immanent für die Zuordnung der Öffentlichkeitsarbeit der Staatsanwaltschaft zur konkurrierenden Gesetzgebungskompetenz oder zur Gesetzgebungskompetenz der Länder ist die Einordnung des Charakters der staatsanwaltschaftlichen Stellungnahme. Für eine grundgesetzliche Kompetenzzuordnung entscheidend ist das Kriterium des überwiegenden Sachzusammenhangs[797]. Das *BVerfG*[798] stellt hierbei auf die „wesensmäßige und historische Zugehörigkeit" zu einer Materie ab. So hat es eine Regelung betreffend die Verjährung von Pressedelikten der Sachmaterie „Presse" zugeordnet[799]. Die durch ihre spezifische Begehungsform

---

793 *Altenhain*, Öffentlichkeit im Strafverfahren, C 58.

794 BVerfG NJW 1971, 275 (279 f.); BeckOK-GG/*Seiler*, GG Art. 74 Rn 11.

795 BeckOK-GG/*Seiler*, GG Art. 74 Rn 11; *Maunz*/Dürig, GG, Art. 74 Rn 79.

796 S. nur BVerwG NVwZ 2013, 1006 Rn 20; *Altenhain*, Öffentlichkeit im Strafverfahren, C 53.

797 *Maunz*/Dürig, GG, Art. 74 Rn 12, 69, 80.

798 BVerfG NJW 1957, 1355 (1355) zur Verjährung von Pressedelikten. BVerfG NJW 1974, 356 (357); 1974 743 (Ls.) zum Zeugnisverweigerungsrecht von Presseangehörigen. BVerfG NJW 1978, 1911 (1911) zum Rechtsschutz gegen die Beschlagnahme von Druckwerken.

799 BVerfG NJW 1957, 1355 (1355); *Maunz*/Dürig, GG, Art. 74 Rn 69.

geprägte Eigenart der Pressestraftaten, die in der kurzen Verjährungsfrist zum Tragen komme, rechtfertige diese Zuordnung[800]. Eine Zuordnung zur Sachmaterie des gerichtlichen Verfahrens gemäß Art. 74 Abs. 1 Nr. 1 GG und damit zur konkurrierenden Gesetzgebungskompetenz des Bundes hat das *BVerfG* hingegen für das Zeugnisverweigerungsrecht von Presseangehörigen[801] sowie für den Rechtsschutz gegen die Beschlagnahme von Druckwerken[802] vorgenommen. Zur Befugnis, das Zeugnis zu verweigern, führt das *BVerfG* aus, dass sie ihrem Wesen nach Bestandteil des Beweiserhebungsrechts der Verfahrensordnungen sei. Das Institut Freie Presse werde vom Zeugnisverweigerungsrecht für Presseangehörige nur mittelbar geschützt. Für eine Zuordnung zum gerichtlichen Verfahren spreche ferner, dass das Zeugnisverweigerungsrecht erst im gerichtlichen Verfahren ausgeübt werde, der Ort seiner Ausübung also außerhalb der eigentlichen Pressetätigkeit der öffentlichen Meinungsbildung liege[803]. Auch die Gewährung von Rechtsschutz im Beschlagnahmeverfahren entstamme nicht dem Institut Freie Presse[804].

2. Gesetzgebungskompetenz zur Regelung staatsanwaltschaftlicher Öffentlichkeitsarbeit

Der den Medien zustehende presserechtliche Auskunftsanspruch ist zwar Ausfluss des Instituts Freie Presse. Inhaltlich handelt es sich bei der staatsanwaltschaftlichen Stellungnahme jedoch um einen Vorgang aus dem strafprozessualen Verfahren, vornehmlich aus dem Ermittlungsverfahren. Die Staatsanwaltschaft betreibt mit ihrer Auskunftstätigkeit schließlich überwiegend Öffentlichkeitsarbeit. Die Auskunftserteilung dient also nicht ausschließlich der Ermöglichung einer umfassenden Berichterstattung durch die Medien. Nach den vorgenannten Entscheidungen betreffend die Verjährung von Pressedelikten[805], das Zeugnisverweigerungsrecht von Presseangehörigen[806] sowie den Rechtsschutz gegen die Beschlagnahme von Druckwerken[807] folgt ferner, dass nicht jeder Bezug zur Presse automatisch der Sachmaterie „Presserecht“ zuzuordnen ist.

---

800 BVerfG NJW 1957, 1355 (1355).
801 BVerfG NJW 1974, 356 (357); 1974, 743 (Ls.).
802 BVerfG NJW 1978, 1911 (1911).
803 BVerfG NJW 1974, 356 (358).
804 BVerfG NJW 1978, 1911 (1911).
805 BVerfG NJW 1957, 1355 (1355).
806 BVerfG NJW 1974, 356 (357); 1974, 743.
807 BVerfG NJW 1978, 1911 (1911).

Insofern ist eine „wesensmäßige und historische Zugehörigkeit[808]“ staatsanwaltschaftlicher Informationstätigkeit zum Presse- und Rundfunkrecht abzulehnen. Vielmehr spricht ein überwiegender Sachzusammenhang für die Zuordnung zur Sachmaterie Strafverfahrensrecht. Der Ansicht des *BVerwG*[809] zum verfassungsunmittelbaren Auskunftsanspruch folgend, kann sich für den Bund aus einer Annexkompetenz zur Regelung der Sachmaterie Strafverfahrensrecht auch die Befugnis zum Erlass eines Bundesgesetzes zur Regelung staatsanwaltschaftlicher Öffentlichkeitsarbeit ergeben[810].

II. Bisherige Reformvorschläge

Reformvorschläge wurden von unterschiedlichen Autoren präsentiert[811]. *Dalbkermeyer*[812] ist mit dem Vorschlag der Einführung einer Neuregelung in §§ 169a GVG für den gerichtsverfassungsrechtlichen Ansatz. Die § 169 ff. GVG haben Öffentlichkeit und Sitzungspolizei im gerichtlichen Verfahren zum Gegenstand. Für eine Neuregelung im GVG spricht aber höchstens die Tatsache, dass Informationen der Staatsanwaltschaft aus dem nichtöffentlichen Ermittlungsverfahren dieses jedenfalls in dem Umfang der öffentlichen Äußerungen zu einem öffentlichen Ermittlungsverfahren werden lassen. Dagegen spricht, dass das GVG Grundlagen der Gerichtsbarkeit normiert[813]. Das Ermittlungsverfahren hingegen ist kein gerichtliches Verfahren. *Neuling*[814] spricht sich für die Einführung einer Neuregelung in § 160a StPO aus, namentlich im zweiten Abschnitt des zweiten Buches der StPO, in der die Vorbereitung der öffentlichen Klage normiert ist. Dafür spricht der zeitliche Rahmen der Auskunftserteilung der Staatsanwaltschaft. Dagegen spricht indes, dass die §§ 158 ff. StPO nur Strafverfahrensrechtliches zum Gegenstand haben. Für eine Neuregelung in § 475a StPO treten *Meier*[815] und *Altenhain*[816] ein. § 475a StPO würde systematisch dem

---

808 BVerfG NJW 1957, 1355 (1355).

809 BVerwG NVwZ 2013, 1006 Rn 17 ff. Bestätigt in BVerwG NVwZ 2015, 1383; 2015, 1388; 2016, 945; 2016, 1020. Vgl. dazu bereits 2. Kapitel E. I. 1.

810 So auch *Altenhain*, Öffentlichkeit im Strafverfahren, C 54.

811 Zu Reformvorschlägen etwa *Dalbkermeyer*, Der Schutz des Beschuldigten, S. 183 ff.; AE-StuM/*Meier*, S. 91 ff.; *Neuling*, Inquisition durch Information, S. 315 f.; *ders.*, HRRS 2006, 94 (101); *Altenhain*, Öffentlichkeit im Strafverfahren, C 57 ff.

812 *Dalbkermeyer*, Der Schutz des Beschuldigten, S. 183 ff.

813 MüKoZPO/*Zimmermann*, Bd. 1, Vor § 1 ff. Rn 1.

814 *Neuling*, Inquisition durch Information, S. 315 f., *ders.*, HRRS 2006, 94 (101).

815 AE-StuM/*Meier*, S. 91 ff.

816 *Altenhain*, Öffentlichkeit im Strafverfahren, C 57 ff.

§ 475 StPO folgen, der seinerseits im ersten Abschnitt des achten Buches der StPO angesiedelt ist, in welchem auch die Erteilung von Auskünften und Akteneinsicht normiert ist. Wegen der Nähe zu § 475 StPO, der ein Auskunftsrecht der Medien regelt, soll sich in dieser Arbeit der letztgenannten Ansicht angeschlossen werden.

III. Formulierungsvorschlag

Eine Neuregelung in § 475a StPO könnte wie folgt lauten:

§ 475a StPO: Staatsanwaltschaftliche Auskünfte im Ermittlungsverfahren

(1) Das Ermittlungsverfahren ist nichtöffentlich[817].

(2) Die Staatsanwaltschaft ist verpflichtet, Personen im Sinne des § 53 Abs. 1 S. 1 Nr. 5 StPO Auskunft aus den Akten über die beabsichtigte Einleitung eines Ermittlungsverfahrens sowie zum Ermittlungsstand bis hin zur beabsichtigten Erhebung der öffentlichen Klage zu erteilen, soweit hierfür ein berechtigtes Interesse dargelegt wird[818]. Ein Akteneinsichtsrecht besteht nicht[819]. Die Überlassung von Abschriften aus den Akten ist nicht gestattet[820]. Die Auskunft darf dem Ergebnis der Hauptverhandlung nicht vorgreifen[821]. Die Auskunft kann enthalten:

1. Informationen zum Tathergang sowie Tatvorwurf.
2. Informationen zum vorläufigen Ergebnis der Ermittlungen und dem weiteren Verlauf des Verfahrens.

Die Auskunft ist zu versagen, wenn

1. durch sie die sachgemäße Durchführung des Strafverfahrens vereitelt, erschwert, verzögert oder gefährdet werden könnte.
2. Maßnahmen, die im öffentlichen Interesse liegen, durch ihre vorzeitige öffentliche Erörterung vereitelt, erschwert, verzögert oder gefährdet werden könnten.

---

817 Dies dient lediglich der Klarstellung, da eine gesetzliche Regelung hierzu, wie sie in etwa § 169 GVG für Verhandlungen vor dem erkennenden Gericht enthalten ist, fehlt.

818 Angelehnt an § 475 Abs. 1 StPO.

819 Dies entspricht § 475 Abs. 4, 1 StPO und § 3 Abs. 1 HPresseG. Nach § 475 Abs. 4, 1 StPO besteht kein Akteneinsichtsrecht, da der § 475 Abs. 4 StPO nicht auf § 475 Abs. 2 StPO verweist. Der presserechtliche Auskunftsanspruch ist auf die Beantwortung einer konkreten Frage gerichtet. Auch danach ist Akteneinsicht grundsätzlich nicht vorgesehen. Zu den wenigen Ausnahmen s. aber § 2 E. I. 4. a, Fußnote 389.

820 S. § 353d Nr. 3 StGB.

821 Angelehnt an Ziffer 23 Abs. 1 S. 2 RiStBV.

3. aufgrund sonstiger gesetzlicher Vorschriften eine Verschwiegenheitspflicht besteht[822].

(3) Personenbezogene Informationen sowie solche von privatem wirtschaftlichem Interesse sind in der Regel nicht zu erteilen[823], es sei denn, ein überwiegendes öffentliches Interesse an der Information wird bejaht oder der Beschuldigte hat im Vorfeld seine Einwilligung hierzu erteilt oder die Identität des Beschuldigten ist aufgrund medialer Berichterstattung bereits öffentlich bekannt. Für die Erteilung von personenbezogenen Informationen über andere Tatbeteiligte gilt Satz 1 entsprechend.

(4) Die Staatsanwaltschaft kann bei Vorliegen eines überwiegenden öffentlichen Interesses Personen im Sinne des § 53 Abs. 1 S. 1 Nr. 5 StPO oder die Öffentlichkeit aus eigener Initiative[824] über die beabsichtigte Einleitung eines Ermittlungsverfahrens informieren. Der Inhalt der Auskunft richtet sich nach Abs. 2 S. 4, 5, Abs. 3.

(5) Auskünfte gemäß den Abs. 2 und 4 dürfen grundsätzlich nicht erteilt werden, wenn der Beschuldigte das 18. Lebensjahr noch nicht vollendet hat[825]. Im Übrigen gilt Absatz 3 Satz 1 entsprechend.

(6) Der Anspruch des Beschuldigten auf ein faires Verfahren darf nicht beeinträchtigt werden[826].

(7) Über die beabsichtigte Anklageerhebung ist die Öffentlichkeit erst dann zu unterrichten, nachdem die Anklageschrift dem Beschuldigten zugestellt oder sonst bekanntgegeben worden ist[827].

Entgegen der Auffassungen von *Dalbkermeyer*[828], *Neuling*[829] und *Altenhain*[830] ist die öffentliche Mitteilung personenbezogener Daten des Beschuldigten nicht

822 Angelehnt an § 4 Abs. 2 S. 2 BayPresseG. Die Regelung soll den Besonderheiten des Datenschutzrechts Rechnung tragen.

823 Angelehnt an Ziffer 23 Abs. 1 S. 5 RiStBV. Die Erfassung auch der wirtschaftlichen Interessen des Betroffenen soll der Klarstellung dienen, da § 3 HPresseG hierzu nicht explizit was sagt.

824 Angelehnt an Ziffer 5 C. 1. der Richtlinie über die Zusammenarbeit der hessischen Staatsanwaltschaften mit den Medien, NJW 1996, 979.

825 Dazu 3. Kapitel C. VII. 4. c.

826 Angelehnt an Ziffer 23 Abs. 1 S. 2 Hs. 2 RiStBV.

827 Angelehnt an Ziffer 23 Abs. 2 RiStBV. S. auch VGH Kassel NJW 2001, 3802.

828 *Dalbkermeyer*, Der Schutz des Beschuldigten, S. 185 f.

829 *Neuling*, Inquisition durch Information, S. 315; *ders.*, HRRS 2006, 94 (101).

830 *Altenhain*, Öffentlichkeit im Strafverfahren, C 57.

gänzlich[831] für unzulässig zu erklären[832]. Personenbezogene Daten fallen unter den Schutzbereich des Allgemeinen Persönlichkeitsrechts aus Art. 2 Abs. 1 GG i.V.m. Art. 1 Abs. 1 GG, welches wiederum den Schranken der Allgemeinen Gesetze unterfällt. Ein Eingriff in das Allgemeine Persönlichkeitsrecht ist aufgrund eines Gesetzes daher auch ohne vorherige Einwilligung des Beschuldigten[833] oder anderer betroffener Verfahrensbeteiligter rechtmäßig, wenn hierfür ein überwiegendes gleichwertiges Interesse mit Verfassungsrang besteht. Dieses Interesse folgt zum einen aus der Presse- und Rundfunkfreiheit des Art. 5 Abs. 1 S. 2 GG, zum anderen aus dem öffentlichen Informationsinteresse aus Art. 5 Abs. 1 S. 1 Hs. 2 GG[834]. Mit der Notwendigkeit eines überwiegenden gleichwertigen Interesses von Verfassungsrang ist eine Abwägung zwischen Allgemeinem Persönlichkeitsrecht des Beschuldigten und öffentlichem Interesse unumgänglich. Nach Abs. 3 S. 1 des vorgeschlagenen § 475a StPO soll die Herausgabe personenbezogener Informationen sowie privater wirtschaftlicher Informationen die Ausnahme bleiben. Die Bejahung eines öffentlichen Informationsinteresses soll insofern nicht ausreichen. Vielmehr soll die Herausgabe personenbezogener Daten nur dann möglich sein, wenn ein öffentliches Informationsinteresse bejaht wird und dieses zugleich gegenüber dem Allgemeinen Persönlichkeitsrecht des Beschuldigten überwiegt.

In Abs. 4 soll nunmehr auch die Information der Öffentlichkeit aus eigener Initiative der Staatsanwaltschaft ihren gesetzlichen Niederschlag finden. Dass die Staatsanwaltschaft auch personenbezogene Informationen aus eigener Initiative herausgeben kann, folgt aus den eben genannten Ausführungen zur Schrankenregelung des Allgemeinen Persönlichkeitsrechts.

---

831 *Dalbkermeyer*, Der Schutz des Beschuldigten, S. 185 f; *Neuling*, Inquisition durch Information, S. 315, mit einer Ausnahme zugunsten des Strafverfolgungsinteresses. Die Ausnahme zugunsten der Strafverfolgung ist allerdings bereits in den in §§ 131 ff. StPO normierten Maßnahmen zur Öffentlichkeitsfahndung berücksichtigt.

832 So auch AE-StuM/*Meier*, S. 91.

833 Dies fordern aber *Dalbkermeyer*, Der Schutz des Beschuldigten, S. 185 f; *Neuling*, Inquisition durch Information, S. 315; *ders.*, HRRS 2006, 94 (101); *Altenhain*, Öffentlichkeit im Strafverfahren, C 57.

834 LG Hamburg ZUM-RD 2009, 553 (554 f.).

4. Kapitel: Begrenzung staatsanwaltschaftlicher Öffentlichkeitsarbeit im Ermittlungsverfahren

Wird der Beschuldigte öffentlich in Zusammenhang mit einem Strafverfahren gebracht, wirkt sich das für ihn per se negativ aus. Das Strafrecht als das „schärfste Schwert des Staates[835]" wird nur dann eingesetzt, wenn eine Person sich außerhalb der Rechtsordnung bewegt. Der dem Beschuldigten (öffentlich) vorgeworfene Rechtsbruch begründet in der öffentlichen Meinung daher so gut wie immer eine Konnexität zwischen Strafverfahren und einer dem Beschuldigten vorgehaltenen verwerflichen Gesinnung, unabhängig von der Schwere des Tatvorwurfs. Dem Beschuldigten dürfte mithin daran gelegen sein, dass die Öffentlichkeit bestenfalls nicht oder hilfsweise so wenig wie möglich darüber informiert wird, dass gegen ihn wegen des Verdachts einer Straftat ermittelt wird. Demgegenüber können Medien und Öffentlichkeit auch gezielt von Seiten des Beschuldigten selbst informiert werden, etwa dann, wenn der Beschuldigte von sich aus (aus taktischen Gründen, um etwa die Gunst der Presse und der öffentlichen Meinung für sich zu gewinnen) an die Öffentlichkeit tritt. Letzteres dürfte bei sog. prominenten Beschuldigten häufig der Fall sein.

Aus diesem Anlass sollen nachfolgend Überlegungen zur Eindämmung staatsanwaltschaftlicher Öffentlichkeitsarbeit im Stadium des Ermittlungsverfahrens angestellt werden.

A. Partielle Schweigepflicht der Staatsanwaltschaft im Ermittlungsverfahren

Als Vorfeldmaßnahme ist zum Schutz des Beschuldigten im Ermittlungsverfahren eine partielle Schweigepflicht der Staatsanwaltschaft gegenüber Medien und Öffentlichkeit zu erwägen.

Die Idee einer gesetzlich geregelten Schweigepflicht[836] der Staatsanwaltschaft im Ermittlungsverfahren ist nicht neu. So hat die Arbeitsgruppe des 30.

835 MüKoStPO/*Kudlich*, Einl. Rn 1.

836 Eine gesetzlich normierte Schweigepflicht, welche im Ermittlungsverfahren Geltung beansprucht, ist die berufsrechtliche Verschwiegenheits*pflicht* des Rechtsanwalts, insbesondere des Verteidigers, aus § 2 BORA, *Burhoff*, Handbuch strafrechtliches Ermittlungsverfahren, Abschnitt V Rn 4038; Feuerich/Weyland/*Träger*, BRAO, § 2

Strafverteidigertags 2006 in Frankfurt a.M. die Frage „Justiz und Medien – brauchen wir eine justizielle Schweigepflicht?“ bereits thematisiert[837]. Das Thema „Öffentlichkeit im Strafverfahren – Transparenz und Schutz der Verfahrensbeteiligten“[838] gehörte jüngst zum Programm des 71. Deutschen Juristentags 2016 in Essen. Die Frage nach einer Verschwiegenheitspflicht stellt sich deshalb, da es trotz zuvor genannten präventiven Vorgaben an die Staatsanwaltschaft regelmäßig zu erheblichen Persönlichkeitsrechtsverletzungen des Beschuldigten infolge staatsanwaltschaftlicher Öffentlichkeitsarbeit im Stadium des Ermittlungsverfahrens kommt[839].

Berechtigt ist die Frage vor allem vor dem Hintergrund, da es sich bei dem Ermittlungsverfahren um ein nichtöffentliches Verfahren handelt. Vorgänge aus dem Ermittlungsverfahren, die an die Öffentlichkeit gelangen, sind mithin wider die Natur des Ermittlungsverfahrens. Auch das Fehlen einer gesetzlichen Grundlage, die es der Staatsanwaltschaft erlauben würde, in eigener Initiative mit Informationen zum Ermittlungsstand an die Öffentlichkeit zu treten, spricht zunächst für eine partielle Schweigepflicht der Staatsanwaltschaft im Stadium des Ermittlungsverfahrens.

I. Entgegenstehendes überwiegendes öffentliches Informationsinteresse an ausnahmsloser Schweigepflicht

Eine umfassende staatsanwaltschaftliche Schweigepflicht im Ermittlungsverfahren ist mit der Pflicht des Staates zur Öffentlichkeitsarbeit nicht vereinbar. Staatliche Aufgabenwahrnehmung, im Sinne eines Einblicks in die Tätigkeit des Staates, wäre ansonsten dem Einzelnen komplett entzogen. Dies käme einem

---

Rn 1. Eine materiell-rechtliche Schweige*pflicht* findet sich in § 203 StGB für die darin abschließend aufgezählten Berufsgruppen. Für die Hauptverhandlung enthält die StPO in den §§ 52 ff. Zeugnisverweigerungs*rechte*. Gesetzlich normierte Geheimhaltungs- oder Verschwiegenheitspflichten finden sich auch außerhalb des Strafverfahrensrechts. Zu nennen sind etwa § 79 Abs. 1 BetrVG, § 93 Abs. 1 S. 3 AktG, § 24 ArbNErfG, § 90 HGB, § 130 SGB IX.

837 S. Ankündigung des 30. Strafverteidigertags 2006 unter: http://strafverteidiger-vnbs.de/index.php?id=39 (zuletzt abgerufen am 23.11.2016). Dieser Ansatz wird von *Neuling*, HRRS 2006, 94 aufgegriffen.

838 S. *Altenhain*, Öffentlichkeit im Strafverfahren.

839 Zur Rolle der Medien, die ihrerseits durch Verdachtsberichterstattung die Rechte des Beschuldigten verletzen, s. etwa *von Becker*, Straftäter und Tatverdächtige in den Massenmedien; *Schlüter*, Verdachtsberichterstattung; *Meyer*, Der Gerichtsprozess in der medialen Berichterstattung.

Rückschritt bis in das 19. Jahrhundert gleich. In der öffentlichen Meinung würde die Justiz an Transparenz einbüßen. Den Vorwurf der Geheimjustiz müsste sie sich unter Umständen auch gefallen lassen.

Öffentlichkeitsarbeit ist für einen demokratischen Staat elementar. Sie folgt nach dem Urteil des *BVerwG*[840] zur Veröffentlichungspflicht betreffend Gerichtsentscheidungen aus dem Rechtsstaatsgebot einschließlich der Justizgewährungspflicht, dem Demokratiegebot und dem Grundsatz der Gewaltenteilung[841]. Der Zweck der Öffentlichkeitsarbeit, die Gewährung von Einblick in die Tätigkeit des Staates und die darauf folgende öffentliche Meinungsbildung des Bürgers hierüber, bis hin zu dessen Einwirkung auf das staatliche Handeln mit dem Ziel einer „parlamentarischen Korrektur der Ergebnisse[842]", wäre ansonsten hinfällig. Im Zeitalter der Informationsgesellschaft, geprägt durch den Ausbau moderner Informations- und Kommunikationsmedien, in der sich der Einzelne in nahezu jeder Situation und an fast jedem Ort über die aktuellen Nachrichten informieren kann, käme ein Schweigen des Staates einem Versagen, bis hin zum Legitimationsverlust, gleich[843]. Der Staat, respektive seine Vertreter, können daher nicht umfassend „zum Schweigen verdammt" werden[844]. Eine prinzipielle Schweigepflicht der Staatsanwaltschaft im Ermittlungsverfahren kommt daher nicht in Frage.

Eine staatsanwaltschaftliche Schweigepflicht kommt auch nicht unter dem Aspekt des grundsätzlich geheimen und nichtöffentlichen Ermittlungsverfahrens in Betracht. Der Grundsatz des nichtöffentlichen Ermittlungsverfahrens gilt auch nicht ausnahmslos, was sich etwa durch Ziffer 219 RiStBV belegen ließe. Danach kann die Staatsanwaltschaft die Öffentlichkeit in Münzstrafsachen – freilich nur im Einvernehmen mit dem BKA, den Landekriminalämtern und der Deutschen Bundesbank – informieren. Aus dieser Vorgabe ergibt sich, dass der Grundsatz des nichtöffentlichen und geheimen Ermittlungsverfahrens gerade zugunsten der öffentlichen Unterrichtung durchbrochen wird. Insoweit ist eine ausnahmslose Schweigepflicht mithin nicht vorstellbar.

Eine umfassende Schweigepflicht der Staatsanwaltschaft für das Ermittlungsverfahren würde auch nichtpersonenbezogene Informationen zum Stand des

840 BVerwG NJW 1997, 2694. Vgl. dazu 2. Kapitel C. I.
841 BVerwG NJW 1997, 2694 (2695).
842 BVerwG NJW 1997, 2694 (2695).
843 BVerfG NJW 2002, 2626 (2629) – Osho.
844 Dies gilt auch dann, wenn der Staat durch sein Informationshandeln in Grundrechte Einzelner eingreift, BVerfG NJW 2002, 2626 (2629) – Osho; *Pruggmayer/Möller*, KuR 2011, 234 (234).

Ermittlungsverfahrens umfassen. Diesbezügliche staatsanwaltschaftliche Informationen sind aber – ein legitimes öffentliches Informationsinteresse vorausgesetzt – gerade nicht problematisch, auch wenn sie eigenmächtig, ohne eine vorherige Anfrage der Medien, erfolgen[845]. Eine Identifizierung der Person des Beschuldigten ist bei nichtpersonenbezogener Information kaum möglich. Insofern würde eine umfassende Schweigepflicht zu Lasten des öffentlichen Informationsinteresses gehen, obwohl Beschuldigtenrechte in dieser Konstellation nicht einmal betroffen wären.

Mit Blick auf das öffentliche Informationsinteresse und das Interesse der Medien an umfassender Berichterstattung – zu der auch Informationen von Seiten der Staatsanwaltschaft unverzichtbar sind – ist schließlich eine generelle Schweigepflicht der Staatsanwaltschaft im Ermittlungsverfahren nicht denkbar. Der presserechtliche Auskunftsanspruch wäre sinnentleert, würde der Presse ein Anspruch auf Informationen zum laufenden Ermittlungsverfahren genommen. Gerade in diesem Abschnitt des Verfahrens ist die Presse auch auf die sog. privilegierte Information von Seiten der Staatsanwaltschaft angewiesen, um die Öffentlichkeit umfassend zu informieren und ihre Rolle in der Demokratie verantwortlich wahrzunehmen. Erst die Teilhabe an exklusiv beim Staat befindlichen Informationen ermöglicht es der Presse, ihrer öffentlichen Aufgabe nachzukommen[846]. Unberücksichtigt bliebe nach diesem Ansatz auch die Aufgabe der Staatsanwaltschaft als staatliches Organ, die Medien, soweit möglich und zulässig, in ihrer Aufgabe der öffentlichen Willensbildung und Unterrichtung zu unterstützen[847].

Nach dem eben Festgestellten scheidet eine ausnahmslose Schweigepflicht der Staatsanwaltschaft aus, soweit nur nichtpersonenbezogene Informationen herausgegeben werden. Nachfolgend soll die Frage beantwortet werden, ob eine teilweise Schweigepflicht der Staatsanwaltschaft dann zu erwägen ist, wenn sie beabsichtigt, personenbezogene Informationen herauszugeben.

II. Umkehrschluss zum presserechtlichen Auskunftsanspruch

Nach § 169 S. 1 GVG ist nur die Hauptverhandlung öffentlich. Für das Ermittlungsverfahren wird deshalb geschlussfolgert, dass dieses nichtöffentlich ist. Denkbar wäre es, diesen Gedankengang auf den presserechtlichen

845 Vgl. 3. Kapitel C. VII. 4.

846 Löffler/Ricker/*Weberling*, Handbuch des Presserechts, 18. Kapitel Rn 6.

847 Löffler/Ricker/*Weberling*, Handbuch des Presserechts, 18. Kapitel Rn 6; *Pruggmayer/Möller*, KuR 2011, 234 (234).

Auskunftsanspruch der Länder zu übertragen, was Folgendes ergäbe: Besteht erst bei einer konkreten Anfrage der Medien betreffend Informationen über ein laufendes Ermittlungsverfahren eine Auskunftspflicht der Staatsanwaltschaft nach dem presserechtlichen Auskunftsanspruch, dann dürfte die Staatsanwaltschaft im Umkehrschluss nicht informativ tätig werden, solange keine konkrete Anfrage von Seiten der Medien vorliegt.

Diese Überlegung hat allerdings zur Konsequenz, dass eine staatsanwaltschaftliche Information der Öffentlichkeit über ein das öffentliche Interesse tangierendes Verfahren von einer Anfrage der Medien abhängig wäre. Dieser Gedankengang ist insoweit unschädlich, als ein etwaiges Recht der Staatsanwaltschaft auf Öffentlichkeitsarbeit nicht verletzt werden kann, da ihr grundsätzlich kein *Recht* auf Öffentlichkeitsarbeit zusteht[848]. Ausschließlich die Medien könnten in diesem Fall durch eine konkrete Anfrage bestimmen, was nach ihrem Dafürhalten von öffentlichem Interesse ist und was nicht. Die Staatsanwaltschaft müsste sich demnach von ihrer aktiven Öffentlichkeitsarbeit zurückziehen und eine passiv abwartende Rolle einnehmen. Unberücksichtigt bliebe auch das öffentliche Informationsinteresse (Art. 5 Abs. 1 S. 1 GG), über eine Straftat auch dann informiert zu werden, wenn die Medien an ihrer Veröffentlichung (noch) kein Interesse zeigen oder diesbezüglich (bislang) keine Kenntnis haben. Unbefriedigend ist dieser Ansatz ferner deshalb, da er der Staatsanwaltschaft keinen Raum zur selbstständigen Überlegung belässt, ob sie von sich aus, nach eigener Ermessensentscheidung mit Ermittlungsergebnissen an die Öffentlichkeit treten will oder nicht. Schließlich bietet der presserechtliche Auskunftsanspruch auch seinem Wortlaut nach keinen diesbezüglichen Spielraum. Einen Umkehrschluss für das nichtöffentliche Ermittlungsverfahren erlaubt § 169 S. 1 GVG aufgrund seines eindeutigen Wortlauts. Danach ist bloß die Verhandlung vor dem erkennenden Gericht, im Strafverfahren die Hauptverhandlung, öffentlich. Diese Eindeutigkeit fehlt dem presserechtlichen Auskunftsanspruch. Nach § 3 Abs. 1 S. 1 HPresseG sind Landesbehörden verpflichtet, der Presse die gewünschte Auskunft zu erteilen, wenn dieser keine Auskunftsverweigerungsgründe entgegenstehen. Der Auskunftsanspruch spricht insoweit nicht davon, dass die Behörde nur dann Auskunft zu erteilen hat, wenn eine Anfrage von Seiten der Medien vorliegt. Unberücksichtigt lässt diese Überlegung auch die vom *BVerwG*[849] aufgestellte Rechtspflicht der Justiz zur Öffentlichkeitsarbeit als

848 LG Wiesbaden NJW 2015, 2975 Rn 93 – Jahns; *Eisele*, JZ 2014, 932 (937); *Gounalakis*, NJW 2012, 1473 (1477 f.); *Pruggmayer/Möller*, KuR 2011, 234 (238).

849 BVerwG NJW 1997, 2694 (2695).

eine aus dem Rechtsstaatsgebot, einschließlich der Justizgewährungspflicht, dem Demokratiegebot sowie dem Grundsatz der Gewaltenteilung abgeleitete Pflicht.

Eine partielle Schweigepflicht der Staatsanwaltschaft im Ermittlungsverfahren folgt demnach nicht aus einem Umkehrschluss zum presserechtlichen Auskunftsanspruch.

III. Partielle Schweigepflicht mangels gesetzlicher Ermächtigungsgrundlage

Denkbar ist es, eine partielle Schweigepflicht der Staatsanwaltschaft im Ermittlungsverfahren auf eine mangelnde einfachgesetzliche Ermächtigungsgrundlage zu stützen. Ein originäres Recht auf Öffentlichkeitsarbeit steht der Staatsanwaltschaft nicht zu[850]. Auch eine gesetzlich normierte Verpflichtung der Staatsanwaltschaft, die Öffentlichkeit in Eigeninitiative zu informieren, besteht nicht[851]. Ebenso wenig folgt aus dem presserechtlichen Auskunftsanspruch ein Recht der Staatsanwaltschaft, die Öffentlichkeit aus eigenem Antrieb zu informieren[852]. Allerdings existiert diesbezüglich auch kein gesetzliches Verbot von öffentlich getätigten staatsanwaltschaftlichen Äußerungen im Stadium des Ermittlungsverfahrens[853].

Mangels Gesetzeskraft kann dies betreffend eine gesetzliche Ermächtigungsgrundlage auch nicht aus Ziffer 23 RiStBV erschlossen werden[854].

Auch eine analoge Anwendung des presserechtlichen Auskunftsanspruchs kann nicht die fehlende Ermächtigungsgrundlage ersetzen[855]. Ob diesbezüglich überhaupt eine planwidrige Regelungslücke existiert, ist fraglich. Eine Regelungslücke darf jedenfalls nicht schon dann angenommen werden, wenn es an einer Rechtsnorm mangelt, die für den jeweiligen Sachverhalt eine Rechtsfolge beinhaltet[856], was für die vorliegende Konstellation der eigenmächtigen

---

850 LG Wiesbaden NJW 2015, 2975 Rn 93 – Jahns; *Altenhain*, Öffentlichkeit im Strafverfahren, C 46; *Pruggmayer/Möller*, KuR 2011, 234 (235).

851 MüKoStPO/*Kölbel*, Bd. 2, StPO § 160 Rn 45; *Altenhain*, Öffentlichkeit im Strafverfahren, C 45 ff.; *Eisele*, JZ 2014, 932 (936 f.); *Pruggmayer/Möller*, KuR 2011, 234 (235).

852 MüKoStPO/*Kölbel*, Bd. 2, StPO § 160 Rn 45; *Altenhain*, Öffentlichkeit im Strafverfahren, C 45; *Eisele*, JZ 2014, 932 (936).

853 *Pruggmayer/Möller*, KuR 2011, 234 (236).

854 Siehe dazu 2. Kapitel E. II. 1. Altenhain, Öffentlichkeit im Strafverfahren, C 46; *Eisele*, JZ 2014, 932 (937). Aus denselben Gründen scheiden als Ermächtigungsgrundlage auch die Ziffern 4, 4a RiStBV aus.

855 *Eisele*, JZ 2014, 932 (937).

856 NK-BGB/*Looschelders*, Anh. zu BGB § 133 Rn 39.

Information der Öffentlichkeit durch die Staatsanwaltschaft gerade der Fall ist. Eine Regelungslücke liegt lediglich dann vor, wenn der Gesetzgeber das zu regelnde Problem übersehen hat[857]. Ob das beim presserechtlichen Auskunftsanspruch der Fall ist, ist fraglich. Der presserechtliche Auskunftsanspruch folgt nämlich aus dem Institut Freie Presse und ist in Art. 5 Abs. 1 S. 2 GG verfassungsrechtlich verankert[858]. Es setzt gerade ein korrespondierendes Auskunftsinteresse der Presse voraus[859]. Von daher kann von einer planwidrigen Regelungslücke im presserechtlichen Auskunftsanspruch nicht ausgegangen werden.

Die Annahme einer Analogie greift allerdings schon im Ansatz nicht durch. Im Verwaltungsrecht gilt das allgemeine Analogieverbot bei hoheitlichen Eingriffsmaßnahmen[860]. Auch im Strafverfahrensrecht ist eine Analogie zu Lasten des Beschuldigten nicht zulässig[861]. Die Zulassung einer Analogie zugunsten eines eigenständigen Informationsrechts der Staatsanwaltschaft würde aber zulasten des Beschuldigten gehen, über den oder dessen Tat die Staatsanwaltschaft ohne eine konkrete Anfrage berichtet. Denn jede staatsanwaltschaftliche Presseinformation greift in das Allgemeine Persönlichkeitsrecht des Beschuldigten ein, sofern eine Personenbezogenheit bejaht wird.

Auch mit Blick auf die Entscheidung des *BVerwG*[862] zum verfassungsunmittelbaren Auskunftsanspruch folgt keine Auskunftspflicht der Staatsanwaltschaft[863].

Altenhain geht sogar noch weiter und sieht eine Ermächtigungsgrundlage auch dann nicht, wenn die Staatsanwaltschaft zur Korrektur von in der Öffentlichkeit kursierenden Fehlinformationen an diese tritt[864]. Die Ansicht *Altenhains*

857 NK-BGB/*Looschelders*, Anh. zu BGB § 133 Rn 39.

858 OLG Düsseldorf NJW 2005, 1791 (1798) – Mannesmann.

859 *Eisele*, JZ 2014, 932 (937).

860 BVerfG NJW 1976, 34 (34 f.); BVerfG (Kammer) NJW 1996, 3146 (3146); *Konzak*, NVwZ 1997, 872 (873).

861 S. nur MüKoStGB/*Schmitz*, Bd. 1, § 1 Rn 67.

862 BVerwG NVwZ 2013, 1006 Rn 17 ff. Bestätigt in BVerwG NVwZ 2015, 1383 Rn 6; 2015, 1388 Rn 23 ff.; 2016, 945 Rn 10 ff.; 2016, 1020 Rn 13.

863 *Eisele*, JZ 2014, 932 (937). **Anders:** *Lorz*, NJW 2005, 2657 (2658). Zum Streitstand s. 2. Kapitel E. 1. c.

864 Auch eine Pflicht der Staatsanwaltschaft zur Richtigstellung von Fehlinformationen lehnt *Altenhain* mit Hinweis darauf ab, dass ein rechtswidriges Vorverhalten (ohne Ermächtigungsgrundlage erfolgte Stellungnahme betreffend personenbezogener Informationen) nicht zur öffentlichen Klarstellung ermächtige, *Altenhain*, Öffentlichkeit im Strafverfahren, C 48. Die Ansicht *Altenhains* dürfte jedenfalls mit der Entscheidung des *LG Wiesbaden* insoweit nicht im Einklang stehen, als das Gericht darin eine Pflicht der Staatsanwaltschaft zur Klarstellung von in den Medien kursierenden Fehlinformationen statuiert hat. Wohlgemerkt hat das *LG Wiesbaden* eine derartige

dürfte de facto auf die gegenwärtige Rechtslage zutreffen. Wohl sei aber die nachträgliche Richtigstellung einer falschen oder missverständlichen presserechtlichen Auskunft zulässig, da sie die ursprüngliche Anfrage der Medien nachträglich richtig beantworte[865]. In einer solchen Konstellation stellt der presserechtliche Auskunftsanspruch die Ermächtigungsgrundlage dar.

Eine Verpflichtung der Staatsanwaltschaft zum Tätigwerden in Form einer öffentlichen Stellungnahme kann trotz des Fehlens einer gesetzlichen Ermächtigungsgrundlage ausnahmsweise zugunsten des ungestörten Ablaufs des Verfahrens in Erwägung gezogen werden[866]. Sie würde für die Staatsanwaltschaft unter dem Aspekt, gemäß § 160 Abs. 2 StPO auch den Beschuldigten entlastende Tatsachen zu veröffentlichen[867], wenig Angriffsfläche bieten. Zwar würde eine solche Stellungnahme auch ohne eine gesetzliche Ermächtigungsgrundlage ergehen. Sie ist aber – jedenfalls im Ergebnis – für den Beschuldigten von Vorteil, weil sie gerade nicht belastend ist.

Sinnvoll ist der Ansatz dann, wenn eigenmächtige öffentliche Unterrichtungen durch die Staatsanwaltschaft über nichtpersonenbezogene Informationen zum laufenden Ermittlungsverfahren hiervon von vornherein ausgenommen werden[868]. Eine partielle Schweigepflicht mangels Ermächtigungsgrundlage ist daher im Hinblick auf die Personenbezogenheit der eigenmächtigen Informationen an die Öffentlichkeit durch die Staatsanwaltschaft erwägenswert.

B. Einschränkung der Öffentlichkeitsarbeit im Ermittlungsverfahren

Als eine im Gegensatz zur Schweigepflicht mildere Maßnahme zum Schutz von Beschuldigtenrechten ist eine Einschränkung staatsanwaltschaftlicher Öffentlichkeitsarbeit im Ermittlungsverfahren zu erwägen.

Pflicht auch deshalb angenommen, weil es die Staatsanwaltschaft Wiesbaden als mitverantwortlich an der Entstehung der Fehlinformation angesehen hat, LG Wiesbaden NJW 2015, 2975 Rn 115 ff. – Jahns.

865 *Altenhain*, Öffentlichkeit im Strafverfahren, C 46.

866 So *Pruggmayer/Möller*, KuR 2011, 234 (235). Das wäre etwa dann der Fall, wenn einzelne Prozessbeteiligte selbst die Öffentlichkeit unsachlich informieren.

867 Zu einer solchen Pflicht s. LG Wiesbaden NJW 2015, 2975 Rn 116 – Jahns.

868 Nach *Altenhain*, Öffentlichkeit im Strafverfahren, C 58, besteht auch kein zwingender rechtlicher oder praktischer Grund für eine Ermächtigungsgrundlage betreffend eigenmächtige Informationen der Staatsanwaltschaft, die lediglich nichtpersonenbezogene Informationen enthalten.

I. Inhaltliche Verschärfung der Vorgaben zur Öffentlichkeitsarbeit („Wie“)

Eine Einschränkung von staatsanwaltschaftlicher Informationstätigkeit wird auch mittels Verschärfung bereits vorhandener Regelungen in Betracht gezogen. Für eine Verschärfung insbesondere der Ziffer 23 RiStBV bei identifizierender Berichterstattung plädieren etwa *Bornkamm*[869] und *Roxin*[870]. Dem ist allerdings ihre mangelnde Gesetzeskraft entgegenzuhalten[871]. Selbst wenn diese verschärft würde, könne sie das Erfordernis einer gesetzlichen Grundlage für eigenmächtige staatsanwaltschaftliche Informationstätigkeit nicht ersetzen. Zweifelhaft ist auch die Wirkungskraft einer verschärften Ziffer 23 RiStBV[872]. Bei den Richtlinien handelt es sich ausweislich der Einführung des RiStBV um eine für den Staatsanwalt bestimmte Anleitung für den Regelfall, von der er im Einzelfall abweichen kann[873]. Letztlich würde eine Verschärfung der Ziffer 23 RiStBV bloß eine Modifizierung der bereits vorhandenen Regelung darstellen[874].

Ebenso wenig nützlich und aus den gleichen Gründen abzulehnen ist eine Verschärfung der Grundsätze der Verdachtsberichterstattung für die Öffentlichkeitsarbeit der Staatsanwaltschaft.

II. Beschränkung auf reine Verfahrensvorgänge

Nach *Roxin* solle sich die Staatsanwaltschaft darauf beschränken, bestimmte Verfahrenshandlungen wie Verhaftung, Wohnungsdurchsuchung, Beschlagnahme oder Einreichung der Anklageschrift bekannt zu geben[875]. Der Vorschlag *Roxins* läuft aber auf ein gänzliches Verbot staatsanwaltschaftlicher Mitteilungen betreffend personenbezogene Informationen hinaus. Er erlaubt von vornherein keine flexible Öffentlichkeitsarbeit. Selbst die gegenwärtige Rechtslage erlaubt

---

869 *Bornkamm*, NStZ 1983, 102 (108). **Dagegen:** *Dalbkermeyer*, Schutz des Beschuldigten, S. 182 f.

870 *Roxin*, NStZ 1991, 153 (158 f.). **Dagegen:** *Dalbkermeyer*, Schutz des Beschuldigten, S. 182 f.

871 Dazu bereits 2. Kapitel E. II. 1. a. sowie 2. Kapitel E. II. 2. a.

872 So auch *Scherer*, ZRP 1990, 332 (337), mit Kritik an der fehlenden Übersichtlichkeit des Richterrechts der Zivilgerichte betreffend den Schutz des Allgemeinen Persönlichkeitsrechts; *Dalbkermeyer*, Schutz des Beschuldigten, S. 182 f.

873 S. Einführung RiStBV.

874 So *Dalbkermeyer*, Schutz des Beschuldigten, S. 182 f.

875 *Roxin*, NStZ 1991, 153 (159).

es der Staatsanwaltschaft aber, auch personenbezogene Informationen preiszugeben, vgl. § 3 Abs. 1 S. 2 Nr. 2 HPresseG.

III. Entsprechende Anwendung der §§ 170 ff. GVG

Die Öffentlichkeit des Hauptverfahrens normiert § 169 S. 1 GVG. Danach ist die Verhandlung vor dem erkennenden Gericht einschließlich der Verkündung der Urteile und Beschlüsse öffentlich. Ausnahmen vom Grundsatz der Öffentlichkeit regeln die §§ 170 ff. GVG sowie § 48 JGG. Gemäß § 170 GVG sind Verhandlungen in Familiensachen sowie in Angelegenheiten der Familiengerichtsbarkeit nichtöffentlich. Gemäß § 171a GVG kann die Öffentlichkeit in Unterbringungssachen ausgeschlossen werden. § 171b GVG sieht den Ausschluss der Öffentlichkeit zum Schutz der Privatsphäre vor. Gemäß § 172 GVG kann die Öffentlichkeit unter anderem zum Schutz der Staatssicherheit, der Wahrung von Geschäftsgeheimnissen, zum Schutz von Leib und Leben von Zeugen und anderer Personen ausgeschlossen werden. Wird eine Person unter 18 Jahren vernommen, kann das Gericht die Öffentlichkeit ebenfalls ausschließen, § 172 Nr. 4 GVG. In Jugendsachen folgt eine Nichtöffentlichkeit aus § 48 JGG. Die Vorschriften sind teilweise als Ermessensvorschriften ausgestaltet, so dass ein Ausschluss der Öffentlichkeit nicht in jedem Falle zu erfolgen hat.

Wenn also die Öffentlichkeit aus dem öffentlichen Hauptverfahren unter den vorgenannten Voraussetzungen ausgeschlossen werden kann, dann steht einer entsprechenden Anwendung der Normen für das nichtöffentliche Ermittlungsverfahren erst recht nichts im Wege[876].

Mithin sollte eine Einschränkung der Öffentlichkeitsarbeit der Staatsanwaltschaft im Ermittlungsverfahren insbesondere dann erwogen werden, wenn es sich um minderjährige Beschuldigte handelt. Abzustellen ist hierbei auf die Altersgrenze des § 172 Nr. 4 GVG. Eine Vollendung des 21. Lebensjahres entsprechend § 1 Abs. 2 JGG ist nicht erforderlich. Entsprechend § 171b GVG dürfen Umstände aus dem persönlichen Bereich des Beschuldigten nur dann an die Öffentlichkeit gelangen, wenn sie untrennbar mit der Tatbegehung zusammenhängen und ein überwiegendes öffentliches Informationsbedürfnis diesbezüglich bejaht wird.

---

876 *Eisele*, JZ 2014, 932 (938); *Mitsch*, JuS 2015, 884 (890).

IV. Zusammenfassung

1. Der strafprozessuale Grundsatz der Nichtöffentlichkeit des Ermittlungsverfahrens begründet an sich keine ausnahmslose Schweigepflicht der Staatsanwaltschaft im Ermittlungsverfahren.
2. Eine ausnahmslose staatsanwaltschaftliche Schweigepflicht im Ermittlungsverfahren ist – trotz der Nichtexistenz einer gesetzlichen Ermächtigungsgrundlage hierzu – auch nicht denkbar. Sie scheitert bereits am Vorliegen eines berechtigten öffentlichen Informationsinteresses.
3. Denkbar ist eine staatsanwaltschaftliche Schweigepflicht im Ermittlungsverfahren allerdings dann, soweit eine eigenmächtig erfolgte Auskunft der Staatsanwaltschaft personenbezogene Informationen enthält. Insoweit fehlt es nämlich an einer diesbezüglichen Ermächtigungsgrundlage.
4. Eine Beschränkung der Öffentlichkeitsarbeit der Staatsanwaltschaft auf nur verfahrensrechtliche Schritte ist mit dem öffentlichen Informationsbedürfnis nicht vereinbar und unflexibel in ihrer tatsächlichen Handhabe.
5. In entsprechender Anwendung des § 172 GVG ist an eine Einschränkung der Öffentlichkeitsarbeit der Staatsanwaltschaft dann zu denken, wenn es sich um einen minderjährigen Beschuldigten handelt. Gleichwohl sollte der Staatsanwaltschaft aus Gründen des öffentlichen Interesses kein diesbezügliches absolutes Informationsverbot auferlegt werden.
6. Eine Verschärfung der Richtlinien für das Strafverfahren, vorliegend der Ziffer 23 RiStBV oder der Grundsätze der Verdachtsberichterstattung, ist mangels Außenwirkung nicht zielführend.

5. Kapitel: Rechtsschutzmöglichkeiten des Beschuldigten

Abgesehen davon, dass der Beschuldigte mit dem Inhalt der von der Staatsanwaltschaft getätigten Äußerung nicht einverstanden sein mag, kommt es nicht selten vor, dass die öffentliche Informationsarbeit der Staatsanwaltschaft unzulässig, weil vorverurteilend[877] oder identifizierend, ist[878]. Dann stellt sich für den Beschuldigten die Frage, ob und gegebenenfalls mit welchen (juristischen) Mitteln er (nachträglich) gegen derartige Äußerungen der Staatsanwaltschaft vorgehen kann. Daneben hat er Beschuldigte auch ein vorbeugendes Interesse daran, gegen eine noch nicht publik gemachte Information der Staatsanwaltschaft vorzugehen.

Nachfolgend werden die dem Beschuldigten gegen eine unzulässige staatsanwaltschaftliche Öffentlichkeitsarbeit zur Verfügung stehenden Mittel eruiert – unter zivilrechtlichen, strafrechtlichen, strafverfahrensrechtlichen sowie sonstigen Gesichtspunkten.

A. Eigene Pressearbeit

Durch den Grundsatz des geheimen Ermittlungsverfahrens bedingt hat die Staatsanwaltschaft, auch was die Information der Öffentlichkeit anbelangt, gegenüber dem Beschuldigten einen Informationsvorsprung. Dieses Ungleichgewicht[879] kann der Beschuldigte dadurch ausgleichen, indem er oder – was häufiger der Fall sein dürfte – sein Verteidiger selbst mit Informationen an die Öffentlichkeit tritt. Um einen echten Rechtsschutz des Beschuldigten handelt es sich hierbei zwar nicht, auf diesem Wege kann aber Schadensbegrenzung einschließlich Beeinflussung der öffentlichen Meinung zu eigenen Gunsten erreicht werden. Das geschieht in der Regel dadurch, dass der Beschuldigte sich von Verteidigern vertreten lässt, die – bestenfalls – ihrerseits professionell mit Medienvertretern

877 BGH NJW 1994, 1950; OLG Hamm NJW 2000, 1278; NJW-RR 2015, 936; OLG Düsseldorf NJW 2005, 1791; LG Wiesbaden NJW 2015, 2975 – Jahns; VG Saarlouis NJW 2003, 3431.

878 Zur Bildberichterstattung über Prozessbeteiligte, *Stieper*, JZ 2014, 271. Dazu 2. Kapitel E. III. 1. b.

879 So *Meyer*, Der Gerichtsprozess in der medialen Berichterstattung, S. 279.

umgehen können[880]. In aufsehenerregenden Strafverfahren wird eine fundierte presserechtliche Beratung des Beschuldigten gar als unerlässlich angesehen[881]. Der Beschuldigte betreibt also seinerseits professionelle Öffentlichkeitsarbeit respektive diese lässt betreiben[882]. Das Ziel dabei ist, ein möglichst positives Bild des Beschuldigten in der Öffentlichkeit zu erzeugen, was mitunter auch aus Imagegründen motiviert sein kann[883]. Dazu kann es auch gehören, Hintergrundinformationen und sogar Abschriften aus den Ermittlungsakten an die Medien herauszugeben[884]. Für den Beschuldigten ist diese Art der Öffentlichkeitsarbeit letztlich nichts anderes als ein Gegenschlagsrecht. Auf diese Weise kann auch er darüber mitbestimmen, was über ihn in den Medien berichtet wird. Der Gang an die Öffentlichkeit dürfte wohl nur dann in Frage kommen, wenn Medien oder Öffentlichkeit überhaupt Kenntnis von einem laufenden Ermittlungsverfahren gegen den Beschuldigten haben. Sofern dies nicht der Fall ist, ist es kaum

880 Rechtsanwälte haben die Möglichkeit, sich durch professionelles Coaching mediale Kommunikationskompetenzen für einen souveränen Umgang mit den Medien anzueignen, um die Reputation ihrer Mandanten während eines medial ausgetragenen Strafverfahrens zu schützen, s. *Kleiner*, NJW-aktuell 11/2017, S. 29.

881 *Neuling*, StV 2008, 387 (387).

882 Wie es beispielhaft *Lambsdorff* und sein Verteidiger in der Flick-Affäre im Ermittlungsverfahren und während der Hauptverhandlung betrieben haben, *Wagner*, Strafprozessführung über Medien, S. 118 ff., mit weiteren Beispielsfällen. Der Begriff der professionellen Öffentlichkeitsarbeit wird auch als „Litigation-PR" bezeichnet. S. dazu etwa *Jahn*, CCZ 2011, 139 (141); *Boehme-Neßler*, ZRP 2009, 228 (228). Das Strafrecht wird als klassischer Anwendungsbereich der Litigation-PR bezeichnet, *Boehme-Neßler*, ZRP 2009, 228 (228).

883 *Wagner*, Strafprozessführung über Medien, S. 97 ff.; *Boehme-Neßler*, ZRP 2009, 228 (228); *Eisele*, JZ 2014, 932 (935). Zur Entwicklung der Litigation-PR s. *Holzinger/Wolff*, Im Namen der Öffentlichkeit, S. 43 ff.; *Boehme-Neßler*, ZRP 2009, 228 (229); *Friedrichsen*, ZRP 2010, 263 (263).

884 Aus § 19 Abs. 2 S. 1 BORA („oder anderen Personen") ergibt sich, dass eine Beschränkung der Weitergabe von Kopien aus dem Akteninhalt nur an den Mandanten, vgl. dazu § 19 Abs. 2 S. 1 BORA, nicht vom Gesetzgeber gewollt scheint, so *Burhoff*, Handbuch für das strafrechtliche Ermittlungsverfahren, Abschnitt A Rn 438. Zur Aushändigung von Aktenabschriften an den Mandanten, der zugleich Beschuldigter ist, BGH NJW 1980, 64. Ob ein solches Verhalten insbesondere mit der in § 43a Abs. 2 S. 1 BRAO, §§ 2 Abs. 1 S. 1, 3 Abs. 5 BORA normierten anwaltlichen Schweigepflicht vereinbar ist, soll an dieser Stelle bewusst nicht diskutiert werden. Materiell-rechtlich hat der Verteidiger insbesondere § 201 StGB sowie § 353d Nr. 3 StGB zu beachten, *Burhoff*, Handbuch für das strafrechtliche Ermittlungsverfahren, Abschnitt K Rn 2454.

denkbar, dass speziell ein prominenter Beschuldigter von sich aus die Öffentlichkeit auf sich aufmerksam machen wird[885].

Aus strafrechtlicher Sicht nicht ungefährlich ist der Gang an die Öffentlichkeit für den Verteidiger. Dessen Öffentlichkeitsarbeit darf insbesondere die Grenzen der §§ 203, 353d Nr. 3 StGB nicht überschreiten. Äußerst grenzwertig war daher das Vorgehen des Verteidigers im Fall Mollath[886]. Dieser hat eingescannte Dokumente aus dem Strafverfahren gegen seinen Mandanten auf seiner Kanzlei-Homepage jeweils mit Wortlaut und ohne Namensschwärzung veröffentlicht. Abrufbar waren unter anderem eingescannte gutachterliche Stellungnahmen, ein Wiederaufnahmeantrag, ein Strafvollstreckungsbeschluss sowie ein Einstellungsbescheid der Staatsanwaltschaft. Die Staatsanwaltschaft leitete daraufhin ein Ermittlungsverfahren gegen den Verteidiger Mollaths wegen Verstoßes gegen § 353d Nr. 3 StGB ein und beantragte die „Beschlagnahme der Daten" beim Provider des Verteidigers. Das *LG Hamburg* hat eine Strafbarkeit nach § 353d Nr. 3 StGB im Ergebnis jeweils verneint[887].

Unergiebig bis nicht nutzbar ist eine professionelle Öffentlichkeitsarbeit allerdings gerade für nichtprominente Beschuldigte, die sich in der Regel keinen medienaffinen Verteidiger leisten können oder wollen. Als effektive Gegenmaßnahme zu öffentlichen staatsanwaltschaftlichen Auskünften ist eine eigene Pressearbeit des Beschuldigten, jedenfalls was die eigene Reputation anbelangt, dagegen zweckdienlich. Die Staatsanwaltschaft ist zur Objektivität verpflichtet, § 160 Abs. 2 StPO. Daran müssen sich auch ihre öffentlich getätigten Äußerungen ausrichten[888]. Äußerungen des Beschuldigten, beziehungsweise seines Verteidigers, müssen dagegen nicht den Anspruch haben, neutral formuliert zu sein. Dadurch eröffnen sie für den Beschuldigten eine gegenüber der

885 *Wagner*, Strafprozessführung über Medien, S. 52.

886 Der Fall Mollath gilt als Justizskandal und war über Jahre hinweg Gegenstand einer breiten öffentlichen Berichterstattung. Mollath war sieben Jahre in der Psychiatrie untergebracht. Erst nachdem das BVerfG (Kammer) NJW 2013, 3228 – Fall Mollath, die Unrechtmäßigkeit der Unterbringungsbeschlüsse festgestellt hat, wurde Mollath aus der Psychiatrie entlassen. Zum Fall Mollath vgl. ferner *Hauer*, NJ 2013, 456; *dies.*, ZRP 2013, 209.

887 LG Hamburg NJW 2013, 3458 (3460 f.) m. Anm. *Busch*. Letztlich scheiterte der Beschlagnahmeantrag der Staatsanwaltschaft an der fehlenden rechtlichen Grundlage hierfür nach § 111b Abs. 1 S. 1 StPO i.V.m. §§ 74 ff. StGB, da Daten keine Gegenstände im Sinne der Normen seien.

888 *Boehme-Neßler*, ZRP 2009, 228 (230).

Staatsanwaltschaft erweiterte Möglichkeit der Beeinflussung der öffentlichen Meinung zu eigenen Gunsten[889].

Verhindern kann eine professionell ausgerichtete Pressearbeit seitens des Beschuldigten öffentliche Äußerungen der Staatsanwaltschaft dennoch nicht.

B. Gerichtliche Überprüfung staatsanwaltschaftlicher Stellungnahmen

Äußert sich die Staatsanwaltschaft in unzulässiger Weise gegenüber der Presse zum aktuellen Ermittlungsstand und verletzt dadurch das Allgemeine Persönlichkeitsrecht aus Art. 2 Abs. 1 GG i.V.m. Art. 1 Abs. 1 GG des Beschuldigten, muss für den Beschuldigten im Hinblick auf die Rechtsweggarantie des Art. 19 Abs. 4 S. 1 GG eine gerichtliche Überprüfungsmöglichkeit gegen unzulässige Medienauskünfte der Staatsanwaltschaft bestehen. Hat der Beschuldigte sich dazu entschlossen, gegen eine unzulässige Presseverlautbarung der Staatsanwaltschaft gerichtlich vorzugehen, stellt sich für ihn zunächst die Frage nach dem zulässigen Rechtsweg. Ob der betroffene Beschuldigte den Verwaltungsrechtsweg oder den ordentlichen Rechtsweg einzuschlagen hat, ist sowohl in der Rechtsprechung als auch innerhalb der Literatur umstritten[890].

Die §§ 23 bis 30 EGGVG haben die Anfechtung von Justizverwaltungsakten zum Gegenstand. Sie wurden durch § 179 VwGO mit Wirkung vom 1.4.1960 in das EGGVG eingefügt[891] und haben ausschließlich die Funktion der Eröffnung des ordentlichen Rechtswegs, unter Ausschluss der Verwaltungsgerichtsbarkeit[892], wobei im Grundsatz von der aufdrängenden Sonderzuweisung der Generalklausel[893] des § 40 Abs. 1 S. 1 VwGO auszugehen ist. Die weitere Generalklausel[894] des § 23 Abs. 1 S. 1 EGGVG stellt demgegenüber die Ausnahme dar

889 *Meyer*, Der Gerichtsprozess in der medialen Berichterstattung, S. 280; zu den Grenzen justizieller Litigation-PR, *Boehme-Neßler*, ZRP 2009, 228.

890 Zum aktuellen Meinungsstand s. etwa, Löffler/*Burkhardt*, LPG, § 4 Rn 192 ff; *Dalbkermeyer*, Schutz des Beschuldigten, S. 194 ff.; *Wasmuth*, NJW 1988, 1705; *Raschke*, ZJS 2011, 38 (49); Neuling, StV 2008, 387 (387 f).

891 BGBl. I, 17; KK-StPO/*Mayer*, EGGVG § 23 Rn 7.

892 KK-StPO/*Mayer*, EGGVG § 23 Rn 1.

893 KK-StPO/*Mayer*, EGGVG § 23 Rn 3; *Baumbach/Lauterbach/Albers/Hartmann*, ZPO, EGGVG § 23 Rn 2.

894 So auch *Baumbach/Lauterbach/Albers/Hartmann*, ZPO, EGGVG § 23 Rn 2; *Strubel/Sprenger*, NJW 1972, 1734 (1735).

und ist als solche eng auszulegen[895]. Sie eröffnet aus Gründen der Sachnähe[896] den ordentlichen Rechtsweg gegen Justizverwaltungsakte in den in § 23 Abs. 1 S. 1 EGGVG enumerativ aufgezählten Rechtsgebieten und unterscheidet hierbei zwischen Straf- und Zivilsachen[897]. Unberührt bleiben gemäß § 23 Abs. 3 EGGVG diejenigen Normen, welche ohnehin eine Entscheidungskompetenz der ordentlichen Gerichtsbarkeit vorsehen[898].

Nach der Rechtswegzuweisung des § 23 Abs. 1 S. 1 EGGVG ist über sog. Justizverwaltungsakte im Rahmen der Strafrechtspflege ein Strafsenat des Oberlandesgerichts (OLG), in dessen Bezirk die Justizbehörde ihren Sitz hat, entscheidungsbefugt, § 25 Abs. 1 S. 1 Hs. 2 EGGVG. Neben dieser Vorschrift existiert aber auch § 40 Abs. S. 1 VwGO, wonach das Verwaltungsgericht als zuständiges Gericht Rechtsschutz zu gewähren hat, wenn es sich um eine öffentlich-rechtliche Streitigkeit nichtverfassungsrechtlicher Art handelt.

Für den einzelnen Betroffenen stellt die Uneinigkeit über den zu beschreitenden Rechtsweg ein Hindernis dar. Er wird gar als ein „abenteuerlicher Weg mit zweifelhaftem Ausgang[899]" bezeichnet. Dem betroffenen Beschuldigten wird zugemutet, neben dem Strafsenat des OLG auch die Verwaltungsgerichte anzurufen[900]. Hat der Beschuldigte dann eine Entscheidung getroffen, weiß er immer noch nicht, ob das angerufene Gericht seiner Ansicht folgt oder gemäß § 17a Abs. 2 S. 1 GVG die Unzulässigkeit des beschrittenen Rechtswegs annimmt und den Rechtsstreit an das zuständige Gericht verweist[901]. Rechtsschutz erhält

---

895 *Baumbach/Lauterbach/Albers/Hartmann*, ZPO, EGGVG § 23 Rn 2; KK-StPO/*Mayer*, EGGVG § 23 Rn 2; MüKoZPO/*Pabst*, Bd. 3, § 23 EGGVG Rn 2.

896 BVerfG (Vorprüfungsausschuss) NJW 1984, 1451 (1452); BGH NJW 1994, 1950 (1951); KK-StPO/*Mayer*, EGGVG § 23 Rn 1.

897 MüKoZPO/*Pabst*, Bd. 3, EGGVG § 23 Rn 1.

898 Beispielweise § 20 Abs. 2 FamGKG, § 20 Abs. 2 GKG. Weitere Bsp. s. *Baumbach/Lauterbach/Albers/Hartmann*, ZPO, EGGVG § 23 Rn 10.

899 *Wasmuth*, NJW 1988, 1705 (1705).

900 *Wasmuth*, NJW 1988, 1705 (1705). Rechtsschutz durch Zivilgerichte scheidet aus. Zum einen wird die Staatsanwaltschaft gemäß den Landespressegesetzen in Erfüllung ihrer öffentlichen Aufgabe tätig, wenn sie sich gegenüber der Presse äußert oder verweigert, s. BVerwG NJW 1989, 412 (413); Löffler/*Burkhardt*, LPG, § 4 Rn 80. Zum anderen kann gegen eine persönlichkeitsrechtsverletzende, weil zu Unrecht erteilte Auskunft der Staatsanwaltschaft als in der Regel dienstliche Äußerung im hoheitlichen Bereich nicht mit für den bürgerlich-rechtlichen Ehrenschutz entwickelten Mitteln des Widerrufs oder der Unterlassung vor den Zivilgerichten vorgegangen werden, vgl. BGH NJW 1978, 1860 (1860 f.).

901 Die Klage wird freilich nicht durch Prozessurteil als unzulässig abgewiesen. Die Verweisung an das zuständige Gericht erfolgt von Amts wegen durch Beschluss,

der klagende Beschuldigte letztlich vor dem Gericht, an das zuletzt verwiesen wurde[902]. Gut beraten ist der Beschuldigte dann, wenn er sich an die nach den örtlichen Verhältnissen günstigere obergerichtliche Rechtsprechung hält und die Rechtswegwahl an dieser orientiert[903]

An dieser Stelle spielt auch das Zeitmoment eine wichtige Rolle. Die Verletzung seines Persönlichkeitsrechts will der Beschuldigte möglichst schnell aus der Welt schaffen. Daran wird er aber gehindert, wenn das angerufene Gericht sich für unzuständig hält und den Rechtsstreit an das aus seiner Sicht zuständige Gericht verweist. Für den Betroffenen geht dadurch wertvolle Zeit zur Feststellung einer vermeintlich unzulässigen öffentlichen Stellungnahme der Staatsanwaltschaft und des damit einhergehenden Rehabilitationsinteresses verloren. Je früher gerichtlich festgestellt wird, dass der Inhalt der Pressemitteilung der Staatsanwaltschaft rechtswidrig war und den Betroffenen dadurch in seinen Rechten verletzt hat, desto geringer kann aber unter Umständen der Folgeschaden i.S.e. medialen Berichterstattung ausfallen. Unbefriedigend ist die gegenwärtige Situation auch unter wirtschaftlichem Aspekt. Dem betroffenen Beschuldigten, der gegen eine unzulässige Presseerklärung der Staatsanwaltschaft gerichtlich vorgehen will, werden – sofern das angerufene Gericht sich für unzuständig hält – durch das nunmehr zuständige Gericht gemäß § 17b Abs. 2 GVG die Verweisungskosten auferlegt, auch dann, wenn er in der Hauptsache obsiegt, § 17b Abs. 2 S. 2 GVG.

I. Rechtswegproblem

Im Kern betrifft der Streit die Frage, ob bei unzulässigen Pressemitteilungen der Staatsanwaltschaft zum Zwecke der Öffentlichkeitsarbeit Verwaltungs- oder Strafgerichte die Entscheidungskompetenz haben. Im Mittelpunkt stehen hierbei zum einen die aufdrängende Sonderzuweisung des § 40 Abs. 1 VwGO, zum anderen die abdrängende Sonderzuweisung des § 23 Abs. 1 S. 1 EGGVG. § 40 Abs. 1 VwGO eröffnet den Verwaltungsrechtsweg für alle öffentlich-rechtlichen

s. MüKoZPO/*Zimmermann*, Bd. 3, GVG § 17a Rn 13. Weil Art. 19 Abs. 4 S. 1 GG nicht einen bestimmten Rechtsweg garantiert, ist die Rechtsweggarantie nicht schon deshalb verletzt, wenn ein Fachgericht den zu ihm eingeschlagenen Rechtsweg für nicht eröffnet hält, BVerfG NJW 1981, 1154 (1154); BVerfG (Vorprüfungsausschuss) NJW 1984, 1451 (1452).

902 Eine Überprüfung des Verweisungsbeschlusses kann im Wege der sofortigen Beschwerde erfolgen, § 17a Abs. 4 S. 3 GVG.

903 Zöller/*Lückemann*, ZPO, EGGVG § 23 Rn 13.

Streitigkeiten nichtverfassungsrechtlicher Art. § 23 Abs. S. 1 EGGVG sieht hingegen die Überprüfung sog. Justizverwaltungsakte bei den ordentlichen Gerichten, vgl. § 13 GVG, vor.

Einhellig wird immerhin davon ausgegangen, dass es sich bei der die Rechtswegregelung des § 23 Abs. S. 1 EGGVG begründenden Anordnung, Verfügung oder sonstige Maßnahme nicht um einen Verwaltungsakt gemäß § 35 VwVfG handeln muss, sondern auch die schlicht hoheitliche Tätigkeit ausreichend ist[904]. Ansonsten müsste für Rechtsverletzungen durch Justizverwaltungsakte, herbeigeführt durch schlicht hoheitliches Handeln oder sog. Realakte stets § 40 Abs. 1 VwGO herangezogen werden, womit wiederum der Verwaltungsrechtsweg einschlägig wäre[905]. Dies aber soll durch § 23 Abs. 1 S. 1 EGGVG gerade verhindert werden. § 23 Abs. 1 S. 1 EGGVG wird daher teleologisch dahingehend ausgelegt, dass auch schlicht hoheitliche Maßnahmen von Justizbehörden bis hin zum Realakt – vorausgesetzt, diese sind geeignet, eine Person in ihren Rechten zu verletzen, § 24 Abs. 1 EGGVG – von der Norm umfasst werden[906]. Eine teleologische Auslegung des § 23 EGGVG wird insbesondere auf § 28 Abs. 1 EGGVG gestützt[907]. Auch § 28 Abs. 1 EGGVG spricht von einer Maßnahme, legt diesem Begriff aber nicht den des Verwaltungsakts i.S.d. § 35 VwVfG zugrunde.

1. Verwaltungsgerichtsbarkeit

Das *BVerwG* sowie der überwiegende Teil der Verwaltungsgerichtsbarkeit vertreten die Auffassung, der Verwaltungsrechtsweg sei eröffnet[908]. Danach entscheiden

---

904 BVerwG NJW 1989, 412 (413); *Baumbach/Lauterbach/Albers/Hartmann*, ZPO, EGGVG § 23 Rn 1; KK-StPO/*Mayer*, EGGVG § 23 Rn 28.

905 MüKoZPO/*Pabst*, Bd. 3, EGGVG § 23 Rn 3.

906 BVerwG NJW 1989, 412 (413 f.); OVG Hamburg NJW 1970, 1699 (1700); MüKoZPO/*Pabst*, Bd. 3, EGGVG § 23 Rn 3; Löffler/*Burkhardt*, LPG, § 4 Rn 192.

907 MüKoZPO/*Pabst*, Bd. 3, EGGVG § 23 Rn 3.

908 BVerwG NJW 1989, 412 (414); 1992, 62 (62). Beide Urteile betreffen Äußerungen des Staatsanwalts im bereits abgeschlossenen Strafverfahren. Gleichwohl stellt das *BVerwG* in einem obiter dictum fest, dass seine Entscheidung nicht anders ausgefallen wäre, wenn die Presseerklärung der Staatsanwaltschaft während eines laufenden Ermittlungsverfahrens abgegeben worden wäre, vgl. BVerwG NJW 1992, 62 (62). VG Gießen BeckRS 2012, 48785; VGH München NJW 2014, 2057 Rn 23 – Fall Gurlitt; VG Saarlouis NJW 2003, 3431; VG Berlin NJW 2001, 3799 (3799 f.); OLG Rostock BeckRS 2005, 09628. So auch Meyer-Goßner/*Schmitt*, StPO, Anh. 2 EGGVG § 23 Rn 15; Zöller/*Lückemann*, ZPO, EGGVG § 23 Rn 13; Löffler/*Burkhardt*, LPG, § 4 Rn 192 f.; *Strubel/Sprenger*, NJW 1972, 1734 (1739); *Sodan*/Ziekow, VwGO, § 40 Rn 611 f. Zur Eröffnung des Verwaltungsrechtswegs für Ansprüche wegen rufgefährdender

über die Rechtmäßigkeit von Presseverlautbarungen der Staatsanwaltschaft die Verwaltungsgerichte. Denn die Abgabe von Presserklärungen stelle eine aus den Landespressegesetzen folgende öffentliche Aufgabe der Staatsanwaltschaft dar, womit eine für die Eröffnung des Rechtswegs nach § 23 Abs. 1 S. 1 EGGVG erforderliche Maßnahme auf dem Gebiet der Strafrechtspflege nicht vorliege[909]. Die staatsanwaltschaftliche Pressemitteilung diene vorwiegend dem Zweck, die Öffentlichkeit über den Stand aktueller Ermittlungsergebnisse zu unterrichten und stelle daher schlichte Öffentlichkeitsarbeit dar, welche keinen Bezug zur der Staatsanwaltschaft zugewiesenen speziellen Aufgabe der Strafverfolgung habe[910].

Das *BVerwG* stellt zur Beantwortung der Rechtswegfrage maßgeblich auf die Natur des Rechtsverhältnisses ab. Dieses sei hier dem öffentlichen Recht zuzuordnen[911]. Die Staatsanwaltschaft gebe Presseerklärungen in amtlicher Eigenschaft ab, da sie aufgrund des presserechtlichen Auskunftsanspruchs der Länder tätig werde[912]. Hierbei handele es sich um eine nach dem öffentlichen Recht zu beurteilende schlicht verwaltende Tätigkeit der Staatsanwaltschaft, die den Rechtsweg zur Verwaltungsgerichtsbarkeit eröffne[913].

Nach dieser Ansicht stellt § 40 Abs. 1 S. 1 VwGO die Regel dar, während § 23 Abs. 1 S. 1 EGGVG die Ausnahme bildet und als solche entsprechend eng auszulegen ist[914]. Denn § 23 Abs. 1 S. 1 EGGVG weise den ordentlichen Gerichten die Entscheidungsbefugnis nur über originäre Maßnahmen von Justizbehörden zu, um zu verhindern, dass Gerichte zweier verschiedener Gerichtszweige über dieselbe Streitigkeit zu entscheiden haben. Folglich liege ein „Justizverwaltungsakt" i.S.d. § 23 Abs. 1 S. 1 EGGVG nur dann vor, wenn die in Rede stehende Amtshandlung eine dem Gebiet der Strafrechtspflege spezifisch zugewiesene Amtshandlung darstelle[915]. Zum Gebiet der Strafrechtspflege gehören neben der Strafverfolgung auch solche Maßnahmen, die die Strafverfolgungstätigkeit ermöglichen oder zu ihrer Vollstreckung notwendig sind. Für die Annahme eines „Justizverwaltungsakts" i.S.d. § 23 Abs. 1 S. 1 EGGVG sei es aber nicht

---

Äußerung einer Behörde, wohlgemerkt nicht der Staatsanwaltschaft, BGH NJW 1978, 1860.

909 BVerwG NJW 1989, 412 (413).

910 BVerwG NJW 1989, 412 (414).

911 BVerwG NJW 1989, 412 (413).

912 BVerwG NJW 1989, 412 (413).

913 BVerwG NJW 1989, 412 (413).

914 BVerwG NJW 1989, 412 (414); so auch *Baumbach/Lauterbach/Albers/Hartmann*, ZPO, EGGVG § 23 Rn 2.

915 BVerwG NJW 1989, 412 (414).

ausreichend, dass Presseerklärungen der Staatsanwaltschaft einen sachlichen Bezug zum konkreten Ermittlungsverfahren aufweisen[916].

Befürworter einer verwaltungsgerichtlichen Überprüfung von Presseverlautbarungen der Staatsanwaltschaft sehen darüber hinaus einen entscheidenden Schwachpunkt des § 23 Abs. 1 S. 1 EGGVG in der fehlenden Möglichkeit des einstweiligen Rechtsschutzes, welche mit dem Gebot des effektiven Rechtsschutzes gemäß Art. 19 Abs. 4 S. 1 GG nicht zu vereinbaren sei[917]. Ferner wird argumentiert, die §§ 23 bis 30 EGGVG sollten nach dem Willen des Gesetzgebers[918] ohnehin nur eine vorübergehende Bedeutung haben, so dass sich eine Diskussion über den Rechtsweg nach den §§ 23 ff. EGGVG demzufolge erübrige[919].

2. *Ordentliche Gerichtsbarkeit*

Höchstgerichtlich vertritt der *BGH*[920] den Standpunkt, für Pressemitteilungen und sonstige Auskünfte zu laufenden sowie abgeschlossenen Ermittlungsverfahren der Staatsanwaltschaft sei der Rechtsweg nach § 23 Abs. 1 S. 1 EGGVG zu den Fachgerichten der Strafgerichtsbarkeit eröffnet. Diese Ansicht wird von den Strafsenaten, Teilen der Verwaltungsgerichtsbarkeit und dem überwiegenden Schrifttum geteilt[921]. Dabei wird davon ausgegangen, dass die Presseverlautbarung der Staatsanwaltschaft schlicht-hoheitliches Handeln darstelle und damit eine „sonstige Maßnahme" i.S.d. § 23 Abs. 1 S. 1 EGGVG sei[922].

---

916 BVerwG NJW 1989, 412 (414); *Strubel/Sprenger*, NJW 1972, 1734 (1739).

917 S. dazu OLG Rostock BeckRS 2005, 09628; OLG Hamm NStZ-RR 1996, 209 (209); Löffler/*Burkhardt*, LPG, § 4 Rn 193.

918 BT-Drs. 3/1094, S. 15.

919 BVerwG NJW 1975, 893 (893).

920 BGH NJW 1994, 1950 (1951), tritt ausdrücklich der Ansicht des BVerwG NJW 1989, 412 (414), entgegen.

921 VGH Mannheim NJW 1973, 214 (214); OLG Karlsruhe VersR 2008, 1693; OLG Hamm NJW 1981, 356 (356); OLG Koblenz StV 1987, 430 (430 f.); OLG Hamm NStZ 2017, 663 (663 f.); 1995, 412 (413) tritt ebenso ausdrücklich der Ansicht des BVerwG NJW 1989, 412 (414) entgegen; OLG Stuttgart NJW 2001, 3797 (3797 f.); OLG Düsseldorf NJW 2005, 1791 (1803) – Mannesmann; MüKoZPO/*Pabst*, Bd. 3, EGGVG § 23 Rn 68; NK-Strafrecht/*Böttcher*, EGGVG § 23 Rn 3; KK-StPO/*Mayer*, EGGVG § 23 Rn 28; *Pfeiffer*, StPO, StPO § 152 Rn 1a; *Wasmuth*, NJW 1988, 1705 (1707); NStZ 1990, 138 (139 f.); *Neuling*, Inquisition durch Information, S. 261 ff.; *ders.*, StV 2008, 387 (387); *Dalbkermeyer*, Schutz des Beschuldigten, S. 195 ff.

922 BGH NJW 1994, 1950 (1951), der Begriff der „sonstigen Maßnahme" wird ausdrücklich nicht genannt. In den Urteilsgründen spricht der *BGH* allerdings von einer „Maßnahme", worunter die „sonstige Maßnahme" i.S.d. § 23 Abs. 1 S. 1 EGGVG zu

Die §§ 23 bis 30 EGGVG hätten u.a. die Aufgabe, einen den Anforderungen des Art. 19 Abs. 4 S. 1 GG entsprechenden Rechtsschutz gegen Maßnahmen der Justiz- und Vollzugsbehörden durch die sachnähere Gerichtsbarkeit der OLGe zu gewähren[923]. Diese Aufgabe des Rechtsschutzes würde vom Gesetzgeber nicht etwa den Verwaltungsgerichten, sondern gerade den sachnäheren OLGen zugewiesen[924]. Im Hinblick auf Presseinformationen der Staatsanwaltschaft wird die Sachnähe zu den Strafgerichten mit dem engen Zusammenhang der Presseinformation anhand der jeweils vorliegenden Akte und der spezifischen strafrechtlichen Verfahrensdurchführung gerechtfertigt[925]. Verlautbarungen der Staatsanwaltschaft an die Presse über ein von ihr geführtes Ermittlungsverfahren stellen eine Tätigkeit einer Justizbehörde auf dem Gebiet der Strafrechtspflege dar. In einem Rechtsstreit über die Rechtmäßigkeit von Äußerungen in einer staatsanwaltlichen Presseverlautbarung würden schließlich vielfach auch strafprozessuale Fragen berührt. So sei etwa zu prüfen, ob die Staatsanwaltschaft richtigerweise von einem Anfangsverdacht ausging und infolge dessen auch zu Recht Ermittlungen aufgenommen hat, ihre Sachverhaltsermittlung zutreffend war oder ob die angeordneten strafprozessualen Maßnahmen rechtmäßig ergangen seien[926]. Schließlich ermögliche das Verfahren nach § 23 EGGVG die zeitnahe Feststellung der Rechtswidrigkeit einer staatsanwaltschaftlichen Pressemitteilung[927], da erstinstanzlich das OLG zuständig ist[928].

---

verstehen ist. So auch VGH Mannheim NJW 1973, 214 (214); OLG Hamm NJW 1981, 356 (356); NStZ 1995, 412 (413); OLG Koblenz StV 1987, 430 (430 f.); OLG Düsseldorf NJW 2005, 1791 (1803); Das OLG Koblenz NStZ 1994, 412 (143) befürwortet auch den Rechtsweg der Strafgerichtsbarkeit, geht aber davon aus, dass die Presseverlautbarung schlicht-hoheitliches Handeln darstellt. So auch OVG Münster NJW 1995, 2741 (2741). Das OLG Stuttgart NJW 2001, 3797 (3797), äußert sich nicht zur Rechtsnatur der Presseverlautbarung. *Wasmuth*, NJW 1988, 1705 (1707).

923 BGH NJW 1994, 1950 (1951); OLG Düsseldorf NJW 2005, 1791 (1803) – Mannesmann.

924 S. dazu BT-Drs. 3/1094, S. 15. Im schriftlichen Bericht des Rechtsausschusses des Bundestags heißt es, die Vorschriften der §§ 23 bis 30 EGGVG würden in der VwGO einen Fremdkörper bilden.

925 OLG Düsseldorf NJW 2005, 1791 (1803) – Mannesmann; *Dalbkermeyer*, Schutz des Beschuldigten, S. 200; *Neuling*, StV 2008, 387 (388).

926 OLG Hamm NStZ 1995, 412 (413).

927 OLG Düsseldorf NJW 2005, 1791 (1803) – Mannesmann.

928 Gemäß § 25 Abs. 1 EGGVG ist das OLG erstinstanzlich Zuständig. § 29 EGGVG eröffnet die Möglichkeit der Rechtsbeschwerde zum BGH. Sie ist nur bei Zulassung durch das im ersten Rechtszug zuständige OLG statthaft, vgl. § 29 Abs. 1 EGGVG.

3. *Stellungnahme*

Der Blick auf den Wortlaut des § 40 Abs. 1 S. 1 VwGO verleitet wohl dazu, Stellung für die verwaltungsgerichtliche Zuständigkeit zu beziehen. Danach ist der Verwaltungsrechtsweg in allen öffentlich-rechtlichen Streitigkeiten nichtverfassungsrechtlicher Art gegeben, soweit die Streitigkeit nicht einem anderen Gericht ausdrücklich zugewiesen ist. Eine öffentlich-rechtliche Streitigkeit liegt zunächst auch vor. Aus dem presserechtlichen Auskunftsanspruch der Länder folgt die Verpflichtung der Staatsanwaltschaft bei einer konkreten Anfrage der Presse, dieser Auskunft über den Stand eines beabsichtigten oder laufenden Ermittlungsverfahrens zu geben[929]. Schließlich handelt es sich bei der gerichtlichen Überprüfung staatsanwaltschaftlicher Pressemitteilungen nicht um eine verfassungsrechtliche Streitigkeit.

Die anderweitige Zuweisung ist in der Tat nicht eindeutig. Aus den Landespressegesetzen[930] lässt sie sich nicht entnehmen. Eine anderweitige Zuweisung könnte sich aber, solange eine klare gesetzliche Regelung fehlt, aus § 23 Abs. 1 S. 1 EGGVG ergeben.

Für die Annahme des § 23 Abs. 1 S. 1 EGGVG spricht die der Presseerklärung unmittelbar anhaftende Sachnähe zum materiellen sowie verfahrensrechtlichen Strafrecht. Ebendiese Sachnähe zu Straf- respektive Zivilsachen ist maßgeblich für die Eröffnung des Rechtswegs nach § 23 Abs. 1 S. 1 EGGVG[931]. Presseverlautbarungen der Staatsanwaltschaft im Stadium des Ermittlungsverfahrens beinhalten Informationen zu laufenden bzw. abgeschlossenen Strafverfahren. Hat ein Gericht zu prüfen, ob die Äußerung der Staatsanwaltschaft zu beanstanden ist, kann es dies nur dann vollumfänglich, wenn es mit der Sachmaterie vertraut ist. Eine Abwägung der widerstreitenden Interessen Pressefreiheit, Informationsbedürfnis der Öffentlichkeit sowie Allgemeines Persönlichkeitsrecht des Betroffenen kann nur ein solches Gericht sorgfältig und umfassend vornehmen, welches mit den verfahrens- und materiell-rechtlichen Besonderheiten des Strafrechts vertraut ist. Immerhin wird der Inhalt staatsanwaltschaftlicher Pressemitteilungen nicht selten auch durch die jeweilige Ermittlungstaktik mitbestimmt[932].

---

929 *Wasmuth*, NJW 1988, 1705 (1706); *Dalbkermeyer*, Schutz des Beschuldigten, S. 196; vgl. 3. Kapitel C. VII. 1.

930 § 475 Abs. 4, 1 StPO scheidet aus. Rechtsschutz erfolgt hier gemäß § 478 Abs. 3 S. 1 StPO bei dem nach § 162 StPO zuständigen Gericht.

931 BGH NJW 1994, 1950 (1951); KK-StPO/*Mayer*, EGGVG § 23 Rn 1.

932 *Dalbkermeyer*, Schutz des Beschuldigten, S. 202; *Neuling*, StV 2008, 387 (388).

Nichts anderes ergibt sich in Anlehnung an die Rechtsprechung des *BVerwG*[933] zum verfassungsunmittelbaren Auskunftsanspruch, wonach für eine Zuordnung zu einer bestimmten Sachmaterie die originäre Kompetenz entscheidend ist. Abzustellen ist demnach auf den Charakter der staatsanwaltschaftlichen Pressemitteilung. Die erste denkbare Ursache einer staatsanwaltschaftlichen Stellungnahme im Ermittlungsverfahren ist die beabsichtigte Einleitung oder das bereits eingeleitete Ermittlungsverfahren. Der Anlass ist damit eine originär der Staatsanwaltschaft als „Herrin des Vorverfahrens" obliegende Maßnahme der Strafverfolgung, sodass in der staatsanwaltschaftlichen Presseinformation eine Angelegenheit der Strafrechtspflege i.S.d. § 23 Abs. 1 S. 1 EGGVG zu sehen ist. Ohne die Einleitung strafrechtlicher Ermittlungen gäbe es die Notwendigkeit einer Pressemitteilung betreffend den Ermittlungsstand erst gar nicht. Auch der Inhalt der Pressemitteilung spricht für die Rechtswegzuweisung des § 23 Abs. 1 S. 1 EGGVG. Die rechtliche Würdigung eines zugrundeliegenden Sachverhalts im Hinblick auf die dem Beschuldigten vorgeworfene Straftat, die einen Anfangsverdacht für die Aufnahme von Ermittlungen rechtfertigt, erfordert spezifische Kenntnisse sowohl des materiellen als auch des prozessualen Strafrechts[934]. Ein Strafrichter, der die Zulässigkeit staatsanwaltschaftlicher Stellungnahmen zu überprüfen hat, wird diese Kenntnisse allemal haben. Es scheint indes kaum vorstellbar, dass diesbezüglich ein adäquater Rechtsschutz gegen Presseverlautbarungen durch die Verwaltungsgerichtsbarkeit erfolgen kann. Man stelle sich nur umgekehrt Richter eines Strafsenats des OLG vor, die sich mit Verwaltungsrechtsstreitigkeiten beschäftigen. Mitteilungen der Staatsanwaltschaft über den Stand eines Ermittlungsverfahrens sind daher strafrechtlicher Natur und stellen in entsprechender Anwendung der Rechtsprechung des *BVerwG* zum verfassungsunmittelbaren Auskunftsanspruch einen Annex ihrer Kernaufgabe, der Strafverfolgung, dar[935].

Wenig überzeugend ist das Argument, § 23 Abs. 1 S. 1 EGGVG stelle nur eine vorübergehende Lösung dar. Entgegen der Feststellung des Rechtsausschusses des Bundestags[936] darf davon ausgegangen werden, dass sich die anfangs nur vorübergehende Bedeutung der §§ 23 bis 30 EGGVG – nach einer Bestandsdauer von nunmehr über fünfzig Jahren – (noch immer) nicht durchgesetzt hat[937]. Die

933 BVerwG NVwZ 2013, 1006; 2015, 1383; 2015, 1388; 2016, 945; 2016, 1020.
934 *Wasmuth*, NStZ 1990, 138 (139).
935 Ähnlich *Neuling*, StV 2008, 387 (388).
936 BT-Drs. 3/1094, S. 15.
937 KK-StPO/*Mayer*, EGGVG § 23 Rn 9.

Normen haben noch immer Bestand. Solange § 23 Abs. 1 S. 1 EGGVG als gültige Rechtsnorm existiert, ist von der Gleichwertigkeit beider Gerichtszweige auszugehen[938].

Der Auffassung des *BVerwG*[939], wonach Pressemitteilungen der Staatsanwaltschaft keine Maßnahme auf dem Gebiet der Strafrechtspflege darstellen, kann daher nicht gefolgt werden. Das *BVerwG* begründet seine Auffassung damit, dass die Staatsanwaltschaft den presserechtlichen Auskunftsanspruch erfülle und damit schlicht verwaltend tätig werde[940]. Es lässt allerdings diejenigen Konstellationen außer Betracht, in denen die Staatsanwaltschaft aus eigenem Antrieb, ohne eine vorhergehende presserechtliche Anfrage, eine öffentliche Erklärung zum Ermittlungsstand abgibt. Für solche Erklärungen kann der presserechtliche Auskunftsanspruch nämlich nicht, auch nicht analog, herangezogen werden.

4. Ergebnis

Folglich sind für die Überprüfung der Rechtmäßigkeit staatsanwaltschaftlicher Pressemitteilungen die Fachgerichte der Strafgerichtsbarkeit, namentlich ein Strafsenat des OLG, § 25 Abs. 1 EGGVG, zuständig. Ebenso zuständig dürfte ein Strafsenat des OLG sein, soweit es um die gerichtliche Überprüfung der Verweigerung einer gegenüber der Presse nach dem presserechtlichen Auskunftsanspruch zu erteilenden Weitergabe von Informationen über den Ermittlungsstand durch die Staatsanwaltschaft geht[941].

---

938 Gemeinsamer Senat der obersten Bundesgerichte, NJW 1971, 1606 (1607); BVerwG NJW 1975, 893 (893); *Wasmuth*, NStZ 1990, 138 (139).

939 BVerwG NJW 1989, 412 (413).

940 BVerwG NJW 1989, 412 (413).

941 VGH Mannheim NJW 1973, 214 (214); OLG Hamm NJW 1981, 356 (356); MüKoZPO/*Pabst*, Bd. 3, EGGVG § 23 Rn 25; KK-StPO/*Mayer*, EGGVG § 23 Rn 60; Kissel/*Mayer*, GVG, EGGVG § 23 Rn 109. Begehrt der Beschuldigte Auskunft von der Staatsanwaltschaft über ein gegen ihn geführtes Ermittlungsverfahren nach § 147 Abs. 7 StPO oder nach § 174 Abs. 2 StPO sein Verteidiger, um die Rechtsmäßigkeit der Einleitung des gegen ihn geführten Ermittlungsverfahrens gerichtlich überprüfen zu lassen, ist bei Verweigerung derselben nicht der Rechtsweg nach § 23 Abs. 1 S. 1 EGGVG eröffnet, s. nur BVerfG (Vorprüfungsausschuss) NJW 1984, 1451 (1452); OLG Hamburg NJW 1972, 1586 (1586 f.); OLG Karlsruhe NStZ 1982, 434 (434); KK-StPO/*Mayer*, EGGVG § 23 Rn 56; Kissel/*Mayer*, GVG, GVG § 12 Rn 111. Zuständig zur Überprüfung der Ablehnung ist gemäß § 147 Abs. 5 S. 2 StPO das nach § 162 StPO zuständige Gericht. Ebenfalls ausgeschlossen ist der Rechtsweg nach den §§ 23 ff. EGGVG, wenn es um die gerichtliche Überprüfung einer von Seiten der Staatsanwaltschaft verweigerten Akteneinsicht nach § 475 StPO geht. Gegen solche

II. Verfahren nach § 23 Abs. 1 S. 1 EGGVG

Da für den ordentlichen Rechtsweg plädiert wird, werden nachfolgend die dem betroffenen Beschuldigten zur Verfügung stehenden, statthaften Anträge im Verfahren nach § 23 Abs. 1 S. 1 EGGVG auch auf ihre Effektivität und Praktikabilität hin überprüft.

1. Der Antrag nach § 23 Abs. 1 S. 1 EGGVG

Die Staatsanwaltschaft wird als Justizbehörde im Sinne des § 23 Abs. 1 S. 1 EGGVG tätig, wenn sie gegenüber von Medienvertretern in amtlicher Eigenschaft über den Stand eines Ermittlungsverfahrens berichtet[942].

Die Erteilung von Informationen an Medien in Justizangelegenheiten stellt eine Aufgabe der Justizverwaltung und damit eine sonstige Maßnahme nach § 23 Abs. 1 S. 1 EGGVG dar[943]. Staatsanwaltschaftliche Pressemitteilungen sind auch gemäß § 24 Abs. 1 EGGVG geeignet den hiervon betroffenen Beschuldigten in seinen subjektiv-öffentlichen Rechten, namentlich in seinem Allgemeinen Persönlichkeitsrecht aus Art. 2 Abs. 1 i.V.m. Art. 1 Abs. 1 GG, zu verletzten. Schließlich handelt es sich nach der in dieser Arbeit vertretenen Ansicht auch um eine Maßnahme auf dem Gebiet der Strafrechtspflege[944], so dass die Tatbestandsvoraussetzungen des § 23 Abs. 1 S. 1 EGGVG vorliegen.

a. Antragsgegner und -frist

§ 23 EGGVG enthält keine Bestimmung zum Antragsgegner. Gleichwohl muss auch im Verfahren nach §§ 23 ff. EGGVG ein Antragsgegner bezeichnet werden, der für die vom betroffenen Beschuldigten behauptete Rechtsverletzung verantwortlich gemacht werden kann[945]. Antragsgegner im Verfahren nach §§ 23 ff. EGGVG ist das jeweilige Bundesland, in dem die Staatsanwaltschaft, die eine unzulässige Äußerung abgegeben hat, sitzt[946]. In entsprechender Anwendung

---

Entscheidungen der Staatsanwaltschaft kann eine gerichtliche Überprüfung nach § 478 Abs. 3 S. 1 StPO durch das nach § 162 StPO zuständige Gericht herbeigeführt werden, Kissel/*Mayer*, GVG, GVG § 12 Rn 111.

942 BVerwG NJW 1989, 412 (413); KK-StPO/*Mayer*, EGGVG § 23 Rn 13.

943 BGH NJW 1994, 1950 (1951); VGH Mannheim NJW 1973, 214 (214); OLG Hamm NJW 1981, 356 (356); OLG Koblenz StV 1987, 430 (430 f.); OLG Hamm NStZ 1995, 412 (413); OLG Düsseldorf NJW 2005, 1791 (1803); *Dalbkermeyer*, Schutz des Beschuldigten, S. 197; *Neuling*, StV 2008, 387 (389).

944 OLG Koblenz StV 1987, 430 (430).

945 KK-StPO/*Mayer*, EGGVG § 23 Rn 49; MüKoZPO/*Pabst*, Bd. 3, EGGVG § 23 Rn 15.

946 OLG Karlsruhe VersR 2008, 1693 (1694).

des § 78 Abs. 1 Nr. 1 VwGO ist auch die jeweilige Behörde der Staatsanwaltschaft zu bezeichnen[947]. Damit scheidet im Verfahren nach §§ 23 ff. EGGVG eine persönliche Haftung desjenigen Staatsanwalts aus, der die unzulässige Äußerung abgegeben hat.

Der Antrag ist grundsätzlich innerhalb eines Monats nach Bekanntwerden der staatsanwaltschaftlichen Äußerung beim Oberlandesgericht zu stellen, § 26 Abs. 1 EGGVG[948]. Da es sich bei einer staatsanwaltschaftlichen Stellungnahme um einen Realakt handelt, bei dem eine Zustellung oder eine schriftliche Bekanntgabe an den betroffenen Beschuldigten nicht erfolgt, greift die einmonatige Ausschlussfrist allerdings nicht[949]. Zeitlich unbegrenzt ist eine gerichtliche Überprüfung staatsanwaltschaftlicher Äußerungen nach den §§ 23 ff. EGGVG dennoch nicht möglich[950]. Wartet der betroffene Beschuldigte nämlich zu lange mit einem Antrag nach den §§ 23 ff. EGGVG, kann dieser unter Umständen verwirkt sein[951].

b. Statthafte Antragsart

§ 28 EGGVG regelt die in der Sache zu treffende Entscheidung des OLG[952]. Welche Anträge im Rahmen der §§ 23 ff. EGGVG möglich sind, folgt aus § 28 EGGVG. Ausdrücklich normiert § 28 EGGVG die Möglichkeit eines Anfechtungsantrags (§ 28 Abs. 1 S. 1 EGGVG), eines Folgenbeseitigungsantrags (§ 28

---

947 MüKoZPO/*Pabst*, Bd. 3, EGGVG § 23 Rn 15.

948 Zur Form des Antrags s. Kissel/*Mayer*, GVG, EGGVG § 26 Rn 19 ff. Der Antrag kann sowohl schriftlich als auch mündlich erhoben werden und ist zu begründen. Das Verfahren ist gebührenfrei, vgl. MüKoZPO/*Pabst*, Bd. 3, EGGVG § 30 Rn 2.

949 BGH BeckRS 1963, 31184010, betreffend die mündliche Bekanntgabe des Direktors einer Strafanstalt; OLG Koblenz StV 1987, 430 (431), betreffend eine staatsanwaltschaftliche Presseerklärung; OLG Hamm NStZ 1984, 136 (136), betreffend die Durchsuchung von Geschäftsräumen.

950 So aber OLG Hamm NStZ 1984, 136 (136). Gleichwohl verbietet sich auch eine etwa aus § 27 Abs. 3 EGGVG abzuleitende Ausschlussfrist von einem Jahr, s. Kissel/*Mayer*, GVG, EGGVG § 26 Rn 4.

951 RG GRUR 1948, 292 (293 f.) – Vauka; OLG Frankfurt a.M. GRUR 1948, 302 (304) – Wila; BGH NJW 1951, 272 (273); 1987, 1400 (1402); BAG NJW 1958, 1988 (1988); OLG Koblenz StV 1987, 430 (431), welches eine Verwirkung in dem zu entscheidenden Fall verneint hat, da der betroffene Beschuldigte zuvor im Wege der Dienstaufsichtsbeschwerde gegen die streitige staatsanwaltschaftliche Äußerung vorgegangen war. Kissel/*Mayer*, GVG, EGGVG § 26 Rn 4; OLG Koblenz StV 1987, 430 (431).

952 Kissel/*Mayer*, GVG, EGGVG § 28 Rn 1.

Abs. 1 S. 2 EGGVG), eines Fortsetzungsfeststellungsantrags (§ 28 Abs. 1 S. 4 EGGVG) sowie eines Verpflichtungsantrags (§ 28 Abs. 2 EGGVG).

aa. Folgenbeseitigungsantrag

Der betroffene Beschuldigte kann mit Hilfe eines Folgenbeseitigungsantrags nach § 28 Abs. 1 S. 2 EGGVG gegen eine unzulässige Stellungnahme von Seiten der Staatsanwaltschaft vorgehen[953]. Die Folgenbeseitigung richtet sich auf die Beseitigung gegenwärtig fortdauernder Beeinträchtigungen respektive deren Folgen[954]. Der betroffene Beschuldigte kann grundsätzlich mithin Aufhebung, Ergänzung, Richtigstellung oder Widerruf einer bereits öffentlich getätigten unzulässigen Stellungnahme der Staatsanwaltschaft verlangen[955]. Weil die staatsanwaltschaftliche Presseerklärung bereits getätigt wurde, kommt ein Verlangen nach Aufhebung letztlich nicht in Betracht[956]. Dies dürfte allerdings nur für mündlich getätigte Äußerungen der Fall sein. Ein Verlangen nach Aufhebung macht allerdings dann durchaus Sinn, wenn etwa eine unzulässige Stellungnahme der Staatsanwaltschaft jederzeit online auf der Homepage der Staatsanwaltschaft abrufbar ist.

Der Widerrufsantrag kann sich nur gegen eine erwiesen unwahre Tatsachenbehauptungen richten, nicht aber gegen eine reine Meinungsäußerung, selbst dann nicht, wenn diese unhaltbar ist[957]. Die Information der Öffentlichkeit über ein laufendes Ermittlungsverfahren ist dem Beweis zugänglich. Sofern die Staatsanwaltschaft hierzu unwahre Informationen an die Medien respektive an die Öffentlichkeit herausgibt, kann der davon betroffene Beschuldigte hiergegen mit der Rechtsfolge des Widerrufs vorgehen. Als Exempel einer unwahren Tatsachenbehauptung soll das Vorgehen der Staatsanwaltschaft Wiesbaden im Fall Jahns[958] dienen. So ist die Erklärung der Staatsanwaltschaft Wiesbaden, gegen

---

953 *Altenhain*, Öffentlichkeit im Strafverfahren, C 48; *Dalbkermeyer*, Schutz des Beschuldigten, S. 204; *Neuling*, StV 2008, 387 (388, 390).

954 *Neuling*, StV 2008, 387 (390).

955 *Dalbkermeyer*, Schutz des Beschuldigten, S. 204; *Neuling*, StV 2008, 387 (388, 390).

956 KK-StPO/*Mayer*, EGGVG § 18 Rn 16.

957 BGH NJW 1953, 1386 (1386 f.); 1965, 35 (36); 294 (295) zum öffentlich erhobenen Vorwurf strafbarer Handlung, allerdings durch eine private Person. Der *BGH* hat in dem zu entscheidenden Fall eine Meinungsäußerung angenommen, da der Straftatbestand als solcher unstreitig und der Öffentlichkeit bekannt war; 1976, 620 (623) – Stiftung Warentest; 1982, 2246 (2246); VGH München NVwZ 1986, 327 (327); *Ossenbühl/Cornils*, Staatshaftungsrecht, S. 372; *Scherer*, ZRP 1990, 332 (337).

958 S. zum Fall Jahns eingehend unter 2. Kapitel E. II. 1. b. aa.

Jahns sei eine neue Anzeige eingegangen, eine dem Beweis zugängliche Tatsachenbehauptung. Sie war im Ergebnis objektiv unrichtig[959], so dass es sich bei ihr um eine unwahre Tatsachenbehauptung handelte. Ein Widerrufsantrag Jahns hätte demnach Erfolg gehabt.

Auch Genugtuung kann der Beschuldigte im Wege des Widerrufs nicht erreichen. Der Widerruf ist nach Ansicht des *BGH* nicht dazu bestimmt, dem Verletzen Genugtuung zu verschaffen[960].

Der Widerruf ist daher zum Schutz der Rechte des betroffenen Beschuldigten kaum geeignet.

bb. Feststellungs- und Leistungsantrag

Nicht im § 28 EGGVG normiert sind andere Antragsarten, wie etwa der jeweils als Leistungsantrag ausgestaltete Unterlassungsantrag sowie der vorbeugende Unterlassungsantrag. Ebenso wenig von § 28 EGGVG erfasst ist der Feststellungsantrag. Gerade diese Antragsarten helfen aber betroffenen Beschuldigten, sich gegen unzulässige öffentliche Stellungnahmen der Staatsanwaltschaft im Stadium des Ermittlungsverfahrens effektiv gerichtlich zur Wehr setzen zu können. Mit einem Unterlassungsantrag kann sich der betroffene Beschuldigte gegen künftig drohende persönlichkeitsrechtsverletzende Stellungnahmen der Staatsanwaltschaft wenden. Mit dem Feststellungsantrag kann deren Rechtswidrigkeit gerichtlich festgestellt werden. Beide Antragsarten sind deswegen von entscheidender Bedeutung für den betroffenen Beschuldigten, da diese weitergehen als der Folgenbeseitigungsantrag nach § 28 Abs. 1 S. 2 EGGVG, wonach „nur" Widerruf oder Richtigstellung einer unzulässigen staatsanwaltschaftlichen Äußerung im Stadium des Ermittlungsverfahrens verlangt werden kann. Der Anspruch auf Widerruf ist nach Ansicht des *BGH* nicht einmal dazu bestimmt, dem Verletzten Genugtuung zu verschaffen. Die größere Wirkkraft eines Unterlassungsantrags zeigt sich auch im Hinblick auf dessen Reichweite. Im Gegensatz zum Widerruf erstreckt sich ein Unterlassungsantrag nicht nur auf unwahren Tatsachenbehauptungen, sondern auch auf Werturteile[961]. Die in einem erwirkten Unterlassungstitel eröffnete Möglichkeit der Anordnung von

959 LG Wiesbaden NJW 2015, 2975 Rn 96 ff. – Jahns.

960 So BGH NJW 1953, 1386 (1387). *Scherer*, ZRP 1990, 332 (337) fordert daher die Abschaffung des Widerrufs als Rechtsfolge persönlichkeitsrechtsverletzender Äußerungen.

961 VGH München NVwZ 1986, 327 (327); *Ossenbühl/Cornils*, Staatshaftungsrecht, S. 373.

Ordnungsmitteln und -haft (vgl. § 890 ZPO) spricht ebenfalls für den Unterlassungsantrag als effektiverer Rechtsbehelf.

Die Zulässigkeit eines Unterlassungsantrags ist wegen seiner Nichtnormierung in § 28 EGGVG umstritten[962]. In der obergerichtlichen Rechtsprechung wird ein Feststellungsantrag oder Leistungsantrag im Verfahren nach den §§ 23 ff. EGGVG regelmäßig als unzulässig zurückgewiesen[963]. Dem ist aus vielerlei Gründen jedoch nicht zu folgen. Zum einen kann die Argumentationsgrundlage zur Möglichkeit des einstweiligen Rechtsschutzes nach den §§ 23 ff. EGGVG[964] für die Bejahung eines Leistungs- und Feststellungsantrags herangezogen werden. Eine Zulässigkeit anderer als der im Verfahren nach §§ 23 ff. EGGVG vorgesehenen Antragsarten folgt danach aus dem in Art. 19 Abs. 4 S. 1 GG normierten Grundsatz des effektiven Rechtsschutzes[965]. Obwohl die §§ 23 ff. EGGVG keinen einstweiligen Rechtsschutz vorsehen, wird dieser im Hinblick auf den Grundsatz des effektiven Rechtsschutzes dennoch gewährt. Nichts anderes sollte für Leistungs- und Feststellungsanträge im Verfahren nach den §§ 23 ff. EGGVG gelten. Zum anderen hätte eine Nichtberücksichtigung dieser

962 **Befürworter**: BVerfG (Kammer) NJW 2000, 3126 (3127), schließt einen vorbeugenden Unterlassungsantrag im Verfahren nach § 23 EGGVG nicht von vornherein aus; OLG Koblenz StV 1987, 430 (430); wohl auch OLG Düsseldorf NJW 2005, 1791 (1803) – Mannesmann, das von der Genugtuungsfunktion eines die Rechtswidrigkeit staatsanwaltschaftlicher Äußerungen im Ermittlungsverfahren feststellenden Urteils im Verfahren nach § 23 EGGVG ausgeht; MüKoZPO/*Pabst*, Bd. 3, EGGVG § 23 Rn 13, § 28 Rn 16 f.; KK-StPO/*Mayer*, EGGVG § 28 Rn 10; *Helmken*, NStZ 1985, 525 (527); *Neuling*, StV 2008, 387 (388 f.). **Gegner:** OLG München NJW 1975, 509 (510 f.); OLG Frankfurt NStZ 1982, 134 (134); OLG Koblenz NJW 1985, 2038 (2040); OLG Hamburg NStZ-RR 1996, 13 (14); OLG Karlsruhe NStZ 1985, 525 (526); VG Dresden, Urteil vom 28.6.2016 – 2 K 1573/15, BeckRS 2016, 51155; Kissel/*Mayer*, GVG, EGGVG § 28 Rn 13, unter absolutem Ausschluss eines Feststellungsantrags; Meyer-Goßner/*Schmitt*, StPO, Anh. 2 EGGVG, vor § 23 Rn 2, der aber ausnahmsweise für einen vorbeugenden Unterlassungsantrag plädiert, wenn der Antragsteller nicht in zumutbarer Weise auf nachträglichen Rechtsschutz verwiesen werden kann.

963 OLG München NJW 1975, 509 (510 f.), zum vorbeugenden Unterlassungsantrag sowie zum allgemeinen Feststellungsantrag; OLG Hamm NStZ-RR 1996, 209 (210), zum vorbeugenden Unterlassungsantrag; OLG Frankfurt a.M. NStZ 1982, 134 (134), betreffend einen allgemeinen Leistungsantrag; OLG Koblenz NJW 1985, 2038 (2040), betreffend einen vorbeugenden Unterlassungsantrag; OLG Hamburg NStZ-RR 1996, 13 (14); unter großem Begründungsaufwand OLG Karlsruhe NStZ 1985, 525 (526), jeweils zum allgemeinen Feststellungsantrag.

964 S. dazu nachfolgend 5. Kapitel B. II. 1. d.

965 *Neuling*, StV 2008, 387 (389).

Antragsarten zur Folge, dass die gerichtliche Überprüfung strafprozessualer Maßnahmen im Verfahren nach § 23 EGGVG erheblich lückenhaft wäre[966]. Dies wäre unter rechtsstaatlichem Aspekt kaum vertretbar. Schließlich würde sich dadurch der ordentliche Rechtsweg nach § 23 Abs. 1 S. 1 EGGVG gegenüber dem Verwaltungsrechtsweg gemäß § 40 Abs. 1 S. 1 VwGO aus Sicht des Beschuldigten deutlich nachteiliger auswirken, da dieser im Vergleich zum Verwaltungsrechtsweg weniger Rechtsschutzmöglichkeit eröffnete.

Nichts anderes ergibt sich darüber hinaus aus einer Entscheidung des *BGH*[967], wonach ein dem Strafprozess an sich fremder Feststellungsantrag im Hinblick auf Art. 19 Abs. 4 S. 1 GG unter bestimmten Voraussetzungen zulässig sein kann, etwa dann, wenn wegen der erheblichen Folgen eines Angriffs oder wegen einer Gefahr der Wiederholung ein nachwirkendes Bedürfnis für eine richterliche Überprüfung besteht[968]. Die erheblichen Auswirkungen für das Allgemeine Persönlichkeitsrecht des von einer unzulässigen staatsanwaltschaftlichen Öffentlichkeitsarbeit betroffenen Beschuldigten liegen auf der Hand. Die Gefahr der Wiederholung ist real, wenn sich die Staatsanwaltschaft mehrfach öffentlich vorverurteilend zum Ermittlungsstand äußert[969]. Auch ein Bedürfnis des Beschuldigten, gegen vermeintlich unzulässige Äußerungen der Staatsanwaltschaft vorzugehen, ist selbstverständlich. Eine vorverurteilende öffentliche Mitteilung kann nicht nur das berufliche Leben des Beschuldigten ruinieren[970], sondern auch dessen soziales und privates Umfeld. Das Richtigstellungsbedürfnis folgt unzweifelhaft aus dem Rehabilitationsinteresse des betroffenen Beschuldigten.

Sofern der Beschuldigte sich nachträglich gegen bereits getätigte vorverurteilende Erklärungen der Staatsanwaltschaft gerichtlich zur Wehr setzten will, stehen ihm im Verfahren nach den §§ 23 EGGVG demnach auch der

966 *Helmken*, NStZ 1985, 525 (527).

967 BGH NJW 1978, 1815. Gegenstand der Entscheidung war die Überprüfung der Rechtsmäßigkeit einer Durchsuchungsanordnung nach § 103 StPO. Zustimmend *Helmken*, NStZ 1985, 525 (527).

968 BGH NJW 1978, 1815 (1815).

969 Wie es die Staatsanwaltschaft etwa im Fall des Germanwings-Absturzes getan hat, indem sie die Öffentlichkeit fast täglich mit neuen Ermittlungsergebnissen in Kenntnis setzte, so *Darnstädt*, Der Spiegel 16/2015, 28 (28).

970 Ist der Beschuldigte etwa Berufseinsteiger, wird sich ein künftiger Arbeitgeber schwertun, jemanden einzustellen, gegen den ein staatsanwaltschaftliches Ermittlungsverfahren geführt wird, welches öffentlich ausgetragen wird. Ist der Beschuldigte bereits in einem Betrieb eingegliedert, muss er möglicherweise mit einer Druckkündigung rechnen oder damit, dass sich Geschäftspartner von ihm abwenden. Weitere Beispiele bei *Neuling*, StV 2008, 387 (389).

Leistungsantrag in Form des Unterlassungsantrags zur Verfügung. Er folgt aus einer analogen Anwendung der §§ 23 Abs. 2, 28 Abs. 2 EGGVG[971]. Voraussetzung dafür ist das Vorliegen einer Wiederholungsgefahr[972]. Sie wird aufgrund der bereits vorausgegangenen unzulässigen Stellungnahme zunächst vermutet, sofern letztere nicht lange Zeit zurückliegt[973]. Aufgrund dieser Vermutungsregel für die Bejahung der Wiederholungsgefahr dürfte der Unterlassungsantrag für den Beschuldigten weniger problematisch in seiner praktischen Durchsetzung sein[974]. Die Staatsanwaltschaft dürfte in der Regel von der Rechtmäßigkeit ihrer Äußerung ausgehen und sich nicht veranlasst sehen, hiervon Abstand zu nehmen, so dass der betroffene Beschuldigte auch weiterhin mit Stellungnahmen ihrerseits zu rechnen hat[975].

Ein vorbeugender Unterlassungsantrag kann gestellt werden, wenn der Beschuldigte von einer beabsichtigten öffentlichen Stellungnahme der Staatsanwaltschaft Kenntnis erlangt[976]. Auch dieser Antrag folgt aus den §§ 23 Abs. 2, 28 Abs. 2 EGGVG analog[977]. Kenntnis erlangt der Beschuldigte zunächst von der Staatsanwaltschaft selbst. Die Staatsanwaltschaft ist verpflichtet, den Beschuldigten oder seinen Verteidiger vor einer beabsichtigten Unterrichtung der Öffentlichkeit über ein gegen den Beschuldigten anhängiges Ermittlungsverfahren oder die beabsichtigte Anklageerhebung zu informieren. Dies gebieten die Grundsätze des fairen Verfahrens sowie der Waffengleichheit. Dass in dieser Information der Staatsanwaltschaft an den Beschuldigten konkrete Anhaltspunkte für eine beabsichtigte vorverurteilende Äußerung greifbar sind, ist aber fraglich. In den Fällen, in denen die Staatsanwaltschaft aus eigenem Antrieb an die Öffentlichkeit tritt und Informationen zum Ermittlungsstand weitergibt, kann dem Beschuldigten ein vorbeugender Unterlassungsantrag kaum helfen, da er nicht einmal Kenntnis davon hat, wann die Staatsanwaltschaft an die Öffentlichkeit tritt und welchen Inhalt ihre beabsichtigte Äußerung haben wird. Gibt

971 MüKoZPO/*Pabst*, Bd. 3, EGGVG § 28 Rn 16.

972 *Schuschke*/Walker, Vollstreckung und vorläufiger Rechtsschutz, vor § 935 ZPO Rn 139; *Neuling*, StV 2008, 387 (389). Zur Bestimmung der Widerholungsgefahr kann auf die für das Presserecht geltenden Grundsätze zurückgegriffen werden, *Ossenbühl/Cornils*, Staatshaftungsrecht, S. 367.

973 *Schuschke*/Walker, Vollstreckung und vorläufiger Rechtsschutz, vor § 935 ZPO Rn 139; *Ossenbühl/Cornils*, Staatshaftungsrecht, S. 367; *Neuling*, StV 2008, 387 (389).

974 *Ossenbühl/Cornils*, Staatshaftungsrecht, S. 367; *Neuling*, StV 2008, 387 (390).

975 *Ossenbühl/Cornils*, Staatshaftungsrecht, S. 367.

976 *Neuling*, StV 2008, 387 (388).

977 MüKoZPO/*Pabst*, Bd. 3, EGGVG § 28 Rn 16.

die Staatsanwaltschaft etwa nur Verfahrensergebnisse preis, sind keine Beschuldigtenrechte tangiert. Beabsichtigt die Staatsanwaltschaft aber die Herausgabe personenbezogener Informationen, ist ein vorbeugender Unterlassungsantrag statthaft.

Ferner kann der betroffene Beschuldigte die gerichtliche Feststellung der Rechtswidrigkeit der staatsanwaltschaftlichen Äußerung verlangen, wenn sie den Beschuldigten in seinen Rechten verletzt hat, vgl. § 24 Abs. 1 EGGVG[978]. Dies folgt aus § 28 Abs. 1 S. 4 EGGVG analog[979]. Voraussetzung hierfür ist das Vorliegen eines berechtigten Feststellungsinteresses[980]. Der betroffene Beschuldigte muss schlüssig geltend machen, von einer bestimmten Äußerung der Staatsanwaltschaft in seinen Rechten verletzt worden zu sein. Das daraus resultierende Rehabilitationsbegehren des von einer unzulässigen staatsanwaltschaftlichen Äußerung betroffenen Beschuldigten dürfte regelmäßig dessen Feststellungsinteresse begründen[981]. Der Feststellungsantrag ist aber gemäß § 43 Abs. 2 S. 1 VwGO analog subsidiär gegenüber dem Leistungsantrag[982]. Der betroffene Beschuldigte muss also anfangs mit Hilfe des Unterlassungsantrags gegen eine (vermeintlich) rechtswidrige Äußerung der Staatsanwaltschaft vorgehen, vorausgesetzt, die Wiederholungsgefahr ist zu bejahen[983].

cc. Verpflichtungsantrag

Ändert sich im Laufe des Ermittlungsverfahrens der Umfang des Strafvorwurfs zugunsten des Beschuldigten, kann dieser von der Staatsanwaltschaft verlangen, eine berichtigende Pressemitteilung herauszugeben. Lehnt die Staatsanwaltschaft den Berichtigungsantrag ab, stellt ihre Ablehnung einen Justizverwaltungsakt

---

978 BGH NJW 1994, 1950 (1951); OLG Koblenz StV 1987, 430 (430); Kissel/*Mayer*, GVG, EGGVG § 28 Rn 10. Die Zulässigkeit eines Feststellungsantrags im Verfahren nach § 23 EGGVG folgt auch aus dem Urteil des OLG Düsseldorf NJW 2005, 1791 (1803) – Mannesmann. Danach wird von der Genugtuungsfunktion einer die Rechtswidrigkeit staatsanwaltschaftlicher Äußerungen feststellenden gerichtlichen Entscheidung im Verfahren nach § 23 EGGVG ausgegangen. **Dagegen:** OLG München NJW 1975, 509 (511); OLG Karlsruhe NStZ 1985, 525 (526); Meyer-Goßner/*Schmitt*, StPO, Anh. 2 EGGVG, vor § 23 Rn 2.

979 So MüKoZPO/*Pabst*, Bd. 3, EGGVG § 28 Rn 17.

980 OLG Koblenz StV 1987, 430 (430); MüKoZPO/*Pabst*, Bd. 3, EGGVG § 28 Rn 17; KK-StPO/*Mayer*, EGGVG § 28 Rn 10.

981 OLG Koblenz StV 1987, 430 (431); VG Dresden, Urteil vom 28.6.2016 – 2 K 1573/15, BeckRS 2016, 51155.

982 MüKoZPO/*Pabst*, Bd. 3, EGGVG § 28 Rn 17.

983 VG Dresden, Urteil vom 28.6.2016 – 2 K 1573/15, BeckRS 2016, 51155.

i.S.d. § 23 EGGVG dar[984]. In diesem Fall kann der Beschuldigte gemäß § 28 Abs. 2 S. 1 EGGVG die Staatsanwaltschaft beziehungsweise das beklagte Land dazu verpflichten, eine nunmehr berichtigende Pressemitteilung herauszugeben[985]. Daran dürften diejenigen Beschuldigten ein Interesse haben, die ein gewisses Ansehen in der Öffentlichkeit genießen. Auf diesem Wege können sie zumindest versuchen, den infolge der strafrechtlichen Ermittlungen gegen sie eintretenden Imageschaden gering zu halten.

Eine bloße (anwaltliche) Aufforderung gegenüber der Staatsanwaltschaft, eine berichtigende Pressemitteilung abzugeben, kann im Hinblick auf nachfolgend einzulegende Rechtsbehelfe fatale Folgen haben. Lehnt die Staatsanwaltschaft dies etwa ab und versäumt es der Betroffene, einen Antrag nach § 28 Abs. 2 EGGVG zu stellen, führt dies unter Umständen gemäß § 839 Abs. 3 BGB zum Ausschluss eines Schadensersatz- oder Geldentschädigungsanspruchs[986].

c. *Vorläufiger Rechtsschutz*

Im Verfahren nach § 23 EGGVG ist gegen einen Beschluss des OLG die Rechtsbeschwerde zum BGH statthaft, wenn sie das OLG zugelassen hat (§ 29 EGGVG). Die Einstufigkeit des Rechtswegs ermöglicht eine zeitnahe gerichtliche Überprüfung des Begehrens des Antragstellers[987]. Dennoch gibt es auch Situationen, in denen ein Abwarten auf eine gerichtliche Entscheidung im Hauptsacheverfahren für den Betroffenen unerträglich sein kann. Bei unzulässigen staatsanwaltschaftlichen Stellungnahmen in der Öffentlichkeit kann der hiervon betroffene Beschuldigte durchaus ein Interesse daran haben, so schnell wie möglich hiergegen vorzugehen, nicht zuletzt deshalb, da derartigen Stellungnahmen ein gesteigertes Vertrauen entgegengebracht werden darf[988]. Neben der schnellen Erlangung von Genugtuung sprechen hierfür vor allem wirtschaftliche und soziale Aspekte. Eine öffentliche Verdächtigung des Beschuldigten kann sich ruinös auf sein berufliches Dasein auswirken[989]. Der Beschuldigte braucht nicht

984 OLG Karlsruhe VersR 2008, 1693 (1694).

985 OLG Karlsruhe VersR 2008, 1693 (1694).

986 OLG Karlsruhe VersR 2008, 1693 (1694).

987 OLG Düsseldorf NJW 2005, 1791 (1803) – Mannesmann.

988 BVerfG (Kammer) NJW-RR 2010, 1195 (1197); OLG Karlsruhe NJW-RR 1993, 732 (733); OLG Düsseldorf NJW 2005, 1791 (1802) – Mannesmann; LG Wiesbaden NJW 2015, 2975 Rn 101 – Jahns; *Lehr*, NStZ 2009, 409 (411 f.); *ders.*, NJW 2013, 728 (733); *Hohmann* NJW 2009, 881 (882); *Sajuntz*, NJW 2016, 1921 (1922).

989 Zu nennen ist hier nur das Beispiel des ehemaligen Wettermoderators Jörg Kachelmann. Die Staatsanwaltschaft Mannheim hat gegen Kachelmann wegen des Vorwurfs der schweren Vergewaltigung und gefährlicher Körperverletzung Anklage erhoben.

einmal sog. Prominenter zu sein. Auch die öffentliche Verdächtigung im nur lokalen Umfeld kann schwerwiegende berufliche Auswirkungen für den betroffenen Beschuldigten haben[990]. Negativ wirkt sich die öffentliche Verdächtigung einer Straftatbegehung auch auf das familiäre und soziale Umfeld aus. Freunde des Beschuldigten wenden sich von diesem ab, weil sie nichts mit einem (vermeintlichen) Kriminellen zu tun haben möchten. Eine Herausforderung kann die öffentliche Verdächtigung auch für das Familienleben darstellen, wenn sie für Familienanagehörige überraschend kommt.

Der von der öffentlichen Mitteilung der Staatsanwaltschaft betroffene Beschuldigte hat in solchen Fällen ein großes Interesse daran, die vermeintlich unrichtige Äußerungen richtig zu stellen, und dies so zeitnah wie möglich, um die eingetretene oder drohende Beeinträchtigung seines Allgemeinen Persönlichkeitsrechts so gering wie möglich zu halten.

Entscheidet man sich für den Rechtsweg des § 23 Abs. 1 S. 1 EGGVG, stellt sich die Frage, ob § 23 EGGVG hinreichenden Rechtsschutz i.S.d. Art. 19 Abs. 4 S. 1 GG bietet. Dies könnte insofern problematisch sein, da die vermeintliche Schwachstelle der §§ 23 ff. EGGVG wohl darin liegt, dass sie keine einstweilige Rechtsschutzmöglichkeit bieten[991], um einem (drohenden) Grundrechtseingriff mit einer Gerichtsentscheidung zuvorzukommen. Bei den §§ 23 bis 30 EGGVG handelt es sich nämlich nicht um ein einstweiliges Verfügungsverfahren[992]. Einstweiliger Rechtsschutz ist dann zu gewähren, wenn dem Betroffenen eine erhebliche, über Randbereiche hinausgehende Interessenverletzung droht, die durch eine Entscheidung in der Hauptsache nicht mehr beseitigt werden kann,

---

Von Beginn an fand das Strafverfahren unter enormer Medienpräsenz statt. Obwohl Kachelmann von den Vorwürfen in erster Instanz freigesprochen wurde, LG Mannheim, Urteil vom 31.5.2011 – 5 KLs 404 Js 3608/10, hat er seinen vorherigen Beruf als Wettermoderator endgültig verloren.

990 Beispielhaft soll an dieser Stelle der Fall des ehemaligen EBS-Präsidenten Jahns genannt werden. Gegen Jahns wurde wegen des Verdachts der gewerbsmäßigen Untreue ermittelt. Die Ermittlungstätigkeiten der Staatsanwaltschaft Wiesbaden gegen ihn dauerten ein Jahr an und wurden öffentlichkeitswirksam inszeniert. Es kam schließlich zur vorläufigen Festnahme Jahns. Infolgedessen verlor Jahns sein im Zeitpunkt des Haftbefehls ruhendes Amt als Präsident, seine Position als Geschäftsführer sowie seinen Hochschullehrervertrag. Ein Jahr nach Aufnahme der (öffentlich geführten) Ermittlungen wurde gegen Jahns Anklage erhoben.

991 OLG Rostock BeckRS 2005, 09628; Löffler/*Burkhardt*, LPG, § 4 Rn 193.

992 Klarstellend BGH NJW 1994, 1950 (1951); Kissel/*Mayer*, GVG, EGGVG § 28 Rn 25; KK-StPO/*Mayer*, EGGVG § 28 Rn 24.

es sei denn, dass ausnahmsweise überwiegende, besonders gewichtige Gründe entgegenstehen[993].

Obwohl im Verfahren nach §§ 23 ff. EGGVG eine einstweilige Anordnung nicht vorgesehen ist, steht dies ihrem Erlass nicht entgegen. In Ausnahmefällen soll vorläufiger Rechtsschutz auch da zulässig sein, wo er eigentlich nicht vorgesehen ist, mithin auch im Verfahren nach den §§ 23 ff. EGGVG[994]. Dies gebietet Art. 19 Abs. 4 S. 1 GG, der nicht nur das formelle Recht und die theoretische Möglichkeit des effektiven Rechtsschutzes garantiert[995]. Gestützt wird dieser Standpunkt zusätzlich durch einen Verweis auf die im Strafvollzugsrecht geltenden §§ 109, 113 StVollzG[996]. Diese lehnen sich in ihrer Formulierung an die §§ 23, 28 EGGVG an, sehen aber den Erlass einer einstweiligen Anordnung ausdrücklich vor, vgl. § 114 Abs. 2 S. 2 Hs. 2 StVollzG[997].

Für die summarische Verfahrensweise der einstweiligen Verfügung elementar ist aber, die Rechte des Antragstellers zu sichern und nicht ihrer Befriedigung zu dienen[998]. Deswegen darf die einstweilige Verfügung die Entscheidung in der Hauptsache nicht vorwegnehmen[999]. Das ist bei einer gerichtlichen Überprüfung staatsanwaltschaftlicher Äußerungen im Verfahren des Eilrechtsschutzes aber problematisch. Der betroffene Beschuldigte wird in der Regel den Widerruf, die Unterlassung der unzulässigen staatsanwaltschaftlichen Äußerung oder die Feststellung ihrer Rechtswidrigkeit begehren.

Zulässig ist eine vorläufige vorbeugende Unterlassungsverfügung[1000] gegen eine noch unveröffentlichte Äußerung der Staatsanwaltschaft, sofern der

---

993 BVerfG NJW 1989, 827 (827).

994 OLG Karlsruhe VersR 2008, 1693 (1694); NStZ 1994, 142 (143); Kissel/*Mayer*, GVG, EGGVG § 38 Rn 25; KK-StPO/*Mayer*, EGGVG § 28 Rn 24; Meyer-Goßner/*Schmitt*, StPO, Anh. 2 EGGVG, § 28 Rn 13; *Neuling*, StV 2008, 387 (389); Prütting/Gehrlein/*Schmidt*, ZPO, EGGVG § 28 Rn 11 mit Verweis auf BVerfG NJW 1978, 693 (693); Der Beschluss des *BVerfG* befasst sich allerdings mit dem vorläufigen Rechtsschutz im Sozialgerichtsverfahren und der entsprechenden Anwendung des § 123 VwGO. **A.A.:** OLG Hamburg NJW 1979, 279 (279). **Offengelassen:** OLG Hamburg, Beschluss vom 5.11.1976 – VAs 65/76, Rn 6 f. (zitiert nach juris); OLG Hamm, Beschluss vom 5.12.1983 – 7 VAs 98/83 (zitiert nach juris).

995 BVerfG NJW 1973, 1491 (1493); 1976, 141 (141).

996 *Dalbkermeyer*, Schutz des Beschuldigten, S. 206; *Neuling*, StV 2008, 387 (389).

997 Vgl. OLG Hamm NStZ 2017,663 (664).

998 OLG Hamburg, Beschluss vom 5.11.1976 – VAs 65/76, Rn 6 (zitiert nach juris).

999 OLG Karlsruhe NStZ 1994, 142 (143); OLG Hamm, Beschluss vom 5.12.1983 – 7 VAs 98/83 (zitiert nach juris); Kissel/*Mayer*, GVG, EGGVG § 38 Rn 25.

1000 *Schuschke*/Walker, Vollstreckung und vorläufiger Rechtsschutz, vor § 935 Rn 139.

Beschuldigte von dessen beabsichtigter Veröffentlichung Kenntnis erlangt. Voraussetzung hierfür ist die substantiierte Darlegung und Glaubhaftmachung einer Erstbegehungsgefahr[1001]. Ebenso zulässig ist eine vorläufige Unterlassungsverfügung nach bereits getätigter öffentlicher Äußerung der Staatsanwaltschaft[1002]. Voraussetzung hierfür ist das Vorliegen einer Wiederholungsgefahr[1003]. Sie wird aufgrund der vorangegangenen öffentlichen Stellungnahme der Staatsanwaltschaft zunächst vermutet, wenn letztere nicht lange Zeit zurückliegt[1004]. Die vorläufige Unterlassungsverfügung dürfte für den Beschuldigte daher weniger problematisch in seiner praktischen Durchsetzung sein[1005].

Eine feststellende einstweilige Verfügung dürfte hingegen selten zulässig sein[1006]. Es muss ein besonderer, existenzieller Notfall bestehen, der den Antragsteller wegen ansonsten eintretender irreparablen Schäden zur Durchsetzung seines Feststellungsrechts im einstweiligen Verfügungsverfahren berechtigt[1007]. Eine Feststellungsverfügung dürfte daher ausscheiden. Der betroffene Beschuldigte ist aber nicht gänzlich schutzlos. Der Eintritt irreparabler Schäden ist nämlich nicht zu befürchten, da er im Wege der vorläufigen Unterlassungsverfügung gegen unzulässige Äußerungen der Staatsanwaltschaft vorgehen kann.

Problematisch gestaltet sich die Gewährung vorläufigen Rechtsschutzes auch beim Widerruf. Eine Entscheidung des Gerichts hierüber ist endgültig und stellt eine unzulässige Vorwegnahme der Hauptsache dar[1008]. Ein uneingeschränkt erklärter Widerruf einer vermeintlich unzulässigen Äußerung der Staatsanwaltschaft durch einstweilige Verfügung wäre, sollte der Antragsteller

---

1001 *Schuschke*/Walker, Vollstreckung und vorläufiger Rechtsschutz, vor § 935 Rn 139.

1002 VGH Kassel NJW 2001, 3802. **Ausdrücklich dagegen:** OLG Hamm NVwZ 2017, 663 (664). OLG Rostock BeckRS 2005, 09628.

1003 *Schuschke*/Walker, Vollstreckung und vorläufiger Rechtsschutz, vor § 935 Rn 139.

1004 *Schuschke*/Walker, Vollstreckung und vorläufiger Rechtsschutz, vor § 935 Rn 139.

1005 *Neuling*, StV 2008, 387 (390).

1006 OLG Celle NJW 1990, 582 (583); MüKoZPO/*Drescher*, Bd. 2, § 938 Rn 44; BeckOK-ZPO/*Mayer*, ZPO § 938 Rn 23. Für das Verfahren nach § 23 EGGVG **ausdrücklich verneinend:** OLG Karlsruhe NStZ 1997, 407 (407); Meyer-Goßner/*Schmitt*, StPO, Anh. 2 EGGVG, vor § 23 Rn 2.

1007 MüKoZPO/*Drescher*, Bd. 2, § 938 Rn 44.

1008 BGH NJW 1987, 1400 (1400); *Schuschke*/Walker, Vollstreckung und vorläufiger Rechtsschutz, vor § 935 ZPO Rn 144; Musielak/Voit/*Huber*, ZPO, ZPO § 940 Rn 22a; BeckOK-ZPO/*Mayer*, ZPO § 938 Rn 30; *Dalbkermeyer*, Schutz des Beschuldigten, S. 207; *Ricker*, NJW 1990, 2097 (2098).

im darauffolgenden Hauptsacheverfahren unterliegen, nicht rückgängig zu machen[1009]. Im Wege der einstweiligen Verfügung kann daher, und nur in den seltensten Fällen[1010], ein sog. eingeschränkter Widerruf verlangt werden, in dem erklärt wird, die getätigte streitige Äußerung bis zur Klärung im Hauptsacheverfahren vorläufig nicht mehr aufrecht zu erhalten[1011].

Schließlich kann in besonders gelagerten Fällen im Wege der einstweiligen Anordnung versucht werden, das Abhalten einer beabsichtigten Pressekonferenz zu untersagen, beispielsweise dann, wenn die Staatsanwaltschaft nur eineinhalb Stunden nach Zustellung einer umfangreichen Anklageschrift an den Beschuldigten eine dies betreffende Pressekonferenz abzuhalten beabsichtigt[1012]. Der Grundsatz der Waffengleichheit und des fair-trial erfordern, dass dem Beschuldigten ein angemessener Zeitraum zur Kenntnisnahme des Inhalts der Anklageschrift zur Verfügung steht. Nur dann wird dieser in die Lage versetzt, auf Fragen der Medien fundierte Antworten geben zu können[1013].

In Bezug auf die Anforderungen an die Rechtsstaatlichkeit ist demgemäß von der Verlässlichkeit der §§ 23 ff. EGGVG auszugehen, da sie den Anforderungen des Art. 19 Abs. 4 S. 1 GG genügen[1014].

2. *Entscheidung über den Antrag*

Der Beschuldigte obsiegt im Verfahren nach § 23 EGGVG dann, wenn die Stellungnahme der Staatsanwaltschaft rechtswidrig war, vgl. § 28 EGGVG. Dreh- und Angelpunkt der Entscheidung des OLG ist also die Frage der Rechtswidrigkeit der staatsanwaltschaftlichen Stellungnahme. Das angerufene OLG hat sich auch mit der Frage zu beschäftigen, ob für die streitige Stellungnahme

1009 *Schuschke*/Walker, Vollstreckung und vorläufiger Rechtsschutz, vor § 935 ZPO Rn 144.

1010 *Schuschke*/Walker, Vollstreckung und vorläufiger Rechtsschutz, vor § 935 ZPO Rn 144.

1011 BGH NJW 1976, 620 (623) – Stiftung Warentest; 1987, 1400 (1400); Musielak/Voit/*Huber*, ZPO, ZPO § 940 Rn 22a; *Schuschke*/Walker, Vollstreckung und vorläufiger Rechtsschutz, vor § 935 ZPO Rn 144; BeckOK-ZPO/*Mayer*, ZPO § 938 Rn 30; *Dalbkermeyer*, Schutz des Beschuldigten, S. 207 f.

1012 VGH Kassel NJW 2001, 3802.

1013 VGH Kassel NJW 2001, 3802 (3802 f.). Der Grundsatz der Waffengleichheit und des fairen Verfahrens dürfte in ähnlich gelagerten Fallkonstellationen auch bei weniger komplexen Anklageschriften anzuwenden sein.

1014 So auch KK-StPO/*Mayer*, EGGVG § 23 Rn 9.

der Staatsanwaltschaft eine Rechtsgrundlage existiert, und wenn ja, wie weit die Staatsanwaltschaft hiernach mit ihrer Äußerung gehen durfte[1015].

An dieser Stelle darf auf die Grundsätze zurückgegriffen werden, die in der vorliegenden Arbeit zur Ermächtigungsgrundlage für öffentlich getätigte staatsanwaltschaftliche Äußerungen im noch laufenden Ermittlungsverfahren entwickelt worden sind[1016]. Danach gilt für die Entscheidung des Gerichts das Folgende: Nimmt die Staatsanwaltschaft Stellung zu einer konkreten Anfrage von Seiten der Presse, dann erfüllt sie ihre Auskunftspflicht aus dem presserechtlichen Auskunftsanspruch[1017]. Ihre Stellungnahme erfolgt dann aufgrund gesetzlicher Ermächtigung. Findet sich aber keine Rechtsgrundlage, welche die Staatsanwaltschaft zur Stellungnahme ermächtigt, ist ihre Stellungnahme rechtswidrig. Bei eigenmächtig erfolgter Information der Öffentlichkeit dürfte letzteres prinzipiell der Fall sein, jedenfalls dann, wenn diese personenbezogenen Inhalts sind. Sofern die staatsanwaltschaftliche Stellungnahme lediglich nichtpersonenbezogene Informationen enthält, stehen der Stellungnahme keine schützenswerten privaten Belange des hiervon betroffenen Beschuldigten entgegen. Derartige Stellungnahmen folgen unmittelbar aus der Verfassung, namentlich aus dem Rechtsstaatsprinzip (Art. 20 Abs. 3 GG), der Justizgewährungspflicht (Art. 19 Abs. 4 GG), dem Demokratieprinzip (Art. 20 Abs. 1 GG) sowie dem Grundsatz der Gewaltenteilung (Art. 20 Abs. 2 S. 2 GG).

Sofern das „ob“ der jeweiligen Stellungnahme der Staatsanwaltschaft im Stadium des Ermittlungsverfahrens bejaht wird, ist sodann danach zu fragen, ob sie mit dem Inhalt der Stellungnahme über die Ermächtigungsgrundlage hinausgeschossen hat. Dazu wird das „wie“ der staatsanwaltschaftlichen Öffentlichkeitsarbeit geprüft[1018]. Überschreitet die Staatsanwaltschaft diese inhaltlichen Vorgaben, ist ihre Äußerung nicht rechtmäßig.

3. *Bedeutung eines Verfahrens nach den §§ 23 ff. EGGVG*

Der angegriffene Justizverwaltungsakt ist sowohl in tatsächlicher als auch in rechtlicher Hinsicht gerichtlich vollumfänglich nachprüfbar[1019]. Im Verfahren

---

1015 *Neuling*, StV 2008, 387 (390).

1016 Vgl. 3. Kapitel C. VII. 4.

1017 Für die Medien des Rundfunks folgt der Anspruch aus § 9a RStV.

1018 Dazu 2. Kapitel E. II.

1019 BVerfG NJW 1967, 923 (923 f.); BGH NJW 1972, 780 (781); 1994, 1950 (1951); KK-StPO/*Mayer*, EGGVG § 28 Rn 2. *Baumbach/Lauterbach/Albers/Hartmann*, ZPO, EGGVG § 28 Rn 1.

nach den §§ 23 ff. EGGVG ist schließlich auch eine Beweiserhebung - deren Form im Ermessen des zuständigen OLG liegt - vorgesehen[1020]. Es gilt der Untersuchungsgrundsatz.

Die vorherige Anstrengung eines Verfahrens nach § 23 EGGVG hat für den betroffenen Beschuldigten entscheidende Bedeutung. Will dieser wegen Beeinträchtigung seiner Grundrechte wegen unzulässiger staatsanwaltschaftlicher Öffentlichkeitsarbeit gegebenenfalls den Weg bis zum *BVerfG* beschreiten, verlangt der Grundsatz der Subsidiarität der Verfassungsbeschwerde, vgl. § 90 Abs. 2 S. 1 BVerfGG, die Erschöpfung des Rechtswegs[1021]. Von der Rechtswegerschöpfung umfasst sind auch umstrittene Rechtsbehelfe[1022], mithin im Verfahren nach § 23 EGGVG der Feststellungsantrag sowie der (vorbeugende) Unterlassungsantrag[1023]. Deren vorherige Einlegung ist dem betroffenen Beschuldigten zumutbar, da sie, zumal Teile der Rechtsprechung und Literatur für ihre Anwendung im Verfahren nach § 23 EGGVG plädieren, auch nicht von vornherein aussichtslos sind[1024].

Signifikant ist das Verfahren nach § 23 EGGVG auch für Schadensersatz- und Geldentschädigungsanrpüche im Wege des Amtshaftungsanspruchs. Zum einen entfaltet die Entscheidung des OLG im Verfahren nach § 23 EGGVG Bindungswirkung für Zivilgerichte in einem eventuell nachfolgenden Amtshaftungsprozess gemäß § 839 BGB i.V.m. Art. 34 S. 1 GG[1025]. Eine Bindungswirkung scheidet allerdings dann aus, wenn das OLG im einstweiligen Rechtsschutz über die Rechtmäßigkeit der staatsanwaltschaftlichen Stellungnahme entscheidet[1026]. Zum anderen kann die Nichteinlegung gemäß § 839 Abs. 3 BGB zum Ausschluss

---

1020 BGH NJW 1994, 1950 (1951); *Baumbach/Lauterbach/Albers/Hartmann*, ZPO, EGGVG § 28 Rn 1.

1021 St. Rspr. Vgl. BVerfG (Kammer) NJW 2000, 3126 (3126 f.); BVerfG NJW 1972, 1747 (1748); 1985, 2249 (2249); 1988, 2594 (2594); NVwZ 1995, 50 (51), Beil.

1022 BVerfG (Kammer) NJW 2000, 3126 (3126 f.); BVerfG NJW 1985, 2249 (2249).

1023 BVerfG (Kammer) NJW 2000, 3126 (3126 f.) zum umstrittenen vorbeugenden Rechtsschutz im Verfahren nach § 23 EGGVG.

1024 BVerfG (Kammer) NJW 2000, 3126 (3126 f.).

1025 BGH NJW 1994, 1950 (1951); NVwZ 2001, 352 (353 f.); OLG Karlsruhe VersR 2008, 1693 (1694); Kissel/*Mayer*, GVG, EGGVG § 28 Rn 19. Zum Amtshaftungsanspruch vgl. nachfolgend 5. Kapitel C. III.

1026 BGH NVwZ 2001, 352 (354). Die Tatsache, dass Entscheidungen im Verfahren nach den §§ 23 ff. EGGVG im Beschlussverfahren und ohne mündliche Verhandlung ergehen, vgl. § 28 Abs. 4 EGGVG, steht einer Bindungswirkung nicht entgegen, BGH NVwZ 2001, 352 (353 f.). Zur Möglichkeit des einstweiligen Rechtsschutzes im Verfahren nach § 23 EGGVG s. 5. Kapitel B II. 1. d.

des Amtshaftungsanspruchs führen. Schließlich ist ihre Nichteinlegung im Verfahren nach §§ 23 ff. EGGVG geeignet, die Höhe der geforderten Geldentschädigung in einem nachfolgenden Amtshaftungsprozess negativ zu beeinflussen. Das *OLG Düsseldorf*[1027] hat die vorherige Anstrengung eines Verfahrens nach § 23 Abs. 1 S. 1 EGGVG als mitentscheidend für die Bemessung der Höhe einer dem betroffenen Beschuldigten zuzusprechenden Geldentschädigung in einem nachfolgenden Amtshaftungsprozess angesehen. Das Gericht begründet seine Rechtsauffassung mit der Natur des Verfahrens nach § 23 Abs. 1 S. 1 EGGVG. Das Verfahren nach § 23 Abs. 1 S. 1 EGGVG biete, da es nur eine Instanz beinhalte, einen zeitnahen Rechtsschutz für den betroffenen Beschuldigten[1028]. Dieser ermögliche es dem betroffenen Beschuldigten, einer weiteren Persönlichkeitsrechtsverletzung wirkungsvoll entgegenzutreten. Schließlich erfahre der betroffene Beschuldigte durch eine positive Entscheidung des Gerichts Genugtuung, sodass das Verfahren nach § 23 Abs. 1 S. 1 EGGVG deshalb einen anderweitigen Ausgleich für erlittene Persönlichkeitsrechtsverletzungen darstelle, mit der Folge, dass eine weitergehende Entschädigung in Geld gar nicht mehr geboten sei[1029].

Zuzustimmen ist dem *OLG Düsseldorf* darin, dass sich die vorherige Nichteinlegung eines Rechtsbehelfs schadensmindernd auf die Höhe des in einem nachfolgenden Verfahren zu bemessenden Geldentschädigungsanspruchs wegen erlittener Persönlichkeitsrechtsverletzung auswirken muss[1030]. Ob das Verfahren nach § 23 Abs. 1 S. 1 EGGVG aber ausreicht, um eine erlittene Persönlichkeitsrechtsverletzung durch unzulässige Medienauskünfte der Staatsanwaltschaft zu restituieren, ist bedenklich. Das Verfahren nach den §§ 23 ff. EGGVG ist zweifelsfrei geeignet, einer weiteren Vorverurteilung entgegenzutreten. Ohne nachfolgend eingelegte Rechtsbehelfe leidet das Verfahren nach § 23 EGGVG aus Sicht des betroffenen Beschuldigten aber an einem Sanktionsdefizit und ist daher nicht befriedend[1031]. Eine Genugtuungsfunktion für

1027 OLG Düsseldorf NJW 2005, 1791 (1803) – Mannesmann.

1028 Verfahren nach § 23 ff. EGGVG seien in der Regel „in wenigen Wochen oder höchstens Monaten abgeschlossen", vgl. OLG Düsseldorf NJW 2005, 1791 (1803) – Mannesmann.

1029 OLG Düsseldorf NJW 2005, 1791 (1803) – Mannesmann.

1030 BGH NJW 1979, 1041 (1041) – Exdirektor, die Nichteinlegung eines vorherigen Rechtsbehelfs lasse Rückschlüsse auf das Genugtuungsbedürfnis des in seinem Allgemeinen Persönlichkeitsrecht verletzten zu; MüKoLautR/*Ann/Hauck*, Bd. 1, Teil I F. Rn 197.

1031 Ähnlich *Dalbkermeyer*, Schutz des Beschuldigten, S. 208. Aus Sicht der Presse sind die §§ 23 ff. EGGVG hingegen ausreichend. War die Unterlassung der Auskunft den Beschuldigten haben die Rechtsfolgen in diesem Verfahren daher nicht. Der Widerruf ist nur bei unwahren Tatsachenbehauptungen möglich und hat keine Genugtuungsfunktion[1032]. Ein die Rechtswidrigkeit der staatsanwaltlichen Maßnahme feststellendes Urteil hat für den betroffenen Beschuldigten „nur" restitutive Wirkung. Der von einer unzulässigen Öffentlichkeitsarbeit der Staatsanwaltschaft betroffene Beschuldigte wird in der Regel auch ein Interesse daran haben, bei persönlichkeitsrechtsverletzenden Stellungnahmen der Staatsanwaltschaft eine Wiedergutmachung in Form einer Geldentschädigung zu erlangen. Die Möglichkeit einer Geldentschädigung sieht das Verfahren nach § 23 Abs. 1 S. 1 EGGVG aber nicht vor.

Unergiebig ist das Verfahren nach § 23 EGGVG aus Beschuldigtensicht auch im Hinblick auf das Kostenrisiko. Die Kostenentscheidung für das Verfahren nach den §§ 23 ff. EGGVG regelt § 30 EGGVG abschließend[1033]. Die Stellung eines Antrags auf gerichtliche Entscheidung (§ 26 Abs. 1 EGGVG) ist gebührenfrei[1034]. Ist der Antrag zulässig und begründet, fallen ebenfalls keine Gerichtsgebühren an[1035]. Obsiegt der Beschuldigte im Verfahren nach den §§ 23 ff. EGGVG, besteht für die unterliegende Justizbehörde entgegen § 91 ZPO keine Kostentragungspflicht betreffend die außergerichtlichen Kosten[1036] des Beschuldigten[1037]. Deren Erstattung durch die Staatskasse kann nur das OLG nach billigem Ermessen anordnen (§ 30 S. 1 EGGVG)[1038], was jedoch die Ausnahme bleiben

---

durch die Staatsanwaltschaft rechtswidrig, dann wird sie gemäß § 28 Abs. 2 S. 1 EGGVG zur Vornahme der Amtshandlung, vorliegend der begehrten Auskunft, verpflichtet, soweit Spruchreife vorliegt. Ansonsten hebt das Gericht die Entscheidung der Staatsanwaltschaft auf und verpflichtet sie, den Antragsteller nach Maßgabe der im Beschluss niedergelegten Gründe neu zu bescheiden, *Baumbach/Lauterbach/Albers/Hartmann*, ZPO, EGGVG § 28 Rn 8.

1032 BGH NJW 1953, 1386 (1387).

1033 KK-StPO/*Mayer*, EGGVG § 30 Rn 1; Meyer-Goßner/*Schmitt*, StPO, Anh. 2 EGGVG, § 30 Rn 1.

1034 Zöller/*Lückemann*, ZPO, EGGVG § 30 Rn 1.

1035 Gleiches gilt, wenn der Antrag in der Hauptsache für erledigt erklärt wird, Zöller/*Lückemann*, ZPO, EGGVG § 30 Rn 1. Im Übrigen bestimmt sich die Gerichtsgebühr nach Teil 1 Hauptabschnitt 5 Abschnitt 2 Anlage 1 (KV) GNotKG, vgl. Zöller/*Lückemann*, ZPO, EGGVG § 30 Rn 1.

1036 Zur Anwaltsgebühr s. Zöller/*Lückemann*, ZPO, EGGVG § 30 Rn 1.

1037 MüKoZPO/*Pabst*, Bd. 3, EGGVG § 30 Rn 7.

1038 KK-StPO/*Mayer*, EGGVG § 30 Rn 5; NK-Strafrecht/*Duttge/Kangarani*, EGGVG § 30 Rn 1. Zur verfassungsrechtlichen Vereinbarkeit einer derartigen Norm, insbesondere unter dem Aspekt der prozessualen Waffengleichheit, s. BVerfG NJW 1987, 2569 dürfte[1039]. Dies hängt wohl damit zusammen, dass im Verfahren nach den §§ 23 ff. EGGVG keine Anwaltspflicht besteht[1040]. Eine Erstattung der Kosten kann im Fall des Obsiegens nur dann erfolgen, wenn der Justizbehörde ein offensichtliches, grob fehlerhaftes oder willkürliches Verhalten zur Last gelegt wird[1041].

Die Regelung des § 30 EGGVG macht das Verfahren nach den §§ 23 ff. EGGVG für den Beschuldigten unter dem Aspekt der Kostentragungspflicht eher unattraktiv. Es ist davon auszugehen, dass ein von unzulässiger Öffentlichkeitsarbeit betroffener Beschuldigter zur effektiven Geltendmachung seiner Ansprüche einen Rechtsanwalt beauftragen wird. Von sich aus dürfte kaum einer der betroffenen Beschuldigten die Rechtsschutzmöglichkeiten der §§ 23 ff. EGGVG in Betracht ziehen. Hinzu kommt, dass das Verfahren nach § 23 EGGVG vom Beschuldigten grundsätzlich angestrengt werden sollte, erstens wegen dessen Effekt auf die Höhe einer in einem nachfolgenden Verfahren begehrten Geldentschädigung, zweitens, weil ihm anderenfalls eine mangelnde Rechtswegerschöpfung im Sinne des § 90 Abs. 2 S. 2 BVerfGG vorgeworfen werden könnte. Insofern ist die Regelung des § 30 EGGVG für die Erlangung gerichtlichen Rechtsschutzes hinderlich[1042].

4. *Zusammenfassung*

1. Zur gerichtlichen Überprüfung öffentlich getätigter staatsanwaltschaftlicher Stellungnahmen zum Stand eines Ermittlungsverfahrens ist gemäß § 23 Abs. 1 S. 1 EGGVG der Rechtsweg zu den ordentlichen Gerichten eröffnet. Entscheidungsbefugt ist ein Strafsenat des OLG, in dessen Bezirk die Justizbehörde ihren Sitz hat, § 25 Abs. 1 S. 1 Hs. 2 EGGVG.
2. Im Verfahren nach § 23 Abs. 1 S. 1 EGGVG stehen dem von einer unzulässigen Öffentlichkeitsarbeit der Staatsanwaltschaft betroffenen Beschuldigten folgende Möglichkeiten zur Verfügung: Antrag auf Widerruf, Ergänzung

---

(2570), wonach es kein allgemeingültiges Prinzip der Kostenerstattung zugunsten der obsiegenden Partei gibt.

1039 § 30 S. 2 EGGVG verweist gerade nicht auf die §§ 91 Abs. 1 S. 1, 92 ZPO, welche auf das Obsiegen und Unterliegen abstellen, s. OLG Düsseldorf, Beschluss vom 15.10.2014 – I-3 VA 2/12, Rn 13; Meyer-Goßner/*Schmitt*, StPO, Anh. 2 EGGVG, § 30 Rn 3; Zöller/*Lückemann*, ZPO, EGGVG § 30 Rn 1.

1040 **Krit.** MüKoZPO/*Pabst*, Bd. 3, EGGVG § 30 Rn 7, mit Verweis auf einen in der Regel rechtsunkundigen Antragsteller.

1041 OLG Düsseldorf, Beschluss vom 15.10.2014 – I-3 VA 2/12, Rn 13.

1042 MüKoZPO/*Pabst*, Bd. 3, EGGVG § 30 Rn 8.

oder Richtigstellung der streitigen Äußerung (§ 28 Abs. 1 S. 2 EGGVG); (vorbeugender) Unterlassungsantrag gegen die streitige Äußerung (jeweils §§ 28 Abs. 2, 23 Abs. 2 EGGVG analog); Antrag auf Feststellung der Rechtswidrigkeit der streitigen Äußerung (§ 28 Abs. 1 S. 4 EGGVG analog). Mit Ausnahme eines vorläufigen Feststellungsantrags können vorgenannte Rechtsbehelfe auch im Wege des einstweiligen Rechtsschutzes verfolgt werden.

3. Die Entscheidung des OLG im Verfahren nach § 23 EGGVG entfaltet Bindungswirkung für ein gegebenenfalls nachfolgendes Amtshaftungsverfahren. Die vorherige Anstrengung eines Verfahrens nach § 23 EGGVG wirkt sich auf die Höhe der dem betroffenen Beschuldigten zuzusprechenden Geldentschädigung aus.
4. Zur Rechtswegerschöpfung gemäß § 90 Abs. 2 S. 1 BVerfGG hat der betroffene Beschuldigte auch die im Verfahren des § 23 EGGVG umstrittenen Rechtsbehelfsmöglichkeiten auszuschöpfen, zu denen der (vorbeugende) Unterlassungsantrag sowie der Feststellungsantrag gehören.
5. Ändert sich im Laufe des Ermittlungsverfahrens der Umfang des Strafvorwurfs zugunsten des Beschuldigten, kann er die Staatsanwaltschaft gemäß § 28 Abs. 2 S. 1 EGGVG dazu verpflichten, eine nunmehr berichtigende Stellungnahme abzugeben.
6. Die Anstrengung allein eines Verfahrens nach § 23 EGGVG ist für den von einer unzulässigen Öffentlichkeitsarbeit der Staatsanwaltschaft betroffenen Beschuldigten nicht befriedigend. Denn ein Geldentschädigungsanspruch kommt im Verfahren nach § 23 EGGVG nicht in Betracht.
7. Der Erlangung gerichtlichen Rechtsschutzes steht schließlich die Kostentragungsregel des § 30 EGGVG entgegen, wonach die außergerichtlichen Kosten des Beschuldigten für den Fall seines Obsiegens in der Regel nicht erstattet werden.

C. Rechtsschutzmöglichkeiten außerhalb des § 23 EGGVG

Zu klären ist im Folgenden, inwieweit außerhalb des Verfahrens nach § 23 EGGVG effektiver Rechtsschutz für den betroffenen Beschuldigten gegen eine unzulässige Öffentlichkeitsarbeit der Staatsanwaltschaft existiert. Neben dienstrechtlichen kommen auch strafrechtliche, strafverfahrensrechtliche sowie zivilrechtliche Handlungsmöglichkeiten unzulässiger Öffentlichkeitsarbeit in Betracht.

I. Der Amtshaftungsanspruch

Als aus Beschuldigtensicht wichtigster Rechtsbehelf kommt der Amtshaftungsanspruch gemäß § 839 Abs. 1 S. 1 BGB i.V.m. Art. 34 S. 1 GG in Betracht. Der Rechtsweg ist zu den ordentlichen Gerichten eröffnet, vgl. Art. 34 S. 3 GG, § 40 Abs. 2 S. 1 Hs. 1VwGO. Die ausschließliche sachliche Zuständigkeit der Landgerichte folgt unabhängig vom Streitwert aus § 71 Abs. 2 Nr. 2 GVG. Der Amtshaftungsprozess ist demzufolge ein Anwaltsprozess, vgl. § 78 ZPO.

Eine persönliche Haftung des Sprechers der Staatsanwaltschaft, der eine unzulässige Stellungnahme abgegeben hat, besteht beim Amtshaftungsanspruch allerdings nicht. Zwar statuiert § 839 Abs. 1 S. 1 BGB zunächst dessen persönliche Haftung. Sie wird aber gemäß Art. 34 S. 1 GG auf den Staat, respektive auf das jeweilige Bundesland, übertragen[1043].

Die Amtshaftungsklage ist aus Beschuldigtensicht der wohl bedeutendste Rechtsbehelf gegen eine unzulässige staatsanwaltschaftliche Öffentlichkeitsarbeit – trotz überschaubarer Rechtsprechung hierzu[1044]. Anders als bei den im Verfahren nach § 23 EGGVG vorgesehenen Rechtsbehelfen kann im Wege des Amtshaftungsanspruchs eine Entschädigung in Geld verlangt werden[1045]. Die Gerichtsentscheidungen zur Amtshaftung wegen Persönlichkeitsrechtsverletzung aufgrund unzulässiger Öffentlichkeitsarbeit der Staatsanwaltschaft betreffen gleichwohl mehrheitlich Klagen derjenigen Beschuldigten, die eine gewisse gesellschaftliche Stellung innehaben und zumindest in den von ihnen besuchten Kreisen ein Ansehen genießen und beides zu bewahren versuchen[1046]. In nur einem einzigen bekannten Fall einer Amtshaftungsklage wegen unzulässiger

---

1043 BGH NJW 1959, 481 (482); BGH (Großer Senat) NJW 1961, 658 (659 f.); *Voßkuhle/Kaiser*, JuS 2015, 1076 (1076).

1044 BGH NJW 1959, 35; 1986, 1924; 1994, 1950; OLG Hamm NJW-RR 2015, 936; OLG Düsseldorf NJW 2005, 1791 – Mannesmann; OLG Celle NJW 2004, 1461; LG Wiesbaden NJW 2015, 2975 – Jahns.

1045 *Neuling*, StV 2006, 332 (335), empfiehlt in aufsehenerregenden Strafverfahren sogar den Weg über den Amtshaftungsanspruch.

1046 BGH NJW 1986, 1924 (Rechtsberater und Vorstandsvorsitzender einer Gesellschaft); 1994, 1950 (Seniorpartner einer Sozietät und Notar); OLG Hamm NJW-RR 2015, 936 (Chefärztin); OLG Düsseldorf NJW 2005, 1791 – Mannesmann (Vorstandsvorsitzender); LG Wiesbaden NJW 2015, 2975 – Jahns (Lehrstuhlinhaber, habilitierter Ökonom). Zwar nicht betreffend eine Amtshaftungsklage, sondern eine Verletzung des Steuergeheimnisses in einer staatsanwaltschaftlichen Pressemitteilung, VG Saarlouis NJW 2003. 3431 (Geschäftsführer einer GmbH).

Öffentlichkeitsarbeit der Staatsanwaltschaft gehörte der Kläger einer vergleichsweise unteren gesellschaftlichen Stellung an[1047].

Voraussetzung für einen Anspruch des Beschuldigten auf Geldentschädigung im Wege des Amtshaftungsanspruchs ist eine durch die rechtswidrige Amtspflichtverletzung verursachte Beeinträchtigung des Allgemeinen Persönlichkeitsrechts. Medienauskünfte der Staatsanwaltschaft ergehen in Ausübung des öffentlichen Amtes der Staatsanwaltschaft[1048]. Sie sind mit ihrer Ermittlungstätigkeit verbunden.

1. Amtspflichtverletzung

Handelt es sich um eine Auskunftserteilung aufgrund des presserechtlichen Auskunftsanspruchs, dürfte eine Amtspflichtverletzung ausscheiden, wenn sich die Auskunft in den Grenzen des § 3 Abs. 1 S. 2 HPresseG bewegt. Ebenso zulässig dürfte eine staatsanwaltschaftliche Auskunft dann sein, wenn sie eigeninitiativ erfolgt und keine personenbezogenen Informationen enthält. Wann aber eine Amtspflichtverletzung im Rahmen staatsanwaltschaftlicher Öffentlichkeitsarbeit im Ermittlungsverfahren vorliegen kann, sollen die nachfolgenden Fallgruppen zeigen. Eine Drittbezogenheit der Amtspflichten dürfte im Übrigen zu bejahen sein. Sie ist dem Zweck zu entnehmen, dem die Amtspflicht dienen soll[1049]. Zweck der nachfolgenden Amtspflichten ist die Aufrechterhaltung der Rechte des Beschuldigten in Gestalt der Unschuldsvermutung sowie seines Allgemeinen Persönlichkeitsrechts im Stadium des Ermittlungsverfahrens.

a. Inhaltliche Vorgaben für Öffentlichkeitsarbeit

Für den Inhalt der Auskunft ist neben der Beachtung der Auskunftsverweigerungsgründe des § 3 HPresseG das sog. „wie“ der Öffentlichkeitsarbeit der Staatsanwaltschaft maßgebend, mithin die Vorgaben aus Ziffer 23 RiStBV, die Richtlinien für die Zusammenarbeit der hessischen Staatsanwaltschaften mit den Medien sowie die Grundsätze der Verdachtsberichterstattung[1050]. Die Beachtung der letztgenannten Vorgaben stellt eine Amtspflicht der Staatsanwaltschaft im Rahmen ihrer Öffentlichkeitsarbeit dar. Deren Nichtbeachtung stellt demnach eine Amtspflichtverletzung dar. Zur Amtspflicht im Rahmen staatsanwaltschaftlicher Öffentlichkeitsarbeit gehört auch die Einhaltung der zugunsten

---

1047 OLG Celle NJW 2004, 1461 (Taxifahrer).

1048 LG Wiesbaden NJW 2015, 2975 Rn 93 – Jahns; *Neuling*, StV 2006, 332 (335).

1049 *Brox/Walker*, Schuldrecht BT, § 49 Rn 9.

1050 Dazu 2. Kapitel E. II. 3.

des Beschuldigten geltenden Unschuldsvermutung, an die die Staatsanwaltschaft unmittelbar gebunden ist[1051]. Deren Verletzung kommt durch tendenziöse öffentliche Stellungnahmen der Staatsanwaltschaft in Betracht.

§ 30 AO statuiert im Ermittlungsverfahren ein grundsätzliches Verbot der Auskunftserteilung, sofern kein Ausnahmetatbestand vorliegt[1052]. Eine Amtspflichtverletzung kann deshalb auch in der Missachtung des § 30 AO liegen. Das ist dann der Fall, wenn in der staatsanwaltschaftlichen Erklärung betreffend eine Steuerstraftat unter namentlicher Nennung des Beschuldigten konkrete Angaben über von ihm geführte Konten gemacht werden. Derartige Stellungnahmen stellen eine Durchbrechung des Steuergeheimnisses dar und sind grundsätzlich unzulässig[1053].

b. Unterlassene Öffentlichkeitsarbeit

Nach einem Urteil des *LG Wiesbaden*[1054] kann eine Amtspflichtverletzung auch in dem Unterlassen einer Öffentlichkeitsarbeit zugunsten des Beschuldigten liegen. Gemäß § 160 Abs. 2 StPO hat die Staatsanwaltschaft nicht nur die zur Belastung, sondern auch die zur Entlastung des Beschuldigten dienenden Umstände zu berücksichtigen. Dies gilt auch für ihre Öffentlichkeitsarbeit. Unterlässt es die Staatsanwaltschaft, unrichtigen Medienberichten betreffend den Tatvorwurf entgegenzutreten, begeht sie eine Amtspflichtverletzung durch Unterlassen.

Fraglich ist, ob in Anwendung des § 160 Abs. 2 StPO eine Amtspflicht der Staatsanwaltschaft zur unaufgeforderten Herausgabe einer Pressemitteilung auch dann vorliegt, wenn sich im Laufe der Ermittlungen eine für den Beschuldigten günstigere als bislang angenommene Ausgangslage herausstellt[1055]. Dagegen sprechen zunächst ermittlungstaktische Erwägungen. Möglicherweise hat die Staatsanwaltschaft ein Interesse daran, diesbezügliche Informationen für sich zu behalten. Ferner könnte der Zeitfaktor dagegensprechen. Dauern Ermittlungen lange an, lässt das Interesse der Öffentlichkeit an der Straftat in der Regel mit der Zeit nach, was zugleich im Interesse des Beschuldigten liegen dürfte. Gibt die

---

1051 LG Wiesbaden NJW 2015, 2975 Rn 101 ff. – Jahns; *Gounalakis*, NJW 2016, 737 (738); *Krieger*, Die Haftung des Staates nach § 839 BGB, Art. 34 GG, S. 75.

1052 Handbuch-StA/*Wankel*, S. 1355, Rn 56. Normiert ist der Ausnahmetatbestand in § 30 Abs. 4 AO.

1053 VG Saarlouis NJW 2003, 3431.

1054 LG Wiesbaden NJW 2015, 2975 Rn 115 ff. – Jahns. Zur Amtspflichtverletzung durch Unterlassen, *Krieger*, Die Haftung des Staates nach § 839 BGB, Art. 34 GG, S. 3.

1055 **Offengelassen:** OLG Karlsruhe VersR 2008, 1963 (Umfang des Tatvorwurfs in der Anklageschrift geringer als bei Einleitung des Ermittlungsverfahrens).

Staatsanwaltschaft nun eine Pressemitteilung lediglich über einen geänderten Umfang des Tatvorwurfs heraus, müsste sie sich unter Umständen den Vorwurf (des Beschuldigten) gefallen lassen, das Strafverfahren gegen ihn im Bewusstsein der Öffentlichkeit halten zu wollen[1056]. Schließlich kann es der Staatsanwaltschaft nicht zugemutet werden, bei jeder Änderung des Sachverhalts und des Umfangs des Tatvorwurfs zugunsten des Beschuldigten an die Öffentlichkeit zu treten.

Anders sieht es sicherlich dann aus, wenn sich im Laufe der Ermittlungen die Schwere des Tatvorwurfs zugunsten des Beschuldigten geändert hat, wenn beispielsweise aus dem Tatvorwurf Mord nur Totschlag wird. Hat sich die Staatsanwaltschaft zum bisherigen Tatvorwurf öffentlich geäußert, dürfte sie grundsätzlich gemäß § 160 Abs. 2 StPO verpflichtet sein, eine berichtigende Pressemitteilung herauszugeben. Andernfalls dürfte auch in diesem Fall eine Amtspflichtverletzung wegen unterlassener Öffentlichkeitsarbeit vorliegen[1057]. Abweichendes dürfte dann gelten, wenn einer Informierung der Öffentlichkeit ermittlungstaktische Erwägungen entgegenstehen.

c. *Eigenmächtige Information der Öffentlichkeit*

Nach der in dieser Arbeit vertretenen Ansicht liegt eine Amtspflichtverletzung auch dann vor, wenn die Staatsanwaltschaft eigeninitiativ an die Öffentlichkeit tritt und personenbezogene Informationen über den Beschuldigten preisgibt. In dieser Konstellation fehlt es nämlich an einer gesetzlichen Grundlage für einen Eingriff in das Allgemeine Persönlichkeitsrecht des Beschuldigten. Anders sieht es freilich dann aus, wenn die Äußerung lediglich den Ermittlungsstand zusammenfassend wiedergibt. Nun mag diese Ansicht dann verfehlt erscheinen, wenn die Staatsanwaltschaft lediglich deshalb eigeninitiativ personenbezogene Daten des – etwa wegen Mordes gesuchten – (prominenten) Beschuldigten, an die Öffentlichkeit herausgibt, weil sie auf Informationen aus der Bevölkerung angewiesen ist. In diesem Fall könnte die Staatsanwaltschaft vielmehr von der Möglichkeit der Öffentlichkeitsfahndung nach § 113a StPO Gebrauch machen. Eine Notwendigkeit, ohne gesetzliche Grundlage personenbezogene Daten eines Beschuldigten öffentlich zu machen und diesen damit öffentlich an den Pranger zu stellen, ist nicht erkennbar. Auch ein gesteigertes öffentliches Informationsinteresse vermag eine nichtexistente gesetzliche Ermächtigungsgrundlage nicht zu ersetzen.

1056 So OLG Karlsruhe VersR 2008, 1693 (1694).

1057 Zu einem vorhergehenden Verpflichtungsantrag gemäß § 28 Abs. 2 S. 1 EGGVG vgl. OLG Karlsruhe VersR 2008, 1693.

2. *Haftungsausschluss*

Eine ernsthafte Hürde für den Beschuldigten könnte § 839 Abs. 3 BGB[1058] darstellen. § 839 Abs. 3 BGB umfasst alle Rechtsbehelfe, die die Beseitigung der pflichtwidrigen Amtshandlung bezwecken und geeignet sind, den hierdurch entstandenen Schaden abzuwenden[1059]. Als Rechtsbehelfe im Sinne des § 839 Abs. 3 BGB kommen sowohl die Dienstaufsichtsbeschwerde als auch Rechtsbehelfe im Rahmen des § 23 EGGVG in Betracht[1060]. Den Anspruch des Beschuldigten zu Fall bringen könnte das Unterbleiben des Rechtsbehelfs der Dienstaufsichtsbeschwerde. Ihre Einlegung wird nämlich nicht zwingend erwogen, wenn gegen eine unzulässige Stellungnahme der Staatsanwaltschaft juristisch vorgegangen werden soll. Bedingt durch ihre in der Regel geringen Erfolgsaussichten bleibt eine Nichteinlegung im Hinblick auf § 839 Abs. 3 BGB jedoch grundsätzlich unberücksichtigt und führt nicht zur Anspruchskürzung oder zum gänzlichen Ausschluss des Amtshaftungsanspruchs[1061].

3. *Verschulden*

Das Verschulden im Rahmen des Amtshaftungsanspruchs erstreckt sich nur auf den haftungsbegründenden Tatbestand, nicht auch auf den daraus entstandenen Schaden[1062]. Aufgrund ihrer Stellung im Strafverfahren sind Entscheidungen der Staatsanwaltschaft im Ermittlungsverfahren allerdings nicht auf ihre Richtigkeit hin sondern nur auf ihre Vertretbarkeit hin zu überprüfen[1063]. Die gilt jedoch

---

1058 Bei § 839 Abs. 3 BGB handelt es sich um eine besondere Ausprägung des § 254 Abs. 2 S. 1 BGB, *Brox/Walker*, Schuldrecht BT, § 49 Rn 18. Die Rechtsmittelversäumung des § 839 Abs. 3 BGB führt allerdings nicht zwingend stets zu einem völligen Haftungsausschluss. Die Ersatzpflicht entfällt nur insoweit, als die schuldhafte Nichteinlegung eines Rechtsbehelfs für den Schaden mitursächlich geworden ist, s. BGH NStZ 1986, 562 (562); *Brox/Walker*, Schuldrecht BT, § 49 Rn 18. **A.A.:** Für einen völligen Anspruchsverlust ohne Differenzierung, MüKoBGB/*Papier/Shirvani*, Bd. 6, § 839 Rn 329.

1059 BGH NJW 1986, 1924 (1924); Palandt/*Sprau*, BGB, § 839 Rn 69; *Brox/Walker*, Schuldrecht BT, § 49 Rn 18.

1060 Eine verschuldete Nichteinlegung der Rechtsbehelfe der §§ 23 ff. EGGVG durch einen beauftragten Rechtsanwalt muss sich der Kläger zurechnen lassen, vgl. OLG Karlsruhe VersR 2008, 1693 (1694); Palandt/*Sprau*, BGB, § 839 Rn 71; MüKoBGB/*Papier/Shirvani*, Bd. 6, § 839 Rn 335.

1061 BGH NJW 1986, 1924 (1924 f.). Vgl. 5. Kapitel C. I.

1062 Palandt/*Sprau*, BGB, § 839 Rn 50; *Brox/Walker*, Schuldrecht BT, § 49 Rn 11.

1063 Palandt/*Sprau*, BGB, § 839 Rn 140.

nicht für Äußerungen der Staatsanwaltschaft an die Medien zum Stand des Ermittlungsverfahrens. Hier ist grundsätzlich eine Gesamtabwägung zwischen dem Informationsinteresse der Öffentlichkeit einerseits und dem Allgemeinen Persönlichkeitsrecht des betroffenen Beschuldigten andererseits erforderlich[1064]. Anhaltspunkte für eine schuldhafte Amtspflichtverletzung liefern Verstöße gegen die Grundsätze der Verdachtsberichterstattung sowie die in Ziffer 23 RiStBV und in den Richtlinien für die Zusammenarbeit der hessischen Staatsanwaltschaft mit den Medien aufgestellten Grundsätze[1065].

4. *Geldentschädigung wegen Persönlichkeitsrechtsverletzung*

Der Schadensersatzanspruch nach § 839 BGB i.V.m. Art. 34 S. 1 GG ist nur auf Ersatz in Geld gerichtet[1066]. Im Wege des Amtshaftungsanspruchs kann deshalb auch die Zahlung einer Geldentschädigung für immaterielle Schäden wegen Verletzung des Allgemeinen Persönlichkeitsrechts erlangt werden[1067].

Einen sog. Schmerzensgeldanspruch hat der *BGH* erstmals im Herrenreiter-Fall[1068] anerkannt und in ihm eine Genugtuungs- und Ausgleichsfunktion für erlittene Persönlichkeitsrechtsverletzungen erblickt. In der Ginseng-Entscheidung[1069] hat der *BGH* die Voraussetzungen des Schmerzensgeldanspruchs weiter ausdifferenziert. Danach erfordere die Zuerkennung eines Schmerzensgeldanspruchs zum einen eine schwere und objektiv ins Gewicht fallende Persönlichkeitsrechtsverletzung und zum anderen sei stets zu prüfen, ob der Betroffene nicht auf andere Art einen Ausgleich für die erlittene Persönlichkeitsrechtsverletzung hätte erlangen können (sog. Subsidiaritätsgrundsatz)[1070]. Diese Rechtsprechung hat das *BVerfG* im Soraya-Urteil gebilligt[1071]. In der Caroline von

1064 BGH NJW 1994, 1950 (1954); LG Wiesbaden NJW 2015, 2975 Rn 92 f. – Jahns; Palandt/*Sprau*, BGB, § 839 Rn 140.

1065 BGH NJW 1994, 1950 (1952). Vgl. bereits 2. Kapitel E. II. 3. sowie 2. Kapitel E. II. 1 und 2.

1066 *Brox/Walker*, Schuldrecht BT, § 49 Rn 22; *Voßkuhle/Kaiser*, JuS 2015, 1076 (1076).

1067 BGH NJW 1994, 1950 (1952 f.); NJW 2003, 3693 (3697); OLG Düsseldorf NJW 2005, 1791 (1797) – Mannesmann.

1068 Damals noch in analoger Anwendung des § 847 BGB a.F. (entspricht § 253 BGB), BGH NJW 1958, 827 – Herrenreiter, mit krit. Anm. *Larenz*, nach dem der *BGH* sich über den eindeutigen Wortlaut des § 847 BGB hinweggesetzt habe.

1069 BGH NJW 1961, 2059 – Ginseng. Der *BGH* geht in der Entscheidung auch auf § 253 BGB ein. Danach habe der Gesetzgeber bei Erlass der Norm die Anerkennung eines Allgemeinen Persönlichkeitsrechts als sonstiges Recht nicht absehen können, da vom Standpunkt des BGB der Schutz der Sachgüter vordergründig gewesen sei.

1070 BGH NJW 1961, 2059 (2060) – Ginseng.

1071 BVerfG NJW 1973, 1221 – Soraya.

Monaco I-Entscheidung[1072] hat der *BGH* den „Schmerzensgeldanspruch" nach § 847 BGB a.F. aufgegeben und diesen nunmehr unter den gleichen Voraussetzungen in einen Geldentschädigungsanspruch umgewandelt, der nunmehr auf dem Schutzauftrag des Allgemeinen Persönlichkeitsrechts zurückgeht.

Der Geldentschädigungsanspruch wegen Verletzung des Allgemeinen Persönlichkeitsrechts ist demzufolge ein richterrechtlich entwickelter Anspruch, welcher unmittelbar in Art. 2 Abs. 1 GG i.V.m. Art 1 Abs. 1 GG gründet, wenn ein Deliktstatbestand erfüllt ist.

Ein Anspruch auf Geldentschädigung erfordert demnach zweierlei. Voraussetzung ist zum einen das Vorliegen einer besonders schweren Persönlichkeitsrechtsverletzung, die nur ausnahmsweise zu bejahen ist. Zum anderen darf die Persönlichkeitsrechtsverletzung nicht auf andere Art beseitigt werden können[1073]. Ob ein Anspruch auf Geldentschädigung bejaht wird, ist anhand der gesamten Umstände des Einzelfalls zu beurteilen.

a. Schwerwiegende Persönlichkeitsrechtsverletzung

Aus Beschuldigtensicht schwierig dürfte die Darlegung einer schwerwiegenden Persönlichkeitsrechtsverletzung sein. Ob eine schwerwiegende Persönlichkeitsverletzung vorliegt, ist aufgrund der gesamten Umstände des Einzelfalls zu beurteilen, wozu die Bedeutung und Tragweite des Eingriffs, das Ausmaß der Verbreitung der rechtswidrigen Veröffentlichung, die Nachhaltigkeit und Fortdauer der Interessen- und Rufschädigung des Verletzten, Anlass und Beweggrund des Handelnden sowie der Grad des Verschuldens zu zählen sind[1074].

1072 BGH NJW 1995, 861 (864 f.) – Caroline von Monaco I. Mit der Aufgabe eines Schmerzensgeldanspruchs nach § 847 a.F. analog hat sich der *BGH* zur Problematik des § 253 BGB in diesem Zusammenhang nicht mehr äußern müssen. Für eine analoge Anwendung des § 253 Abs. 2 BGB, MüKoLautR/*Ann/Hauk*, Bd. 1, Teil I F. Rn 194.

1073 BGH NJW 1994, 1950 (1952); OLG Düsseldorf NJW 2005, 1791 (1797) – Mannesmann; LG Wiesbaden, NJW 2015, 2975 Rn 92 – Jahns; *Walker*, FS Ulusan, 743 (747); *Leutheusser-Schnarrenberger*, FS Engelschall, S. 18; *Hofmann/Fries*, NJW 2017, 2369 (2370); *Gounalakis*, NJW 2016, 737 (742); *Neuling*, StV 2006, 332 (337).

1074 Die Beurteilung der Schwere einer Persönlichkeitsrechtsverletzung ist Sache des Tatrichters, BGH NJW 1994, 1950 (1952 f.); OLG Düsseldorf NJW 2005, 1791 (1797) – Mannesmann; LG Wiesbaden NJW 2015, 2975 Rn 92 – Jahns; BGH NJW 2016, 789 Rn 38; 2015, 2500 Rn 33. Empfehlenswert (aus Anwaltssicht) ist darum, jede persönlichkeitsrechtsverletzende Äußerung der Staatsanwaltschaft einzeln zu dokumentieren und jeweils aufzuzeigen, gegen welche Amtspflicht(en) die Staatsanwaltschaft verstoßen hat. Die Form der Äußerung (schriftlich, mündlich, in einem

Mitentscheidend für die Schwere der Persönlichkeitsrechtsverletzung ist auch, in welcher Sphäre der Eingriff in das Persönlichkeitsrecht stattgefunden hat[1075]. Äußerungen der Staatsanwaltschaft über den Beschuldigten im Zusammenhang mit einer von ihm mutmaßlich begangenen Straftat betreffen dessen Individualsphäre.

In der Regel wird eine Persönlichkeitsrechtsverletzung schwer wiegen, wenn ihre Ursache in einer unzulässigen öffentlichen identifizierenden Stellungnahme der Staatsanwaltschaft liegt. In derartigen Konstellationen erfolgt eine Rechtsverletzung durch eine sog. privilegierte Quelle, der sowohl Presse als auch Öffentlichkeit ein gesteigertes Vertrauen entgegenbringen dürfen und von deren Richtigkeit ausgegangen wird. Welcher juristische Laie hinterfragt schon eine öffentlich getätigte Äußerung der Staatsanwaltschaft im Ermittlungsverfahren hinsichtlich ihrer rechtlichen Zulässigkeit? Der von der Stellungnahme betroffene Beschuldigte wird auf diesem Wege öffentlich an den Pranger gestellt. Für eine präjudizielle Wirkung bereits ausreichend ist die Mitteilung der Einleitung eines Ermittlungsverfahrens gegen den Beschuldigten ohnehin. Vorverurteilende Äußerungen seitens der Staatsanwaltschaft besitzen in der öffentlichen Meinung zusätzlich den Effekt der Bestätigung der strafrechtlichen Schuld des Beschuldigten. Bei spektakulären Prozessen gegen einen (in der Regel prominenten) Beschuldigten dürfte dessen Name mit dem gegen ihn geführten Strafverfahren in Verbindung gebracht werden. Diesen Makel nach Abschluss eines Strafverfahrens abzulegen, dürfte je nach Intensität des öffentlichen Interesses an einer Berichterstattung Jahre oder gar ewig dauern.

Gleichwohl stellt nach der Rechtsprechung nicht jede unzulässige Äußerung einen schwerwiegenden Persönlichkeitsrechtverstoß dar. Der Fall Jahns soll wiederholt als Beispiel herangezogen werden. Trotz diverser vorverurteilender Äußerungen der Staatsanwaltschaft hat das *LG Wiesbaden* die Äußerung zum Teil erst in Addition als so schwerwiegend eingestuft, dass sie eine Geldentschädigung rechtfertigten. Gleich vier Stellungnahmen der Staatsanwaltschaft hat das *LG Wiesbaden* bei isolierter Betrachtung als nicht schwerwiegend eingestuft, sondern erst in Addition mit anderen unzulässigen Äußerungen[1076]. Darunter befindet sich eine durchaus grenzwertige Äußerung der Staatsanwaltschaft

---

Interview, etc.) sowie ihre Auswirkung auf die dadurch betroffene Sphäre des Allgemeinen Persönlichkeitsrechts sollte ebenfalls dokumentiert und dargelegt werden, *Ruttig*, AfP 2016, 110 (111).

1075 *Ruttig*, AfP 2016, 110 (111 f.).

1076 LG Wiesbaden NJW 2015, 2975, Rn 96, 99, 115, 118 – Jahns; vgl. auch LG Köln NJOZ 2015, 1836 – Kachelmann.

Wiesbaden im Stadium des Ermittlungsverfahrens, wonach gegen Jahns „bereits Anklage erhoben werden könne". Die Staatsanwaltschaft suggerierte mit ihrer Äußerung bereits das Vorliegen eines hinreichenden Tatverdachts, nach dem eine Anklageerhebung erst möglich ist, § 170 Abs. 1 StPO. Bei einem hinreichenden Tatverdacht ist eine Verurteilung wahrscheinlicher als ein Freispruch. Das Ermittlungsverfahren wird abgeschlossen und die Staatsanwaltschaft erhebt öffentliche Klage. Die Äußerung erweckt beim Empfänger den Eindruck, dass der Beschuldigte der Tat so gut wie überführt ist. Noch weniger im Bewusstsein der Bevölkerung ist die Tatsache, dass zugunsten des Beschuldigten bis zu seiner rechtskräftigen Verurteilung die Unschuldsvermutung Geltung beansprucht. Tatsächlich waren die Ermittlungen zum Zeitpunkt der Äußerung aber noch nicht abgeschlossen. Sie hätten auch ebenso gut eingestellt werden können, wenn sich der Tatverdacht als unbegründet erwiesen hätte. Insofern ist es verwunderlich, weshalb diese Äußerung der Staatsanwaltschaft für sich genommen einen Geldentschädigungsanspruch nicht rechtfertigen sollte. Die Staatsanwaltschaft Wiesbaden hat mit dieser Äußerung jedenfalls gegen ihre Sorgfaltspflichten im Zusammenhang mit öffentlichen Äußerungen aus dem Ermittlungsverfahren verstoßen.

Ausreichend für einen Geldentschädigungsanspruch war hingegen die unwahre Äußerung der Staatsanwaltschaft Wiesbaden über das zu erwartende Strafmaß, da sie suggeriere, der Beschuldigte habe sich einer schwereren Tat als bisher angenommen verdächtig gemacht.

Schwierig wird für den Beschuldigten im Amtshaftungsprozess insbesondere die mangelnde Vorhersehbarkeit der gerichtlichen Beurteilung der Schwere der Persönlichkeitsrechtsverletzung sein. Das haben die oben genannten Beispiele verdeutlicht. Weshalb die Äußerung der Staatsanwaltschaft, eine Anklageerhebung sei möglich, keinen ebenso schwerwiegenden Eingriff darstellen sollte, wie die beiden zuletzt genannten Äußerungen, ist kaum einzuschätzen. Insofern stellt die Amtshaftungsklage für den Beschuldigten ein Kostenrisiko dar, wenn das Gericht nicht jede gerügte Persönlichkeitsrechtsverletzung auch als solche anerkennt.

b. Subsidiaritätsgrundsatz

Der Anspruch auf Geldentschädigung ist gegenüber anderen äußerungsrechtlichen Ansprüchen subsidiär[1077].

1077 BVerfG NJW 1973, 1221 (1224) – Soraya; Zu dessen verfassungsrechtlichen Billigung vgl. zuletzt BVerfG (Kammer) NJW-RR 2017, 880 Rn 10.

Trotz ihrer Subsidiarität ist eine Geldentschädigung aber auch dann zu zahlen, wenn durch den anderweitig erfolgreichen Rechtsbehelf eine Genugtuung weiterhin verneint wird. Danach müsste aus Sicht des betroffenen Beschuldigten für die Zuerkennung eines Geldentschädigungsanspruchs eine anderweitige, gleich wirksame Ausgleichsmöglichkeit für die erlittene Persönlichkeitsrechtsverletzung verneint werden. Als anderweitige Ausgleichsmöglichkeit kommt zuvörderst das Verfahren nach § 23 EGGVG in Betracht, mit der Folge, dass eine weitergehende Entschädigung des betroffenen Beschuldigten in Geld nicht mehr geboten erscheint[1078]. Sofern der betroffene Beschuldigte vor der Geltendmachung eines Geldentschädigungsanspruchs wegen Persönlichkeitsrechtsverletzung vom Verfahren nach § 23 EGGVG keinen Gebrauch macht, könnte sich dessen Geldentschädigungsanspruch unter Umständen mindern oder im Ganzen zurücktreten[1079].

Der Subsidiaritätsgrundsatz ist Ausdruck des Ausnahmecharakters eines Geldentschädigungsanspruchs. Der Ausnahmecharakter folgt zunächst aus der Nichtnormierung des Geldentschädigungsanspruchs wegen Persönlichkeitsrechtsverletzung. Dem Zivilrecht fremd ist ferner die Genugtuungsfunktion, die diesem Anspruch zukommt, vgl. §§ 429 ff. BGB. Er ist daneben Ausfluss der freien Berichterstattung und Meinungsäußerung gemäß Art. 5 Abs. 1 GG[1080]. Sie soll gewährleisten, dass die Arbeit der Presse nicht bei jeder Persönlichkeitsrechtsverletzung wirtschaftlich sanktioniert und dadurch gehindert wird.

Anders sieht es dies betreffend allerdings mit der Öffentlichkeitsarbeit der Staatsanwaltschaft aus. Ein Berufen auf Grundrechte ist der Staatsanwaltschaft verwehrt. Insofern ist zu überlegen, den Subsidiaritätsgrundsatz bei unzulässiger Öffentlichkeitsarbeit zugunsten des betroffenen Beschuldigten zu lockern.

1078 OLG Düsseldorf NJW 2005, 1791 (1803) – Mannesmann. Zur Ungeeignetheit der Dienstaufsichtsbeschwerde, die an dieser Stelle bewusst ausgeklammert wird; vgl. dazu aber 5. Kapitel C. I.

1079 Zur Kürzung des Geldentschädigungsanspruchs wegen Nichteinlegung des Rechtsbehelfs nach § 23 EGGVG, OLG Düsseldorf NJW 2005, 1791 (1803) – Mannesmann; LG Köln NJOZ 2015, 1836 (1853 ff.) – Kachelmann, Kürzung des Geldentschädigungsanspruchs wegen nicht geltend gemachter Unterlassungsansprüche für vorverurteilende Äußerungen eines Mediums. Das *LG Köln* hat gleichwohl angemerkt, dass bei einer erheblichen Zahl von unzulässigen Presseartikeln die Erwirkung einer Unterlassungsverfügung gegen alle in Betracht kommenden Artikel nicht angemessen erscheine. Der Betroffene müsse aber zumindest gegen die aus seiner Sicht schwerwiegenden Äußerungen (gerichtlich) vorgehen.

1080 BVerfG (Kammer) NJW-RR 2017, 880 Rn 10; *Gounalakis*, NJW 2016, 737 (742).

Grundrechtlich geschützte Interessen auf Seiten der Staatsanwaltschaft liegen nämlich nicht vor. Auch wird der Pressesprecher der Staatsanwaltschaft im Falle unzulässiger Stellungnahmen nicht persönlich in Anspruch genommen, sondern das jeweilige Bundesland. Insofern scheitert auch das Argument der Behinderung der Arbeit der Justiz durch wirtschaftliche Sanktionierung. Eine Lockerung widerspricht aber der Rechtsprechungspraxis zum Geldentschädigungsanspruch wegen schwerwiegender Persönlichkeitsrechtsverletzung sowie dessen Ausnahmecharakter. Sie wäre jedenfalls überflüssig, wenn die Rechtsprechung den Grundsatz der Subsidiarität ohnehin nicht streng handhaben würde.

Eine gleichartige Ausgleichsfunktion kommt dem Widerruf sowie der Geldentschädigung grundsätzlich nicht zu[1081]. Nur in den wenigsten Fällen soll eine erwirkte Gegendarstellung dennoch schadensmindernd zu berücksichtigen sein[1082]. Eine erwirkte Gegendarstellung wird jedenfalls gegen unzulässige öffentliche Stellungnahmen von Seiten der Staatsanwaltschaft als nicht ausreichend angesehen und im Ergebnis auch nicht schadensmindernd berücksichtigt[1083]. Das gilt insbesondere dann, wenn eine fortdauernde Rechtsverletzung von Seiten der Staatsanwaltschaft vorliegt und nicht zu erwarten ist, dass sie ihr Fehlverhalten trotz Rechtsdurchsetzung durch den Betroffenen korrigiert. Erneut als Beispiel herhalten soll der Fall Jahns. Im Zeitraum von März 2011 bis Februar 2012 hat die Staatsanwaltschaft sieben amtspflichtwidrige Stellungnahmen abgegeben. Nur in zwei Fällen hat Jahns die Abgabe einer Unterlassungserklärung

---

1081 BGH NJW 1995, 861 (864) – Caroline von Monaco I; 1979, 1041 (1041) – Exdirektor; 1971, 698 (699) – Liebestropfen; dem folgend OLG Düsseldorf NJW 2005, 1791 (1810) – Mannesmann, die Ausgleichsfunktion einer Gegendarstellung bezweifelnd; OLG Bremen NJW 1996, 1000 (1001) – Willi Lemke, mit Hinweis darauf, dass bei auf wahren Tatsachen beruhenden Persönlichkeitsrechtsverletzungen weder ein Widerrufs- noch ein Gegendarstellungsanspruch in Betracht kommt; LG Wiesbaden NJW 2015, 2975 Rn 112 – Jahns; **krit.** *Gounalakis*, NJW 2016, 737 (742); **zust.** wegen der geringen Wirkung des Widerrufs im Falle der Verletzung des Allgemeinen Persönlichkeitsrechts, *Leutheusser-Schnarrenberger*, FS Engelschall, S. 17; MüKoBGB/*Rixecker*, Bd. 1, Anh. § 12 Rn 283.

1082 BGH NJW 1979, 1041 (1041) – Exdirektor; 1965, 685 (687) – Erfundenes Exklusivinterview; MüKoLautR/*Ann*/*Hauck*, Bd. 1, Teil I F. Rn 195; MüKoBGB/*Rixecker*, Bd. 1, Anh. § 12 Rn 283.

1083 BGH NJW 1986, 1924 (1924 f.), auch für die Zukunft sei eine Schadensminderung mithilfe der Gegendarstellung nicht gänzlich möglich, da nicht alle Empfänger einer unzulässigen Stellungnahme die Gegendarstellung zur Kenntnis nehmen würden; OLG Düsseldorf NJW 2005, 1791 (1810) – Mannesmann; LG Wiesbaden NJW 2015, 2975 Rn 109 ff. – Jahns.

gefordert. Das *LG Wiesbaden* hat auch unter Berücksichtigung des Zeitmoments eine Richtigstellung dann für ungeeignet zur Schadensabwendung gehalten, wenn nach der rechtswidrigen Äußerung der Staatsanwaltschaft zwei Jahre vergangen sind[1084]. Auch die berufliche Stellung des Beschuldigten in Kombination mit der getätigten Äußerung der Staatsanwaltschaft kann einem Ausschluss entgegenstehen. Ebenfalls im Fall Jahns hat das *LG Wiesbaden* die vorherige Geltendmachung eines Unterlassungs- oder Gegendarstellungsanspruchs als nicht zur Schadensabwendung geeignet gehalten. Vorverurteilende Stellungnahmen betreffend wirtschaftlicher Straftaten in Verbindung mit der (ehemaligen) beruflichen Stellung Jahns als habilitierter Ökonom und Inhaber eines Lehrstuhls seien mit dem Vertrauen, welches dieser beruflichen Stellung zugutekomme, nicht vereinbar[1085].

Ein erwirkter Unterlassungstitel kann hingegen, wegen der mit ihm verbundenen Vollstreckungsmöglichkeit in Gestalt einer Ordnungsmittel- oder Strafandrohung bei Zuwiderhandlung (§ 890 ZPO), hinreichende Genugtuung verschaffen und zu einem Ausschluss des Geldentschädigungsanspruchs führen[1086]. Dass freilich auch ein erwirkter Unterlassungstitel einen Anspruch auf Geldentschädigung nicht uneingeschränkt auszuschließen vermag, verdeutlicht der Fall Jahns. Gegen eine unzulässige Äußerung der Staatsanwaltschaft Wiesbaden betreffend die Höhe des von Jahns vermeintlich veruntreuten Geldes hat dieser eine einstweilige Unterlassungsverfügung erwirkt. Das *LG Wiesbaden* hat dessen ungeachtet auch diese Äußerung als Entschädigungsposten berücksichtigt[1087].

Keine Ausgleichsfunktion kommt hingegen einem erfolgreichen juristischen Vorgehen des betroffenen Beschuldigten gegen Medien wegen Verbreitung der persönlichkeitsrechtsverletzenden Äußerung der Staatsanwaltschaft mittels

---

1084 LG Wiesbaden NJW 2015, 2975 Rn 109 – Jahns.

1085 LG Wiesbaden NJW 2015, 2975 Rn 112 – Jahns.

1086 BGH NJW 2016, 789 Rn 38; 2015, 2500 Rn 33; NJW 2010, 763 Rn 12 f. – Esra; GRUR 1971, 529 (531) – Dreckschleuder; Beschluss vom 30.6.2009 – VI ZR 340/08, BeckRS 2009, 20080 Rn 3; LG Berlin NJW 2016, 1966 (1967); OLG Hamburg ZUM 2009, 234 (237); LG Köln ZUM-RD 2016, 30 (51) – Kachelmann; *Hofmann/Fries*, NJW 2017, 2369 (2370); *Sajuntz*, NJW 2016, 1921 (1926).

1087 LG Wiesbaden NJW 2015, 2975 Rn 118 f. – Jahns. Isoliert betrachtet hat das *LG Wiesbaden* die Äußerung als nicht erhebliche Persönlichkeitsrechtsverletzung eingestuft. Erst nach einer Gesamtschau mit anderen persönlichkeitsrechtsverletzenden Äußerungen der Staatsanwaltschaft Wiesbaden hat es die Äußerung berücksichtigt, **krit.** *Huff*, NJW 2015, 2985. S. auch LG Berlin NJW 2016, 1966 (1970).

einer Klage auf Widerruf, Gegendarstellung oder Unterlassung zu. Dementsprechend unberücksichtigt bleibt auch deren Nichteinlegung[1088].

Keine Ausgleichsfunktion kommt einer vorbeugenden Unterlassungsklage bei bereits eingetretener Persönlichkeitsrechtsverletzung zu. Die vorbeugende Unterlassungsklage richtet sich nach ihrem Sinn und Zweck auf zukünftige Beeinträchtigungen. Sie erfasst nicht eine bereits eingetretene Persönlichkeitsrechtsverletzung[1089].

Die vorherige gerichtliche Feststellung der Rechtswidrigkeit der staatsanwaltschaftlichen Mitteilung durch den hiervon betroffenen Beschuldigten ist hingegen geeignet, einer weiteren Persönlichkeitsrechtsverletzung entgegenzutreten. Auch hat sie für den Betroffenen Genugtuungsfunktion[1090]. Das Unrecht der staatsanwaltschaftlichen Äußerung wird zeitnah[1091] gerichtlich festgestellt. Im Gegensatz zur selbstverfassten Gegendarstellung ist die gerichtliche Feststellung der Rechtswidrigkeit unzulässiger staatsanwaltschaftlicher Mitteilungen schließlich wirkungsvoller. Gleichwohl kann im Einzelfall auch die gerichtliche Feststellung der Rechtswidrigkeit staatsanwaltschaftlicher Äußerungen einen vollständigen anderweitigen Ausgleich für erlittene Persönlichkeitsrechtsverletzungen nicht herbeiführen. Besteht nach einer Gesamtbetrachtung weiterhin das Bedürfnis für die Zuerkennung einer Geldentschädigung, steht dem eine gerichtlich festgestellte Rechtswidrigkeit nicht im Wege[1092]. Aus diesen Erwägungen heraus hat das *OLG Düsseldorf* im sog. Mannesmann-Prozess die vorherige positive gerichtliche Feststellung dann nicht zu einem vollständigen Ausschluss des Geldentschädigungsanspruchs führen lassen, da die Staatsanwaltschaft in unzulässiger Weise Ermittlungsergebnisse an die Presse herausgegeben habe und dadurch das Bild des Beschuldigten in der Öffentlichkeit nachhaltig mitbestimmt habe[1093].

Die Anwendung des Subsidiaritätsgrundsatzes durch die Rechtsprechung ist in der Tendenz beschuldigtenfreundlich, auch in Bezug auf unzulässige Äußerungen im Stadium des Ermittlungsverfahrens von Seiten der Staatsanwaltschaft. Insofern erübrigt sich eine Überlegung betreffend die Lockerung des

---

1088 OLG Düsseldorf NJW 2005, 1791 (1810) – Mannesmann; zust. *Neuling*, StV 2006, 332 (337).

1089 BGH NJW 1971, 698 (699) – Liebestropfen.

1090 OLG Düsseldorf NJW 2005, 1791 (1803) – Mannesmann.

1091 Die zeitnahe gerichtliche Feststellung ist dem Verfahren nach § 23 EGGVG geschuldet, in welchem es nur eine Instanz gibt, § 29 EGGVG.

1092 So OLG Düsseldorf NJW 2005, 1791 (1803) – Mannesmann.

1093 OLG Düsseldorf NJW 2005, 1791 (1803) – Mannesmann.

Subsidiaritätsgrundsatzes bei Amtspflichtverletzungen durch die Staatsanwaltschaft im Rahmen unzulässiger Öffentlichkeitsarbeit.

Der Beschuldigte oder dessen Verteidiger sind aber dennoch gewissermaßen gezwungen, sich zuvor der vorhandenen Rechtsbehelfe des § 28 EGGVG zu bedienen, um jedenfalls die Höhe des begehrten Geldentschädigungsanspruchs nicht zu schmälern. Für den Betroffenen ist dieses Vorgehen mit einem Zeit- und Kostenaufwand verbunden, weswegen er von deren Einlegung abgehalten werden könnte. Ein Verzicht auf anderweitige Rechtsbehelfe gegen persönlichkeitsrechtsverletzende Äußerungen indiziert, dass dem Betroffenen an der unbedingten Verteidigung seines Persönlichkeitsrechts nicht gelegen ist und führt insoweit zum Ausschluss des Geldentschädigungsanspruchs[1094].

c. *Höhe des Geldentschädigungsanspruchs*

Die Höhe des Geldentschädigungsanspruchs wird nach freier richterlicher Überzeugung bemessen (§ 287 Abs. 1 S. 1 ZPO)[1095]. Die Darlegungs- und Beweislast wird zwar gemäß den §§ 252 S. 2 BGB, 287 Abs. 1 S. 1 ZPO erleichtert. Der Beschuldigte braucht die Schadenshöhe lediglich zu schätzen. Gleichwohl muss er wenigstens greifbare Anknüpfungspunkte, insbesondere Tatsachenangaben zur Ausgangssituation, für die geschätzte Höhe des Geldentschädigungsanspruchs vortragen[1096]. Die Angabe einer abstrakten Höhe oder eine Schätzung ins blaue Hinein sind demnach nicht ausreichend. Sie führen zur Versagung des jeweils geltend gemachten Entschädigungsanspruchs. Anders als beim Schmerzensgeldanspruch steht beim Geldentschädigungsanspruch der Gedanke der Genugtuung des Opfers im Vordergrund. Die Zubilligung einer Geldentschädigung beruht nach dem *BGH* zuvörderst auf dem Gedanken, dass ohne sie die Verletzung der Ehre und der Würde des Menschen häufig ohne Sanktion bliebe, mit der Folge, dass der Rechtsschutz der Persönlichkeit verkümmern würde[1097]. Eine Rolle spielt außerdem der Gedanke der Prävention[1098]. Als Kriterien für die Bemessung der Höhe des Geldentschädigungsanspruchs können diejenigen zur

---

1094 LG Köln ZUM-RD 2016, 30 (51) – Kachelmann; *Hofmann/Fries*, NJW 2017, 2369 (2370); *Ruttig*, AfP 2016, 110 (113).

1095 BGH NJW 1994, 1950 (1953); BeckOGK/*Dörr*, BGB § 839 Rn 544; *Ruttig*, AfP 2016, 110 (113).

1096 BGH NJW 1994, 1950 (1953); 1970, 1411 (1412 f.).

1097 BGH NJW 1995, 861 (864 f.) – Caroline von Monaco I.

1098 BVerfG (Kammer) NJW-RR 2017, 880 Rn 10; BGH NJW 1995, 861 (864 f.) – Caroline von Monaco I; OLG Koblenz NJW 1997, 1375 (1376); LG Köln ZUM-RD 2016, 30 (39) – Kachelmann.

Schwere der Persönlichkeitsrechtsverletzung herangezogen werden. Auch der Verbreitungsgrad und die Intensität der Persönlichkeitsrechtsverletzung entscheiden über die Höhe des Geldentschädigungsanspruchs[1099].

Das *OLG Hamburg* hat Prinzessin Madeleine von Schweden mit 400.000 Euro die bis dahin höchste Summe für einen Geldentschädigungsanspruch wegen schwerwiegender Persönlichkeitsrechtsverletzung zugesprochen[1100]. Gerügt wurde eine 86-fache Verletzung des Allgemeinen Persönlichkeitsrechts durch ein Medienorgan. Das *OLG Köln* sprach dem ehemaligen Wettermoderator Jörg Kachelmann eine Geldentschädigung i.H.v. insgesamt 395.000 Euro zu[1101]. Die aktuelle Höchstsumme gebührt allerdings Altkanzler Helmut Kohl. Das *LG Köln* hat ihm eine Geldentschädigung i.H.v. 1 Mio. Euro zugesprochen[1102]. Das vom einstigen Ghostwriter Kohls, Heribert Schwan, im Alleingang veröffentlichte Buch „Vermächtnis: Die Kohl-Protokolle" enthalten 116 persönlichkeitsrechtsverletzende Passagen, die ohne das Einverständnis Kohls nicht hätten veröffentlicht werden dürfen.

In den Fällen unzulässiger staatsanwaltschaftlicher Äußerung liegt die Höhe der Geldentschädigung deutlich unter den vorgenannten Beträgen. Grund hierfür dürfte die vergleichsweise geringe Anzahl der einzelnen Verstöße sein[1103]. Mit 15.000 Euro Geldentschädigung für insgesamt acht

1099 BGH NJW 2014, 2029 Rn 38; 1994, 1950 (1952 f.).

1100 OLG Hamburg NJW-RR 2010, 624 – Madeleine von Schweden. Vgl. weitere Beispiele aus älterer und aktueller Rechtsprechung zur Höhe des Geldentschädigungsanspruchs, *Hofmann/Fries*, NJW 2017, 2369 (2370).

1101 OLG Köln, Urteil vom 12.7.2016 – 15 U175/15, BeckRS 2016, 12714. Die Vorinstanz hat Kachelmann 635.000 Euro Geldentschädigung wegen insgesamt 48 Einzelverstößen gegen dessen Allgemeines Persönlichkeitsrecht durch ein Medienorgan zugesprochen, LG Köln ZUM-RD 2016, 30 – Kachelmann. Die Summe ist nur deshalb nicht noch höher ausgefallen, weil Kachelmann die Einlegung anderweitiger Rechtsbehelfe teilweise unterlassen hat.

1102 LG Köln, Urteil vom 27.4.2017 – 14 O 323/15. Am 16.7.2017, etwa drei Monate nach der (nicht rechtskräftigen) Entscheidung des *LG Köln* ist der Altbundeskanzler im Laufe des Berufungsverfahrens verstorben. Das OLG Köln, Urteil vom 29.5.2018 – 15 U 64/17, hat nunmehr entschieden, dass der Witwe Kohls als Alleinerbin der von Kohl vor dem *LG Köln* erstrittene Geldentschädigungsanspruch nicht zusteht. Vgl. zum postmortalen Geldentschädigungsanspruch auch 5. Kapitel E. III. 2.

1103 Im Madeleine von Schweden-Fall relativiert sich die Summe, wenn sie isoliert pro Verstoß betrachtet wird (etwa 4.600 Euro). Im Kachelmann-Fall kommen pro Verstoß immerhin 8.200 Euro Geldentschädigung in Betracht. Die Entschädigungshöhe für Altkanzler Kohl liegt pro Verletzungshandlung bei 8.600 Euro.

persönlichkeitsrechtsverletzende Äußerungen beansprucht Jahns[1104] die höchste Summe für sich. Dahinter folgt Klaus Esser mit 10.000 Euro bei insgesamt zwei schweren persönlichkeitsrechtsverletzenden Äußerungen[1105]. Umgerechnet 5.000 Euro Geldentschädigung zugesprochen bekam ein Seniorpartner und Notar für amtspflichtwidrige Äußerungen der Staatsanwaltschaft[1106].

Für den betroffenen Beschuldigten ist entscheidend, eine wenigstens greifbare Schadenshöhe für persönlichkeitsrechtsverletzende Äußerungen der Staatsanwaltschaft bestimmen zu können. Eine Geldentschädigung i.H.v. 5.000 Euro hat das *LG Wiesbaden* dann für angemessen erachtet, wenn entgegen Ziffer 23 Abs. 2 RiStBV die Presse vorab über eine Anklageerhebung informiert wird, bevor der Beschuldigte hiervon Kenntnis erlangt[1107]. Eine Geldentschädigung i.H.v. 4.000[1108] - 5.000 Euro[1109] ist bei Verletzung der Pflicht der Staatsanwaltschaft, gemäß § 160 Abs. 2 StPO auch den Beschuldigten entlastende Tatsachen zu veröffentlichen, als angemessen erachtet worden (Unterlassen von Stellungnahmen betreffend medialer Spekulationen). Erforderlich ist allerdings eine über das bisherige Ermittlungsergebnis hinausgehende, den Strafvorwurf erweiternde Spekulation. Ist die Äußerung der Staatsanwaltschaft geeignet, den Eindruck zu erwecken, der Beschuldigte habe sich einer weiteren oder einer schwereren als bisher ermittelnden Straftat strafbar gemacht, kann eine Entschädigung i.H.v. 2.000[1110] - 5.000 Euro[1111] angemessen sein. Trotz der teilweisen Vergleichbarkeit der Äußerungen variiert die Höhe der Geldentschädigung auffällig. Insofern ist eine exakte Höhe weiterhin nicht vorhersehbar, zumal in der Regel eine deutlich höhere Geldentschädigung gefordert wird, als diese tatsächlich vom Gericht zugesprochen wird[1112].

1104 LG Wiesbaden NJW 2015, 2975 - Jahns.

1105 OLG Düsseldorf NJW 2005, 1791 - Mannesmann. Die Amtshaftungsklagen vor dem OLG Hamm NJW-RR 2015, 936 (geforderte Geldentschädigung mindestens 40.000 Euro) sowie OLG Celle NJW 2004, 1461 (ca. 8.000 Euro, allerdings wegen Verdienstausfalls und Rechtsanwaltskosten) hatten keinen Erfolg.

1106 BGH NJW 1994, 1950.

1107 LG Wiesbaden NJW 2015, 2975 Rn 124 ff. - Jahns.

1108 LG Wiesbaden NJW 2015, 2975 Rn 115 ff. - Jahns.

1109 OLG Düsseldorf NJW 2005, 1791 (1798 f.) - Mannesmann.

1110 LG Wiesbaden NJW 2015, 2975 Rn 106 ff., 111 ff. - Jahns.

1111 OLG Düsseldorf NJW 2005, 1791 (1807 f.) -Mannesmann.

1112 Vgl. OLG Düsseldorf NJW 2005, 1791 - Mannesmann. Gefordert hatte *Esser* eine Geldentschädigung von mindestens 100.000 Euro; LG Wiesbaden NJW 2015, 2975 - Jahns. Gefordert hatte Jahns eine Geldentschädigung von mindestens 155.000 Euro.

Aus anwaltlicher Sicht wohl nicht zu empfehlen ist allerdings der Versuch, eine höhere Geldentschädigung dadurch zu generieren, indem amtspflichtwidrige Äußerungen der Staatsanwaltschaft bis zur Grenze der dreijährigen Verjährungsfrist des Amtshaftungsanspruchs (§ 195 BGB analog[1113]) „gesammelt" werden. Ein Zuwarten des Beschuldigten ohne Einlegung eines Rechtsbehelfs indiziert vielmehr, dass die Persönlichkeitsrechtsverletzung nicht derart schwerwiegend war, um gegen sie gerichtlich vorzugehen zu müssen. Unter Umständen kann dies sogar zum Ausschluss des Geldentschädigungsanspruchs führen[1114].

Liegt eine Vielzahl für sich genommen nicht schwerwiegender Persönlichkeitsrechtsverletzungen vor, ist deren Kumulation zu einem Gesamtanspruch auf Geldentschädigung dann nicht begründet, wenn die Persönlichkeitsrechtsverletzung mittels einer Wortberichterstattung erfolgt ist[1115]. Das *LG Wiesbaden* hat im Fall Jahns gleichwohl insgesamt vier unzulässige Äußerungen der Staatsanwaltschaft isoliert betrachtet als nicht schwerwiegend eingestuft, diese gleichzeitig aber in ihrer Gesamtheit als ausreichend für die Zuerkennung eines Geldentschädigungsanspruchs i.H.v. 2.000 Euro angesehen[1116]. Eine Kumulation von an sich nicht schwerwiegenden Persönlichkeitsrechtsverletzungen scheidet unter systematischem Aspekt aus. Der Geldentschädigungsanspruch wird nur in Ausnahmefällen zugesprochen. Erforderlich für einen Geldentschädigungsanspruch ist stets eine schwerwiegende Persönlichkeitsrechtsverletzung. Die Voraussetzung „schwerwiegend" ist unabdingbar. Ansonsten könnte jede an sich nicht schwerwiegende Persönlichkeitsrechtsverletzung einen Geldentschädigungsanspruch nach sich ziehen, sofern sie wiederholt begangen wird. Dies widerspräche aber dem Ausnahmecharakter des Geldentschädigungsanspruchs.

Das Vorgehen des *LG Wiesbaden* war diesbezüglich daher nicht fehlerfrei, auch wenn es aus Sicht des Betroffenen durchaus vorteilhaft erscheinen mag. Es bestätigt zugleich die Unvorhersehbarkeit einer gerichtlichen Entscheidung betreffend die Höhe des Geldentschädigungsanspruchs.

1113 BGH NJW 2007, 830 (834); MüKoBGB/*Papier/Shirvani*, Bd. 6, § 839 Rn 53a.

1114 *Ruttig*, AfP 2016, 110 (113). **Anders:** LG Hamburg, Urteil vom 3.5.2013 – 324 O 1193/07, einen Rechtsmissbrauch für den Fall verneinend, dass mit der Geltendmachung eines Geldentschädigungsanspruchs bis zum Ablauf der Verjährungsfrist zugewartet wird.

1115 OLG Düsseldorf NJW 2005, 1791 (1797) – Mannesmann; so wohl auch OLG Hamburg ZUM 2009, 234 (237); *Ruttig*, AfP 2016, 110 (114); *Gounalakis*, NJW 2016, 737 (743); *Huff*, NJW 2015, 2975 (2985). **Anders:** LG Wiesbaden NJW 2015, 2975 – Jahns.

1116 LG Wiesbaden NJW 2015, 2975 Rn 96, 99, 113, 118 – Jahns.

Eine Kumulation kommt nur bei wiederholter unzulässiger Verbreitung eines Bildnisses in Betracht[1117]. Das folgt daraus, dass die Verletzungen von Bildnisrechten nur mittels des Anspruchs auf Geldentschädigung abgewehrt werden kann, weswegen an die Zubilligung eines Geldentschädigungsanspruchs wegen Verletzung des Bildnisrechts vergleichsweise geringe Anforderungen zu stellen sind[1118].

Zulässig ist wiederum die Gesamtwürdigung einer Vielzahl von schwerwiegenden Persönlichkeitsrechtsverstößen zu einem Entschädigungsanspruch[1119].

5. *Ersatz materieller Schäden*

Genießt der von unzulässiger Öffentlichkeitsarbeit der Staatsanwaltschaft Betroffene ein gewisses berufliches Ansehen, kann bereits eine einzige öffentlich getätigte unzulässige Äußerung der Staatsanwaltschaft ruinöse Auswirkungen auf dessen berufliche Laufbahn haben. Der Betroffene kann seine berufliche Stellung verlieren, was zu einem erheblichen Einkommensverlust führt. In diesem Fall kann er den Ersatz des Verdienstausfalls verlangen[1120]. Anspruchsgrundlage ist ebenfalls § 839 Abs. 1 BGB i.V.m. Art. 34 S. 1 GG i.V.m. Art. 2 Abs. 1 i.V.m. Art. 1 Abs. 1 GG. Auch kommt dem klagenden Beschuldigten die Beweiserleichterungsregel der §§ 252 S. 2 BGB, 287 ZPO zugute[1121].

Macht der Beschuldigte Verdienstausfallschäden infolge einer Kündigung wegen der Einleitung eines gegen ihn gerichteten Ermittlungsverfahrens geltend, muss er beweisen, dass die unzulässige Äußerung der Staatsanwaltschaft kausal für den konkret geltend gemachten Schaden war, wobei Mitursächlichkeit genügt. Entscheidend ist, ob im Falle pflichtgemäßer Äußerung der Staatsanwaltschaft das Arbeitsverhältnis des Betroffenen nicht beendet worden wäre[1122]. Berücksichtigt wird hierbei auch der zeitliche Abstand zwischen Verlust der Arbeitsstelle und unzulässiger Äußerung der Staatsanwaltschaft[1123]. Maßgeblich

1117 BGH NJW 1996, 985 (986 f.); OLG Hamburg ZUM 2009, 234 (237); *Hofmann/Fries*, NJW 2017, 2369 (2370).

1118 BGH NJW 1996, 985 (986). Zur Geeignetheit des § 33 KUG vgl. 5. Kapitel C. II. 2. d.

1119 Auch wenn hierdurch nicht erkennbar bleibt, welche Schwere den einzelnen Verstößen zukommt. LG Köln NJOZ 2015, 1836 (1854) – Kachelmann; *Gounalakis*, NJW 2016, 737 (744).

1120 BGH NJW 1956, 1400 (1401); OLG Celle NJW 2004, 1461 (1461); LG Wiesbaden NJW 2015, 2975 Rn 136 ff. – Jahns.

1121 LG Wiesbaden NJW 2015, 2975 Rn 138 – Jahns.

1122 LG Wiesbaden NJW 2015, 2975 Rn 139 – Jahns.

1123 Das *LG Wiesbaden* hat die einen Monat nach einer unzulässigen Äußerung der Staatsanwaltschaft gegenüber Jahns erklärte Kündigung als nicht mit der unzulässigen ins Gewicht fällt aber, ob gegen den Beschuldigten ein Haftbefehl erlassen wird oder seine Wohn- und Geschäftsräume durchsucht werden. Derartige Aktionen implizieren die Begehung einer gravierenden Straftat, wodurch sich ein Arbeitgeber eher veranlasst sieht, eine Kündigung auszusprechen. Handelt es sich um einen Arbeitgeber, dem an seiner Reputation gelegen ist, wird er bereits aus Gründen der Imagepflege eine Kündigung aussprechen müssen. In der Regel ist eine Kausalität zwischen unzulässiger staatsanwaltschaftlicher Äußerung und dem Verlust des Arbeitsplatzes daher zu verneinen[1124].

Weiterhin hat der Betroffene die Möglichkeit, im Wege des Amtshaftungsanspruchs Schadensersatz wegen unzulässiger Einleitung eines gegen ihn gerichteten Ermittlungsverfahrens zu verlangen[1125]. Dieser Anspruch dürfte jedoch ins Leere gehen. Die Staatsanwaltschaft ist gemäß § 152 Abs. 2 StPO verpflichtet, ein Ermittlungsverfahren einzuleiten, soweit ein Anfangsverdacht, mithin die Möglichkeit der Begehung einer Straftat, besteht. Ausreichend hierfür ist bereits das Vorliegen entfernter Verdachtsgründe[1126]. Der Staatsanwaltschaft steht diesbezüglich ein Beurteilungsspielraum zu, vgl. § 152 Abs. 2 StPO („zureichende"), so dass deren Entscheidung nicht auf ihre Richtigkeit, sondern nur auf ihre Vertretbarkeit hin überprüft wird[1127]. Sie ist nur dann nicht mehr vertretbar, wenn die Einleitung von Ermittlungen gegen den Beschuldigten bei voller Würdigung auch der Belange einer funktionsfähigen Strafrechtspflege nicht mehr verständlich ist[1128]. Die Vertretbarkeit dürfte daher bereits bei dem kleinsten Verdacht bejaht werden.

Äußerung im Zusammenhang stehend angesehen, LG Wiesbaden NJW 2015, 2975 Rn 141 – Jahns.

1124 So auch LG Wiesbaden NJW 2015, 2975 Rn 143 – Jahns.

1125 Einen Amtshaftungsanspruch dies betreffend jeweils verneinend OLG Düsseldorf NJW 2005, 1791 (1791 f.) – Mannesmann; LG Wiesbaden NJW 2015, 2975 Rn 157 – Jahns; OLG Frankfurt a.M., BeckRS 2018, 4097 Rn 15; zur Amtspflichtverletzung bei Erhebung einer Anklage BGH NJW 1970, 1543. Die Darlegungs- und Beweislast trägt der Kläger, OLG Frankfurt a.M., BeckRS 2018, 4097 Rn 15.

1126 BVerfG (Kammer) NJW 1994, 783 (783); OLG Düsseldorf NJW 2005, 1791 (1791 f.) – Mannesmann.

1127 BVerfG (Vorprüfungsausschuss) NJW 1984, 1451 (1452); BGH NJW 1989, 96 (97); 1970, 1543 (1544); OLG Düsseldorf NJW 2005, 1791 (1791 f.) – Mannesmann.

1128 BGH LMRR 1997, 11; NJW 1989, 96 (97); OLG Frankfurt a.M., BeckRS 2018, 4097 Rn 15; OLG Düsseldorf NJW 2005, 1791 (1791 f.) – Mannesmann, wenn die Einleitung eines Strafverfahrens bei einem kundigen Dritten mit gleichem Kenntnisstand „Kopfschütteln" hervorrufen würde.

Schließlich kann der betroffene Beschuldigte im Wege des Amtshaftungsanspruchs Rechtsverfolgungskosten geltend machen[1129]. Deren Geltendmachung hat aber nur dann Aussicht auf Erfolg, wenn das zuständige Gericht eine rechtswidrige Amtshandlung der Staatsanwaltschaft bejaht.

6. *Unmöglichkeit anderweitigen Ersatzes, § 839 Abs. 1 S. 2 BGB*

Bei Fahrlässigkeit des Beamten setzt § 839 Abs. 1 S. 2 BGB die Unmöglichkeit eines anderweitigen Ersatzes voraus[1130]. Das wäre dann der Fall, wenn ein Dritter unmittelbar für den Schadensfall und die daraus herrührenden Folgen einzustehen hätte[1131], was im Falle einer Amtspflichtverletzung der Staatsanwaltschaft wegen unzulässiger Öffentlichkeitsarbeit ausscheiden dürfte.

7. *Kosten*

Die Kostenentscheidung richtet sich nach den §§ 91 ff. ZPO[1132]. Wird der Amtshaftungsklage vollumfänglich stattgegeben oder wird sie vollumfänglich abgewiesen, richtet sich die Kostenentscheidung nach § 91 ZPO. Regelmäßig richtet sich die Kostenentscheidung jedoch nach § 92 ZPO. Denn der Klageantrag gerichtet auf die Zahlung einer Geldentschädigung erfordert eine vom richterlichen Ermessen abhängige Entscheidung. In der Regel wird eine weitaus höhere Entschädigungssumme gefordert, als das Gericht letztlich zuspricht. Hinzu kommt, dass das Gericht regelmäßig nicht sämtliche der geltend gemachten Persönlichkeitsrechtsverletzungen als solche erkennt. Auch die gerichtliche Entscheidung zur Höhe der Geldentschädigung bleibt regelmäßig hinter der Klageforderung des Betroffenen zurück. Deshalb wird wegen teilweisen Obsiegens regelmäßig gemäß § 92 Abs. 1 S. 1 Hs. 2 ZPO eine verhältnismäßige Teilung der Kosten geboten sein.

Beispielhaft haben das *OLG Düsseldorf*[1133] und das *LG Wiesbaden*[1134] trotz teilweiser Stattgabe der jeweiligen Amtshaftungsklage die Kostentragungspflicht zu

---

1129 BGH NJW 1959, 1631; OLG Düsseldorf NJW 2005, 1791 (1791) – Mannesmann..

1130 *Brox/Walker*, Schuldrecht BT, § 49 Rn 14.

1131 MüKoBGB/*Papier/Shirvani*, § 839 Rn Rn 304.

1132 BeckOGK/*Dörr*, BGB, § 839 Rn 1305.

1133 OLG Düsseldorf NJW 2005, 1791 – Mannesmann, zur Kostenentscheidung des Gerichts s. openJur 2011, 36303, Rn 342 ff.

1134 LG Wiesbaden NJW 2015, 2975 – Jahns, zur Kostenentscheidung des Gerichts s. openJur 2015, 10872, Rn 163. Jörg Kachelmann wurden 78% der Kosten des Rechtsstreits (Streitwert 1,4 Mio. Euro) auferlegt, LG Köln ZUM-RD 2016, 30 – Kachelmann, zur Kostenentscheidung des Gerichts s. openJur 2015, 20357, Rn 379 f.

96% respektive 95% den Klägern auferlegt. Die Kostentragungslast überstieg in beiden Fällen den Betrag der letztlich zugesprochenen Geldentschädigung um ein Vielfaches. Für einen von unzulässiger Öffentlichkeitsarbeit betroffenen Beschuldigten ist dieser Ausblick frustrierend. Das Persönlichkeitsrecht wird massiv durch eine unzulässige Öffentlichkeitsarbeit verletzt, das Ansehen wird unter Umständen auf ewig geschädigt, der Beschuldigte wird öffentlich an den Pranger gestellt und muss letzten Endes den überwiegenden Teil der Kosten des Rechtsstreits tragen, obwohl seinem Begehren grundsätzlich entsprochen wurde. Durch das hohe Risiko der Kostentragungslast wird die Genugtuungsfunktion des Geldentschädigungsanspruchs erschwert.

Zwar mag eingewendet werden, der betroffene Beschuldigte könne seinen Klageantrag auf Geldentschädigung sicherheitshalber möglichst gering ansetzen. Dem ist aber entschieden entgegenzutreten. Der Amtshaftungsanspruch ist (auch) auf Entschädigung in Geld gerichtet. Zweckbestimmung dieses Anspruchs ist es, dem Betroffenen Genugtuung zu verschaffen. Er geht auf den Schutzauftrag des Art. 2 Abs. 1 i.V.m. Art. 1 Abs. 1 GG zurück[1135]. Auch der Gedanke der Prävention spielt hierbei eine Rolle. Die Höhe der Geldentschädigung von vornherein zu deckeln, beeinträchtigt darüber hinaus die anwaltliche Berufsausübungsfreiheit sowie den Wunsch des Mandanten, eine möglichst hohe Entschädigung für die erlittene Persönlichkeitsrechtsverletzung zu erhalten. Immerhin wird mit der Höhe des Geldentschädigungsanspruchs aus Betroffenensicht die Verletzungsintensität zum Ausdruck gebracht.

8. *Defizite des Amtshaftungsanspruchs*

Entscheidendes Defizit des Amtshaftungsanspruchs ist die fehlende persönliche Haftung des Staatsanwalts, der die schwerwiegende Persönlichkeitsrechtsverletzung begangen hat. Ein Vorgehen unmittelbar gegen den oder die Urheber der unzulässigen Äußerung ist nicht möglich. Art. 34 S. 1 GG überträgt die Haftung des Beamten auf den Staat (Staatshaftung). Voraussetzung dafür ist, dass zunächst der einzelne Beamte gemäß § 839 BGB gegenüber dem Einzelnen haftet (Einzelhaftung)[1136]. Dies ist bei unzulässiger Öffentlichkeitsarbeit dann gegeben,

---

Prinzessin Madeleine von Schweden wurden 2/5 der Kosten des Rechtsstreits auferlegt, OLG Hamburg NJW-RR 2010, 624 – Madeleine von Schweden, zur Kostenentscheidung des Gerichts s. openJur 2013, 880 Rn 108. Insofern relativiert sich auch in diesem Fall unter dem Gesichtspunkt der Kostentragungslast die Höhe der tatsächlich zugesprochenen Entschädigungssumme.

1135 BGH NJW 1995, 861 (864 f.) – Caroline von Monaco I.

1136 *Brox/Walker*, Schuldrecht BT, § 49 Rn 2; *Voßkuhle/Kaiser*, JuS 2015, 1076 (1076).

wenn hierdurch eine schwerwiegende Persönlichkeitsrechtsverletzung eintritt. Zu überlegen wäre nun, eine persönliche Haftung des Staatsanwalts in den Fällen einer Persönlichkeitsrechtsverletzung zu bejahen[1137]. Dagegen spricht aber zum einen erneut das System des Geldentschädigungsanspruchs. Dieser wird nur in Ausnahmefällen und nur bei schwerwiegender Persönlichkeitsrechtsverletzung gewährt. Ist die Äußerung der Staatsanwaltschaft schwerwiegend, übernimmt gemäß Art. 34 S. 1 GG das jeweilige Land die Haftung. Ist die Äußerung hingegen nicht schwerwiegend, liegt schon keine geldentschädigungswürdige Persönlichkeitsrechtsverletzung vor. Zum anderen widerspricht es dem geltenden Recht der Staatshaftung.

Negativ ins Gewicht fällt auch die Kostentragungslast. Mögen die Anwälte von betroffenen Beschuldigten in dieser Hinsicht auch wegen teilweise überzogener Geldentschädigungsforderungen mitgewirkt haben. Aus wirtschaftlicher Sicht rentiert sich der Amtshaftungsprozess vor diesem Hintergrund jedenfalls regelmäßig nicht. Ein Sanktionsdefizit besteht auch im Hinblick auf die Genugtuungsfunktion des Geldentschädigungsanspruchs.

Der Vorteil des Amtshaftungsanspruchs liegt hingegen darin, dass der Staat, mit Blick auf die zu zahlende Geldentschädigungshöhe immer solvent ist.

9. *Zusammenfassung*

1. Verstößt die Öffentlichkeitsarbeit der Staatsanwaltschaft gegen die Grundsätze der Verdachtsberichterstattung, die Vorgaben in Ziffer 23 RiStBV sowie gegen die Vorgaben aus den Richtlinien für die Zusammenarbeit mit den Medien, liegt darin eine Amtspflichtverletzung. Eine Amtspflichtverletzung kann grundsätzlich auch mittels unterlassener Öffentlichkeitsarbeit begangen werden. Amtspflichtwidrig handelt die Staatsanwaltschaft auch dann, wenn sie von sich aus Informationen zum Ermittlungsstand an Presse oder Öffentlichkeit herausgibt, die personenbezogene Daten des Beschuldigten beinhalten.
2. Im Wege des Amtshaftungsanspruchs kann die Zahlung einer Geldentschädigung wegen Verletzung des Allgemeinen Persönlichkeitsrechts geltend gemacht werden. Voraussetzung hierfür ist zum einen eine schwerwiegende Persönlichkeitsrechtsverletzung. Zum anderen darf keine anderweitige Ausgleichsmöglichkeit für die erlittene Persönlichkeitsrechtsverletzung vorhanden sein.

1137 Zu derartigen Überlegungen, die im Ergebnis verworfen wurden, vgl. OLG Düsseldorf NJW 2005, 1791 (1809) – Mannesmann.

3. Sowohl die Beurteilung der Schwere der Persönlichkeitsrechtsverletzung als auch die gerichtliche Festlegung der Höhe des Geldentschädigungsanspruchs sind aus Sicht des betroffenen Beschuldigten schwer zu kalkulieren.
4. Als anderweitige Genugtuungsmöglichkeit kommen die Rechtsbehelfe der Verfahren nach § 23 EGGVG in Betracht.
5. Keine Genugtuungsfunktion kommt einer vorhergehenden erfolgreichen Klage auf Widerruf unzulässiger Äußerungen der Staatsanwaltschaft oder einer Gegendarstellung zu. Ein erwirkter Unterlassungstitel kann – wegen der damit zusammenhängenden Ordnungsmittel- und Strafandrohung – grundsätzlich einen Geldentschädigungsanspruch ausschließen. Auch eine erfolgreiche Feststellungsklage führt in der Regel zum Ausschluss des Geldentschädigungsanspruchs.
6. Eine betroffenenfreundliche Auslegung des Subsidiaritätsgrundsatzes durch die Gerichte führt aber dazu, dass bei massiver Persönlichkeitsrechtsverletzung eine Geldentschädigung auch dann zugesprochen wird, wenn zuvor ein Unterlassungstitel erwirkt wurde oder die Rechtswidrigkeit der streitigen staatsanwaltschaftlichen Stellungnahme festgestellt wurde.
7. Will der betroffene Beschuldigte die Höhe eines Geldentschädigungsanspruchs nicht schmälern, sollte er vor Einreichung einer Amtshaftungsklage die Rechtsbehelfe des § 23 EGGVG in Anspruch nehmen.
8. Im Wege des Amtshaftungsanspruchs können auch materielle Schäden (Verdienstausfallschaden, Schadensersatz wegen unrechtmäßiger Einleitung eines Ermittlungsverfahrens sowie Rechtsverfolgungskosten) geltend gemacht werden. Eine Ersatzpflicht besteht in der Regel jedoch nicht.
9. Aufgrund des reellen Kostentragungsrisikos und der damit verbundenen Verkümmerung der Genugtuungsfunktion des Geldentschädigungsanspruchs ist die Geltendmachung des Amtshaftungsanspruchs letztlich nicht rentabel.
10. Eine persönliche Haftung des unmittelbaren Verursachers der Persönlichkeitsrechtsverletzung sieht das System des Amtshaftungsanspruchs nicht vor.

II. Dienstaufsichtsbeschwerde

Die Dienstaufsichtsbeschwerde ist ein im Gesetz nicht geregelter Rechtsbehelf[1138], das weder an eine Form noch an eine Frist gebunden ist. Mit ihr wendet

1138 *Burhoff*, Handbuch für das strafrechtliche Ermittlungsverfahren, Abschnitt D Rn 1262; MAH-Strafverteidigung/*Krause*, § 7 Rn 99; *Raschke*, ZJS 2011, 38 (49). Die Dienstaufsichtsbeschwerde ist eine Erscheinungsform des aus Art. 17 GG folgenden sich der Beschwerdeführer an den die Dienstaufsicht führenden Vorgesetzten und beschwert sich über das dienstliche Verhalten des Beamten[1139].

Mittels der Dienstaufsichtsbeschwerde kann das persönliche Fehlverhalten des Beamten der Staatsanwaltschaft geahndet werden[1140]. Sie ist ein Rechtsbehelf i.S.d. § 839 Abs. 3 BGB[1141]. Die vorherige Anstrengung einer Dienstaufsichtsbeschwerde wird gleichwohl wegen ihrer geringen Bedeutung[1142] einer Durchsetzung des Amtshaftungsanspruchs nicht entgegenstehen können[1143]. Denn eine Dienstaufsichtsbeschwerde wird in der Regel keinen Erfolg haben – auch nicht nur teilweise[1144]. Durch die Dienstaufsichtsbeschwerde wird eine Behörde veranlasst, ihr eigenes Fehlverhalten zu überprüfen. In der Regel wird sie sich nicht dazu bewegen, ein Fehlverhalten des eigenen Personals zuzugeben oder zu korrigieren[1145].

Petitionsrechts, vgl. *Burhoff*, Handbuch für das strafrechtliche Ermittlungsverfahren, Abschnitt D Rn 1262.

1139 *Burhoff*, Handbuch für das strafrechtliche Ermittlungsverfahren, Abschnitt D Rn 1263.

1140 So geschehen durch den Verteidiger Edathys, der eine Dienstaufsichtsbeschwerde gegen den leitenden Oberstaatsanwalt der Staatsanwaltschaft Hannover angestrengt hat, vgl. http://www.faz.net/aktuell/politik/dienstaufsichtsbeschwerde-edathy-staatsanwalt-luegt-12806098.html (zuletzt abgerufen am 28.6.2017).

1141 BGH NStZ 1986, 562 (562); Urteil vom 6.12.1984 – III ZR 141/83, BeckRS 1984, 30381415. Bei § 839 Abs. 3 BGB handelt es sich um eine besondere Ausprägung des § 254 Abs. 2 S. 1 BGB, *Brox/Walker*, Schuldrecht BT, § 49 Rn 18. Die Rechtsmittelversäumung führt allerdings nicht zwingend stets zu einem völligen Haftungsausschluss. Die Ersatzpflicht entfällt nur insoweit, als die schuldhafte Nichteinlegung eines Rechtsbehelfs für den Schaden mitursächlich geworden ist, s. BGH NStZ 1986, 562 (562); *Brox/Walker*, Schuldrecht BT, § 49 Rn 18. **A.A.:** Für einen völligen Anspruchsverlust ohne Differenzierung, MüKoBGB/*Papier/Shirvani*, Bd. 6, § 839 Rn 329.

1142 Mitunter wird die Dienstaufsichtsbeschwerde auch als form-, frist- und fruchtlos bezeichnet, so *Burhoff*, Handbuch für das strafrechtliche Ermittlungsverfahren, Abschnitt D Rn 1269; Hamm/Leipold/*Ignor/Peters*, Beck´sches Formularbuch Strafverteidiger, III C 25 Rn 1. Zur Ineffektivität der Dienstaufsichtsbeschwerde s. auch *Dahs*, NStZ 1986, 562 (563 f.).

1143 BGH NStZ 1986, 562 (562).

1144 BGH NStZ 1986, 562 (563).

1145 So BGH NStZ 1986, 562 (563), der die Ursächlichkeit der Nichteinlegung einer Dienstaufsichtsbeschwerde i.S.d. § 839 Abs. 3 BGB verneint. **Zustimmend:** *Dahs*, NStZ 1986, 562 (563 f.). Ähnlich auch *Burhoff*, Handbuch für das strafrechtliche Ermittlungsverfahren, Abschnitt D Rn 1269, der von der Einlegung einer Dienstaufsichtsbeschwerde abrät.

Die Dienstaufsichtsbeschwerde ist im Ergebnis keineswegs effektiv[1146] und scheidet daher als Rechtsschutzmöglichkeit aus.

III. Strafrechtliche Rechtsschutzmöglichkeiten

Eine unzulässige Öffentlichkeitsarbeit der Staatsanwaltschaft kann neben den vorgenannten dienstlichen auch strafrechtliche Auswirkungen haben. Im Folgenden soll aufgezeigt werden, ob ein solches Fehlverhalten der Staatsanwaltschaft materiell-rechtliche oder strafverfahrensrechtliche Konsequenzen hat.

1. Strafverfahrensrechtlicher Ausblick

Öffentlich getätigte vorverurteilende Äußerungen der Staatsanwaltschaft während des Ermittlungsverfahrens können einen Verstoß gegen die Unschuldsvermutung sowie gegen den Grundsatz des fairen Verfahrens darstellen[1147]. Ob ein Verstoß der Staatsanwaltschaft gegen die Rechtsstaatlichkeit des Strafverfahrens im späteren Verlauf des Strafverfahrens dazu führen kann, dass ein in der Hauptverhandlung ergangener Schuldspruch gegen den Beschuldigten mit einem Rechtsmittel angefochten werden kann, soll nachfolgend geklärt werden. Erwägenswert ist zugunsten des betroffenen Beschuldigten, respektive nunmehr Verurteilten ferner ein Strafnachlass wegen unzulässiger Vorverurteilung im Ermittlungsverfahren.

a. Verfahrenshindernis

In der StPO wird der Begriff des Verfahrenshindernisses ausdrücklich lediglich in den §§ 205 S. 1[1148], 206a Abs. 1, 260 Abs. 3, 467 Abs. 3 S. 2 Nr. 2 genannt. Eine Legaldefinition oder nähere Bestimmung des Begriffs existiert allerdings nicht[1149]. Nach der Rechtsprechung handelt es sich bei einem Verfahrenshindernis um einen Umstand, der nach dem ausdrücklich erklärten oder aus dem Zusammenhang gesetzlicher Vorschriften ersichtlichen Willen des Gesetzgebers so schwer wiegt, dass von seinem Vorhandensein oder Fehlen die Zulässigkeit des gesamten Verfahrens abhängt[1150]. Wird das Vorliegen eines Verfahrenshindernisses

1146 Ebenso *Raschke*, ZJS 2011, 38 (49).

1147 Beispielhaft LG Wiesbaden, NJW 2015, 2975 – Jahns. Vgl. 2. Kapitel E. II. 1. b. aa.

1148 § 205 S. 1 StPO spricht zwar von einem „Hindernis“, gleichwohl betrifft die Norm auch (vorübergehende) Verfahrenshindernisse, s. KK-StPO/*Schneider*, StPO § 206a Rn 1.

1149 MüKoStPO/*Wenske*, Bd. 2, StPO § 206a Rn 27.

1150 BVerfG (Vorprüfungsausschuss) NJW 1984, 967 (967); BGH NJW 1957, 1244 (1245); 1981, 133 (133); 1984, 2300 (2301) – Lockspitzel; 1990, 920 (921); 1997, 2689 (2690);

bejaht, führt dies zur Einstellung und damit zur Beendigung des Strafverfahrens[1151]. Ein Verfahrenshindernis ist in jeder Lage des Verfahrens von Amts wegen zu berücksichtigen[1152].

Die Frage, ob eine vorverurteilende Öffentlichkeitsarbeit der Staatsanwaltschaft im Ermittlungsverfahren ein Verfahrenshindernis begründen kann, kann mithilfe der Rechtsprechung zum verdeckten Einsatz von Lockspitzeln[1153] sowie zur überlangen Verfahrensdauer[1154] beantwortet werden.

aa. Unzulässige Tatprovokation

Der Einsatz von Lockspitzeln zur Bekämpfung gefährlicher und schwer aufklärbarer Kriminalität ist notwendig und in den durch das Rechtsstaatsprinzip gezogenen Grenzen zulässig[1155]. Handelt es sich aber um eine unzulässige Tatprovokation[1156], dann liegt hierin ein dem Staat zuzurechnender[1157] Verstoß gegen das rechtsstaatliche Strafverfahrensprinzip des fair-trial[1158] sowie gegen Art. 6 Abs. 1 S. 1 EMRK[1159]. Gleichwohl folgt daraus nach seit Mitte der 80er Jahre gefestigter Rechtsprechung des *BGH* kein Verfahrenshindernis, vielmehr wird der unzulässige Lockspitzeleinsatz im Rahmen der Strafzumessung als

---

BGH NJW 2001, 1146 (1148); BGH, Urteil vom 11.8.2016 – 1 StR 196/16, Rn 6, BeckRS 2016, 17440.

1151 Zeigt sich ein Verfahrenshindernis während der laufenden Hauptverhandlung, erfolgt die Einstellung des Verfahrens nach § 260 Abs. 3 StPO. Bei Bejahung eines nicht nur vorübergehenden Verfahrenshindernisses nach Eröffnung des Hauptverfahrens und vor Beginn der Hauptverhandlung erfolgt die Einstellung nach § 206a Abs. 1 StPO. Im Eröffnungsverfahren erfolgt die Einstellung des Verfahrens gemäß § 204 StPO. Im Ermittlungsverfahren ist das Verfahren im Falle eines Verfahrenshindernisses nach § 170 Abs. 2 StPO einzustellen. Vgl. zu alledem MüKoStPO/*Wenske*, Bd. 2, StPO § 206a Rn 5 ff.

1152 Löwe-Rosenberg/*Kühne*, StPO Bd. 1, Einl. Abschnitt K Rn 42; Löwe-Rosenberg/*Stuckenberg*, StPO Bd. 5, StPO § 206a Rn 82.

1153 BVerfG (Vorprüfungsausschuss) NJW 1985, 1767 – Lockspitzel; BGH NJW 1981, 1626; NJW 1984, 2300 – Lockspitzel; 1985, 1764; 1995, 506; 1999, 501; 2000, 1123.

1154 BVerfG (Vorprüfungsausschuss) NJW 1984, 967; 1993, 3254; BGH NJW 1972, 402.

1155 BGH NStZ 1995, 506 (507).

1156 Etwa dann, wenn ein Lockspitzel gegen Personen eingesetzt wird, gegen die schon kein Verdacht i.S.d. § 160 Abs. 1 StPO besteht, vgl. BGH NStZ 1995, 506 (507).

1157 BGH NJW 1980, 1761 (1761); 1981, 1626 (1626); 1984, 2300 (2300); NStZ 1981, 70 (70).

1158 BVerfG (Vorprüfungsausschuss) NJW 1985, 1767 (1767); Löwe-Rosenberg/*Stuckenberg*, StPO Bd. 5, StPO § 206a Rn 84.

1159 EGMR EUGRZ 1999, 660.

wesentlicher Strafmilderungsgrund berücksichtigt, sog. Strafzumessungslösung[1160].

bb. Verletzung des Beschleunigungsgebots

Ebenfalls einen Verstoß gegen den Grundsatz des fairen Verfahrens sowie gegen Art. 6 Abs. 1 S. 1 EMRK stellt eine überlange Verfahrensdauer dar[1161]. Die Rechtsprechung geht auch hier davon aus, dass eine überlange Verfahrensdauer grundsätzlich kein Verfahrenshindernis darstellt, sondern im Rahmen der Strafzumessung als eigenständiger Strafmilderungsgrund zu berücksichtigen ist[1162]. Vielmehr muss das Recht des Betroffenen auf eine alsbaldige Verhandlung in unerträglicher Weise verletzt sein[1163]. Zudem muss die überlange Verfahrensdauer mit einer besonderen Belastungssituation für den Betroffenen einhergehen, etwa im Fall längeren Vollzugs der Untersuchungshaft[1164].

cc. Vorverurteilende staatsanwaltschaftliche Stellungnahmen

Beiden eben genannten Beispielen ist gemeinsam, dass die Verletzung rechtsstaatlicher Grundsätze aus der Sphäre der Strafjustiz folgt[1165]. Ebenso der Sphäre der Strafjustiz zuzuordnen sind vorverurteilende Stellungnahmen der Staatsanwaltschaft im Ermittlungsverfahren im Rahmen ihrer Öffentlichkeitsarbeit. Bereits die öffentliche Stellungnahme der Staatsanwaltschaft über die Einleitung eines Ermittlungsverfahrens hat in der öffentlichen Meinung präjudizielle Wirkung. Der betroffene Beschuldigte wird durch vorverurteilende Stellungnahmen der Staatsanwaltschaft in seinem Recht auf ein faires Verfahren sowie

---

1160 BGH NJW 1984, 2300 (2301) – Lockspitzel; 2000, 1123 (1126 f.); NStZ 1995, 506 (507 f.); 1999, 501 (501); Löwe-Rosenberg/*Stuckenberg*, StPO Bd. 5, StPO § 206a Rn 84 f.; *Endriß/Kinzig*, NStZ 2000, 269 (271). **Offengelassen:** BVerfG NJW 1985, 1767 (1767); KK-StPO/*Schneider*, StPO § 206a Rn 8. Noch zur Annahme eines Verfahrenshindernisses erstmals BGH NJW 1981, 1626 (1626 f.).

1161 BVerfG (Vorprüfungsausschuss) NJW 1984, 967 (967); BVerfG (Kammer) NJW 1993, 3254 (3254); 2003, 2228 (2228); BGH NJW 2001, 1146 (1149).

1162 BVerfG (Kammer) NJW 1993, 3254 (3255); 2003, 2228 (2229); BGH NJW 1972, 402 (403); 1999, 1198 (1199); 2000, 748 (749); 2001, 1146 (1148); KK-StPO/*Schneider*, StPO § 206a Rn 8.

1163 BVerfG (Vorprüfungsausschuss) NJW 1984, 967 (967), bei einer Verfahrensdauer von über 12 Jahren; BGH NJW 2001, 1146 (1148); OLG Koblenz NJW 1994, 1887 (1887).

1164 BVerfG (Vorprüfungsausschuss) NJW 1984, 967 (967); OLG Koblenz NJW 1994, 1887 (1887).

1165 *Hassemer*, NJW 1985, 1921 (1928).

in der zu seinen Gunsten sprechenden Unschuldsvermutung verletzt[1166]. Denn in der öffentlichen Laienmeinung gilt der betroffene Beschuldigte dann als der ihm vorgeworfenen Straftat bereits überführt, insbesondere auch deshalb, da die vorverurteilende Stellungnahme von Seiten einer privilegierten Quelle stammt. Insofern ist die Annahme eines Verfahrenshindernisses wegen öffentlicher Vorverurteilung durch die Staatsanwaltschaft nicht fernliegend und stellt für den betroffenen Beschuldigten, dessen Schuld in diesem Verfahrensabschnitt noch nicht feststeht, einen schwerwiegenden Eingriff in seine verfassungsrechtlich verbürgten Verfahrensrechte dar. Ähnlich sah das auch die (ehemalige) Bundesregierung, als sie im Jahr 1985[1167], wenn auch nur als „äußerste Konsequenz" einer öffentlichen Vorverurteilung[1168] durch die Strafjustiz, ein Verfahrenshindernis in Erwägung zog.

Nicht vergleichbar mit den vorgenannten Beispielsfällen ist aber das Stadium des Verfahrens, in welchem das Vorliegen eines Verfahrenshindernisses bejaht werden soll. Die vorverurteilende Öffentlichkeitsarbeit der Staatsanwaltschaft findet im Stadium des Ermittlungsverfahrens statt. Die Bejahung eines Verfahrenshindernisses führt zur endgültigen Nichtverfolgbarkeit der Straftat. Das Ermittlungsverfahren ist aber geprägt durch den Legalitätsgrundsatz. Danach ist die Staatsanwaltschaft, soweit nicht gesetzlich ein anderes bestimmt ist, verpflichtet, wegen aller verfolgbaren Straftaten einzuschreiten, sofern zureichende tatsächliche Anhaltspunkte vorliegen, § 152 Abs. 2 StPO. Die Effektivität der Strafrechtspflege, der ungestörte Ablauf eines Strafverfahrens sowie der Schutz der Allgemeinheit würden mit der Annahme eines Verfahrenshindernisses bei „nur" unzulässiger öffentlicher Vorverurteilung durch die Staatsanwaltschaft enorm beeinträchtigt[1169]. Verteidiger wären wohl damit beschäftigt, um jeden Preis nach unzulässigen öffentlichen Stellungnahmen der Staatsanwaltschaft zu suchen, um auf diesem Wege das Strafverfahren gegen ihren Mandanten

---

1166 Beispielhaft LG Wiesbaden NJW 2015, 2975 – Jahns.

1167 BT-Drs. 10/4608, Ziff. 115 S. 25 ff.

1168 Die öffentliche Vorverurteilung wird im Bericht der Bundesregierung wie folgt definiert: Öffentliche Vorverurteilungen sind Umstände, insbesondere Verhaltensweisen, denen die Eignung innewohnt, es zu beeinträchtigen, dass richterliche oder staatsanwaltschaftliche Entscheidungen unbefangen, objektiv und nur aufgrund der jeweils vorgesehenen Entscheidungsgrundlage ergehen, vgl. BT-Drs. 10/4608, Ziff. 11 S. 5.

1169 So auch BT-Drs. 10/4608, Ziff. 116 S. 26; *Dalbkermeyer*, Schutz des Beschuldigten, S. 229; *Raschke*, ZJS 2011, 38 (48).

endgültig zu beenden. Die eigentliche Frage der strafrechtlichen Schuld bliebe auf der Strecke.

Nichts anderes folgt aus der Rechtsprechung des *BGH*[1170]. Der *BGH* hat in dem Versuch der Polizei, „um jeden Preis" eine Verurteilung des Angeklagten herbeizuführen, kein Verfahrenshindernis gesehen. Eine derartig weitreichende Anwendung sei dem Recht des Staates zur Strafverfolgung fremd[1171]. Auch könne das Verhalten eines einzelnen Bediensteten nicht dazu führen, dass der Staat seinen Strafanspruch verliere[1172]. Eine rechtswidrige Handlung staatlicher Organe führe daher nicht zur Verwirkung der Strafverfolgung[1173]. Ebenso verhält es sich mit vorverurteilenden Stellungnahmen der Staatsanwaltschaft, die in der Regel durch den Pressesprecher erfolgen, nicht aber durch den jeweils in der Sache ermittelnden Staatsanwalt. Es wäre nicht angemessen, die Ermittlungsarbeit von Staatsanwaltschaft sowie Polizei wegen, gegebenenfalls einer einzigen, vorverurteilenden Stellungnahme einer Person wegen der Bejahung eines Verfahrenshindernisses endgültig zu beenden.

Auch das geltende Recht spricht gegen die Annahme eines Verfahrenshindernisses. Ein Ermittlungsverfahren kann vielmehr nur unter den Voraussetzungen des § 170 Abs. 2 StPO eingestellt werden.

Nach alledem wird im Ergebnis zu Recht ein Verfahrenshindernis bei öffentlicher Vorverurteilung verneint[1174].

b. *Berufung und Revision*

Des Weiteren ist denkbar, dass sich der betroffene Beschuldigte gegen eine unzulässige Öffentlichkeitsarbeit der Staatsanwaltschaft im Ermittlungsverfahren nachträglich mit der Berufung (§§ 312 ff. StPO) oder der Revision (§§ 333 ff. StPO) zur Wehr setzen kann.

Namentlich kann der von einer unzulässigen Öffentlichkeitsarbeit Betroffene das Vorliegen eines Verfahrenshindernisses (Verstoß gegen den Grundsatz des fairen Verfahrens und/oder die Unschuldsvermutung) oder die Befangenheit

---

1170 BGH NStZ 1985, 517, unter Berufung auf BGH NJW 1984, 2300 – Lockspitzel.

1171 BGH NStZ 1985, 517 (517); ähnlich auch EGMR (IV. Sektion) NJW 2016, 3147 Rn 91.

1172 BGH NStZ 1985, 517 (517).

1173 BGH NStZ 1985, 517 (517).

1174 KK-StPO/*Schneider*, StPO § 206a Rn 8; BeckOK-StPO/*Gertler*, RiStBV 23 Rn 63; *Hassemer*, NJW 1985, 1921 (1928), allerdings betreffend eine Vorverurteilung durch die Medien; *Dalbkermeyer*, Schutz des Beschuldigten, S. 226 ff.; *Raschke*, ZJS 2011, 38 (48); MüKoStPO/*Kudlich*, Bd. 1, StPO Einl. Rn 359, plädiert für eine Zurückhaltung bei der Annahme weiterer Verfahrenshindernisse.

von Gericht und Schöffen rügen. Ersteres dürfte nach dem zuvor Genannten zu verneinen sein. Zweifelhaft dürfte auch die Annahme der Befangenheit von Gericht und Schöffen sein[1175]. Letztlich ist zu beachten, dass – jedenfalls in der Revision – das Urteil des Gerichts auf der unzulässigen Öffentlichkeitsarbeit der Staatsanwaltschaft beruhen muss (§§ 337 Abs. 1, 338 StPO). In der Revisionsbegründung (§ 344 StPO) muss jedenfalls dargelegt und begründet werden, inwieweit das Urteil des erkennenden Gerichts gerade (auch) auf einer unzulässigen Öffentlichkeitsarbeit der Staatsanwaltschaft im Ermittlungsverfahren beruht. Aus dem Protokoll der Hauptverhandlung müsste dafür erkennbar sein, dass sich das Gericht bei seiner Entscheidungsfindung von der unzulässigen Öffentlichkeitsarbeit der Staatsanwaltschaft hat beeinflussen lassen. Abgesehen davon, dass die Berücksichtigung öffentlicher Äußerungen der Staatsanwaltschaft aus dem Ermittlungsverfahren durch das Gericht ohnehin unwahrscheinlich ist, dürfte dem Beschuldigten respektive seinem Verteidiger ein derartiger Nachweis kaum gelingen[1176].

Die Rechtsmittel der Berufung und Revision scheiden daher aus.

c. *Strafnachlass*

Als eine zugunsten der Strafrechtspflege weniger einschneidende Maßnahme kann im Sinne einer Kompensationsentscheidung bei einem Verstoß gegen den Grundsatz der Unschuldsvermutung wegen vorverurteilender Öffentlichkeitsarbeit der Staatsanwaltschaft eine Strafmilderung (sog. Strafzumessungslösung) gerechtfertigt sein[1177] – konsequentermaßen nur dann, wenn es überhaupt zu einem gerichtlichen Schuldspruch kommt. Sowohl das *BVerfG*[1178] als auch der *BGH*[1179] haben in ihren Entscheidungen zum Einsatz von Lockspitzeln sowie zur überlangen Verfahrensdauer eine Kompensation für die Verletzung elementarer Verfahrensprinzipien durch das Zugeständnis eines eigenständigen

---

1175 Dazu 3. Kapitel C. VI.

1176 *Trüg*, NJW 2011, 1040 (1045); *Raschke*, JZ 2011, 38 (48).

1177 BGH NJW 2016, 3670 Rn 15, lässt offen, ob ein Verstoß gegen die Unschuldsvermutung generell oder nur unter bestimmten Voraussetzungen einen Strafnachlass rechtfertigt; *Raschke*, ZJS 2011, 38 (48); *Sajuntz*, NJW 2017, 698 (701).

1178 Zur überlangen Verfahrensdauer, s. BVerfG (Kammer) NJW 1993, 3254 (3255); 2003, 2228 (2229).

1179 Zum Einsatz von Lockspitzeln s. BGH NJW 1984, 2300 (2301) – Lockspitzel; 2000, 1123 (1126 f.); NStZ 1995, 506 (507 f.); 1999, 501 (501). Zur Überlangen Verfahrensdauer s., BGH NJW 1972, 402 (403); 2000, 748 (749); 2001, 1146 (1148).

Strafmilderungsgrundes im Rahmen der Strafzumessung gebilligt. Beiden Fallkonstellationen lag ein rechtskräftiger Schuldspruch zugrunde.

Zweifel äußerte indessen der *BGH* in einer neueren Entscheidung daran, ob ein Verstoß gegen die Unschuldsvermutung eine Strafmilderung rechtfertigen kann[1180]. Ein Ge- oder Verbot der Anrechnung auf eine zu verbüßende Strafe folge jedenfalls nicht aus einem Verstoß gegen die Unschuldsvermutung[1181]. Soweit ein Betroffener die Verletzung der Unschuldsvermutung durch Organe der Justiz – im noch nicht zu einem rechtskräftigen Schuldspruch gelangten Verfahren – rüge, stehe diesem immerhin die Möglichkeit zu, mit einem Befangenheitsantrag zu agieren[1182]. Letztendlich verweist der *BGH* in Ermangelung einer gesetzlichen Regelung auf die dies betreffende Aufgabe des Gesetzgebers[1183].

Eine Anrechnung kommt nur dann in Frage, wenn eine rechtskräftige Verurteilung vorliegt. Eine rechtskräftige Verurteilung liegt im Stadium des Ermittlungsverfahrens selbstredend noch nicht vor, sodass unter diesem Aspekt die Kompensationslösung bereits nicht möglich und daher zu verneinen ist[1184]. Ebenso scheidet Letztere aus, wenn das Strafverfahren gegen den betroffenen Beschuldigten eingestellt wird – wie etwa in den Fällen Edathy und Jahns, oder wenn das Gericht in dubio pro reo zugunsten des Angeklagten entscheidet – so geschehen im Fall Kachelmann[1185]. In diesen Fällen ist die Strafzumessungslösung als Kompensationsentscheidung für eine unzulässige Öffentlichkeitsarbeit unbefriedigend.

Zwar mögen durch vorverurteilende Äußerungen der Staatsanwaltschaft im Ermittlungsverfahren die zugunsten des betroffenen Beschuldigten geltende Unschuldsvermutung sowie der Grundsatz des fairen Verfahrens verletzt sein. Diese aber haben mit der eigentlichen Strafverfolgung nichts zu tun. Das zeigt

---

1180 BGH NJW 2016, 3670 Rn 29 ff. Letztlich hat es der *BGH* offengelassen, ob ein Verstoß gegen die Unschuldsvermutung zu einer Strafanrechnung führen kann. Eine eindeutige Positionierung ist wohl deshalb nicht erfolgt, da der *BGH* einen Verstoß gegen die Unschuldsvermutung aus tatsächlichen Gründen verneint hat, vgl. BGH NJW 2016, 3670 Rn 15, 32. Eine vorverurteilende mediale Berichterstattung führt jedenfalls nicht zu einer Anrechnung, vgl. BGH NJW 2016, 3670 Rn 34; NStZ 2000, 137 (137); BeckRS 2011, 09437 Rn 24. **Anders:** Handbuch FA Strafrecht/*Gerhardt*, Abschn. 10B Rn 37.

1181 BGH NJW 2016, 3670 Rn 30.

1182 BGH NJW 2016, 3670 Rn 31.

1183 BGH NJW 2016, 3670 Rn 30.

1184 Eine rechtskräftige Verurteilung lag auch in dem von BGH NJW 2016, 3670, entschiedenen Fall nicht vor.

1185 Vgl. 5. Kapitel B. II. 1. d.

sich bereits dadurch, dass die in einer Strafsache ermittelnden Personen nicht auch diejenigen sind, die als Pressesprecher der Verfolgungsbehörde an die Öffentlichkeit treten. Öffentliche Stellungnahmen der Staatsanwaltschaft erfolgen zwar im Zusammenhang mit einem Strafverfahren, sie sind aber hiervon losgelöst.

Anders als in den Fällen des Einsatzes von Lockspitzeln oder der überlangen Verfahrensdauer hat es der betroffene Beschuldigte in den Fällen öffentlicher staatsanwaltschaftlicher Vorverurteilung zumindest teilweise auch selbst in der Hand, ob er sich zur Stellungnahme der Staatsanwaltschaft, etwa über einen medienaffinen Verteidiger, äußert oder nicht. Das folgt aus dem Grundsatz der Waffengleichheit, wonach beide Seiten – Beschuldigter und Staatsanwaltschaft – in gleichartiger Weise Teilnahme-, Informations-, und Äußerungsrechte wahrnehmen können. Der Beschuldigte hat danach wenigstens die reelle Möglichkeit, eine für ihn günstige Meinungsbildung in der Öffentlichkeit herbeizuführen. Er steht dem Handeln der Justiz nicht gänzlich schutz- und ahnungslos gegenüber. Auch steht ihm mit der Möglichkeit des einstweiligen Rechtsschutzes ein unter zeitlichem Aspekt effektiver Rechtsbehelf zur Verfügung. Er kann in zeitlich geringem Abstand zur vorverurteilenden Stellungnahme der Staatsanwaltschaft deren gerichtliche Überprüfung veranlassen.

Eine vorverurteilende öffentliche Stellungnahme der Staatsanwaltschaft begründet daher keinen eigenständigen Strafmilderungsgrund.

2. *Materiell-rechtlicher Ausblick*

Die unzulässige öffentliche Weitergabe von Informationen aus dem Ermittlungsverfahren durch die Staatsanwaltschaft verletzt nicht nur Rechte des hiervon betroffenen Beschuldigten, sie kann zugleich strafbar nach den §§ 203 Abs. 2 S. 1 Nr. 1, 353b Abs. 1 S. 1 Nr. 1, 353d Nr. 3 StGB sein. Die Anwendbarkeit der genannten Straftatbestände erstreckt sich gemäß Art. 20 Abs. 3 GG auch auf die Staatsanwaltschaft.

a. *§ 203 Abs. 2 S. 1 Nr. 1 StGB*

§ 203 StGB ist Ausfluss des Rechts auf informationelle Selbstbestimmung[1186]. Zu den geschützten Rechtsgütern zählt der (persönliche) Lebens- und Geheimbereich betroffener Personen sowie Unternehmen[1187]. Er stellt die Verletzung von Privatgeheimnissen unter Strafe. Nach § 203 Abs. 2 S. 1 Nr. 1 StGB macht sich

1186 *Fischer*, StGB, § 203 Rn 2; Schönke/Schröder/*Lenckner/Eisele*, StGB, § 203 Rn 3.
1187 *Fischer*, StGB, § 203 Rn 2.

strafbar, wer unbefugt ein fremdes, namentlich ein zum persönlichen Lebensbereich gehörendes, oder ein Betriebs- oder Geschäftsgeheimnis offenbart, dass ihm als Amtsträger anvertraut worden oder sonst bekannt geworden ist. Dem Geheimnis nach § 203 Abs. 2 StGB werden nach dessen Satz 2 Halbsatz 1 auch Einzelangaben über persönliche oder sachliche Verhältnisse eines anderen gleichgestellt, die für Aufgaben der öffentlichen Verwaltung erfasst worden sind. Geheimnisse sind Tatsachen, die nur einem beschränkten Personenkreis bekannt sind und an deren Geheimhaltung derjenige, den sie betreffen, ein von seinem Standpunkt aus sachlich begründetes Interesse hat[1188]. Zu den persönlichen Angaben zählen insbesondere der Name des Beschuldigten, dessen Alter und/oder Wohnort[1189]. Unter das Geheimnis i.S.v. § 203 StGB fallen auch Ermittlungsergebnisse[1190]. Eine öffentliche Stellungnahme der Staatsanwaltschaft, in welcher der betroffene Beschuldigte namentlich genannt wird, würde demnach die Offenbarung eines Geheimnisses i.S.d. § 203 Abs. 2 S. 1 Nr. 1 StGB beziehungsweise einer Einzelangabe nach § 203 Abs. 2 S. 2 Hs. 1 StGB darstellen.

Dieses Geheimnis müsste der Beschuldigte allerdings der Staatsanwaltschaft anvertraut haben oder es müsste ihr sonst bekanntgeworden sein, § 203 Abs. 2 S. 1 StGB. Ein Anvertrauen i.S.d. Norm liegt jedenfalls dann nicht vor, wenn die Staatsanwaltschaft lediglich eigene Entscheidungen, wie etwa die Einleitung eines Ermittlungsverfahrens gegen den Beschuldigten, bekannt gibt[1191]. Das gilt auch dann, wenn der betroffene Beschuldigte namentlich genannt wird[1192]. Insoweit fehlt es an einem „anvertraut oder sonst bekanntgeworden".

Zu verneinen ist die Erfüllung des Tatbestands des § 203 Abs. 2 S. 1 StGB ferner dann, wenn die Stellungnahme der Staatsanwaltschaft auf Grundlage des presserechtlichen Auskunftsanspruchs erfolgt ist. Insoweit fehlt es nämlich am Tatbestandsmerkmal der Unbefugtheit[1193]. Hierbei dürfte aber die pauschale Annahme einer Befugnis beim Vorliegen einer presserechtlichen Anfrage verfehlt sein[1194]. Sie ist aber jedenfalls dann zu bejahen, wenn der Auskunftserteilung ihrerseits

---

1188 Schönke/Schröder/*Lenckner/Eisele*, StGB, § 203 Rn 5.

1189 *Dalbkermeyer*, Schutz des Beschuldigten, S. 55; *Neuling*, Inquisition durch Information, S. 223.

1190 OLG Dresden NJW 2007, 3509 (3509); Roxin, NStZ 1991, 153 (159).

1191 OLG Düsseldorf NJW 2005, 1791 (1798) – Mannesmann; *Eisele*, JZ 2014, 932 (938).

1192 So OLG Düsseldorf NJW 2005, 1791 (1798) – Mannesmann.

1193 OLG Hamm NJW 2000, 1278 (1279); OLG Schleswig NJW 1985, 1090 (1091), wonach das Tatbestandsmerkmal des Geheimnisses nicht erfüllt sei.

1194 So auch *Eisele*, JZ 2014, 932 (938), der zu einer sorgfältigen Prüfung des Merkmals der Unbefugtheit in diesem Zusammenhang mahnt.

kein Auskunftsverweigerungsrecht nach § 3 Abs. 1 S. 2 Nr. 1–3 HPresseG im Wege steht[1195]. Demnach erfordert das Merkmal der Unbefugtheit eine zweistufige Prüfung. Zunächst ist festzustellen, ob der Stellungnahme der Staatsanwaltschaft eine Presseanfrage voranging. Anschließend ist zu fragen, ob aufgrund des Inhalts der Stellungnahme ein Auskunftsverweigerungsgrund bestand. Als solche kommen nach § 3 Abs. 1 S. 2 Nr. 2 HPresseG etwa überwiegende Interessen des von der Auskunft Betroffenen in Betracht.

Der Tatbestand des § 203 Abs. 2 S. 1 Nr. 1 StGB dürfte aber erfüllt sein, wenn der Beschuldigte im Rahmen einer Aussage Strafverfolgungsbehörden Informationen anvertraut und mit deren Offenbarung nicht einverstanden ist[1196]. Das wäre etwa dann der Fall, wenn die Staatsanwaltschaft im Rahmen einer öffentlichen Stellungnahme den Inhalt polizeilicher Vernehmungsprotokolle des Beschuldigten gegen dessen Zustimmung preisgibt. Ein solch gravierender Fall ist aber kaum vorstellbar.

Eine Strafbarkeit des Sprechers der Staatsanwaltschaft könnte aber nach § 203 Abs. 2 S. 2 Hs. 1 StGB in Betracht kommen. Dazu müsste die Staatsanwaltschaft eine Verwaltungsbehörde sein. Dafür ist entscheidend, ob die Staatanwaltschaft als ein Organ der Exekutive oder der Judikative erachtet wird.

Verfassungsrechtlich ist die rechtsprechende Gewalt nach Art. 92 Hs. 1 GG dem Richter anvertraut. Im Umkehrschluss zu Art. 92 Hs. 1 GG wird die Staatsanwaltschaft der Exekutive zugeordnet[1197]. Dazu trage auch die Weisungsgebundenheit der Staatsanwaltschaft gemäß den §§ 146 f. GVG bei[1198]. Die richterliche Unabhängigkeit andererseits wird in den Art. 97 Abs. 1, 98 Abs. 2 GG garantiert. Jedoch ist die Staatsanwaltschaft ein selbständiges und gegenüber dem Gericht gleichwertiges Organ der Strafrechtspflege, RiStBV Nr. 1 S. 2, weswegen sie teilweise auch der Judikative zugeordnet wird[1199]. Ihre Gleichwertigkeit mit dem

---

1195 OLG Hamm NJW 2000, 1278 (1279 f.); OVG Münster NJW 2005, 618 (618); OLG Düsseldorf NJW 2005, 1791 (1798 f.) – Mannesmann.

1196 *Eisele*, JZ 2014, 932 (938).

1197 BVerfG NJW 2001, 1121 (1123); BVerfG (Kammer) NJW 2002, 815 (815); BGH NJW 1960, 2346 (2348); KK-StPO/*Fischer*, Einl. V. Rn 232; *Strate*, ZRP 2014, 94 (94); *Eisele*, JZ 2014, 932 (938). Für eine Zuordnung der Staatsanwaltschaft zu der Exekutive auch *Dalbkermeyer*, Schutz des Beschuldigten, S. 56 ff.; *Neuling*, Inquisition durch Information, S. 223; *Eisele*, JZ 2014, 932 (938).

1198 BGH NJW 1960, 2346 (2348); KK-StPO/*Fischer*, Einl. V. Rn 232; *Dalbkermeyer*, Schutz des Beschuldigten, S. 57.

1199 BVerfG NJW 1959, 871 (872); BGH NJW 1971, 2082 (2083); BeckOK-StPO/*Gertler*, RiStBV 1 Rn 22a; *Göbel*, NJW 1961, 856 (857); *Kaiser*, NJW 1961, 200 (201); *Wagner*, NJW 1963, 8 (10); *Schaefer*, NJW 2001, 1396 (1397).

Gericht wird in den Regelungen zum Strafprozessrecht offenbar. Sowohl Staatsanwaltschaft (§ 160 Abs. 2 StPO) als auch Gericht haben die Ermittlung der materiellen Wahrheit zur Aufgabe. Für die Gerichte folgt sie aus § 244 StPO[1200]. Beide sind schließlich zur Objektivität verpflichtet. Die Staatsanwaltschaft hat gemäß § 160 Abs. 2 StPO nicht nur die zur Belastung, sondern auch die zur Entlastung dienenden Umstände zu ermitteln. Sie wird gar als „objektivste Behörde der Welt" bezeichnet. Einer Neutralitätspflicht unterliegt auch das Gericht, Art. 92 GG[1201].

Die Gleichartigkeit folgt auch aus der in der StPO vorgesehenen Zusammenarbeit zwischen Gericht und Staatsanwaltschaft. Unter den Voraussetzungen des § 153 Abs. 2 S. 1 sowie der § 153a Abs. 1 S. 1 StPO kann im ersteren Fall das Gericht mit Zustimmung der Staatsanwaltschaft und im letzteren Fall die Staatsanwaltschaft mit Zustimmung des Gerichts das Strafverfahren einstellen respektive von der Strafverfolgung unter Auflagen absehen. Eine „Richterfunktion" übt die Staatsanwaltschaft zudem in der Einstellungsbefugnis ohne Zustimmung des Gerichts nach § 153 Abs. 1 S. 2 StPO sowie nach § 31a Abs. 1 BtMG aus[1202]. Gemäß § 154 Abs. 2 StPO kann das Gericht auf Antrag der Staatsanwaltschaft ein Verfahren einstellen. Schließlich enthält gemäß § 199 Abs. 2 StPO die Anklageschrift den Antrag, das Hauptverfahren zu eröffnen. Gemäß § 165 StPO kann der Richter bei Gefahr in Verzug Ermittlungstätigkeiten des Staatsanwalts übernehmen, als sog. Notstaatsanwalt[1203]. Auf die Zusammenarbeit des Gerichts ist die Staatsanwaltschaft angewiesen, wenn sie einen nach § 127 Abs. 2 StPO Festgenommenen in Gewahrsam nehmen will, vgl. § 128 Abs. 2 S. 2 StPO. Eine Abspaltung der Staatsanwaltschaft aus der Judikative würde der Struktur der StPO zuwiderlaufen[1204]. Für die Zuordnung der Staatsanwaltschaft zur Judikative spricht auch die geringe räumliche Distanz beider Organe.

Göbel[1205] sieht in der restriktiven Kommentarliteratur zu Art. 92 GG die Ursache der Zuordnung der Staatsanwaltschaft zur Exekutive. Als maßgebliches

---

1200 MüKoStPO/*Trüg/Habetha*, Bd. 2, StPO § 244 Rn 15, 96. Eine Wahrheitserforschung um jeden Preis schreibt die StPO freilich nicht vor, MüKoStPO/*Kudlich*, Bd. 1, Einl. Rn 7.

1201 BVerfG NJW 1967, 1123 (1123); Maunz/Düring/*Hillgruber*, GG, Art. 92 Rn 67; BeckOK-GG/*Morgenthaler*, Art. 92 Rn 27.

1202 *Rautenberg*, NJ 2003, 169 (172), insoweit wird von einem „Richter vor dem Richter" gesprochen.

1203 Der Norm wird verfahrensrechtlich keine Bedeutung beigemessen, MüKoStPO/*Kölbel*, Bd. 2, StPO § 165 Rn 1.

1204 Ähnlich *Göbel*, NJW 1961, 856 (857).

1205 *Göbel*, NJW 1961, 856 (856).

Kriterium wird darin die verfassungsrechtlich garantierte richterliche Unabhängigkeit angeführt[1206]. Auch der Rechtsanwalt ist ein unabhängiges Organ der Rechtspflege, vgl. § 1 BRAO. Der Staatsanwalt hingegen ist als einziges Organ der Rechtspflege weisungsgebunden. Auch der historische Aspekt spielt für eine Abspaltung der Staatsanwaltschaft von der Judikative eine Rolle. Im Inquisitionsverfahren fungierte der Richter in Personalunion als Ankläger und Richter[1207]. Erst mit dem Ende des Inquisitionsprozesses wurde die Staatsanwaltschaft eingeführt[1208]. Gleichwohl sprechen die besseren Argumente für eine Zuordnung der Staatsanwaltschaft zur Judikative. Das Argument, die Aufgabe des Inquisitionsprozesses bestätige die Stellung der Staatsanwaltschaft als Exekutivorgan, da ansonsten ihre Tätigkeit wieder mit derjenigen des Richters als Organ der Judikative vereint wäre, lässt sich widerlegen[1209]. Die richterliche Ermittlungstätigkeit aus dem Inquisitionsprozess wurde auf die Staatsanwaltschaft übertragen, wodurch sie Aufgaben ausübt, die ursprünglich der Richter im Inquisitionsprozess ausübte. Die Staatsanwaltschaft hat mithin richterliche Kompetenzen übernommen und stellt damit ein dem Richter gleichgestelltes Organ der Rechtspflege dar[1210]. Auch das Argument der Weisungsgebundenheit der Staatsanwaltschaft ist im Hinblick auf deren Unabhängigkeit nicht unangreifbar. Gemäß § 146 GVG haben Staatsanwälte dienstliche Anweisungen ihres Vorgesetzten zu befolgen. Zu den Vorgesetzten gehören zum einen die Behördenleiter, mithin der Generalstaatsanwalt bei den Oberlandesgerichten sowie der Leitende Oberstaatsanwalt bei den Landgerichten, § 147 Nr. 3 GVG. In dieser Konstellation erfolgt eine Weisung innerhalb des Organs der Staatsanwaltschaft durch ihren jeweiligen Leiter. Zum anderen gehören zu den Vorgesetzten der Bundesminister der Justiz auf Bundesebene, § 147 Nr. 1 GVG sowie die Landesjustizverwaltung auf Landesebene, § 147 Nr. 2 GVG. Die Erteilung einer Weisung erfolgt also nicht ausschließlich durch ein eindeutig der Exekutive zuzuordnendes Organ, wie etwa in den Fällen des § 147 Nr. 1 und Nr. 2 GVG, sondern auch behördenintern innerhalb der Staatsanwaltschaft, vgl. § 157 Nr. 3 GVG. Zum anderen ist Zweck der Weisungsgebundenheit der Staatsanwaltschaft nicht deren Zuordnung zur

---

1206 Maunz/Düring/*Hillgruber*, GG, Art. 92 Rn 64 spricht von einer exklusiven Zuweisung; NK-GG/*Hömig*, Art. 92 Rn 5; BeckOK-GG/Morgenthaler, GG, Art. 92 Rn 19.

1207 *Rautenberg*, NJ 2003, 169 (169); *Schaefer*, NJW 2001, 1396 (1396); *Kaiser*, NJW 1961, 200 (201).

1208 *Rautenberg*, NJ 2003, 169 (169); *Schaefer*, NJW 2001, 1396 (1396); *Wagner*, NJW 1963, 8 (8).

1209 *Dalbkermeyer*, Schutz des Beschuldigten, S. 57 f.

1210 *Kaiser*, NJW 1961, 200 (201); *Wagner*, NJW 1963, 8 (8).

Exekutive gewesen. Vielmehr sollte dadurch eine einheitliche und gleichmäßige Entscheidungspraxis gewährleistet werden. Zuletzt hat der Staatsanwalt die Weisung seines Vorgesetzten zudem nicht zwingend in jedem Fall zu befolgen. Eine Weisungsgebundenheit besteht dann nicht, wenn die Weisung offensichtlich rechtswidrig ist[1211].

Das Argument *Dalbkermeyers*, wonach für eine Zuordnung der Staatsanwaltschaft zur Exekutive § 163 StPO spreche[1212], ist ebenso widerlegbar. § 163 StPO erstreckt zur Unterstützung der Arbeit der Staatsanwaltschaft das Legalitätsprinzip auch auf Beamte des Polizeidienstes[1213]. Dabei agiert die Polizei als verlängerter Arm der Staatsanwaltschaft[1214]. Die Tätigkeit der Polizei wird der Exekutive zugeordnet. Aufgrund dessen sieht *Dalbkermeyer* sich veranlasst, auch die Staatsanwaltschaft nicht der Judikative zuzuordnen. Dabei wird die in Gegenüberstellung zu § 163 StPO weit überwiegende Anzahl von Verflechtungen der jeweiligen Tätigkeit von Gericht und Staatsanwaltschaft im Laufe eines Strafverfahrens verkannt, die sich nicht nur auf das Ermittlungsverfahren erstreckt, sondern darüber hinaus geht.

Konsequent ist eine Zuordnung der Staatsanwaltschaft zur Judikative schließlich auch mit Blick auf die Rechtswegfrage zur gerichtlichen Überprüfung staatsanwaltschaftlicher Stellungnahmen[1215].

Der ordnungsgemäße Ablauf eines Strafverfahrens wird gerade durch das Zusammenwirken von Staatsanwaltschaft und Gericht gewährleistet. Beide Organe ergänzen sich gegenseitig und bringen auf diese Weise das Strafverfahren voran[1216]. Zugleich sind sie voneinander unabhängig, § 206 StPO, § 150 GVG. Ohne die Staatsanwaltschaft gäbe es – mit Ausnahme von Privatklagen, § 374 StPO – kein Strafverfahren[1217]. Folglich ist die Staatsanwaltschaft als Organ der Rechtspflege der Judikative zuzuordnen.

Die Erfüllung des Tatbestandes des § 203 Abs. 2 StGB scheitert demnach am Tatbestandsmerkmal der „Erfassung der Einzelangaben über persönliche und sachliche Verhältnisse eines anderen für Aufgaben der öffentlichen Verwaltung“.

1211 MüKoStPO/*Peters*, Bd. 2, StPO § 152 Rn 51; *Kaiser*, NJW 1961, 200 (201); *Wagner*, NJW 1963, 8 (10).

1212 *Dalbkermeyer*, Schutz des Beschuldigten, S. 58.

1213 KK-StPO/*Griesbaum*, StPO § 163 Rn 1; MüKoStPO/*Kölbel*, Bd. 2, StPO § 163 Rn 1.

1214 BVerwG NJW 1975, 893 (894); KK-StPO/*Griesbaum*, § 163 Rn 1.

1215 Dazu 5. Kapitel B. I.

1216 *Wagner*, NJW 1963, 8 (9).

1217 *Wagner*, NJW 1963, 8 (9).

Sofern die Staatsanwaltschaft allerdings als Verwaltungsbehörde angesehen und § 203 StGB für anwendbar erachtet wird[1218], gilt es aus Beschuldigtensicht folgendes zu beachten. § 203 StGB ist nicht einschlägig, soweit sich der betroffene Beschuldigte gegen eine „nur" vorverurteilende Stellungnahme der Staatsanwaltschaft wehren will. Denn die Frage, ob eine öffentliche Stellungnahme der Staatsanwaltschaft vorverurteilend ist, betrifft das „Wie" ihrer Öffentlichkeitsarbeit. § 203 Abs. 2 S. 1 Nr. 1 StGB betrifft dagegen die Frage des „Ob" einer öffentlichen Stellungnahme und nimmt darüber hinaus Werturteile aus[1219]. Für den betroffenen Beschuldigten bliebe im Rahmen des § 203 StGB daher weiterhin nicht viel Spielraum, um gegen unzulässige öffentliche Stellungnahmen der Staatsanwaltschaft im Ermittlungsverfahren vorzugehen zu können. Ein Verstoß gegen § 203 StGB könnte der Beschuldigte letztendlich nur bei eigeninitiativen staatsanwaltschaftlichen Äußerungen geltend machen, und zwar nur für den Fall, dass der Beschuldigte selbst die maßgeblichen Informationen, mit deren Weitergabe er nicht einverstanden ist, der Staatsanwaltschaft anvertraut, die Staatsanwaltschaft eben diese Informationen verlautbart und erst dadurch eine Identifizierung des Beschuldigten ermöglicht wird. Hinzu kommt, dass es sich bei § 203 StGB um ein Antragsdelikt handelt, vgl. § 205 Abs. 1 S. 1 StGB. Das Antragserfordernis kann eine Hemmschwelle darstellen und wird als Mitursache für die geringe praktische Bedeutung der Norm angesehen[1220].

b. § 353b Abs. 1 S. 1 Nr. 1 StGB

Die Öffentlichkeitsarbeit der Staatsanwaltschaft durch einen Sprecher derselben könnte aber nach § 353b Abs. 1 S. 1 Nr. 1 StGB strafbar sein. Danach macht sich strafbar, wer als Amtsträger ein Geheimnis, dass ihm anvertraut oder sonst bekannt geworden ist, unbefugt offenbart und dadurch wichtige öffentliche Interessen gefährdet. Im Gegensatz zu § 203 StGB fordert § 353b StGB die Gefährdung wichtiger öffentlicher Interessen im Sinne einer konkreten Gefahr[1221].

1218 *Dalbkermeyer*, Schutz des Beschuldigten, S. 57 f.; *Neuling*, Inquisition durch Information, S. 223; *Eisele*, JZ 2014, 932 (938), unter Bezugnahme auf *Dalbkermeyer*, s. ebenda.

1219 *Fischer*, StGB, § 203 Rn 4; *Neuling*, Inquisition durch Information, S. 224.

1220 MüKoStGB/*Cierniak/Pohlit*, Bd. 4, StGB § 203 Rn 7, wonach die Strafverfolgungsstatistik für das Jahr 2010 lediglich zwölf Verurteilungen aufweist; *Schlüter*, Verdachtsberichterstattung, S. 202; *Dalbkermeyer*, Schutz des Beschuldigten, S. 54; *Neuling*, Inquisition durch Information, S. 223 f.; *Roxin*, NStZ 1991, 153 (159); *Rogall*, NStZ 1983, 1 (1).

1221 Schönke/Schröder/*Perron*, StGB, § 353b Rn 9.

Schutzgut des § 353b StGB ist die Wahrung des Amtsgeheimnisses[1222]. Als ein wichtiges Interesse i.S.d. Norm ist der ungestörte Ablauf des Ermittlungsverfahrens anerkannt[1223], wozu auch die Geheimhaltung staatsanwaltschaftlicher Ermittlungserkenntnisse zählt[1224]. Grundsätzlich fallen öffentliche Mitteilugen der Staatsanwaltschaft in den objektiven Tatbestand der Norm. Ob hierdurch aber ein öffentliches – und nicht nur ein vom Tatbestand des § 353b StGB nicht erfasstes privates[1225] – Interesse gefährdet wird, bleibt fraglich. In der Regel wird der betroffene Beschuldigte rügen, erst durch die Mitteilung der Staatsanwaltschaft sei eine öffentliche Identifizierung seiner Person ermöglicht worden, weil die Staatsanwaltschaft Informationen zur Person des Beschuldigten herausgegeben hat. Ein öffentliches Interesse ist dann aber nicht tangiert[1226], selbst dann nicht, wenn die Information der Öffentlichkeit aus eigenem Antrieb erfolgt. Auch im Übrigen stellt nicht jede öffentliche Mitteilung der Staatsanwaltschaft über den Stand eines gegen einen Beschuldigten geführten Ermittlungsverfahrens eine Verletzung des § 353b StGB dar. Wie zu § 203 StGB bereits ausgeführt, gilt es auch hier zu beachten, dass Mitteilungen der Staatsanwaltschaft, die aufgrund des presserechtlichen Auskunftsanspruchs ergehen, gerechtfertigt sein können[1227]. Maßgebliches Kriterium im Rahmen des § 353b StGB ist dann, dass durch die Mitteilung der Staatsanwaltschaft der ungestörte Ablauf des Ermittlungsverfahrens nicht gefährdet wird, wobei eine konkrete Gefahr vorzuliegen hat. Das Erfordernis der konkreten Gefährdung wichtiger öffentlicher Interessen dürfte aber kaum vorliegen, wenn die Staatsanwaltschaft öffentlich Stellungnahmen zum Ermittlungsstand abgibt.

1222 OLG Hamm NJW 2000, 1278 (1279 f.); Schönke/Schröder/*Perron*, StGB, § 353b Rn 1; v. Heintschel-Heinegg/*Heuchemer*, StGB, § 353b Rn 1; MüKoStGB/*Graf*, Bd. 5, § 353b Rn 3. Der genaue Umfang des geschützten Rechtsguts ist umstritten. Nach *Fischer*, StGB, § 353b Rn 2, wird auch das Vertrauen der Allgemeinheit in die Verschwiegenheit amtlicher Stellen geschützt. Lackner/Kühl/*Heger*, StGB, § 353b Rn 1, bezieht auch das öffentliche Interesse in den Schutzbereich der Norm ein.

1223 BGH NJW 1957, 1117 (1117); OLG Hamm NJW 2000, 1278 (1280); Heintschel-Heinegg/*Heuchemer*, StGB, § 353b Rn 9; Schönke/Schröder/*Perron*, StGB, § 353b Rn 9.

1224 BGH NJW 2008, 2057 (2057); *Fischer*, StGB, § 353b Rn 12; MüKoStGB/*Graf*, Bd. 5, § 353b Rn 27a; *Roxin*, NStZ 1991, 153 (159).

1225 Schönke/Schröder/*Perron*, StGB, § 353b Rn 9.

1226 OLG Düsseldorf NJW 2005, 1791 (1798) – Mannesmann.

1227 OLG Hamm NJW 2000, 1278 (1280); MüKoStGB/*Graf*, Bd. 5, § 353b Rn 27a.

Die Hürde des § 353b Abs. 4 StGB, wonach die Tat nur mit Ermächtigung der in Absatz 4 S. 2 Nr. 1–3 genannten Stellen verfolgt wird, ist mithin nicht mehr von Relevanz.

Der Umstand allein, dass eine Äußerung des Sprechers der Staatsanwaltschaft unzulässig in das Allgemeine Persönlichkeitsrecht des betroffenen Beschuldigten eingreift, stellt nicht zugleich einen Verstoß gegen § 353b Abs. 1 S. 1 StGB dar. Eine Strafbarkeit des Sprechers der Staatsanwaltschaft nach § 353b Abs. 1 S. 1 Nr. 1 StGB kommt daher nicht in Betracht.

c. *§ 353d Nr. 3 StGB*

Zuletzt ist zu erwägen, dass der Sprecher der Staatsanwaltschaft sich nach § 353d Nr. 3 StGB strafbar macht. Danach wird bestraft, wer die Anklageschrift oder andere amtliche Schriftstücke eines Strafverfahrens ganz oder in wesentlichen Teilen im Wortlaut öffentlich macht, bevor sie in öffentlicher Verhandlung erörtert worden sind oder das Verfahren abgeschlossen ist. Rechtsgut des § 353d Nr. 3 StGB ist der Schutz der Unbefangenheit von Verfahrensbeteiligten, namentlich Laienrichtern und Zeugen[1228].

Ein generelles Verbot der Mitteilung über die Erhebung einer Anklage, auch unter namentlicher Nennung des Beschuldigten, enthält § 353d Nr. 3 StGB freilich nicht[1229]. Dem stünde ohnehin der Bestimmtheitsgrundsatz des Art. 103 Abs. 2 GG entgegen. Nr. 3 verlangt eine wörtliche oder schriftliche Mitteilung der Anklageschrift, ganz oder in wesentlichen Teilen. Die bloße inhaltliche Wiedergabe des Inhalts einer Anklageschrift oder amtlicher Schriftstücke aus einem Strafverfahren unterfällt ebenfalls nicht dem Anwendungsbereich der Norm[1230], es sei denn, ein wesentlicher Teil ist noch als Originaltext zu erkennen[1231]. Straflos nach § 353d Nr. 3 StGB bliebe wohl auch die Übersendung einer Kopie des Inhalts der Ermittlungsakte mitsamt der Anklageschrift an eine einzelne Person, da diese keine öffentliche Mitteilung darstellten[1232]. Eine Anwendbarkeit der Norm kommt ferner dann nicht in Betracht, wenn die Staatsanwaltschaft Mitteilungen aus den dem Ermittlungsverfahren vorgelagerten Vorermittlungen öffentlich verlesen würde. In derartigen Fällen liegt noch kein Einschreiten

---

1228 BVerfG (Kammer) NJW 2014, 2777 Rn 26; OLG Hamm NJW 1977, 967 (967); MüKoStGB/*Graf*, Bd. 5, § 353d Rn 5; BT-Drs. 7/550, S. 283 f.; BT-Drs. 10/4608, S. 11.

1229 OLG Hamm NJW 1977, 967 (967 f.).

1230 BT-Drs. 10/4608, S. 11; *Fischer*, StGB, § 353d Rn 6.

1231 MüKoStGB/*Graf*, Bd. 5, § 353d Rn 70.

1232 AE-StuM/*Weigand*, S. 40.

i.S.d. § 152 Abs. 2 StPO vor und damit auch noch kein Strafverfahren im Sinne des § 353d Nr. 3 StGB[1233]. Nach *OLG Hamm*[1234] ist die Norm auch dann nicht anwendbar, wenn die Staatsanwaltschaft in einer Pressekonferenz den Anklagesatz verliest[1235].

§ 353 Nr. 3 StGB ist aus Beschuldigtensicht kein taugliches Mittel. Die Norm bietet für die Staatsanwaltschaft wegen der vielen tatbestandlichen Einschränkungen zahlreiche Möglichkeiten, einer Strafbarkeit zu entgehen.

d. § 33 KUG

§ 353d Nr. 3 StGB erstreckt sich nicht auf Bildnisse des Beschuldigten, da diese keine Schriftstücke darstellen. Eine Verletzung des Rechts am eigenen Bild des Beschuldigten durch die Staatsanwaltschaft kann aber nach § 33 KUG strafbar sein[1236]. Danach ist die öffentliche Verbreitung oder Zuschaustellung eines Bildnisses strafbar, wenn nicht eine der in den §§ 22, 23 KUG genannten Voraussetzungen erfüllt ist. Die Erteilung einer Einwilligung des Beschuldigten nach § 22 S. 1 KUG in die Veröffentlichung seines Bildnisses durch die Staatsanwaltschaft zum Zwecke ihrer Öffentlichkeitsarbeit ist kaum denkbar. Es verbleibt demnach nur § 23 Abs. 1 Nr. 1 KUG, wonach eine Einwilligung nicht erforderlich ist, wenn es sich um ein Bildnis aus dem Bereich der Zeitgeschichte handelt. Zu beachten ist ferner, dass die Veröffentlichung des Bildnisses berechtigte Interessen des Beschuldigten nicht verletzten darf. Insoweit hat eine Interessensabwägung zu erfolgen.

Die Reichweite des § 33 KUG ist überschaubar. Der Beschuldigte kann sich allenfalls gegen eine unzulässige Veröffentlichung seines Bildnisses wehren. „Nur“ wörtlich getätigte tendenziöse Stellungnahmen der Staatsanwaltschaft sind hiervon nicht umfasst. Zudem ist eine Verletzung der §§ 22, 23 KUG nicht

---

1233 Vgl. LG Hamburg NJW 2013, 3458 (3461) – Mollath, wonach es sogar unerheblich sein soll, ob das Verfahren in diesem Stadium unter AR (Allgemeines Register, in dem Ermittlungen der Staatsanwaltschaft laufen, ein Anfangsverdacht gemäß § 152 Abs. 2 StPO aber noch nicht vorliegt) oder Js (Ermittlungsverfahren) registriert ist.

1234 OLG Hamm NJW 1977, 967 (968).

1235 **Zust.**: Schönke/Schröder/*Perron*, StGB, § 353d Rn 48; Lackner/Kühl/*Heger*, StGB, § 353d Rn 4. **AA.**: OLG Düsseldorf NJW 2005, 1791 (1806) – Mannesmann; *Fischer*, StGB, § 353d Rn 6a; Heintschel-Heinegg/*Heuchemer*, StGB § 353d Rn 7; MüKoStGB/*Graf*, Bd. 5, § 353d Rn 74.

1236 Bei § 33 KUG handelt es sich um eine Strafvorschrift. Die Tat wird auf Antrag verfolgt, § 33 Abs. 2 KUG, vgl. Erbs/Kohlhaas/*Kaiser*, Strafrechtliche Nebengesetze, Bd. 1, § 33 KUG Rn 2.

als Offizialdelikt verfolgbar. Vielmehr handelt es sich um ein Privatklagedelikt, vgl. § 374 Abs. 1 Nr. 8 StPO.

Relevant wird § 33 KUG demnach nur dann, wenn die Staatsanwaltschaft ihre Öffentlichkeitsarbeit, etwa eine Pressekonferenz, mit einem Bildnis des Beschuldigten anreichert. Dies ist jedoch kaum vorstellbar. Informiert die Staatsanwaltschaft die Öffentlichkeit über ein gegen einen Beschuldigten geführtes Ermittlungsverfahren, handelt es sich in der Regel um eine der Öffentlichkeit bereits bekannte Persönlichkeit, sei es wegen ihrer Prominenz oder weil über sie bereits medial unter Verwendung von Bildnissen berichtet wurde.

Soll ein effektiver Schutz des Beschuldigten vor unzulässiger Öffentlichkeitsarbeit der Staatsanwaltschaft erreicht werden, ohne dabei auf das Sanktionsmittel des Strafrechts als schärfstes Schwert des Staates zurückgreifen zu müssen, wäre eine Abänderung des § 33 KUG in ein Offizialdelikt zumindest ein Ansatz[1237]. Ob ein solches aber wirklich eine Verbesserung der Rechtsposition des Beschuldigten mit sich bringt, bleibt wegen vorgenannter Zweifel betreffend eines tatsächlichen Verstoßes der Staatsanwaltschaft gegen die §§ 22, 23 KUG fraglich.

e. *Zusammenfassung*

1. Der Umstand allein, dass eine Äußerung des Sprechers der Staatsanwaltschaft unzulässig in das Allgemeine Persönlichkeitsrecht des betroffenen Beschuldigten eingreift, verstößt nicht zugleich gegen materielle Strafrechtsnormen.
2. Die §§ 203 Abs. 2 Nr. 1, 353b Abs. 1 S. 1 Nr. 1 sowie § 353d Nr. 3 StGB stellen aus Beschuldigtensicht keine tauglichen Mittel gegen eine unzulässige Öffentlichkeitsarbeit der Staatsanwaltschaft dar.
3. § 33 KUG ist wegen § 23 Abs. 1 Nr. 1 KUG nur mäßig geeignet, um gegen eine unzulässige Öffentlichkeitsarbeit der Staatsanwaltschaft vorzugehen, zumal die Norm nur die unrechtmäßige Verbreitung und öffentliche Zurschaustellung des Bildnisses des Beschuldigten betrifft, was im Rahmen staatsanwaltschaftlicher Öffentlichkeitsarbeit im Ermittlungsverfahren kaum vorkommen dürfte. Offen bleibt, ob eine Abänderung des § 33 KUG in ein Offizialdelikt die Rechtsposition des betroffenen Beschuldigten tatsächlich verbessern würde.

1237 So AE-StuM/*Riklin*/*Höpfel*, S. 78.

D. Art. 6 EMRK

Verstößt die unzulässige Öffentlichkeitsarbeit der Staatsanwaltschaft gegen den Grundsatz des fair-trial oder die Unschuldsvermutung kann der hiervon betroffene Beschuldigte eine Verletzung des Art. 6 Abs. 1 S. 1, Abs. 2 EMRK vor dem Europäischen Gerichtshof für Menschenrechte (EGMR) rügen[1238]. Dazu müssten die Voraussetzungen der Individualbeschwerde nach Art. 34 EMRK vorliegen. Antragsgegner ist die Bundesrepublik Deutschland, vertreten durch einen höheren Beamten des Bundesministeriums der Justiz[1239]. Entscheidendes Zulässigkeitskriterium einer Individualbeschwerde ist die innerstaatliche Rechtswegerschöpfung. Hierzu zählt insbesondere auch der (nicht erfolgreiche) Gang vor das Bundesverfassungsgericht.

Im Falle eines Verstoßes stellt der *EGMR* diesen lediglich fest[1240]. Eine Strafsanktionierung des Staates erfolgt dabei nicht[1241]. Nur ausnahmsweise soll gemäß Art. 41 EMRK der beklagte Staat unmittelbar zur Entschädigungszahlung verurteilt werden können[1242]. Ob eine Verurteilung des Antragsgegners zur Zahlung einer Entschädigung erfolgt, hängt vom billigen Ermessen des Gerichts ab und wird sowohl im bejahenden als auch im verneinenden Fall ohne Begründung festgehalten[1243].

Grundsätzlich wird bereits die Feststellung eines Verstoßes gegen die Konvention als Entschädigung angesehen, weshalb es einer tatsächlichen Entschädigungszahlung nicht mehr bedarf[1244]. Insofern kommt einer Klage wegen

---

1238 Die EMRK wurde als völkerrechtlicher Vertrag am 4.11.1950 unter anderem von Deutschland unterzeichnet und trat am 3.9.1953 in Kraft. Über ihre Einhaltung wacht der *EGMR* mit Sitz in Straßburg, *Ludwigs/Sikora*, JuS 2017, 385 (385 f.). Die EMRK hat den Rang eines einfachen Bundesgesetzes.

1239 Meyer-Ladewig/*Meyer-Ladewig/Kulik*, EMRK, Art. 34 Rn 17.

1240 Meyer-Ladewig/*Meyer-Ladewig/Brunozzi*, EMRK, Art. 41 Rn 1; *Ludwigs/Sikora*, JuS 2017, 385 (386); *Roxin*, NStZ 1991, 153 (156).

1241 Meyer-Ladewig/*Meyer-Ladewig/Brunozzi*, EMRK, Art. 41 Rn 4; *Roxin*, NStZ 1991, 153 (156).

1242 Entschädigt werden materielle und immaterielle Schäden, Meyer-Ladewig/*Meyer-Ladewig/Brunozzi*, EMRK, Art. 41 Rn 1; *Ludwigs/Sikora*, JuS 2017, 385 (386).

1243 Die Verurteilung zur Entschädigung oder ihre Ablehnung erfolgt am Ende des Tatbestands und nicht in den Urteilsgründen, vgl. EGMR (GK) NJW 2016, 3353 (3353); EGMR NJW-RR 2017, 939 (940); NJW 2017, 1533 (1533); 2091 (2091). Bei überlanger Verfahrensdauer etwa wird eine immaterielle Geldentschädigung in der Regel zugesprochen, Meyer-Ladewig/*Meyer-Ladewig/Brunozzi*, EMRK, Art. 41 Rn 26.

1244 Meyer-Ladewig/*Meyer-Ladewig/Brunozzi*, EMRK, Art. 41 Rn 29.

Verletzung des Art. 6 EMRK letztlich nur feststellende Wirkung zu. Diese kann der betroffene Beschuldigte mit dem Feststellungsantrag gemäß § 28 Abs. 1 S. 4 EGGVG ebenfalls erzielen. Der Rechtsbehelf nach § 28 Abs. 1 S. 4 EGGVG dürfte aufgrund des Zeitfaktors schließlich auch vorteilhafter sein, da das Verfahren nur über zwei Instanzen geht. Für die Rüge der Verletzung des Art. 6 EMRK muss der Betroffene hingen alle Instanzen durchlaufen. Dabei ist nicht einmal garantiert, dass er neben einem Feststellungsurteil auch eine Entschädigung zugesprochen bekommt.

Die Individualbeschwerde nach Art. 34 EMRK wegen Verletzung des Art. 6 EMRK scheidet als effektive Rechtsschutzmöglichkeit gegen eine unzulässige Öffentlichkeitsarbeit der Staatsanwaltschaft aus. Auch im Rahmen der Individualbeschwerde nach Art. 34 EMRK besteht keine persönliche Haftung des Urhebers der unzulässigen öffentlichen Äußerung.

E. Ansprüche Angehöriger oder Erben eines betroffenen Beschuldigten

Anlässlich der Germanwings-Katastrophe im Jahr 2015 in den französischen Alpen und der damit einhergehenden Kritik an der Staatsanwaltschaft Düsseldorf betreffend ihre Öffentlichkeitsarbeit[1245] sollen an dieser Stelle Ansprüche von Erben oder Angehörigen verstorbener Beschuldigter gegen eine unzulässige Öffentlichkeitsarbeit der Staatsanwaltschaft im Fokus stehen. Über den Namen des Co-Piloten, dessen Leben, beruflichen Werdegang sowie vor allem über dessen Krankheit gelangte vieles an die Öffentlichkeit, nicht nur von Seiten der Staatsanwaltschaft, sondern auch von Seiten der Medien sowie des Arbeitgebers, der Lufthansa AG. Der Fall ging um die Welt. Primärer Informationslieferant war dabei die Staatsanwaltschaft Düsseldorf[1246]. Ob das Vorgehen der Staatsanwaltschaft Düsseldorf gerade in Bezug auf die Personenbezogenheit der weitergegebenen Informationen zulässig war, soll nachfolgend dargestellt werden. Sodann ist zu fragen, ob im Falle seiner Unzulässigkeit Erben oder Angehörigen Rechtsbehelfe hiergegen zur Verfügung stehen.

Abzugrenzen ist zuvor zwischen dreierlei. Zum einen ist danach zu unterscheiden, ob der „Straftäter" bereits verstorben war, bevor ein Ermittlungsverfahren

---

1245 *Mitsch*, JuS 2015, 884 (884), wonach die Staatsanwaltschaft eine exakte Erklärung der strafrechtlichen Relevanz und damit auch der Legitimation ihres eigenen Tuns weitgehend schuldig blieb; *Darnstädt*, Der Spiegel 16/2015, 28.

1246 *Mitsch*, JuS 2015, 884 (890); *Darnstädt*, Der Spiegel, 16/2015, 28 (28), wonach die Staatsanwaltschaft „fast täglich" mit neuen Informationen an die Öffentlichkeit trat.

eingeleitet wurde, oder ob er während des laufenden Ermittlungsverfahrens verstorben ist. Zum anderen ist danach zu unterscheiden, ob der Beschuldigte sich bereits zu Lebzeiten gegen eine unzulässige Öffentlichkeitsarbeit der Staatsanwaltschaft gerichtlich zur Wehr gesetzt hat oder nicht. Schließlich ist drittens danach zu differenzieren, ob eine Bild- oder Wortberichterstattung der Anlass für ein Vorgehen gegen die Öffentlichkeitsarbeit der Staatsanwaltschaft war.

I. Strafverfahrensrechtliche Auswirkungen

Verstirbt der Beschuldigte während eines laufenden Ermittlungsverfahrens, stellt die Staatsanwaltschaft dieses gemäß § 170 Abs. 2 StPO wegen des Bestehens eines Prozesshindernisses ein[1247]. Verstirbt ein (mutmaßlicher) Straftäter, noch bevor die Staatsanwaltschaft Ermittlungen gegen diesen aufnimmt, ist die Straftat nicht mehr „verfolgbar" i.S.d. § 152 Abs. 2 StPO[1248]. Wegen der höchstpersönlichen Natur des Streitgegenstands ist eine Rechtsnachfolge ausgeschlossen, so dass das Strafverfahren nicht gegen Erben des Beschuldigten weiter geführt werden kann[1249]. Aus demselben Grund ausgeschlossen sind nachträgliche Rechtsbehelfe der Erben, etwa wegen Verstoßes gegen den Grundsatz des fairen Verfahrens oder die Unschuldsvermutung.

II. Einzelfallbeispiel: Germanwings

Da der Co-Pilot der Germanwings-Maschine zum Zeitpunkt seines Todes nicht einmal Angeschuldigter war, könnten sämtliche (personenbezogene) Informationen der Staatsanwaltschaft Düsseldorf betreffend dessen möglicher Strafbarkeit nicht rechtmäßig gewesen sein.

Ihr Vorgehen hat die Staatsanwaltschaft Düsseldorf unterdessen als Todesermittlungsverfahren i.S.d. § 159 StPO gerechtfertigt[1250]. Das Verfahren nach

---

1247 BGH NJW 1999, 3644; KK-StPO/*Moldenhauer*, StPO, § 170 Rn 15; BeckOK-StPO/*Gorf*, StPO, § 170 Rn 16; *Mitsch*, JuS 2015, 884 (888). Verstirbt der Angeklagte nach Eröffnung des Hauptverfahrens, wird das Verfahren wegen eines unbehebbaren Verfahrenshindernisses gemäß § 206a StPO eingestellt. Verstirbt ein Verurteilter vor Rechtskraft des Urteils, wird das Urteil gegenstandslos, BGH NJW 1987, 661 (662), wonach eine förmliche Einstellung des Verfahrens in diesem Stadium lediglich deklaratorischer Natur wäre. Die Staatsanwaltschaft muss freilich dann weitere Ermittlungen anstellen, wenn an der Tat eventuell Dritte beteiligt sein könnten.

1248 *Mitsch*, NJW 2010, 3479 (3480).

1249 BGH NJW 1983, 463 (463).

1250 *Darnstädt*, Der Spiegel 16/2015, 28 (29).

§ 159 StPO ist kein Ermittlungsverfahren i.S.d. § 160 StPO. Es dient der Information und Beweissicherung zur Aufklärung einer nicht natürlichen Todesursache. Ansatzpunkte für eine Ermittlung können die Leichenschau (§ 87 Abs. 1 StPO) oder die Leichenöffnung (§ 87 Abs. 2 StPO) sein[1251]. Vor diesem Hintergrund waren Ermittlungsmaßnahmen der Staatsanwaltschaft Düsseldorf in Gestalt von Wohnungsdurchsuchung beim verstorbenen Co-Piloten sowie seiner Eltern und Beschlagmahne ärztlicher Urkunden – wegen derer erst die Öffentlichkeit von der Krankheit des Co-Piloten informiert wurde – nicht zu rechtfertigen. Auf § 159 StPO lassen sich solche Maßnahmen nicht stützen[1252].

Wegen des enormen Interesses der Öffentlichkeit an der Aufklärung der Absturzursache der Germanwings-Maschine sind jedenfalls diejenigen Informationen der Staatsanwaltschaft als zulässig einzuordnen, die keine personenbezogenen Informationen enthalten.

Problematisch dürfte aber die Weitergabe von Name und Krankheit des Co-Piloten gewesen sein. Unerheblich ist diesbezüglich, ob die Staatsanwaltschaft Düsseldorf von sich aus oder aufgrund des presserechtlichen Auskunftsanspruchs[1253] Informationen zum „Strafverfahren" gegen den Co-Piloten an die Öffentlichkeit hat gelangen lassen. Ebenso unerheblich ist, ob die Staatsanwaltschaft, wegen außerordentlichem öffentlichen Informationsinteresse und wegen der Schwere des Tatvorwurfs ausnahmsweise personenbezogene Information hätte herausgeben dürfen. Denn ein Strafverfahren wurde gegen den Co-Piloten nie geführt. Dieser ist verstorben, bevor er überhaupt Angeschuldigter der Tat werden konnte. Rein juristisch betrachtet ist es schließlich auch unerheblich, dass sich der „Verdacht" gegen den Co-Piloten tatsächlich bestätigt hat. Bis zum Beweis der Schuld gilt jedermann als unschuldig. Gegen Verstorbene ist ein Ermittlungsverfahren nicht zulässig und unmöglich. Der Tod des Co-Piloten in einem Stadium, in dem er nicht einmal Angeschuldigter einer Straftat war, war damit der Grundstein für eine unzulässige Öffentlichkeitsarbeit der Staatsanwaltschaft.

Das Ergebnis ist gewiss eigenartig, zumal der Co-Pilot nach dem Ergebnis der Ermittlungen die Germanwings-Maschine tatsächlich absichtlich zum Absturz gebracht haben soll. Ein Schweigen der Staatsanwaltschaft wäre von der

---

1251 *Neubeck*, Handbuch für den Staatsanwalt, 2. Teil, 8. Kap., Rn 2, 5; MüKoStPO/*Trück*, Bd. 1, StPO § 87 Rn 1 f.; BeckOK-StPO/*Goers*, StPO, § 159 Rn 1 ff.

1252 BeckOK-StPO/*Goers*, StPO, § 159 Rn 1a.

1253 In Nordrhein-Westfalen gemäß § 4 LPresseG NRW.

Öffentlichkeit auch kaum akzeptiert worden. An der Aufklärung der Ursache des Absturzes bestand schließlich ein enormes öffentliches Informationsbedürfnis.

III. Ansprüche wegen Persönlichkeitsrechtsverletzung

Vor diesem Hintergrund stellt sich die Frage, ob Angehörige oder Erben des Co-Piloten wegen unzulässiger Öffentlichkeitsarbeit der Staatsanwaltschaft Düsseldorf mit Erfolg hätten Rechtsbehelfe einlegen können. Unterschieden wird hierbei zwischen der Verletzung des vermögenswerten und nichtvermögenswerten postmortalen Persönlichkeitsrechts.

Die Fortdauer des Allgemeinen Persönlichkeitsrechts über den Tod seines Trägers hinaus hat der *BGH* im Mephisto-Urteil[1254] manifestiert, sog. postmortales Persönlichkeitsrecht. Geschützt wird nach dem Ableben des Rechtsträgers der Wert- und Achtungsanspruch des Persönlichkeitsrechts, der aus dem Allgemeinen Persönlichkeitsrecht des Verstorbenen verbleibt[1255].

Eine Vererblichkeit des Allgemeinen Persönlichkeitsrechts hat der *BGH* damals allerdings noch verneint[1256]. Die Vererblichkeit vermögenswerter Bestandteile des postmortalen Persönlichkeitsrechts hat der *BGH* im Marlene-Dietrich-Urteil festgehalten[1257]. Nicht vererbbar sind weiterhin ideelle Interessen des Allgemeinen Persönlichkeitsrechts, da diese untrennbar mit der Person des Trägers verbunden sind[1258]. Nicht dem ideellen Interesse zuzuordnen sind Bild und Name des Verstorbenen aber dann, wenn ihnen ein beträchtlicher wirtschaftlicher Wert zukommt, der auf der Bekanntheit oder dem Ansehen der Person beruht[1259]. Das Resultat der Differenzierung zwischen ideellem und vermögenswertem Schutz des Persönlichkeitsrechts offenbart sich in seiner Rechtsdurchsetzung im Verletzungsfalle. Ansprüche zum Schutz ideeller Interessen des Verstorbenen sind von den Angehörigen geltend zu machen, während diejenigen zum Schutz vermögenswerter Interessen des Verstorbenen von den Erben geltend zu machen sind[1260].

1254 BGH NJW 1968, 1773 (1774) – Mephisto.
1255 BGH NJW 1968, 1773 (1774) – Mephisto; GRUR 1984, 907 (907 f.) – Frischzellenkosmetik; *Brost*, AfP 2015, 510 (510).
1256 BGH NJW 1968, 1773 (1774) – Mephisto.
1257 BGH NJW 2000, 2195 (2198) – Marlene Dietrich.
1258 BGH NJW 2000, 2195 (2198) – Marlene Dietrich; 1968, 1773 (1774) – Mephisto.
1259 BGH NJW 2000, 2195 (2197) – Marlene Dietrich.
1260 BGH NJW 2000, 2195 (2199) – Marlene Dietrich.

1. *Ersatz materieller Schäden*

Der von unzulässiger Öffentlichkeitsarbeit Betroffene kann im Wege des Amtshaftungsanspruchs materielle Schäden geltend machen. Zu ihnen zählen etwa der Verdienstausfallschaden sowie Rechtsanwaltskosten. Verstirbt der Betroffene im Laufe des Ermittlungsverfahrens, gehen diese Ansprüche auf den oder die Erben über, vgl. § 1922 BGB. Von Erben oder Angehörigen fortgesetzt werden kann auch das Verfahren vor dem *EGMR*[1261].

Von vornherein auszuschließen sind allerdings Ansprüche von Erben des verstorbenen Beschuldigten wegen Verletzung des vermögenswerten postmortalen Persönlichkeitsrechts durch die Staatsanwaltschaft. Das Allgemeine Persönlichkeitsrecht schützt neben seinen besonderen Ausprägungen auch vermögenswerte Interessen der Person[1262]. Vermögenswerte Interessen sind etwa dann betroffen, wenn der Abbildung, der Stimme oder dem Namen ein erheblicher wirtschaftlicher Wert beigemessen wird, der auf den Bekanntheitsgrad oder das Ansehen der Person in der Öffentlichkeit zurückgeht[1263]. Werden die kommerziellen Interessen des Trägers unerlaubt gewinnerzielend verwertet und damit beeinträchtigt, stehen ihm Schadensersatz-, Unterlassungs- und Auskunftsansprüche gegen den Verletzer auf Herausgabe des hierdurch erlangten Gewinns zu. Es ist aber schlicht nicht vorstellbar, dass die Staatsanwaltschaft mittels unzulässiger Öffentlichkeitsarbeit einen wirtschaftlichen Gewinn zu erzielen beabsichtigt.

Im Fall des Co-Piloten scheidet der Ersatz materieller Schäden in Gestalt des Verdienstausfallschadens sowie der Ersatz von Rechtsverfolgungskosten daher aus.

2. *Geldentschädigungsanspruch*

Für einen Geldentschädigungsanspruch wegen schwerwiegender Verletzung der Persönlichkeit des verstorbenen Beschuldigten gilt nach dem oben Gesagten, dass ideelle Interessen nicht vererblich sind und daher im Falle ihrer Verletzung auch nicht von Angehörigen des Verstorbenen geltend gemacht werden können[1264]. Dies gilt selbst dann, wenn der Beschuldigte zum Zeitpunkt der

1261 Meyer-Ladewig/*Meyer-Ladewig/Kulick*, EMRK Art. 34 Rn 8.
1262 BGH NJW 2000, 2195 (2197) – Marlene Dietrich.
1263 BGH NJW 2000, 2195 (2197) – Marlene Dietrich.
1264 BGH NJW 2017, 3004 Rn 12 f.; 2014, 2871 Rn 24 – Trauernder Entertainer; 1974, 1371 (1371); GRUR 1974, 794 (795); OLG München NJW-RR 1994, 925 (925); MüKo-LautR/*Ann/Hauck*, Bd. 1 Teil I, F. Rn 197; *Walker*, FS Ulusan, 743 (752); *Sajuntz*, NJW 2016, 1921 (1926); *Brost*, AfP 2015, 510 (512); **krit.** MüKoBGB/*Rixecker*, Bd. 1, Anh.

Rechtshängigkeit der Klage noch am Leben war und erst während des Rechtsstreits verstirbt[1265]. Die Rechtshängigkeit einer Geldentschädigungsklage ändert nichts daran, dass die mit dem Geldentschädigungsanspruch bezweckte Genugtuungsfunktion mit dem Tod seines Trägers an Bedeutung verliert.

Im Widerspruch dazu steht ein Urteil des *OLG München*[1266], welches Angehörigen einen Geldentschädigungsanspruch für schwerwiegende postmortale Persönlichkeitsrechtsverletzungen zugesprochen hat. Das Gericht begründet seine Auffassung damit, dass eine Unterscheidung von vermögenswerten und ideellen Interessen des postmortalen Persönlichkeitsrechts überholt sei. Der ideelle Bereich des postmortalen Persönlichkeitsrechts sei nicht hinreichend vor Verletzungshandlungen geschützt, denn die Ansprüche des Widerrufs, der Unterlassung sowie der Gegendarstellung hätten nicht die gleiche Schutzwirkung wie ein Geldentschädigungsanspruch[1267].

Nach Maßgabe des Urteils des *OLG München* könnten Angehörige des Co-Piloten im Germanwings-Fall einen Geldentschädigungsanspruch gegen die Staatsanwaltschaft Düsseldorf geltend machen. Denn eine strafrechtliche Verfolgung des Co-Piloten war nicht zulässig, auch wenn die Beweislage gegen ihn erdrückend war. Die Entscheidung des *OLG München* hat indes keinen Zuspruch gefunden, was seine Ursache darin finden dürfte, dass das Gericht sich über eine jahrzehntelang gefestigte Rechtsprechungspraxis hinweggesetzt hat. Unberücksichtigt lässt das Gericht den Ausnahmecharakter des Geldentschädigungsanspruchs und dessen persönliche Komponente in Gestalt der Genugtuungsfunktion.

Ein Geldentschädigungsanspruch steht Angehörigen des Verstorbenen gegen eine unzulässige staatsanwaltschaftliche Öffentlichkeitsarbeit nach alledem nicht zu.

---

§ 12 Rn 55, mit Verweis auf die auch Präventiv- und Wiedergutmachungsfunktion des Geldentschädigungsanspruchs. Zu den Schutzmöglichkeiten bei Verletzung vermögenswerter postmortaler Persönlichkeitsrechte, vgl. *Brost*, AfP 2015, 510 (510 ff.); *Götting*, GRUR 2004, 801; *Emmerich*, JuS 2000, 1222.

1265 BGH NJW 2017, 3004 Rn 12 f.; 2014, 2871 Rn 24 – Trauernder Entertainer; 1974, 1371 (1371); *Sajuntz*, NJW 2016, 1921 (1926).

1266 OLG München ZUM 2002, 744 – Marlene Dietrich; **krit.** *Götting*, GRUR 2004, 801 (802).

1267 OLG München ZUM 2002, 744 (746) – Marlene Dietrich.

3. *Einschlägige Rechtschutzmöglichkeiten*

Die Angehörigen des Verstorbenen sind aber befugt, die Verletzung postmortaler nichtvermögenswerter Persönlichkeitsrechte durch eine Wortberichterstattung mittels einer Unterlassungs- und Widerrufsklage abzuwehren[1268]. Ferner haben Angehörige einen Anspruch auf Richtigstellung[1269]. Ein Anspruch auf vorbeugende Unterlassung unzulässiger Äußerungen dürfte aber ausscheiden. Denn aufgrund des Todes des Beschuldigten stellt die Staatsanwaltschaft das Verfahren ein. Die Verletzung des Allgemeinen Persönlichkeitsrechts des Beschuldigten dürfte dann grundsätzlich nicht mehr zu besorgen sein. Schließlich können die Angehörigen die Rechtswidrigkeit einer unzulässigen öffentlichen Stellungnahme der Staatsanwaltschaft gerichtlich feststellen lassen. Anspruchsgrundlage dürfte § 1004 Abs. 1 S. 2 BGB analog sein.

Verbreitet die Staatsanwaltschaft während eines Zeitraums von zehn Jahren nach dem Tod des Beschuldigten (vgl. § 22 S. 3 KUG) entgegen den §§ 22, 23 KUG Bildnisse des betroffenen Beschuldigten, stehen den Angehörigen Abwehransprüche sowie die Möglichkeit des § 33 KUG zur Verfügung[1270].

Im Fall des Co-Piloten der Germanwings-Maschine hätten Angehörige mit einer (vorbeugenden) Unterlassungsklage versuchen können, die Weitergabe von personenbezogenen Informationen zu verhindern. In Frage käme auch eine Klage auf Feststellung der Unzulässigkeit der Äußerungen der Staatsanwaltschaft betreffend eine Weitergabe jener personenbezogenen Informationen. Angesichts der Tatsache, dass der Co-Pilot mit Absicht über einhundert Menschen mit in den Tod riss, mag es zweifelhaft sein, ob eine solche Klage der Angehörigen in der öffentlichen Meinung nicht zu einer hochgradigen Verärgerung geführt hätte. Rechtlich betrachtet stand ihnen diese Möglichkeit zumindest offen. Nicht statthaft wären jedenfalls eine Widerrufsklage sowie eine Klage auf Richtigstellung gewesen. Beide richten sich gegen erwiesen unwahre Tatsachenäußerungen, welche gegenständlich nicht vorlagen.

1268 BGH NJW 1974, 1371 (1371); OLG München ZUM 2002, 744 (745) – Marlene Dietrich; NJW-RR 1994, 925 (925); MüKoBGB/*Rixecker*, Bd. 1, Anh. § 12 Rn 55; *Brost*, AfP 2015, 510 (512).

1269 *Brost*, AfP 2015, 510 (512).

1270 Zur geringen Wahrscheinlichkeit eines Verstoßes gegen die §§ 22, 23 KUG im Rahmen staatsanwaltschaftlicher Öffentlichkeitsarbeit vgl. 5. Kapitel C. II. 2. d.

IV. Öffentlichkeitsarbeit aufgrund postmortaler Ermittlungen

Nach dem Grundsatz der Unschuldsvermutung ist derjenige, der einer Straftat verdächtig ist, solange unschuldig, bis seine Schuld rechtskräftig festgestellt wird. Verstirbt jemand, solange er Beschuldigter, Angeschuldigter oder Angeklagter ist, nimmt er – jedenfalls aus juristischer Sicht – die Unschuldsvermutung mit in sein Grab. Denn gegen ihn ist ein Strafverfahren nicht mehr zulässig. Seine Schuld kann kein Gericht mehr feststellen. Die Unschuldsvermutung kann dann endgültig nicht mehr widerlegt werden. Vor diesem Hintergrund könnte sich die Staatsanwaltschaft Düsseldorf im Germanwings-Fall gemäß § 344 StGB strafbar gemacht haben, indem sie die Öffentlichkeit laufend über neue Ermittlungserkenntnisse, etwa über die Krankheit des Co-Piloten, in Kenntnis gesetzt hat.

§ 344 StGB stellt die Verfolgung Unschuldiger unter Strafe. Geschütztes Rechtsgut sind neben der Integrität und Rechtsstaatlichkeit der Rechtspflege auch Individualinteressen des zu unrecht Verfolgten[1271]. § 344 Abs. 1 StGB ist ein Verbrechenstatbestand.

Eine Strafbarkeit der Staatsanwaltschaft gemäß § 344 StGB ist jedoch aus vielerlei Gründen zweifelhaft. Zum einen ist bereits streitig, ob eine verstorbene Person überhaupt Tatobjekt im Sinne der Norm sein kann. Dagegen spricht der Schutzzweck der Norm, der neben dem Schutz der Rechtspflege auch den Schutz von Individualinteressen des Betroffenen betrifft. Wenn der Betroffene aber nicht mehr lebt, können seine Individualinteressen nicht mehr geschützt werden[1272]. Den Schutz von Individualinteressen in Form des zu schützenden Persönlichkeitsrechts des Betroffenen greift aber eine Ansicht auf und begründet diesen mit dem Argument des postmortalen Persönlichkeitsrechtsschutzes, welche die Anwendung des § 344 StGB auch auf den Verstorbenen rechtfertige[1273]. Diese Ansicht ist allerdings abzulehnen. Ein Eingriff in das postmortale Persönlichkeitsrecht ist in einer Strafverfolgung gegen einen Verstorbenen nicht zu erblicken, zumal eine solche ohnehin unzulässig ist und daher zu einer Einstellung des Ermittlungsverfahrens führen wird, sobald die Staatsanwaltschaft Kenntnis von dem Tod des Betroffenen erlangt. Ein lückenhafter Schutz des

---

1271 Strittig, **bejahend:** BGH, Beschluss vom 4.12.1997 – 5 StR 620/97 (Schutz vor ungerechtfertigter staatlicher Verfolgung); NJW 1951, 611 (611); MüKoStGB/*Voßen*, Bd. 5, § 344 Rn 1; **offengelassen:** v. Heintschel-Heinegg/*Bange*, StGB, § 344 Rn 3; **verneinend:** betreffend den Schutz von Individualinteressen, Lackner/Kühl/*Heger*, StGB, § 344 Rn 1.

1272 Schönke/Schröder/*Hecker*, StGB, § 344 Rn 1, 11.

1273 *Mitsch*, NJW 2010, 3479 (3481); v. Heintschel-Heinegg/*Bange*, StGB, § 344 Rn 7.

nichtvermögenswerten postmortalen Persönlichkeitsrechts betreffend unzulässige staatsanwaltschaftliche Stellungnahmen darf nicht dazu führen, dass eine Strafbarkeit der Staatsanwaltschaft um jeden Preis begründet wird. Dies gilt umso mehr, als § 344 Abs. 1 StGB als Verbrechenstatbestand ausgestaltet ist. Zudem schützt § 344 StGB den Unschuldigen vor ungerechtfertigter Strafverfolgung[1274], worunter eher Beschränkungen der individuellen Freiheit, als Eingriffe in das Allgemeines Persönlichkeitsrecht zu subsumieren sein dürften. Zuletzt ist § 344 StGB auch kein Nebenklagedelikt. Die Nebenklagebefugnis erlaubt es Tatopfern bei Verletzung bestimmter Straftatbestände zur Verfolgung persönlicher Interessen neben der Staatsanwaltschaft als Kläger im Strafprozess aufzutreten[1275]. Die Nichtberücksichtigung des § 344 StGB als Nebenklagedelikt hebt die Rechtspflege als geschütztes Rechtsgut gegenüber dem in seinem Umfang ohnehin streitigen Individualrechtsschutz des Einzelnen hervor.

Eine Strafbarkeit der Staatsanwaltschaft gemäß § 344 Abs. 1 StGB scheidet mithin aus.

V. Zusammenfassung

1. Wegen der höchstpersönlichen Natur des Streitgegenstands kann ein Strafverfahren nicht gegen die Erben des Beschuldigten weitergeführt werden. Aus demselben Grund scheidet die nachträgliche Einlegung von Rechtsbehelfen, etwa wegen Verstoßes gegen den Grundsatz des fairen Verfahrens oder der Unschuldsvermutung, durch die Erben aus.
2. Von den Erben des Verstorbenen kann im Wege des Amtshaftungsanspruchs Ersatz materieller Schäden (Kosten der Rechtsverfolgung, Verdienstausfallschaden) geltend gemacht werden.
3. Ein von den Erben geltend zu machender Schadensersatzanspruch wegen Verletzung vermögenswerter postmortaler Persönlichkeitsrechte des Beschuldigten besteht zwar dem Grunde nach. Seine Geltendmachung wegen einer unzulässigen Öffentlichkeitsarbeit der Staatsanwaltschaft hat aber keine Aussicht auf Erfolg, da die Staatsanwaltschaft mit ihrer Öffentlichkeitsarbeit keine kommerziellen Interessen verfolgt und mithin keinen abzuschöpfenden Gewinn erzielt.
4. Der Geldentschädigungsanspruch wegen schwerwiegender Persönlichkeitsrechtsverletzung ist wegen seiner persönlichen Genugtuungsfunktion weder vererblich, noch kann er von Angehörigen des verstorbenen Beschuldigten

---

1274 BGH, Beschluss vom 4.12.1997 – 5 StR 620/97; NJW 1951, 611 (611).
1275 v. Heintschel-Heinegg/*Weiner*, StGB, § 395 Einl.

geltend gemacht werden. Das gilt selbst dann, wenn der Beschuldigte bei Rechtshängigkeit seines Anspruchs noch am Leben war.
5. Den Angehörigen stehen analog § 1004 Abs. 1 S. 2 BGB wegen Verletzung des Allgemeinen Persönlichkeitsrechts des verstorbenen Beschuldigten Ansprüche auf Unterlassung, Widerruf und Richtigstellung zu. Ferner stehen ihnen Abwehransprüche gemäß den §§ 22, 23 KUG sowie die Strafvorschrift des § 33 KUG zur Verfügung.
6. Eine Strafbarkeit der Staatsanwaltschaft gemäß § 344 StGB scheidet aus.

F. Google-Entscheidung des EuGH und ihre Auswirkungen auf den Beschuldigtenschutz

Das Internet hat ein Elefantengedächtnis, da es – so heißt es zumindest – nichts vergisst[1276]. Im Internet kann eine unendliche Anzahl von digitalen Informationen für eine scheinbar unbegrenzte Zeit für eine unbegrenzte Zahl von Nutzern erlangt werden. Diese vermeintliche zeitliche Unbegrenztheit in Kombination mit der jederzeitigen Abrufbarkeit von Informationen durch einen unüberschaubaren Personenkreis ist im Hinblick auf die (unzulässige) Öffentlichkeitsarbeit der Staatsanwaltschaft im Ermittlungsverfahren und der mit ihr einhergehenden Vorverurteilung des betroffenen Beschuldigten problematisch[1277].

Online-Pressemitteilungen der Staatsanwaltschaft Frankfurt a.M. waren mit Stand von Juni 2016 noch bis in das Jahr 2010[1278] zurückverfolgbar. Online-Pressemitteilungen sind im Hinblick auf schützenswerte Interessen des Beschuldigten in der Regel unproblematisch, da sie anonym gehalten werden. Als Negativbeispiel anzuführen ist hingegen die über eine Stunde andauernde Pressekonferenz der Staatsanwaltschaft Hannover vom 14.2.2014 zu den Ermittlungen gegen Sebastian Edathy, die noch heute im Internet abrufbar ist[1279]. Insofern liegt eine

---

1276 *Boehme-Neßler*, NVwZ 2014, 825 (825); *Nolte*, ZRP 2011, 236 (236); *ders.* NJW 2014, 2238 (2240).

1277 Vgl. auch *Ulbrich/Frey*, ZUM 2017, 31 (31).

1278 https://sta-frankfurt-justiz.hessen.de/irj/STA_Frankfurt_am_Main_Internet?cid=861e623252fba5369e087b0e83dad554 (zuletzt abgerufen am 17.6.2016). Mittlerweile sind Online-Pressemeldungen nur noch ab Mai 2017 abrufbar, vgl. https://sta-frankfurt-justiz.hessen.de/irj/STA_Frankfurt_am_Main_Internet?cid=597461e6e3fbed67a5d35b4f24ac66cb (zuletzt abgerufen am 25.9.2017).

1279 Die Pressekonferenz unter der Leitung vom (damaligen) Leiter der Staatsanwaltschaft Hannover Jörg Fröhlich ist seit nunmehr über zwei Jahren in vollem Umfang neue Dimension von Persönlichkeitsrechtsverletzungen vor. Ihre Unzulässigkeit vorausgesetzt, fragt sich, welche Auswirkungen eine allgegenwärtige Verfügbarkeit von Informationen von Seiten der Staatsanwaltschaft im Ermittlungsverfahren auf die derzeit vorhandenen rechtlichen Handlungsmöglichkeiten des betroffenen Beschuldigten hat. Stein des Anstoßes war dies betreffend die sog. Google-Entscheidung des *EuGH* vom 13.5.2014[1280].

I. Sachverhalt

Ein in Spanien wohnhafter spanischer Staatsangehöriger erhob bei der spanischen Datenschutzbehörde (AEPD[1281]) Beschwerde. Die Beschwerde richtete sich gegen die La Vanguardia Ediciones S.L.[1282] (Beschwerdegegner zu 1), gegen die Google Spain S.L. (Beschwerdegegner zu 2) sowie die Google Inc. (Beschwerdegegner zu 3). Der Beschwerde lag zugrunde, dass bei Eingabe des Namens des Beschwerdeführers in die Suchmaschine des Google-Konzerns den Internetnutzern als Suchtreffer Links zu zwei Seiten der Tageszeitung des Beschwerdegegners zu 1) aus dem Jahr 1998 angezeigt wurden, die eine Anzeige enthielten, in der unter Nennung des Namens des Beschwerdeführers auf die Versteigerung seines Grundstücks im Zusammenhang mit einer ihm gegenüber zuvor erfolgten Pfändung hingewiesen wurde. Der Beschwerdegegner zu 1) sollte deshalb verpflichtet werden, die Verlinkung mit Google zu verhindern sowie die den Beschwerdeführer betreffenden personenbezogenen Daten zu löschen. Google sollte angewiesen werden, den Beschwerdeführer betreffende personenbezogene Daten zu löschen oder zu verbergen. Die Beschwerde gegen den Beschwerdegegner zu 1) hat die spanische Datenschutzbehörde abgelehnt, den Beschwerden gegen die Google Spain S.L. und die Google Inc. jedoch stattgegeben. Als Folge der Stattgabe der Beschwerde reichten die Google Spain S.L. sowie die Google Inc. Klage beim *EuGH* ein.

---

online abrufbar unter https://www.youtube.com/watch?v=l8-O5uot-Yk (zuletzt abgerufen am 9.10.2017).

1280 EuGH (Große Kammer) NJW 2014, 2257 – Google Spain.

1281 Agencia Española de Protección de Datos.

1282 Herausgeberin einer insbesondere in Katalonien (Spanien) weitverbreiteten Tageszeitung, vollständiger Sachverhalt s. EuGH (Große Kammer) NJW 2014, 2257 f. – Google Spain.

II. Entscheidung des EuGH

Der *EuGH* hatte unter anderem[1283] zu klären, ob das Zurverfügungstellen auf Webseiten Dritter veröffentlichter personenbezogener Informationen durch Suchmaschinenbetreiber einen Löschungsanspruch gegen den Suchmaschinenbetreiber begründet. Maßgeblich war entsprechend dem Begehren des Beschwerdeführers, ob Suchmaschinenbetreiber Links zu Seiten Dritter, die infolge der Namenseingabe des Betroffenen in der Suchmaschine angezeigt werden, löschen müssen. Für den Betroffenen stritten die Art. 7 GRCh (Recht auf Achtung des Privatlebens) sowie Art. 8 GRCh (Schutz personenbezogener Daten). Auf Seiten des Suchmaschinebetreibers war dessen wirtschaftliches Interesse zu berücksichtigen. Unter Hinweis auf Art. 7 GRCh sowie Art. 8 GRCh hat der *EuGH* eine Verantwortlichkeit von Suchmaschinenbetreibern sowie im Ergebnis einen Löschungsanspruch betreffend Links zu personenbezogenen Daten bejaht[1284], dies auch betreffend ursprünglich rechtmäßiger Informationen[1285]. Erst die durch den Suchmaschinenbetreiber zur Verfügung gestellte Suchfunktion ermögliche einen umfassenden Informationszugang. Die bedeutende Rolle von Internet und Suchmaschinen verstärke den Eingriff in die Grundrechte zusätzlich, da sie ihr Ubiquität verleihe[1286]. Wegen der Schwere des Eingriffs reiche das wirtschaftliche Interesse des Suchmaschinebetreibers für sich genommen nicht aus, um eine Verbreitung der Daten zu rechtfertigen[1287]. Aufgrund dessen greife der Suchmaschinenbetreiber letztlich stärker in die Rechte des Betroffenen ein, als der Herausgeber der von der Suchmaschine verlinkten Webseite. Vor diesem Hintergrund sei der Betroffene nicht gezwungen, sich mit seinem Begehren zuvor oder parallel an den Herausgeber der verlinkten Webseite zu wenden. Die Rechtmäßigkeit der Veröffentlichung auf der fraglichen Webseite sei folglich nicht von Relevanz[1288].

1283 Die vorab zu klärende Frage des sachlichen und räumlichen Anwendungsbereichs des Art. 2 Buchst. b der Richtlinie 95/46 EG aufgrund einer „Verarbeitung personenbezogener Daten“ hat der *EuGH* zuvor bejaht, EuGH (Große Kammer) NJW 2014, 2257 Rn 21 ff. – Google Spain; zustimmend *Schubert*, NJ 2014, 379 (381); *Streinz*, JuS 2014, 1140 (1143).

1284 EuGH (Große Kammer) NJW 2014, 2257 Rn 65 – Google Spain.

1285 EuGH (Große Kammer) NJW 2014, 2257 Rn 62 – Google Spain, diesbezüglich **krit.** *Koreng*, AfP 2015, 514 (517).

1286 EuGH (Große Kammer) NJW 2014, 2257 Rn 80 – Google Spain.

1287 EuGH (Große Kammer) NJW 2014, 2257 Rn 80 – Google Spain.

1288 EuGH (Große Kammer) NJW 2014, 2257 Rn 65 – Google Spain; vgl. auch OLG Hamburg NJW-RR 2016, 47.

III. Folgen der Entscheidung

Im Ergebnis hat der *EuGH* mithin einen Löschungsanspruch gegen Suchmaschinenbetreiber betreffend weiterführende Links auf Seiten Dritter statuiert. Das Urteil hat eine Debatte darüber ausgelöst, ob der *EuGH* nun ein neues „Recht auf Vergessenwerden" erschaffen hat[1289]. Mittlerweile stellt die Google Inc. online einen Löschungsantrag bereit, mit welchem bei Suchergebnissen zum Namen einer Person die Löschung beantragt werden kann[1290].

Unter welchen Voraussetzungen Betreiber von Suchmaschinen zur Unterlassung der Anzeige von Suchergebnissen verpflichtet sein können, hat jüngst der *BGH*[1291] entschieden. Mache der Betreiber von Suchmaschinen Inhalte von Internetseiten Dritter durch Verlinkung auffindbar, stellen diese keine eigenen Inhalte des Suchmaschinenbetreibers dar. Er mache sich diese Inhalte durch Aufnahme in sein Suchprogramm auch nicht zu eigen, sodass allenfalls eine Haftung als sog. mittelbarer Störer[1292] in Betracht komme. Diese setzte jedoch die Verletzung

---

1289 Den Begriff „Recht auf Vergessenwerden" hat der *EuGH* selbst im Urteil nicht verwendet. Vielmehr wurde er von Seiten des Beschwerdeführers eingebracht, vgl. EuGH (Große Kammer) NJW 2014, 2257 Rn 91 – Google Spain. In Rn 89 der Entscheidung verwendet das Gericht allenfalls das Wort „vergessen", jedoch erkennbar unter Rückgriff auf das Vorbringen des Beschwerdeführers. Zum „Recht auf Vergessenwerden" s. nur *Schubert*, NJ 2014, 379 (381); *Streinz*, JuS 2014, 1140; *Spindler*, JZ 2014, 981; *Nolte*, NJW 2014, 2238; *Boehme-Neßler*, NVwZ 2014, 825. Teilweise wird auch vom „Recht auf Vergessen" gesprochen.

1290 S. https://www.google.com/webmasters/tools/legal-removal-request?complaint_type=rtbf&hl=de&rd=1 (zuletzt abgerufen am 25.9.2017). Den Löschungsantrag setzt Google allerdings nur insoweit um, als die Treffer in der EU nicht mehr gelistet werden, in anderen Ländern oder bei einer Suche über einen außerhalb der EU gelegenen Proxy allerdings weiterhin auffindbar sind, *Libor*, AfP 2017, 401.

1291 BGH WM 2018, 824.

1292 Suchmaschinenbetreiber sind Anbieter von Telemedien i.S.d § 1 Abs. 1 S. 1 TMG, vgl. BT-Drs. 16/3078, S. 13 f. Ihre Handlungen werden aber weder von der nur für Schadenersatzansprüche geltenden Haftungsprivilegierung in § 8 TMG noch derjenigen von § 9 TMG erfasst. In Erwartung einer europarechtlichen Regelung hat der deutsche Gesetzgeber von einer Normierung der Tätigkeit von Suchmaschinenbetreibern abgesehen, s. BT-Drs. 16/3078, S. 11 f. Aufgrund des bewussten Absehens einer gesetzlichen Regelung können die bereits existierende Haftungsregeln des TMG nicht analog angewendet werden, weswegen für Suchmaschinenbetreiber die Grundsätze der Störerhaftung angewendet werden, vgl. LG Frankfurt a.M. ZUM 2017, 685 (689), Revision zugelassen; *Hoeren*, Internetrecht, S. 526 f.; *Ruess*, GRUR 2007, 198 (203); *Weller*, JurisPR-ITR 25/2016, Anm. 2.

von Prüfpflichten voraus. Von dem Betreiber einer Suchmaschine könne aber vernünftigerweise nicht erwartet werden, dass er sich vor der Anzeige eines Suchergebnisses darüber vergewissert, ob die von den Suchprogrammen aufgefundenen Inhalte Persönlichkeitsrechtsverletzungen beinhalten, bevor er diese auffindbar mache. Eine spezifische Verhaltenspflicht treffe ihn erst dann, wenn er durch einen konkreten Hinweis Kenntnis von einer offensichtlichen und auf den ersten Blick klar erkennbaren Rechtsverletzung erlangt habe[1293].

Die Grundsätze der Störerhaftung dürften mit Inkrafttreten der DS-GVO[1294] zum 25.5.2018 nicht mehr ohne weiteres anwendbar sein. Ein Recht auf Löschung –vom Verordnungsgeber als „Recht auf Vergessenwerden" in der Gesetzesüberschrift hervorgehoben – wird künftig unter den Voraussetzungen des Art. 17 Abs. 1 DS-GVO ermöglicht[1295]. Hiervon ausgenommen bleiben aber Löschungsansprüche gegenüber Dritten, etwa Webseitenbetreibern sowie zivilrechtliche Unterlassungsansprüche gegen die Stichwortergänzungsfunktion von Suchmaschinebetreibern („Autocomplete")[1296]. Der Rechtsweg richtet sich nach den Art. 77 ff. DS-GVO. Danach ist zunächst Beschwerde bei einer Aufsichtsbehörde einzulegen (Art 77 DS-GVO). Gegen eine ablehnende Entscheidung der Aufsichtsbehörde findet eine gerichtliche Überprüfung des Löschungsbegehrens statt[1297]. Sofern ein zurechenbarer Zusammenhang zum Haftungsgrund bejaht

1293 Die vom *BGH* aufgestellten Anforderungen sind Suchmaschinenfreundlich. Der *BGH* begründet diese damit, die Annahme einer – praktisch kaum zu bewerkstelligen – allgemeinen Kontrollpflicht würde die Existenz von Suchmaschinen als Geschäftsmodell, das von der Rechtsordnung gebilligt werde und gesellschaftlich erwünscht sei, ernstlich in Frage stellen. Ohne die Hilfestellung von Suchmaschinen sei das Internet aufgrund seiner unübersehbaren Masse an Daten für den Einzelnen nicht mehr sinnvoll nutzbar. Die Entscheidung trägt auch der Reichweite der Meinungsfreiheit Rechnung.

1294 Die Bestimmungen der Verordnung (EU) 2016/679 des Europäischen Parlaments und Rates vom 27.4.2016 werden zum 25.5.2018 unmittelbar anzuwendendes Recht sein (Art. 288 Abs. 2 AEUV) und an die Stelle nationaler Rechtsvorschriften zum Datenschutz treten. Zu den nationalen Folgen der Verordnung s. BeckOK-DatenschutzR/*Wolf/Brink*, DS-GVO Einl. Rn 19.

1295 Unter die Norm fallen auch Suchmaschinenbetreiber. Ihre Tätigkeit wird als „Verarbeiten personenbezogener Daten" i.S.d. Art. 4 Nr. 2 DS-GVO angesehen. Ferner sind sie Verantwortlicher i.S.d. Art 4 Nr. 7 DS-GVO, Kühling/*Buchner/Petri*, DS-GVO, Art. 6 Rn 171.

1296 Gola, DS-GVO/*Nolte/Werkmeister*, Art. 17 Rn 46.

1297 Zuständig ist das Verwaltungsgericht, BeckOK-DatenschutzR/*Mundil*, DS-GVO Art. 78 Rn 22; Gola, DS-GVO/*Pötters/Werkmeister*, Art. 78 Rn 10.

wird, kann wegen verweigerter Löschung auch Schadensersatz unter den Voraussetzungen des Art. 82 Abs. 1 DS-GVO begehrt werden[1298].

IV. Auswirkung auf die Online-Öffentlichkeitsarbeit der Staatsanwaltschaft und den Rechtsschutzmöglichkeiten des betroffenen Beschuldigten

Auf den Zug der Digitalisierung ist auch die Justiz aufgesprungen. Gerichte und Staatsanwaltschaften haben mittlerweile eigene Webseiten. Die Justiz bedient sich damit auch aus dem Verbreitungsmedium des Internets als eine neue Form der Information und Kommunikation mit der Öffentlichkeit[1299]. Eine auch im Internet stattfindende Öffentlichkeitsarbeit der Justiz ist im Grunde positiv zu vermerken. Ihre Präsenz im Internet zeigt, dass die Justiz geneigt ist, ihre Bürger auch dort zu erreichen, wo diese sich immer häufiger informieren, nämlich im Internet[1300].

Die Online-Öffentlichkeitsarbeit bringt aber auch Negatives mit sich. Denn mithilfe des Internets sind (auch) unzulässige öffentliche Äußerungen der Staatsanwaltschaft, etwa in Form von Zitaten derselben in den Medien oder gar durch von ihr selbst gehaltene Video-Pressekonferenzen weiterhin jederzeit kostenfrei abrufbar, selbst dann noch, wenn der Verdacht gegen den Beschuldigten längst widerlegt worden ist und oder das Ermittlungsverfahren durch Einstellung geendet hat. Die allgegenwärtige Verfügbarkeit unrechtmäßig veröffentlichter Informationen führt dazu, dass eine mit ihnen einhergehende Vorverurteilung des betroffenen Beschuldigten nicht endet, mithin es zu einer dauerhaften Vorverurteilung und Stigmatisierung kommt, auch lange nach dem (öffentlichkeitswirksamen) Ermittlungsverfahren. In diesem Fall ist das „Recht

---

1298 Art. 82 Abs. 1 DS-GVO statuiert eine eigenständige datenschutzrechtliche Schadensersatzpflicht sowohl für materielle als auch für immaterielle Schäden. Nach § 253 Abs. 1 BGB sind Nichtvermögensschäden nur dann zu erstatten, wenn eine Rechtsnorm dies ausdrücklich vorschreibt. Bei Art. 82 DS-GVO handelt es sich um eine solche Rechtsnorm, vgl. *Wybitul/Haß/Albrecht*, NJW 2018, 113 (114).

1299 Ein Internetauftritt ist mittlerweile üblich. Auch hat beispielsweise die Pressestelle des Hessischen Ministeriums der Justiz ihren eigenen Twitter-Account. Unter dem Twitter-Benutzernamen @Justiz_Hessen twittert sie regelmäßig neben Personalien und organisatorischen Maßnahmen über kulturelle Ereignisse. Anstehende Pressemitteilungen der Staatsanwaltschaft kündigt das Ministerium ebenfalls über seinen Twitter-Account an. An dem Online-Kommunikationsdienst Twitter nehmen seit 2009 auch der *BGH* (@bundesgericht) sowie seit 2016 der *BFH* teil (@bfh_bund).

1300 *Koreng*, AfP 2009, 117 (117).

auf Vergessenwerden" des Beschuldigten tangiert. Der Betroffene hat unter dem Aspekt der Resozialisierung ein Interesse daran, dass unzulässige Äußerungen der Staatsanwaltschaft insbesondere im Hinblick auf seine Person so schnell wie möglich aus der Welt geschafft werden.

Eine unmittelbare Auswirkung der Entscheidung auf die Rechtsschutzmöglichkeiten des Betroffenen scheitert bereits daran, dass die Staatsanwaltschaft offensichtlich keine Betreiberin von Suchmaschinen ist, die Entscheidung des *EuGH* sich aber gerade gegen eine solche richtet. Im Hinblick auf ein „Recht auf Vergessenwerden" ist die Entscheidung hingegen grundlegend. Auch führt sie dazu, dass die Zulässigkeit der kontinuierlichen Abrufbarkeit von Altmeldungen generell in Frage gestellt wird.

Auf die Online-Öffentlichkeitsarbeit der Staatsanwaltschaft bezogen gilt folgendes: Soweit eigene (ältere) Stellungnahmen der Staatsanwaltschaft online abrufbar sind, liegt darin eine Archivierung von Altmeldungen. Die Archivierung von Altmeldungen ist ferner danach zu untergliedern, ob Stellungnahmen der Staatsanwaltschaft durch Dritte auf deren Homepages wiedergegeben werden, oder dies durch die Staatsanwaltschaft selbst erfolgt.

1. Online-Archiv-Rechtsprechung des BGH

In einem Online-Archiv werden Altmeldungen in einem dafür vorgesehen Teil eines Internetportals gespeichert[1301]. Für das Bereitstellen von Online-Meldungen über Strafverfahren gilt, dass diese bereits für sich genommen einen Eingriff in das Allgemeine Persönlichkeitsrecht des Betroffenen darstellen, soweit sie identifizierend sind. Die Person des Täters sowie sein Fehlverhalten werden öffentlich bekannt gemacht, was dazu führt, dass die Person des Täters in den Augen der Adressaten von vornherein negativ qualifiziert wird[1302].

Für die Frage der Zulässigkeit online archivierter Berichte durch die Medien, findet eine Abwägung zwischen dem Allgemeinen Persönlichkeitsrecht des Betroffenen und dem öffentlichen Informationsbedürfnis sowie der Meinungsfreiheit des Internetportalbetreibers statt[1303]. Dabei ist zu beachten, dass ein

1301 S. BGH NJW 2010, 757 – Sadlmayr I; 2010, 2432 – Sadlmayr II; 2013, 229 – Gasprom-Manager.

1302 BGH NJW 2010, 757 Rn 10 – Sadlmayr I; 2010, 2432 Rn 13 – Sadlmayr II; 2013, 229 Rn 9 – Gasprom-Manager; ZUM 2013, 399 Rn 8; NJW-RR 2017, 31 Rn 15. In allen Fällen handelte es sich um identifizierende Berichterstattungen.

1303 Vgl. nur BGH NJW 2010, 757 Rn 11 – Sadlmayr I; 2010, 2432 Rn 20 – Sadlmayr II; 2013, 229 Rn 19 – Gasprom-Manager; ZUM 2013, 399 Rn 18 – Apollonia; NJW-RR 2017, 31 Rn 32.

generelles Gebot der Löschung von Altmeldungen zugunsten des Betroffenen nicht existiert. Es würde „Geschichte tilgen und Täter immunisieren[1304].“ Für die Online-Archivierung ins Gewicht fällt auch die für jedermann zugängliche Recherchemöglichkeit[1305]. Wegen Letztgenannter ist die Rechtsprechung des *BGH* zu Online-Archiven über Strafverfahren vergleichsweise mild[1306].

Kriterium für die Zulässigkeit von identifizierenden Meldungen über Strafverfahren in Online-Archiven ist zum einen die Schwere der vorgeworfenen Straftat. Bei Kapitalverbrechen, die in der Öffentlichkeit besonderes Aufsehen erregt haben, wird eine identifizierende Online-Archivierung grundsätzlich für zulässig erachtet[1307]. Bei schwerer bis leichter Kriminalität kann der Bekanntheitsgrad[1308] oder die berufliche Stellung des Betroffenen[1309] eine erhebliche Rolle spielen. Zum anderen ist das Verfahrensstadium, über das in der (archivierten) Meldung berichtet wurde, von Bedeutung. Verurteilte Straftäter eines aufsehenerregenden Kapitalverbrechens genießen danach den geringsten Schutz.

Berichtet die archivierte Meldung über ein laufendes Ermittlungsverfahren, ist danach zu fragen, ob sie in den Grenzen einer zulässigen Verdachtsberichterstattung stattgefunden hat[1310]. Diese gelten auch dann, wenn über einen von ausländischen Strafverfolgungsbehörden erhobenen Tatverdacht berichtet wird[1311]. Sofern während des laufenden Ermittlungsverfahrens das Verfahren

1304 BGH NJW 2010, 757 Rn 20 – Sadlmayr I; 2010, 2432 Rn 23 – Sadlmayr II; 2013, 229 Rn 15 – Gasprom-Manager; ZUM 2013, 399 Rn 19 – Apollonia.

1305 EGMR, Urteil vom 19.10.2017 – 71233/13, Rn 38 f.; BGH NJW 2010, 757 Rn 11, 20 – Sadlmayr I; 2010, 2432 Rn 20, 23 – Sadlmayr II; ZUM 2013, 399 Rn 18 – Apollonia.

1306 Jeweils zugunsten der Online-Archivierung entschieden: BGH NJW 2010, 757 – Sadlmayr I; 2010, 2432 – Sadlmayr II; 2013, 229 – Gasprom-Manager; ZUM 2013, 399 Rn 18 – Apollonia. Nur einmal hat der *BGH* bislang eine online archivierte Berichterstattung für unzulässig gehalten, BGH NJW-RR 2017, 31.

1307 BGH NJW 2010, 757 – Sadlmayr I; 2010, 2432 – Sadlmayr II; ZUM 2013, 399 – Apollonia.

1308 EGMR, Urteil vom 19.10.2017 – 71233/13 (international agierender Geschäftsmann; Vorwurf von Goldschmuggel und Kontakten zur organisierten Kriminalität); BGH NJW-RR 2017, 31 (deutschlandweit bekannter Fußballprofi; Vorwurf einer schweren Straftat).

1309 BGH NJW 2013, 229 – Gasprom-Manager (Manager eines bedeutenden Energieversorgers; Vorwurf eines Vergehens).

1310 BGH NJW-RR 2017, 31 Rn 20 ff. Vgl. zu den Grundsätzen der Verdachtsberichterstattung 2. Kapitel E. II. 3.

1311 EGMR, Urteil vom 19.10.2017 – 71233/13, Ermittlungen des FBI gegen einen in Deutschland noch aktiven deutschen Geschäftsmann. Zur internationalen eingestellt wird, ist weiter danach zu unterscheiden, ob die Einstellung gemäß § 153a StPO[1312] oder § 170 Abs. 2 StPO[1313] erfolgt ist. Die Einstellung des Verfahrens nach § 153a StPO erfolgt zu einem Zeitpunkt, in dem das Ermittlungsverfahren bereits abgeschlossen wurde. Eine abschließende Entscheidung darüber, ob der Beschuldigte die ihm zur Last gelegte Tat begangen hat oder nicht, wird durch § 153a StPO nicht getroffen. § 153a StPO verlangt lediglich, dass die Schuld des Täters in einem hypothetischen Urteil als nicht zu schwer anzusehen worden wäre[1314]. Demnach ist das Bereithalten von identifizierenden Meldungen über Strafverfahren, die nach § 153a StPO eingestellt wurden, grundsätzlich zulässig, sofern die weiteren Kriterien für die Zulässigkeit von Online-Archiven vorliegen. Ein Verstoß gegen die Unschuldsvermutung soll insoweit nicht vorliegen. Die Unschuldsvermutung schützt nur vor Nachteilen, die einem Schuldspruch gleichkommen, ohne dass dem Betroffenen in einem rechtsstaatlich fairen Verfahren die Schuld tatsächlich nachgewiesen wurde. Sie schützt aber nicht davor, dass eine Verdachtslage auch nachträglich beschrieben wird[1315]. Abweichend ist die Rechtslage dann, wenn die Staatsanwaltschaft eine Einstellung nach § 170 Abs. 2 StPO verfügt. Anders als bei § 153a StPO dient eine Einstellung nach § 170 Abs. 2 StPO auch der Rehabilitation des Betroffenen. Dieser Zweck wird unterlaufen, wenn in Online-Archiven weiterhin identifizierende Meldungen für die Öffentlichkeit zugänglich bereitgehalten werden[1316]. Wird das Ermittlungsverfahren gemäß § 153a StPO eingestellt, ist die Einstellung in der archivierten Meldung allerdings nachträglich zu vermerken. Auch ist die archivierte

---

Zuständigkeit bei Persönlichkeitsrechtsverletzungen durch Internetveröffentlichungen BGH NJW 2012, 2197.

1312 BGH NJW 2013, 229 – Gasprom-Manager.

1313 BGH NJW-RR 2017, 31.

1314 BGH NJW 2013, 229 Rn 22 f. – Gasprom-Manager. Die Vorinstanz hat mit Blick auf die Unschuldsvermutung der Unterlassungsklage des Betroffenen stattgegeben, OLG Hamburg AfP 2012, 172, **zust.** *Beukelmann*, NJW-Spezial 2012, 440 (440 f.).

1315 BGH NJW 2013, 229 Rn 24 – Gasprom-Manager. Vom *BGH* entschieden wurde bislang der Fall einer Einstellung des Verfahrens nach § 153a StPO. Die soeben genannten Erwägungen dürften aber allgemein für Einstellungen nach den §§ 153 ff. StPO gelten. Sie führen jeweils nicht zu einem Strafklageverbrauch (bei Einstellung durch die Staatsanwaltschaft) und lassen die Schuldfrage offen (bei Zustimmung durch das Gericht), vgl. MüKoStPO/*Peters*, Bd. 2, StPO § 153 Rn 55, 56; MüKoStPO/*Peters*, Bd. 2, StPO § 153b Rn 17, 22; MüKoStPO/*Peters*, StPO Bd. 2, § 153d Rn 32.

1316 BGH NJW-RR 2017, 31 Rn 32.

Meldung für den Leser eindeutig als solche erkennbar zu machen und bedarf einer passiven Darstellungsform[1317].

Mitentscheidend ist darüber hinaus die Breitenwirkung der Meldung. Sie wurde vom *BGH* regelmäßig als gering eingestuft, sofern die maßgebliche Information nur bei gezielter Suche aufzufinden war und nicht bereits bei bloßer Eingabe des Namens des Betroffenen[1318]. Für die Breitenwirkung unerheblich soll die technische Möglichkeit des Internets sein, durch Suchmaschinen kostenlos und effizient an längst zurückliegende Informationen gelangen zu können[1319].

Für die Frage der Zulässigkeit eines Berichts in einem Online-Archiv ist maßgeblich auf die Zulässigkeit der Erstberichterstattung abzustellen[1320]. Das Bereitstellen im Online-Archiv ist mithin dann zulässig, wenn die Erstberichterstattung zulässig war[1321]. War die Meldung von vornherein unzulässig, dann ist davon auszugehen, dass auch ihr Bereithalten im Online-Archiv nicht zulässig ist[1322].

2. *Neuer Löschungsanspruch*

Veröffentlicht die Staatsanwaltschaft eine unzulässige Stellungnahme auf ihrer Webseite, deren Beseitigung der Betroffene erfolgreich erwirkt, ist nicht unwahrscheinlich, dass Medien die unzulässige Meldung der Staatsanwaltschaft weiterhin auf ihren Webseiten im Rahmen einer Berichterstattung wiedergeben, die rechtverletzende Stellungnahme der Staatsanwaltschaft weiterhin für jedermann

1317 BGH NJW 2010, 757 Rn 19 – Sadlmayr I.

1318 BGH NJW 2010, 757 Rn 19 – Sadlmayr I; 2010, 2432 Rn 21 – Sadlmayr II; 2013, 229 Rn 27 – Gasprom-Manager; ZUM 2013, 399 Rn 17 – Apollonia.

1319 BGH ZUM 2013, 399 Rn 20 – Apollonia. Gegen die Entscheidung des *BGH* hat der Betroffene Verfassungsbeschwerde eingelegt. Nach Ansicht des *BVerfG* ist aber auch die Breitenwirkung einer identifizierenden Berichterstattung zugunsten des Betroffen zu berücksichtigen, vgl. BVerfG Beschluss vom 6.11.2019 - 1 BvR 16/13, Rn 146 ff.

1320 BGH NJW 2010, 757 Rn 18 f. – Sadlmayr I; 2010, 2432 Rn 21 – Sadlmayr II; 2013, 229 Rn 17 – Gasprom-Manager; ZUM 2013, 399 Rn 15 – Apollonia.

1321 BGH NJW-RR 2017, 31 Rn 31. **Anders:** EGMR Urteil vom 16.7.2013 – BeckRS 2013, 15343.

1322 BGH NJW-RR 2017, 31 Rn 31. **Anders:** EGMR Urteil vom 16.7.2013 – BeckRS 2013, 15343. Der *EGMR* hält eine Löschung ursprünglich unzulässiger Altmeldungen nicht zwingend für notwendig. Entscheidend sei vielmehr der Ausgleich der widerstreitenden Interessen der Art. 8 EMRK und Art. 10 EMRK, s. EGMR Urteil vom 16.7.2013 – BeckRS 2013, 15343 Rn 68. Die deutschen Gerichte kommen dem im Rahmen der vorzunehmenden Güter- und Interessenabwägung nach, BGH NJW-RR 2017, 31 Rn 33.

zugänglich ist, auch nachdem die Staatsanwaltschaft sie von ihrer Homepage entfernt hat.

Auf solche Situationen zugeschnitten hat der *BGH*[1323] einen „neuen äußerungsrechtlichen Anspruch generiert[1324]“. In dem vom *BGH* entschiedenen Fall hatte ein Rechtsanwalt auf seiner Kanzlei-Homepage einen Beitrag über die klagende Aktiengesellschaft verfasst, der auch eine unwahre Tatsachenbehauptung enthielt. Die Aktiengesellschaft erwirkte die Beseitigung des Beitrags auf der Homepage der Kanzlei. Später stellte sie über Suchmaschinen fest, dass der Beitrag auf diversen Internetportalen weiterhin abrufbar war.

Aus dem Beseitigungsanspruch gemäß § 1004 Abs. 1 S. 2 BGB hat der *BGH* nunmehr einen neuen Löschungsanspruch abgeleitet. Danach steht dem Betroffenen gegen den ursprünglichen Verfasser (Erstverbreiter) ein Anspruch darauf zu, dass dieser im Rahmen des Möglichen und Zumutbaren bei den Betreibern von Internetplattformen[1325], auf denen die unzulässige Äußerung noch abrufbar ist, auf eine Löschung hinwirkt[1326]. Voraussetzung ist, dass die beanstandete Behauptung eine unwahre Tatsache beinhaltet, die eine schwere Rufbeeinträchtigung bewirkt. Die Löschungsbegehren gegenüber Dritten muss ferner unter Abwägung der beiderseitigen Interessen geeignet, erforderlich und dem Erstverbreiter zumutbar sein[1327]. Einen Anspruch gegen den Erstverbreiter begründet der *BGH* mit der internettypischen Gefahr[1328]. Der ursprüngliche Verfasser habe die maßgebliche Ursache dafür gesetzt, dass die persönlichkeitsrechtsverletzende Tatsachenbehauptung nunmehr durch Dritte verbreitet werde. Ihm sei daher die Verletzung des Persönlichkeitsrechts zuzurechnen. Die Wahl der Maßnahme, mit der der Erstverbreiter auf eine Entfernung hinzuwirken hat, liege aber bei diesem selbst[1329]. Nicht vom Löschungsanspruch umfasst ist die Löschung des gesamten, vom Dritten zum Abruf bereit gestellten Artikels, sondern sind nur die einzelnen, jeweils unwahren Passagen[1330].

1323 BGH NJW 2016, 56.

1324 *Fricke*, AfP 2015, 518 (518).

1325 Die vom *BGH* verwendete Bezeichnung „Betreiber von Internetplattformen“ ist nach der Intention des Urteils erkennbar nicht auf Internetplattformen (etwa soziale Netzwerke) beschränkt, sondern umfasst auch diejenigen Internetangebote, die eigene Inhalte verbreiten (etwa Blogs), vgl. auch *Fricke*, AfP 2015, 518 (519).

1326 BGH NJW 2016, 56 Rn 38.

1327 BGH NJW 2016, 56 Rn 16.

1328 BGH NJW 2016, 56 Rn 37.

1329 BGH NJW 2016, 56 Rn 37 ff.

1330 BGH NJW 2016, 56 Rn 17.

An der Inanspruchnahme des Erstverbreiters der persönlichkeitsrechtsverletzenden Meldung ändert sich nach Ansicht des *BGH* auch dann nichts, wenn die Meldung durch Dritte auf deren Homepages verlinkt wird. Denn der Erstverbreiter setzte mit seiner Meldung die maßgebliche Ursache dafür, dass die beanstandete Veröffentlichung erst durch Dritte weiterverbreitet werden kann[1331].

Unklar bleibt, ob der Löschungsanspruch bereits dann besteht, wenn ein Dritter die beanstandete Veröffentlichung verlinkt oder erst dann, wenn der Erstverbreiter hiervon Kenntnis erlangt. Weil eine Zurechnung im ersteren Fall kaum möglich ist, dürfte Letzteres zutreffen. Der Erstverbreiter wird mithin nur dann in Anspruch genommen werden können, wenn er (in der Regel vom Betroffenen) darauf hingewiesen wird, dass ein Dritter die ursprünglich nicht zulässige Veröffentlichung auf seiner Homepage weiterverbreitet hat[1332].

3. *Folgen für die staatsanwaltschaftliche Online-Öffentlichkeitsarbeit*

Soweit Online-Pressemeldungen der Staatsanwaltschaft noch Jahre nach ihrem Erscheinen online abrufbar sind, ist danach zu unterscheiden, ob die Meldung auf der eigenen Homepage oder auf Homepages Dritter unter Zitierung oder Verlinkung der Meldung der Staatsanwaltschaft archiviert wurde. Für Ersteres maßgeblich sind die vom *BGH* aufgestellten Grundsätze für die Zulässigkeit von Online-Archiven betreffend Strafverfahren. Im letztgenannten Fall dürfte die Rechtsprechung des *BGH* zum neuen Löschungsanspruch gelten.

a. *Auswirkungen der Online-Archiv-Rechtsprechung*

Meldungen der Staatsanwaltschaft auf der eigenen Homepage betreffend Informationen aus dem Ermittlungsverfahren sind auf das Handeln der Staatsanwaltschaft selbst zurückzuführen. Für die Frage der Zulässigkeit einer archivierten Meldung kommt es entschieden auf ihre ursprüngliche Zulässigkeit an. Dabei gelten grundsätzlich die für die klassische Öffentlichkeitsarbeit aufgestellten Grundsätze. Danach ist eine Online-Meldung dann zulässig, wenn sie aufgrund des presserechtlichen Auskunftsanspruchs erfolgt ist und ihr keine Auskunftsverweigerungsgründe entgegenstehen. Eigenmächtig erteilte Informationen durch die Staatsanwaltschaft sind grundsätzlich unter der Voraussetzung zulässig, dass sie nicht personenbezogenen Inhalts sind.

Handelt es sich um eine archivierte Online-Mitteilung der Staatsanwaltschaft, ist danach zu fragen, ob die Online-Archiv-Rechtsprechung des *BGH*

1331 BGH NJW 2016, 56 Rn 36. So bereits BGH NJW 2014, 2029 Rn 54.
1332 *Fricke*, AfP 2015, 518 (520).

unmittelbar zu übertragen ist. Schließlich dürfte eine archivierte Mitteilung über die Einleitung eines Ermittlungsverfahrens das Persönlichkeitsrecht des Betroffenen anders betreffen als die Erstveröffentlichung einer Mitteilung, da bei ersterer auch der Resozialisierungsgedanke eine Rolle spielt[1333]. Größtes Problem bereitet die Übertragung der Rechtsprechung des *BGH* betreffend archivierte Meldungen über bereits eingestellte Verfahren. Der Staatsanwaltschaft zu gestatten, identifizierende Online-Meldungen auf ihrer Homepage für jedermann bereit zu halten, wenn „nur" eine Einstellung nach den §§ 153 ff. StPO vorliegt, ist mit Blick auf den Gedanken der Resozialisierung untragbar. Bereits in der *Lebach*-Entscheidung hat das *BVerfG* festgehalten, dass der Schutz des Persönlichkeitsrechts eine zeitlich unbeschränkte Befassung mit der Person des Straftäters und seiner Privatsphäre nicht erlaube[1334]. Wohlgemerkt ist die *Lebach*-Entscheidung zu einer Zeit ergangen, in der es noch kein Internet gab. Wenn also das *BVerfG* bereits eine Fernsehdokumentation über ein Strafverfahren nicht billigt, dürfte es identifizierende, dauerhaft abrufbare Online-Meldungen über Strafverfahren kaum befürworten[1335]. Hinzu kommt, dass das Ermittlungsverfahren ein nichtöffentliches Verfahren ist. Ferner ist für eine Online-Öffentlichkeitsarbeit der Staatsanwaltschaft zu beachten, dass sie im Gegensatz zu anderen Homepage-Betreibern als Organ staatlicher Gewalt nicht grundrechtsberechtigt- sondern grundrechtsverpflichtet ist. Ein Berufen auf eigene Grundrechte scheidet zugunsten der Staatsanwaltschaft damit aus. Damit dürften grundsätzlich alle identifizierenden Online-Altmeldungen der Staatsanwaltschaft unzulässig sein. Eine Abgrenzung danach, ob und nach welcher Norm ein Ermittlungsverfahren eingestellt wurde, ist unerheblich. Handelt es sich um nichtidentifizierende Meldungen, dürften für diese die vom *BGH* aufgestellten Zulässigkeitskriterien betreffend Online-Archive gelten.

Zunächst am Beispiel der Staatsanwaltschaft Frankfurt a.M. sollen aktuelle Online-Präsenzen der Staatsanwaltschaft auf ihre Zulässigkeit hin überprüft werden. Lange zurückliegende Pressemeldungen sind seit Mitte des Jahres 2017 nicht mehr online abrufbar. Nunmehr befinden sich auf der Homepage der

---

1333 BVerfG (Kammer) NJW-RR 2010, 1195 Rn 31.

1334 BVerfG NJW 1973, 1226 (1231) – Lebach; bestätigt in BVerfG (Kammer) NJW 2009, 3357 Rn 21, NJW-RR 2010, 1195 Rn 33.

1335 So auch *Ruttig*, AfP 2013, 372 (376), allerdings zur von Seiten der Medien online archivierter Meldungen betreffend längst verbüßte Straftaten. Zum Hintergrund der *Lebach*-Entscheidung des *BVerfG* vgl. Gliederungspunkt 2. Kapitel A.

Staatsanwaltschaft Frankfurt a.M. Pressemeldungen ab Mai 2017[1336]. Von einer Archivierung kann daher nicht die Rede sein. Sämtliche Pressemeldungen sind anonym gehalten. Bis in das Jahr 2007 zurück verfolgbar sind hingegen Online-Pressemitteilungen der Staatsanwaltschaft Koblenz[1337]. Unter ihnen befindet sich auch eine (archivierte) Online-Mitteilung betreffend die Einstellung des Ermittlungsverfahrens wegen Beleidigung von Organen und Vertretern ausländischer Staaten gegen Jan Böhmermann vom 14.10.2016[1338]. Die Staatsanwaltschaft Koblenz hat das gegen Böhmermann geführte Ermittlungsverfahren seinerzeit gemäß § 170 Abs. 2 StPO eingestellt. Die Pressemitteilung dürfte wegen des Rehabilitationsinteresses Böhmermanns daher nicht mehr von Seiten der Staatsanwaltschaft zum Abruf bereitgestellt werden.

Im Ergebnis ist festzuhalten, dass an die Zulässigkeit der sog. Online-Öffentlichkeitsarbeit von Staatsanwaltschaften keine höheren oder niedrigeren Anforderungen zu stellen sind, als an ihre herkömmliche Öffentlichkeitsarbeit. Was archivierte identifizierende Online-Meldungen anbelangt, dürften diese aber in Anlehnung an die *Lebach*-Entscheidung des *BVerfG* sowie mit Blick auf das Rehabilitationsinteresse des Betroffenen unzulässig sein, selbst dann, wenn sie als Altmeldung erkennbar gemacht werden sein sollten. Sofern Online-Meldungen nicht identifizierend sind, gelten die Zulässigkeitskriterien der Online-Archiv-Rechtsprechung des *BGH*. Am rechtssichersten ist das Vorgehen der Staatsanwaltschaft freilich dann, wenn sie dem Beispiel der Staatsanwaltschaft Frankfurt a.M. folgend sämtliche Altmeldungen von ihrer Homepage entfernen lässt. Vor dem Hintergrund der Nichtöffentlichkeit des Ermittlungsverfahrens dürfte die Löschung ohnehin zu begrüßen sein.

b. Auswirkungen des neuen Löschungsanspruchs

Aus der Rechtsprechung des *BGH* zum neuen Löschungsanspruch ergeben sich keine konkreten Handlungspflichten zur Vermeidung einer Inanspruchnahme durch den Betroffenen. Wichtig ist aber die Einschränkung, dass ein Handeln des Erstverursachers nur dann erforderlich sein wird, wenn dieser von dem

---

1336 https://sta-frankfurt-justiz.hessen.de/irj/STA_Frankfurt_am_Main_Internet?cid=597461e6e3fbed67a5d35b4f24ac66cb (zuletzt abgerufen am 28.9.2017).

1337 https://stamz.justiz.rlp.de/de/presse-aktuelles/ (zuletzt abgerufen am 28.9.2017). Da sie aber überwiegend anonym gehalten werden, begegnet ihre Archivierung keinen Bedenken.

1338 https://gstko.justiz.rlp.de/de/startseite/detail/news/detail/News/pressemeldung-gsta-koblenz/ (zuletzt abgerufen am 28.9.2017). Zur Causa Böhmermann s. auch 2. Kapitel E. II. 1. b. dd.

Betroffenen auf die Verbreitung der rechtsverletzenden Erstveröffentlichung durch Dritte hingewiesen wird. Jedenfalls besteht keine Pflicht, das Internet anlasslos nach Verlinkungen von eigenen Veröffentlichungen zu durchforsten[1339]. Staatsanwaltschaften sollten zur Vermeidung eines gegen sie gerichteten Löschungsanspruchs auf identifizierende Online-Meldungen verzichten. Findet sich dennoch eine identifizierende Online-Meldung der Staatsanwaltschaft auf Webseiten Dritter, muss zunächst der Betroffene die Initiative ergreifen.

4. *Rechtsschutzmöglichkeiten des Betroffenen*

Gegen das unzulässige Bereitstellen von Meldungen in Online-Archiven steht dem Betroffenen ein Anspruch auf Beseitigung der unzulässigen Meldung sowie auf Unterlassung weiterer Meldungen gemäß §§ 823 Abs. 1, 1004 Abs. 1 S. 2 BGB analog i.V.m. Art. 2 Abs. 1 i.V.m. Art. 1 Abs. 1 GG gegen den Betreiber des Internetportals, der die maßgebliche Meldung bereitstellt, zur Verfügung. Ferner kann Geldentschädigung wegen dauerhafter Abrufbarkeit der unzulässigen Meldung verlangt werden. Sofern der Betroffene nachweisen kann, dass ihm infolge der archivierten Meldung ein materieller Schaden entstanden ist, steht ihm darüber hinaus auch ein Schadensersatzanspruch zur Verfügung. So hätte etwa nach dem vorgenannten Böhmermann gegen die Staatsanwaltschaft Koblenz einen Beseitigungsanspruch.

Werden rechtsverletzende Online-Meldungen der Staatsanwaltschaft von Dritten auf deren Homepages verlinkt, steht dem Betroffenen gemäß § 1004 Abs. 1 S. 2 BGB analog ein Anspruch gegen die Staatsanwaltschaft zu, auf die Löschung der Drittveröffentlichung hinzuwirken, sofern die Drittveröffentlichung noch abrufbar ist. Ein Anspruch darauf, die Löschung der Drittveröffentlichung zu bewirken, besteht mangels Zugriffsmöglichkeit auf Internetseiten Dritter aber nicht[1340].

1339 *Fricke*, AfP 2015, 518 (520).

1340 BGH NJW 2016, 56 Rn 39. Verbreitet ein Dritter auf seiner Homepage eine Meldung des Erstverursachers, hat der davon Betroffene gegen den Erstverursacher keinen Anspruch auf Erstattung von Rechtsanwaltskosten, die ihm vorgerichtlich wegen der Abmahnung des Dritten aufgrund der Verbreitung persönlichkeitsrechtsverletzender Inhalte entstanden sind, vgl. OLG Jena, BeckRS 2018, 2236. Nach Ansicht des *OLG Jena* habe der Erstverursacher die Abmahnkosten gegenüber dem Dritten nicht zurechenbar verursacht. Da diesbezüglich noch keine höchstrichterliche Rechtsprechung ergangen ist, hat das *OLG Jena* die Revision zu dieser Fragestellung zugelassen.

Bei besonderer Dringlichkeit können die genannten Ansprüche mit Ausnahme des Beseitigungsanspruchs im Wege des einstweiligen Rechtsschutzes durchgesetzt werden[1341].

Für den Betroffenen ist die Rechtslage im Hinblick auf Rechtsbehelfe gegen die Staatsanwaltschaft daher unverändert geblieben. Dies ist insofern frustrierend, als die Rechtsverletzung durch die Staatsanwaltschaft betreffend Online-Archive weiterhin akut ist. Auch liegt die Initiative letztlich auf Seiten des Betroffenen, will dieser eine unzulässige Online-Altmeldung aus der Welt schaffen. Er hat zunächst den Suchaufwand. Er muss die Homepage der zuständigen Staatsanwaltschaft nach einer archivierten identifizierenden Meldung betreffend seine Person durchsuchen. Die mühsamste Arbeit dürfte es aber sein, das Internet nach Links oder wiedergegebenen Meldungen zu durchforsten, deren Urheber die Staatsanwaltschaft war. War die Suche „erfolgreich", wird der in der Regel rechtsunkundige Betroffene schließlich mit Hilfe eines Rechtsanwalts die Staatsanwaltschaft zur Beseitigung der Online-Pressemitteilung auffordern müssen. Damit verbunden ist eine weitere Kostenlast auf Seiten des Betroffenen.

a. Korrektur im Wege des Geldentschädigungsanspruchs

Zur Korrektur dieser Situation ist daher zu erwägen, ob die von Seiten des Gerichts zugesprochene, ohnehin nicht hohe Geldentschädigungssumme wegen belastender Stellungnahmen der Staatsanwaltschaft zugunsten des betroffenen Beschuldigten im Zuge des Amtshaftungsanspruchs höher zu bemessen sein könnte, als dies bislang der Fall ist[1342]. Das hieße aber zunächst, dass der Betroffene eine Amtshaftungsklage erheben muss. Nur dann kann er von einer Korrektur, das Bestehen eines Amtshaftungsanspruchs vorausgesetzt, profitieren.

Für die Höhe des Geldentschädigungsanspruchs spielt als Bemessungsfaktor auch der Grad der Verbreitung persönlichkeitsrechtsverletzender Äußerungen eine Rolle[1343]. Der hohe Verbreitungsgrad von ins Internet gestellten Meldungen dürfte kaum zu bestreiten sein. Zu ebendieser Problematik hat sich auch der *BGH* geäußert. Danach sei eine Geldentschädigung wegen persönlichkeitsrechtsverletzender Äußerungen im Internet nicht generell höher zu bemessen, als eine Geldentschädigung wegen eines unzulässigen Artikels in Printmedien

1341 Bejahend auch für den neuen Löschungsanspruch *Fricke*, AfP 2015, 518 (520).

1342 In diese Richtung auch *Walker*, FS Ulusan, 743 (755), am Beispiel einer Persönlichkeitsrechtsverletzung durch Dritte; *Hofmann/Fries*, NJW 2017, 2369 (2370), betreffend Online-Artikel durch die Medien.

1343 BGH NJW 1963, 902 (904) – Fernsehansagerin; 1963, 1404 (1404); 2014, 2029 Rn 48.

oder einer unzulässigen Äußerung im Fernsehen. Auch die Verlinkung unzulässiger Beiträge in Suchmaschinen rechtfertige keine Anhebung des Geldentschädigungsanspruchs. Sie erfordere nämlich erst die aktive Suche eines interessierten Internetnutzers[1344]. Eine Weiterverbreitung des ursprünglichen Beitrags durch Dritte mittels Verlinken desselben durchbreche schließlich auch nicht die Zurechnung der Persönlichkeitsrechtsverletzung zum ursprünglichen Beitrag. Die Weiterverbreitung der persönlichkeitsrechtsverletzenden Meldung erfolge nämlich adäquat und äquivalent kausal durch die Veröffentlichung des ursprünglichen Beitrags[1345]. Der *BGH* misst auflagenstarken Printmedien oder bekannten Fernsehformaten einen weitaus höheren Verbreitungsgrad zu, als Internetmeldungen, erst Recht, wenn Letztere in weniger populären Internetportalen veröffentlicht werden.

Dem ist insoweit zuzustimmen, als in der Regel tatsächlich erst die aktive Suche – sei es durch den Betroffenen oder durch Dritte – einen persönlichkeitsrechtsverletzenden Artikel zu Tage bringt. Bis dahin existiert er gewissermaßen nicht. Anders sieht es mit (auflagenstarken) Printmedien oder (beliebten) Fernsehsendungen aus. Hier wird die Persönlichkeitsrechtsverletzung mit Aufschlagen respektive Einschalten der selbigen bewirkt. Der maßgebliche Unterschied liegt allerdings darin, dass in den letztgenannten Beispielen eine Persönlichkeitsrechtsverletzung nur einmalig erfolgt – ihren faktischen Verbreitungsgrad dahingestellt. Auch können solche Formate nicht von jedermann festgehalten und für einen unbestimmten Adressatenkreis beliebiger Größe dauerhaft kostenfrei zur Verfügung gestellt werden. Des Weiteren ist ihr Verbreitungsgrad mittels Auflage oder Einschaltquote bestimmbar. Insbesondere diese Bestimmbarkeit begründet eine Möglichkeit der Kontrolle des Verbreitungsgrads, welcher hingegen bei der Verbreitung von Meldungen über das Internet fehlt. Das Verbreiten oder dauerhafte Festhalten von Online-Meldungen (etwa durch Screenshots) erfordert nur wenige Klicks und ist durch jede Person, die einen Internetzugang besitzt, möglich. Gegen die Entscheidung des *BGH* spricht ferner die nachträgliche Aufgabenverteilung. Der Betroffene muss von sich aus das Internet nach Altmeldungen mit persönlichkeitsrechtsverletzenden Inhalten durchsuchen. Dabei wird er mit großer Wahrscheinlichkeit nicht alle Persönlichkeitsrechtsverletzungen

---

1344 BGH NJW 2014, 2029 Rn 53. Die Berücksichtigung des Internetfortschritts als sog. Globalkriterium im Rahmen einer Argumentation zugunsten des Allgemeinen Persönlichkeitsrechts hat der *BGH* bereits in seiner Online-Archiv-Rechtsprechung verneint, vgl. BGH ZUM 2013, 399 Rn 20 – Apollonia.

1345 BGH NJW 2014, 2029 Rn 54; 2016, 56 Rn 36.

beseitigen (lassen) können. Im Ergebnis wird der Suchaufwand mithin nicht im Verhältnis zum (teilweisen) Erfolg stehen.

b. Ergebnis

Die Möglichkeit der dauerhaften Abrufbarkeit von persönlichkeitsrechtsverletzenden Altmeldungen im Internet, bewirkt durch einen unzulässigen Erstbeitrag, sollte jedenfalls betreffend eine unzulässige Online-Öffentlichkeitsarbeit der Staatsanwaltschaft bei der Höhe des zu bemessenden Geldentschädigungsanspruchs des Betroffenen mitberücksichtigt werden und zu einer Korrektur desselben nach oben führen. Im Gegensatz zu Sanktionsmaßnahmen gegenüber Medien ist auch nicht zu befürchten, dass eine zu hoch bemessene Geldentschädigung zu einer Einschränkung von Grundrechten auf Seiten der Staatsanwaltschaft führt, da die Staatsanwaltschaft kein Träger von Grundrechten ist. Der weitere Einwand, Fehler der Staatsanwaltschaft dürfe nun das zur Entscheidung befugte Gericht korrigieren, greift insofern nicht, als die Staatsanwaltschaft ohnehin weder nach § 28 EGGVG noch nach dem Amtshaftungsanspruch persönlich haftet, sondern vielmehr das jeweilige Bundesland. Es wird also keine Situation geschaffen, die ein Dafür-Einstehen der Staatsanwaltschaft bewusst verhindert.

Für diesen Lösungsvorschlag spricht auch, dass der Geldentschädigungsanspruch sowohl in seiner generellen Zubilligung als auch in der Berechnung seiner Höhe keinen starren Grenzen unterliegt, sondern anhand des jeweiligen Einzelfalls bemessen wird.

5. Einzelfalldarstellung: Sebastian Edathy

Aufzuklären bleibt schließlich, ob und falls ja welche Ansprüche Edathy gegen die Staatsanwaltschaft Hannover zustehen. Bekanntermaßen ist die über eine Stunde andauernde Pressekonferenz, in der sich unter anderen der damalige Leiter der Staatsanwaltschaft Hannover Jörg Fröhlich geäußert hat, noch heute online abrufbar. Die im Laufe der Pressekonferenz getätigten Äußerungen Fröhlichs waren überwiegend rechtmäßig. Im Ergebnis hat Fröhlich aber zu viel preisgegeben. Seine Äußerungen enthielten grenzwertige bis hin zu eindeutig unzulässige Passagen[1346]. Wegen Letzterem könnte Edathy ein berechtigtes Interesse an der Löschung der gesamten Pressekonferenz haben.

1346 Die Äußerung Fröhlichs, wonach eine Anklageerhebung mit dem zum Zeitpunkt der Pressekonferenz vorhandenen Beweismaterial nicht auszuschließen sei, verletzt die in diesem Stadium des Verfahrens geltende Unschuldsvermutung zugunsten Edathy. Kritisch dürfte auch der Hinweis Fröhlichs sein, die Staatsanwalt wisse, was Edathy

Eine Online-Archivierung von Seiten der Staatsanwaltschaft kommt nicht in Betracht. Denn die Pressekonferenz wird nicht von der Staatsanwaltschaft Hannover, sondern vom öffentlich-rechtlichen Fernsehsender phoenix[1347] online für jedermann kostenfrei zur Verfügung gestellt. Sie ist auf dem YouTube-Kanal des Fernsehsenders archiviert. Es bleibt also zu prüfen, ob Edathy ein Löschungsanspruch gegen die Staatsanwaltschaft Hannover zusteht, beim Träger des Senders phoenix[1348] auf die Löschung der noch immer abrufbaren Pressekonferenz hinzuwirken. Ein solcher Löschungsanspruch verlangt aber, dass die Staatsanwaltschaft Hannover die Pressekonferenz ursprünglich online zur Verfügung gestellt und der Sender phoenix ihn lediglich verlinkt hat. Das ist jedoch ebenfalls nicht der Fall. Die Staatsanwaltschaft betreibt nämlich in diesem Fall keine eigene Online-Öffentlichkeitsarbeit. Sie dürfte auch kaum von dem Umstand wissen, dass der Sender phoenix beabsichtigte, die Pressekonferenz auf dem Videoportal YouTube online zur Verfügung zu stellen. Im Ergebnis unterfällt die Tatsache, dass die Pressekonferenz noch online abrufbar ist, daher nicht dem Verantwortungsbereich der Staatsanwaltschaft Hannover.

Edathy könnte allenfalls gegen die unzulässigen Äußerungen des Leiters der Staatsanwaltschaft Hannover rechtlich vorgehen. Tatsächlich wird er aber hiervon absehen, um einer erneuten Konfrontation mit dem seinerzeitigen Tatvorwurf aus dem Weg zu gehen. Dennoch sollen nachfolgend die in Frage kommenden Rechtsschutzmöglichkeiten auf ihre Erfolgsaussicht hin überprüft werden. Der einstweilige Rechtsschutz ist offenkundig unzulässig. Nicht in Betracht kommen auch ein Unterlassungs- oder Widerrufsantrag. Es verbleiben lediglich ein Feststellungsantrag betreffend die Rechtswidrigkeit einzelner Äußerungen des Leiters der Staatsanwaltschaft im Wege des § 23 Abs. 1 EGGVG sowie der Amtshaftungsanspruch[1349]. Dem Feststellungsantrag kann der Einwand der

---

bestellt habe und könne die Fotos jederzeit den anwesenden Medienvertretern zeigen. Problematisch, da unsachlich und tendenziös, dürfte schließlich die Äußerung Fröhlichs sein, Edathy habe sich konspirativ verhalten. Die Aufzählung der einzelnen im Zuge der Wohnungsdurchsuchung Edathys erlangten Beweismittel dürfte ebenso kritisch zu beurteilen sein, vgl. https://www.youtube.com/watch?v=l8-O5uot-Yk (zuletzt abgerufen am 9.10.2017).

1347 Der öffentlich-rechtliche Fernsehsender phoenix hat die Pressekonferenz live übertragen. Die Live-Übertragung ist auf dem Videoportal YouTube auf dem dortigen Kanal des Fernsehsenders weiterhin abrufbar, vgl. https://www.youtube.com/watch?v=l8-O5uot-Yk (zuletzt abgerufen am 9.10.2017).

1348 ARD und ZDF sind gemeinsame Träger der Angebote des Senders phoenix.

1349 Dieser dürfte zum gegenwärtigen Zeitpunkt jedoch verjährt sein. Der Amtshaftungsanspruch unterliegt der regelmäßigen Verjährungsfrist von drei Jahren, § 195 BGB

Verwirkung nicht entgegengehalten werden. Zwischen der Möglichkeit der Antragstellung (im Anschluss an die Pressekonferenz vom 14.2.2014) und der hypothetischen Anspruchsgeltendmachung zum gegenwärtigen Zeitpunkt sind über drei Jahre verstrichen (Zeitmoment). Da der Verteidiger Edathys gegen die Stellungnahmen Fröhlichs Dienstaufsichtsbeschwerde eingelegt hat[1350], fehlt aber das für die Verwirkung erforderliche Umstandsmoment.

Scheitern dürfte aber ein Geldentschädigungsanspruch Edathys im Wege der Amtshaftung, da Edathy es versäumt hat, die Rechtswidrigkeit der betreffenden Äußerungen des Leiters der Staatsanwaltschaft (zeitnah) gerichtlich feststellen zu lassen. Das angerufene Gericht würde aller Wahrscheinlichkeit nach davon ausgehen, dass die Persönlichkeitsrechtsverletzung Edathys weniger schwerwiegend war, da er erst zu einem außergewöhnlich späten Zeitpunkt einen Geldentschädigungsanspruch geltend macht.

Es verbleiben daher nur ein Ansprüche Edathys gegen die Träger des Senders phoenix, gegen den Suchmaschinenbetreiber Google Inc., mit dessen Hilfe die Pressekonferenz nach wie vor zu finden ist, sowie gegen den Betreiber des Onlinevideoportals YouTube, YouTube LLC. Der Vollständigkeit halber sollen die Erfolgsaussichten derartiger Ansprüche nachfolgend in Kürze dargetan werden. In Anlehnung an die Kriterien des *BGH* zur Zulässigkeit von Online-Archiven betreffend Strafverfahren sprechen für die Zulässigkeit der Abrufbarkeit der Pressekonferenz zunächst die nachfolgengen Aspekte. Zum Zeitpunkt der Aufnahme der Ermittlungen durch die Staatsanwaltschaft war Edathy Abgeordneter des Deutschen Bundestags. Die mehrfache Nennung des Namens Edathys war demnach zulässig. Wegen der enormen medialen Berichterstattung bereits im Vorfeld der Pressekonferenz wäre die Nichtnennung seines Namens im Übrigen bloße Förmelei. Unerheblich ist insoweit, dass Edathy zum Zeitpunkt der Pressekonferenz sein Bundestagsmandat bereits niedergelegt hatte[1351]. Ferner bestand

---

analog. Die Pressekonferenz datiert auf den 14.2.2014. Laut Fröhlich war Edathy über die beabsichtigte Pressekonferenz auch informiert, sodass er hiervon mit Sicherheit Kenntnis erlangt haben dürfte. Gemäß § 199 Abs. 1 BGB beginnt die Verjährungsfrist deshalb mit dem Schluss des Jahres 2014. Die Verjährung trat demnach mit dem Schluss des Jahres 2017 ein.

1350 „Die Staatsanwaltschaft lügt", FAZ-Online vom 17.2.2014, abrufbar unter http://www.faz.net/aktuell/politik/dienstaufsichtsbeschwerde-edathy-staatsanwalt-luegt-12806098.html (zuletzt abgerufen am 30.10.2017).

1351 Trotz Mandatsniederlegung dürfte Edathy wohl gemäß § 18 Abs. 1 AbgG für mindestens ein Jahr in den Genuss eines Übergangsgeldes in nicht unerheblicher Höhe kommen.

das erhebliche öffentliche Informationsbedürfnis bezüglich der von Edathy begangenen Straftaten gerade in Verbindung mit seiner Person. Auch wegen der politischen Dimension des Falls Edathy dürfte das Informations- und Rechercheinteresse überwiegen[1352]. Des Weiteren wurde das Verfahren gegen Edathy „nur" gemäß § 153a Abs. 2 StPO gegen Zahlung einer Geldauflage eingestellt[1353]. Anders als bei § 170 Abs. 2 StPO erfährt der Betroffene bei einer Einstellung nach § 153a StPO aber keine Rehabilitation. Er ist bei einer Einstellung nach den §§ 153 ff. StPO weniger schutzwürdig. Hinzu kommt die geringe Breitenwirkung. Die Pressekonferenz ist nicht bereits dann auffindbar wenn der Name Edathys gegoogelt wird. Bereits unter diesen Gesichtspunkten wäre das Online-Bereitstellen der Pressekonferenz jedenfalls zulässig.

Eine Klage Edathys gegen den Suchmaschinenbetreiber Google Inc. auf Löschung des Links zur Pressekonferenz dürfte ebenfalls scheitern. Abgesehen davon, dass bei Eingabe nur seines Namens kein Link zur besagten Pressekonferenz der Staatsanwaltschaft erscheint, dürfte der Löschungsanspruch auch aus einem anderen Grund scheitern. Ausweislich seines Löschungsantrags behält es sich Google Inc. vor, den Antrag auf Löschung unter anderem dann abzulehnen, wenn die angegriffene Altmeldung das öffentliche Verhalten von Amtsträgern betrifft. Letzteres dürfte im Fall Edathys zutreffen. Auch in diesem Fall dürfte das öffentliche Interesse an der Informationsverbreitung vorrangig sein.

V. Zusammenfassung

1. Die Rechtsprechung des *BGH* zu Online-Archiven betreffend Strafverfahren sowie zum neuen Löschungsanspruch ist auf die Online-Öffentlichkeitsarbeit der Staatsanwaltschaft (mit Einschränkung) anwendbar.
2. Die für eine zulässige staatsanwaltschaftliche Öffentlichkeitsarbeit aufgestellten Grundsätze gelten auch für ihre Online-Öffentlichkeitsarbeit. Für die Frage ihrer Zulässigkeit ist die Erstveröffentlichung der maßgebliche Zeitpunkt.

1352 Mit der internen Weitergabe personenbezogener Daten zum Fall Edathy vom Bundeskriminalamt an den damaligen Bundesinnenminister *Hans-Peter Friedrich* hat sich auch der Innenausschuss des Deutschen Bundestags beschäftigt, vgl. BT-Drs. 17/731. Als Ministerpräsident ist *Friedrich* in der Folge zurückgetreten. Gegen ihn wurde schließlich wegen des Vorwurfs des Geheimnisverrats ermittelt.

1353 LG Verden, Beschluss vom 02.03.2015 – 2 KLs 3714 Js 9585/14 (8/14); FD-StrafR 2015, 367510.

3. Handelt es sich um eine identifizierende archivierte Online-Meldung über ein bereits eingestelltes Ermittlungsverfahren, ist danach zu unterscheiden, ob das Verfahren nach den §§ 153 ff. StPO oder nach § 170 Abs. 2 StPO eingestellt wurde. Nur im letzteren Fall ist das Rehabilitationsinteresse des betroffenen Beschuldigten tangiert, so dass sich dieser erfolgreich gegen die Online-Veröffentlichung wehren kann. Bei rechtskräftiger Verurteilung genießt der Betroffene den geringsten Schutz. Die Unterscheidung gilt mit Blick auf die Lebach-Entscheidung des *BVerfG* jedoch nicht für die identifizierende Online-Archivierung der Staatsanwaltschaft.
4. Gegen eine unzulässige Online-Archivierung stehen dem Betroffenen Ansprüche auf Unterlassung sowie Beseitigung der Online-Archivierung gemäß § 1004 Abs. 1 S. 2 BGB analog i.V.m. Art. 2 Abs. 1 i.V.m. Art. 1 Abs. 1 GG zur Verfügung. Ferner kann er im Wege des Amtshaftungsanspruchs einen Anspruch auf Geldentschädigung sowie den Ersatz materieller Schäden wegen der dauerhaften Abrufbarkeit der archivierten Meldung geltend machen.
5. Werden ursprünglich unzulässige Online-Meldungen von Seiten der Staatsanwaltschaft von Dritten verlinkt oder inhaltlich wiedergegeben, hat der hiervon Betroffene gegen die Staatsanwaltschaft einen Anspruch, auf Löschung der Drittveröffentlichung hinzuwirken, wenn diese noch abrufbar ist. Dieser neuartige Löschungsanspruch folgt aus § 1004 Abs. 1 S. 2 BGB analog i.V.m. Art. 2 Abs. 1 i.V.m. Art. 1 Abs. 1 GG. Nicht von der Staatsanwaltschaft verlangt werden kann das Bewirken der Löschung der Drittveröffentlichung, weil diese keine Zugriffsmöglichkeiten auf fremde Internetseiten hat.
6. Wegen der realen Möglichkeit der dauerhaften Abrufbarkeit von persönlichkeitsrechtsverletzenden Online-Archivierungen im Zuge einer unzulässigen Online-Öffentlichkeitsarbeit der Staatsanwaltschaft sollte im Wege des Amtshaftungsanspruchs die Höhe der zu bemessenden Geldentschädigung tendenziell nach oben korrigiert werden.

6. Kapitel: Richtigstellungspflicht und Gegenschlagsrecht der Staatsanwaltschaft

Zu überlegen ist schließlich, ob die Staatsanwaltschaft einer sog. Richtigstellungspflicht unterliegt, wenn etwa in den Medien unrichtige Informationen zum Ermittlungsstand oder dem Tatvorwurf gegen den Beschuldigten kursieren, dieser sich aber nicht hiergegen wehrt. Beantwortet werden soll nachfolgend auch die Frage, was die Staatsanwaltschaft tun kann oder zu tun hat, wenn Medien unzulässige Presseinformationen der Staatsanwaltschaft weiterhin veröffentlichen.

Eine Pflicht der Staatsanwaltschaft zur Richtigstellung ist jedenfalls dann anzunehmen, wenn die Staatsanwaltschaft mitursächlich für die Falschmeldung in den Medien gewesen ist[1354]. Ausgehend vom Urteil des *LG Wiesbaden*[1355] kann unter Umständen sogar eine Amtspflichtverletzung durch Unterlassen bejaht werden, wenn die Staatsanwaltschaft als (Mit-)Urheber einer in den Medien kursierenden Falschmeldung dieser nicht ausdrücklich entgegentritt. Die Amtspflicht zum Einschreiten bei Falschmeldungen über den Beschuldigten folgt aus § 160 Abs. 2 StPO, wonach die Staatsanwaltschaft auch die zugunsten des Beschuldigten sprechenden Umstände zu berücksichtigen hat.

Wird eine (Mit-)Urheberschaft an der Falschinformation verneint, muss die Staatsanwaltschaft gleichwohl unsachlichen Äußerungen grundsätzlich entgegentreten[1356]. Eine Pflicht hierzu enthält Ziffer 8 der Richtlinie für die Zusammenarbeit der hessischen Staatsanwaltschaften mit den Medien[1357]. Danach soll, wenn infolge der Falschmeldung rechtlich geschützte Interessen auch des Beschuldigten verletzt werden, eine Richtigstellung erfolgen. Daneben ist dann an eine Richtigstellung durch die Staatsanwaltschaft zu denken, wenn infolge der Falschmeldung der Ermittlungserfolg oder das Ansehen der Justiz gefährdet werden[1358].

Klare Vorgaben, wann die Staatsanwaltschaft einzuschreiten hat, existieren freilich nicht. Als Richtschnur sind aber zum einen § 160 Abs. 2 StPO, zum

---

1354 LG Wiesbaden NJW 2015, 2975 Rn 115 ff. – Jahns; *Eisele*, JZ 2014, 932 (942).

1355 LG Wiesbaden NJW 2015, 2975 Rn 115 ff. – Jahns.

1356 BeckOK-StPO/*Gertler*, RiStBV, 23 RiStBV Rn 57, 60; *Eisele*, JZ 2014, 932 (942); *Pruggmayer/Möller*, KuR 2011, 234 (239).

1357 NJW 1996, 979 (980).

1358 BGH NJW 2008, 2262 Rn 31; *Eisele*, JZ 2014, 932 (942).

anderen Art. 6 Abs. 1 S. 1, Abs. 2 EMRK heranzuziehen. Die Grenze dürfte dabei die Wahrung des Ermittlungserfolgs sein. Kursieren beispielsweise unrichtige Meldungen in den Medien über den Umfang des Tatvorwurfs gegen den Beschuldigten, dürfte die Staatsanwaltschaft zur Richtigstellung verpflichtet sein, allerdings nur insoweit, als hierdurch keine Gefährdung des Ermittlungsergebnisses eintritt.

Stellt die Staatsanwaltschaft unrichtige Medienberichte richtig, liegt darin im Grunde eine Öffentlichkeitsarbeit aus eigenem Antrieb. Die Grundsätze zur eigenmächtigen Öffentlichkeitsarbeit der Staatsanwaltschaft[1359] sind in derartig gelagerten Fällen jedoch zu modifizieren. Denn das Einschreiten der Staatsanwaltschaft liegt hier im Beschuldigteninteresse und erfolgt aufgrund des § 160 Abs. 2 StPO sowie des Art. 6 EMRK.

Etwas anderes dürfte für Äußerungen des Verteidigers des Beschuldigten gelten. Es versteht sich von selbst, dass dieser eine andere Sichtweise über die Tatbeteiligung und den Tathergang seines Mandanten vertreten dürfte.

Unabhängig von der Frage des Rechtsschutzes des Beschuldigten gegen unzulässige staatsanwaltschaftliche Stellungnahmen ist die Frage des Umgangs der Staatsanwaltschaft mit unsachlichen Meldungen von Seiten der Medien, die geeignet sind, die Staatsanwaltschaft zu diskreditieren. Wird die Staatsanwaltschaft von Seiten der Medien unsachlich angegriffen, steht ihr ein Gegenschlagsrecht zu[1360]. Als Justizbehörde ist die Staatsanwaltschaft gemäß Art. 1 Abs. 3 GG Grundrechtsadressat und nicht Grundrechtsberechtigter. Jedoch wird auch der Justizbehörde Staatsanwaltschaft gemäß § 194 Abs. 3 S. 2 StGB einfachrechtlicher Ehrschutz (Schutz des Ansehens) zugestanden[1361], soweit es zur „Erhaltung des zur Funktionsfähigkeit der Behörde notwendigen Mindestmaßes an öffentlichem Vertrauen in die eigene Glaubwürdigkeit und Integrität" erforderlich ist[1362]. Gleichwohl ist darauf zu achten, dass die Antwort der Staatsanwaltschaft auf die Falschmeldung sachlich bleibt[1363]. Als Rechtsschutzmöglichkeiten kommen unter Berücksichtigung des Art. 5 Abs. 1 S. 2 GG zugunsten der Medien zivilrechtliche Unterlassungsansprüche sowie ein Anspruch auf Richtigstellung

---

1359 Dazu 3. Kapitel C. VII.

1360 BeckOK-StPO/*Gertler*, RiStBV, 23 RiStBV Rn 60; *Pruggmayer/Möller*, KuR 2011, 234 (239); **krit.** zum Begriff „Gegenschlagsrecht", *Eisele*, JZ 2014, 932 (942).

1361 BGH NJW 2008, 2262 Rn 28.

1362 BVerfG (Kammer) NJW 2011, 511 Rn 24; BGH NJW 2008, 2262 Rn 29; BeckOK-StPO/*Gertler*, RiStBV, 23 RiStBV Rn 60; *Eisele*, JZ 2014, 932 (942); *Pruggmayer/Möller*, KuR 2011, 234 (239).

1363 *Pruggmayer/Möller*, KuR 2011, 234 (239).

gegen das jeweilige Medienorgan in Betracht, § 1004 Abs. 1 S. 2 BGB analog, § 823 Abs. 2 BGB i.V.m. § 185 StGB[1364].

Wird der Sprecher der Staatsanwaltschaft persönlich und unsachlich von Seiten der Medien angegriffen, stehen ihm die äußerungsrechtlichen Ansprüche auf Unterlassung, Widerruf, Gegendarstellung und Feststellung der Rechtswidrigkeit der fraglichen Äußerung zur Verfügung. Gemäß § 823 Abs. 1 BGB i.V.m. Art. 2 Abs. 1 GG i.V.m. Art. 1 Abs. 1 GG kann er darüber hinaus einen Anspruch auf Geldentschädigung geltend machen. Eine Einschränkung des Schutzes des Persönlichkeitsrechts des einzelnen Staatsanwalts erfolgt nach Ansicht von *BVerfG* sowie *BVerwG* allerdings dann, wenn der Staatsanwalt in einer der Öffentlichkeit zugänglichen Gerichtsverhandlung mitwirkt[1365]. Für das nichtöffentliche Ermittlungsverfahren dürfte aber anderes gelten, insbesondere dann, wenn der ermittelnde Staatsanwalt nicht mit dem Pressesprecher der Behörde personenidentisch ist. Einschränkend dürfte es hingegen zu berücksichtigen sein, wenn ein Pressesprecher selbst mit Informationen zum Ermittlungsstand an Medien getreten ist und damit einen Teil seiner Anonymität freiwillig aufgibt[1366].

1364 BGH NJW 2008, 2262 Rn 28, 31.

1365 BVerfG NJW 2001, 1633 (1637); BVerwG NJW 2015, 807 Rn 30 ff., zum Umfang eines presserechtlichen Auskunftsanspruchs in Bezug auf die Namen von Verteidiger und Staatsanwalt eines strafgerichtlichen Verfahrens.

1366 *Pruggmayer/Möller*, KuR 2011, 234 (239).

7. Kapitel: Gesamtergebnis

2. Kapitel

1. Die Pflicht der Gerichte zur Veröffentlichung von Gerichtsentscheidungen, statuiert durch Urteil des *BVerwG*, abgeleitet aus dem Rechtsstaatsprinzip des Art. 20 Abs. 3 GG einschließlich der in Art. 19 Abs. 4 GG verbürgten Justizgewährungspflicht, dem Demokratieprinzip des Art. 20 Abs. 1 GG sowie dem in Art. 20 Abs. 2 S. 2 GG verankerten Grundsatz der Gewaltenteilung, begründet auch für die Staatsanwaltschaft eine verfassungsunmittelbare *Aufgabe* zur Leistung von Öffentlichkeitsarbeit.
2. Eine nur mittelbare, da aus dem presserechtlichen Auskunftsanspruch der Länder abgeleitete, Verpflichtung der Staatsanwaltschaft zur Erteilung von Auskunft im Ermittlungsverfahren folgt – mit vergleichbaren Regelungen in anderen Landespressegesetzen – aus § 3 Abs. 1 S. 1 HPresseG. Ebenfalls nur mittelbar ist die aus § 475 Abs. 4, 1 StPO folgende Auskunftserteilungspflicht der Staatsanwaltschaft.
3. Unmittelbar aus Art. 5 Abs. 1 S. 1 GG kann die Staatsanwaltschaft nicht zur Auskunftserteilung verpflichtet werden. Nach gegenwärtiger Rechtsprechung des *BVerwG* zum verfassungsunmittelbaren Auskunftsanspruch können *Bundes*behörden nicht aufgrund des presserechtlichen Auskunftsanspruchs der Länder zur Auskunftserteilung verpflichtet werden.
4. Ziffer 23 RiStBV sowie die Richtlinien für die Zusammenarbeit der hessischen Staatsanwaltschaften mit den Medien stellen lediglich präventive Vorgaben für eine rechtmäßige Öffentlichkeitsarbeit der Staatsanwaltschaft dar, das sog. „Wie". Sie beanspruchen keine Gesetzeskraft. Sie sind vielmehr bloße Verwaltungsvorschriften.
5. Auch die durch Richterrecht entwickelten Grundsätze der Verdachtsberichterstattung stellen lediglich eine inhaltliche Vorgabe für die Öffentlichkeitsarbeit der Staatsanwaltschaft dar und beanspruchen keine Gesetzeskraft.
6. Die Beachtung der Vorgaben in Ziffer 23 RiStBV, den Richtlinien für die Zusammenarbeit der Staatsanwaltschaft mit den Medien sowie die Grundsätze der Verdachtsberichterstattung stellen aber eine von Seiten der Staatsanwaltschaft zu beachtende Amtspflicht im Rahmen ihrer Öffentlichkeitsarbeit dar. Ihre Verletzung kann im Wege des Amtshaftungsanspruchs gerügt werden.

7. Im Hinblick auf die Öffentlichkeitsarbeit der Staatsanwaltschaft ist wegen § 160 Abs. 2 StPO, der Unschuldsvermutung, des Grundsatzes des fairen Verfahrens sowie der Nichtöffentlichkeit des Ermittlungsverfahrens das Allgemeine Persönlichkeitsrecht des Beschuldigten prinzipiell vorrangig gegenüber dem öffentlichen Informationsbedürfnis.

3. Kapitel

1. Ein *eigenes Recht* auf Öffentlichkeitsarbeit im Ermittlungsverfahren steht der Staatsanwaltschaft nicht zu.
2. Der Grundsatz der Geheimhaltung von im Ermittlungsverfahren gewonnenen Erkenntnissen wird maßgeblich durch den presserechtlichen Auskunftsanspruch der Länder durchbrochen.
3. Im Übrigen existiert kein formelles Gesetz, welches es der Staatsanwaltschaft erlaubt, aus eigener Initiative heraus öffentliche Stellungnahmen zu laufenden Ermittlungen abzugeben. Eine Erlaubnis besteht auch nicht gewohnheitsrechtlich.
4. Die Neufassung des § 169 S. 2 GVG erlaubt es der Staatsanwaltschaft nicht, Informationen aus dem Ermittlungsverfahren an die Öffentlichkeit gelangen zu lassen.
5. Soweit ein öffentliches Informationsinteresse bejaht wird, hat die Staatsanwaltschaft aber die verfassungsunmittelbare *Aufgabe*, die Öffentlichkeit eigeninitiativ über Details aus einem laufenden Ermittlungsverfahren zu unterrichten. Eigenmächtige öffentliche Stellungnahmen der Staatsanwaltschaft erfordern aber eine Differenzierung danach, ob sie personenbezogene Informationen enthalten oder nicht.
6. Die eigenmächtige Information der Öffentlichkeit über ein beabsichtigtes oder bereits eingeleitetes Ermittlungsverfahren ist – trotz des Fehlens einer Ermächtigungsgrundlage – nur dann verfassungsrechtlich unbedenklich, wenn die Information nicht identifizierend ist. Für sie gelten aber die Öffentlichkeitsausschlussgründe der §§ 170 ff. GVG erst Recht.
7. Sofern die Staatsanwaltschaft infolge eigenmächtiger Öffentlichkeitsarbeit personenbezogene Informationen an die Öffentlichkeit gelangen lässt, anhand derer eine Identifizierung des Beschuldigten ermöglicht wird, liegt darin ein Eingriff in dessen Allgemeines Persönlichkeitsrecht. Die Stellungnahme erfolgt ohne die Existenz einer hierzu ermächtigenden Rechtsgrundlage und verstößt demzufolge gegen den Grundsatz des Vorbehalts des Gesetzes (Art. 1 Abs. 3 GG i.V.m. Art. 20 Abs. 3 GG).

4. Kapitel

1. Aus dem Grundsatz der Nichtöffentlichkeit des Ermittlungsverfahrens folgt an sich noch keine ausnahmslose Schweigepflicht der Staatsanwaltschaft.
2. Die Auferlegung einer umfassenden Schweigepflicht im Stadium des Ermittlungsverfahrens ist weder mit dem öffentlichen Informationsbedürfnis noch mit der Freiheit der Berichterstattung der Medien vereinbar.
3. Ein Mitteilungsverbot ist allenfalls dann in Erwägung zu ziehen, soweit die Staatsanwaltschaft eigenmächtig Auskunft über den jeweiligen Ermittlungsstand erteilt und hierbei personenbezogene Informationen preisgibt, die eine Identifizierung der Person des Beschuldigten ermöglichen. Insoweit fehlt es nämlich an einer Ermächtigungsgrundlage.
4. Zur Einschränkung staatsanwaltschaftlicher Öffentlichkeitsarbeit im Ermittlungsverfahren verspricht die Verschärfung von Ziffer 23 RiStBV sowie den Richtlinien für die Zusammenarbeit der hessischen Staatsanwaltschaften mit den Medien mangels spürbarer Außenwirkung keinen Erfolg.

5. Kapitel
B.

1. Gegen eine unzulässige Öffentlichkeitsarbeit der Staatsanwaltschaft ist im Verfahren nach den §§ 23 ff. EGGVG der Rechtsweg zu den ordentlichen Gerichten (Strafsenat des OLG) eröffnet.
2. Der betroffene Beschuldigte kann mittels eines Folgenbeseitigungsantrags gemäß § 28 Abs. 1 S. 2 EGGVG Widerruf, Ergänzung oder Richtigstellung einer unzulässigen staatsanwaltlichen Stellungnahme verlangen. Unter Berücksichtigung des Art. 19 Abs. 4 S. 1 GG kommen als Rechtsbehelfe auch ein (vorbeugender) Unterlassungsantrag (§§ 28 Abs. 2, 23 Abs. 2 EGGVG analog) sowie ein Feststellungsantrag (§ 28 Abs. 1 S. 4 EGGVG analog) in Betracht. Ein Anspruch auf Geldentschädigung kommt in diesen Verfahren ebenso wenig in Betracht wie ein Schadensersatzanspruch. Ändert sich im Laufe des Ermittlungsverfahrens der Umfang des Strafvorwurfs zugunsten des Beschuldigten, kann dies die Staatsanwaltschaft gemäß § 28 Abs. 2 S. 1 EGGVG dazu verpflichten, nunmehr eine berichtigende Stellungnahme herauszugeben.
3. Ebenfalls unter Berücksichtigung des Art. 19 Abs. 4 S. 1 GG kommt im Verfahren nach § 23 EGGVG einstweiliger Rechtsschutz in Betracht.

4. Eine persönliche Haftung des Sprechers der Staatsanwaltschaft, der eine unzulässige öffentliche Stellungnahme abgibt, sieht das Verfahren nach § 23 EGGVG nicht vor.
5. Im Wege des Amtshaftungsanspruchs kann der betroffene Beschuldigte die Zahlung einer Geldentschädigung wegen Verletzung seines Allgemeinen Persönlichkeitsrechts geltend machen. Dabei liegt eine Amtspflichtverletzung der Staatanwaltschaft immer dann vor, wenn sie a) die inhaltlichen Vorgaben betreffend eine zulässige Öffentlichkeitsarbeit überschreitet, b) es unterlässt, unwahren Medienberichten zum Ermittlungsstand entgegenzutreten oder c) eigenmächtige identifizierende Öffentlichkeitsarbeit betreibt.
6. Der Geldentschädigungsanspruch kann wegen anderweitiger Genugtuungsmöglichkeit grundsätzlich zu versagen sein, wenn der betroffene Beschuldigte zuvor im Verfahren nach §§ 23 ff. EGGVG einen Unterlassungstitel gegen die Staatsanwaltschaft betreffend die streitige Stellungnahme erwirkt (hat) oder gerichtlich die Rechtswidrigkeit der streitigen Stellungnahme hat feststellen lassen. Keine Genugtuungsfunktion hat hingegen ein erfolgreicher Antrag auf Widerruf der streitigen Äußerung.
7. Eine für den betroffenen Beschuldigten günstige Auslegung des Subsidiaritätsgrundsatzes des Geldentschädigungsanspruchs führt dazu, dass eine Geldentschädigung zuerkannt wird, wenn eine massive Persönlichkeitsrechtsverletzung bejaht wird.
8. Die Nichteinlegung der in § 28 EGGVG vorgesehenen Rechtsbehelfe kann den Geldentschädigungsanspruch schmälern oder gänzlich zum Scheitern bringen.
9. Die Höhe der tatsächlich zugesprochenen Geldentschädigung durch das Gericht ist für den betroffenen Beschuldigten kaum vorhersehbar. In der Regel bleibt sie weit hinter dem vom Beschuldigten geforderten Betrag zurück. Das reelle Kostenrisiko und die damit verbundene Verkümmerung der Genugtuungsfunktion des Geldentschädigungsanspruchs machen den Amtshaftungsanspruch aus Betroffenensicht letztlich unattraktiv.
10. Im Wege des Amtshaftungsanspruchs können auch materielle Schäden geltend gemacht werden. Ihre Durchsetzung hat jedoch nur eine geringe Aussicht auf Erfolg.
11. Eine persönliche Haftung des Sprechers der Staatsanwaltschaft sieht der Amtshaftungsanspruch nicht vor.
12. Mangels tatsächlicher Effektivität scheidet die Dienstaufsichtsbeschwerde als weiterer Rechtsbehelf aus.
13. Falls eine unzulässige Öffentlichkeitsarbeit der Staatsanwaltschaft vorliegt, ist das materielle Strafrecht unergiebig. Die insoweit einschlägigen

Straftatbestände der §§ 203 Abs. 2 Nr. 1, 353b Abs. 1 S. 1 Nr. 1 sowie § 353d Nr. 3 StGB sind im Ergebnis nicht erfüllt.

14. Verwendet die Staatsanwaltschaft im Rahmen ihrer Öffentlichkeitsarbeit ein Bildnis des Beschuldigten – was jedoch seltenst vorkommen dürfte – ist die Strafvorschrift des § 33 KUG wegen § 23 Abs. 1 S. 1 KUG kaum aussichtsreich. Ob eine Umwandlung des § 33 KUG durch den Gesetzgeber von einem Antragsdelikt hin zu einem Offizialdelikt die Position des betroffenen Beschuldigten verbessern würde ist fraglich.

C.

1. Der Geldentschädigungsanspruch ist wegen seiner höchstpersönlichen Genugtuungsfunktion weder vererblich, noch kann er von Angehörigen eines verstorbenen Beschuldigten geltend gemacht werden. Das gilt selbst dann, wenn bei Anhängigkeit oder Rechtshängigkeit der Klage der betroffene Beschuldigte noch am Leben war. Angehörigen stehen aber gemäß § 1004 Abs. 1 S. 2 BGB analog Ansprüche auf Unterlassung, Widerruf und Richtigstellung zu. Ferner können sie unter den Voraussetzungen der §§ 22, 23 KUG Abwehransprüche geltend machen sowie sich der Strafvorschrift des § 33 KUG bedienen.
2. Wegen der höchstpersönlichen Natur des Strafverfahrens kommt für Erben eines verstorbenen Beschuldigten eine Berufung auf die Grundsätze des fairen Verfahrens sowie die Unschuldsvermutung nicht in Betracht.
3. Gegen eine unzulässige Öffentlichkeitsarbeit der Staatsanwaltschaft hat ein Schadensersatzanspruch wegen Verletzung postmortaler vermögenswerter Persönlichkeitsrechte keine Aussicht auf Erfolg, da die Staatsanwaltschaft mit ihrer Öffentlichkeitsarbeit keine kommerziellen Interessen verfolgt.
4. Erben können im Wege des Amtshaftungsanspruchs Ersatz materieller Schäden verlangen, wenn solche entstanden sind.
5. Eine Strafbarkeit der Staatsanwaltschaft gemäß § 344 StGB wegen Preisgabe personenbezogener Informationen betreffend eines verstorbenen Beschuldigten scheidet aus.

D.

1. Die Rechtsprechung des *BGH* zu Online-Archiven betreffend Strafverfahren sowie zum neuen Löschungsanspruch ist auf die Online-Öffentlichkeitsarbeit der Staatsanwaltschaft nur eingeschränkt anwendbar.
2. Identifizierende Online-Archivierungen der Staatsanwaltschaft sind mit Blick auf die *Lebach*-Entscheidung des *BVerfG* immer unzulässig. Das Allgemeine

Persönlichkeitsrecht lässt eine zeitlich unbeschränkte Beschäftigung mit der Person des Straftäters und seiner Straftat nämlich nicht zu. Auch das Rehabilitationsinteresse des Betroffenen spricht gegen eine Archivierung. Er kann deshalb Unterlassung sowie Beseitigung der Online-Altmeldung gemäß § 1004 Abs. 1 S. 2 BGB analog i.V.m. Art. 2 Abs. 1 i.V.m. Art. 1 Abs. 1 GG verlangen. Ferner kann er im Wege des Amtshaftungsanspruchs Geldentschädigung oder Ersatz materieller Schäden wegen dauerhafter Abrufbarkeit der archivierten Online-Meldung geltend machen.

3. Werden ursprünglich unzulässige Online-Meldungen der Staatsanwaltschaft von Dritten verlinkt oder inhaltlich wiedergegeben, hat der hiervon Betroffene gegen die Staatsanwaltschaft einen Anspruch, auf die Löschung der Drittveröffentlichung hinzuwirken, sofern diese noch abrufbar ist. Der Löschungsanspruch folgt aus § 1004 Abs. 1 S. 2 BGB analog i.V.m. Art. 2 Abs. 1 i.V.m. Art. 1 Abs. 1 GG.
4. Die reale Möglichkeit der dauerhaften Abrufbarkeit von persönlichkeitsrechtsverletzenden Meldungen in Online-Archiven von Seiten der Staatsanwaltschaft veranlasst in Abweichung von der Ansicht des BGH eine Korrektur der Summe einer zu bemessenden Geldentschädigung nach oben.

6. Kapitel

1. Unrichtige Medienberichten, für die die Staatsanwaltschaft wegen eigener vorangegangener Stellungnahmen verantwortlich ist, hat sie richtigzustellen. Dies folgt aus § 160 Abs. 2 StPO, wonach die Staatsanwaltschaft auch die zugunsten des Beschuldigten sprechenden Umstände zu berücksichtigen hat. Das Unterlassen kann eine Amtspflichtverletzung zur Folge haben.
2. Sofern eine (Mit-)Schuld der Staatsanwaltschaft an einer medialen Falschmeldung verneint wird, hat sie gleichwohl gemäß § 160 Abs. 2 StPO auch dann öffentlich Stellung zu beziehen, wenn infolge der Falschmeldung rechtlich geschützte Interessen (auch) des Beschuldigten verletzt werden. Gleiches gilt, wenn durch die Falschmeldung der Ermittlungserfolg sowie das Ansehen der Justiz gefährdet werden. Eine Grenze für die Richtigstellungspflicht der Staatsanwaltschaft stellt die Wahrung des Ermittlungserfolgs dar.
3. Liegen unsachliche mediale Angriffe auf die Staatsanwaltschaft vor, steht ihr ein Gegenschlagsrecht zu. Für die Justizbehörde Staatsanwaltschaft folgt dieses aus dem einfachrechtlichen Ehrschutz des § 194 Abs. 3 S. 2 StGB. Unter Berücksichtigung des Art. 5 Abs. 1 S. 2 GG zugunsten der Medien kommen ferner zivilrechtliche Unterlassungsansprüche sowie ein Anspruch auf

Richtigstellung gemäß § 1004 Abs. 1 S. 2 BGB analog, § 823 Abs. 2 BGB i.V.m. §§ 185 StGB, in Betracht.

4. Wird der Sprecher der Staatsanwaltschaft in seiner Person unsachlich von Seiten der Medien angegriffen, stehen ihm Ansprüche auf Unterlassung, Widerruf, Gegendarstellung und Feststellung der Rechtswidrigkeit der betreffenden Äußerung zur Verfügung. Ferner kann er einen Anspruch auf Geldentschädigung geltend machen.

Literaturverzeichnis

Alexander, Christian, Der verfassungsunmittelbare Auskunftsanspruch der Presse gemäß Art. 5 Abs. 1 Satz 2 GG, ZUM 2013, 614

Altenhain, Karsten, Öffentlichkeit im Strafverfahren, NJW-Beilage, NJW 2016, 37

ders., Öffentlichkeit im Strafverfahren – Transparenz und Schutz der Verfahrensbeteiligten, Gutachten C zum 71. Deutschen Juristentag, 2016

Bannenberg, Britta/Höpfel, Frank/Huber, Barbara/u.a., Alternativ-Entwurf Strafjustiz und Medien, Entwurf eines Arbeitskreises deutscher, österreichischer und schweizerischer Strafrechtslehrer, 2004

Baumbach, Adolf/Lauterbach, Wolfgang/Albers, Jan/Hartmann, Peter, Zivilprozessordnung Band 1, 75. Auflage 2017

von Becker, Peter, Straftäter und Tatverdächtige in den Massenmedien: Die Frage der Rechtmäßigkeit identifizierender Kriminalberichte, 1979

Beukelmann, Stephan, Persönlichkeitsrechte des Angeklagten bei Presseberichterstattung, NJW- Spezial 2012, 440

Bockemühl, Jan (Hrsg.), Handbuch des Fachanwalts Strafrecht, 6. Auflage 2015

Boehme-Neßler, Volker, Das Recht auf Vergessenwerden – Ein neues Internet-Grundrecht im Europäischen Recht, NVwZ 2014, 825

ders., Die Öffentlichkeit als Richter? – Litigation-PR als Herausforderung für das Recht, ZRP 2009, 228

Bornkamm, Joachim, Die Berichterstattung über schwebende Strafverfahren und das Persönlichkeitsrecht des Beschuldigten, NStZ 1983, 102

Brink, Stefan/Vogel, Michael, Auskunftserteilung an Zeitungsverlag durch Zusendung einer Urteilskopie – Anmerkung zu BVerfG NJW 2015, 3708, NJW 2015, 3710

Brink, Stefan/Wirtz, Sonia, PdK, Gesetz zur Regelung des Zugangs zu Informationen des Bundes (Informationsfreiheitsgesetz-IFG), Juli 2015

Brost, Lucas, Postmortaler Persönlichkeitsschutz – Eine Systematisierung der zivilrechtlichen Ansprüche, AfP 2015, 510

Brox, Hans/Walker, Wolf-Dietrich, Besonderes Schuldrecht, 41. Auflage 2017

Brox, Hans/Walker, Wolf-Dietrich, Allgemeiner Teil des BGB, 41. Auflage, 2017

Bünnigmann, Kathrin, Persönlichkeitsschutz vs. Informationsinteresse in der Bildberichterstattung, NJW-aktuell 17/2017, S. 14

Burhoff, Detlef, Handbuch für das strafrechtliche Ermittlungsverfahren, 8. Auflage 2016 *von Coelln, Christian*, Der Zugang der Medien zu Gerichtsentscheidungen, AfP 2016, 308

ders., Justiz und Medien, AfP 2014, 193

ders., Zur Medienöffentlichkeit der Dritten Gewalt, 2005

Cornelius, Kai, Konfrontationsrecht und Unmittelbarkeitsgrundsatz, NStZ 2008, 244

Cornils, Matthias, Der medienrechtliche Auskunftsanspruch in der Kompetenzordnung des Grundgesetzes, DÖV 2013, 657

Dalbkermeyer, Birgit, Der Schutz des Beschuldigten vor identifizierenden und tendenziösen Pressemitteilungen der Ermittlungsbehörden, 1994

Dette, Sebastian/Strate, Gerhard, Pro und Contra Unabhängigkeit der Staatsanwaltschaft, ZRP 2014, 94

Dölling, Birger, Anmerkung zu BGH NJW 2017, 1819, NJW 2017, 1820

Dölling, Dieter/Duttge, Gunnar/Rössner, Dieter (Hrsg.), Nomos Handkommentar, Gesamtes Strafrecht – StGB, StPO und Nebengesetze, 4. Auflage 2017

Eisele, Jörg, Strafprozessführung durch Medien, JZ 2014, 932

Eisenberg, Ulrich, Zur Ablehnung des Sachverständigen im Strafverfahren wegen Besorgnis derBefangenheit, NStZ 2006, 368

Emmerich, Volker, Vererblichkeit des Allgemeinen Persönlichkeitsrechts (Marlene Dietrich Urteil I), JuS 2000, 1222

Endriß, Rainer/Kinzig, Jörg, Anmerkung zu BGH NStZ 2000, 269, NStZ 2000, 271

Engelbert, Anke/Kutscha, Martin, Staatliche Öffentlichkeitsarbeit und Demokratieprinzip, NJW 1993, 1233

Erbs, Georg/Kohlhaas, Max, Strafrechtliche Nebengesetze, Band 1, Stand März 2017

Feuerich, Wilhelm E./Weyland, Dag, Bundesrechtsanwaltsordnung, 2016

Fischer, Thomas, Strafgesetzbuch, 64. Auflage 2017

Frank, Christoph, Abschaffung des externen Weisungsrechts, ZRP 2010, 147

Frank, Christoph/Titz, Andrea, Neues Selbstbewusstsein der Staatsanwälte?, ZRP 2008, 127

Franke, Ulrich, Öffentlichkeit im Strafverfahren, NJW 2016, 2618

Fricke, Michael, Der neue Löschungsanspruch – zumutbar oder Zumutung?, AfP 2015, 518

Friedrichsen, Gisela, Zwischenruf „Litigation-PR" – Prozessführung über Medien?, ZRP 2010, 263

Gastomzyk, Tobias, Anmerkung zu BGH NJW 2011, 3153, NJW 2011, 3156

Germelmann, Claas Friedrich, Presserechtliche Auskunftsansprüche gegenüber Bundesbehörden – Eine Einbruchstelle für ein „Bundespresserecht"?, DÖV 2013, 667

Göbel, Oswald, Anklagezwang und Gewaltentrennung, NJW 1961, 856

Gola, Peter (Hrsg.), Datenschutzgrundverordnung VO (EU) 2016/679, 2017

Golla, Sebastian J./Herbort, Nina Elisabeth, Zivilrechtlicher Bildnisschutz im Vorfeld von Weitergabe und Veröffentlichung, GRUR 2015, 648

Götting, Horst-Peter, Sanktionen bei Verletzung des postmortalen Persönlichkeitsrechts, GRUR 2004, 801

Gounalakis, Georgios, Geldentschädigung bei vorverurteilenden Äußerungen durch Medien oder Justiz, NJW 2016, 737

ders., Verdachtsberichterstattung durch den Staatsanwalt, NJW 2012, 1473

Graf, Jürgen Peter (Hrsg.), Richtlinien für das Strafverfahren und das Bußgeldverfahren (RiStBV) und Anordnungen über Mitteilungen in Strafsachen (MiStra), 2015

Grave, Helmut, Der von der Presse als „Täter" bezeichnete Tatverdächtige, NJW 1981, 209

Groß, Rolf, Zum presserechtlichen Informationsanspruch, DÖV 1997, 133

Gusy, Christoph, Neutralität staatlicher Öffentlichkeitsarbeit – Voraussetzungen und Grenzen, NVwZ 2015, 700

Hamm, Rainer/Leipold, Klaus (Hrsg.), Beck'sches Formularbuch für den Strafverteidiger, 5. Auflage 2010

Hassemer, Winfried, Vorverurteilung durch die Medien?, NJW 1985, 1921

Hauer, Judith, Anmerkungen und Gedanken zum Fall Mollath – Verschwörung oder Gleichgültigkeit?, ZRP 2013, 209

Hauer, Judith, dies, Der Fall Mollath – Weil nicht sein kann was nicht sein darf, NJ 2013, 456

Heidel, Thomas/Hüßtege, Rainer/Mansel, Heinz-Peter/Noack, Ulrich, Nomos Kommentar BGB Allgemeiner Teil mit EGBGB, 3. Auflage 2015

Heintschel v. Heinegg, Wolff, Auskunftsansprüche der Presse gegenüber der Verwaltung, AfP 2003, 295

Helmken, Dierk, Anmerkung zu OLG Karlsruhe NStZ 1985, 525, NStZ 1985, 527

Hoeren, Thomas, Internetrecht, 3. Auflage 2018

Hofmann, Ruben A./Fries, Peter, Der äußerungsrechtliche Geldentschädigungsanspruch im digitalen Zeitalter, NJW 2017, 2369

Hohmann, Olaf, Verdachtsberichterstattung und Strafverteidigung – Anwaltsstrategien im Umgang mit den Medien, NJW 2009, 881

Holzinger, Stephan/Wolff, Uwe, Im Namen der Öffentlichkeit. Litigation-PR als strategisches Instrument bei juristischen Auseinandersetzungen, 1. Auflage 2009

Hömig, Dieter/Wolff, Heinrich Amadeus (Hrsg.), Nomos Kommentar Grundgesetz, 11. Auflage 2016

Hoven, Elisa, Die Grenzen des Anfangsverdachts - Gedanken zum Fall Edathy, NStZ 2014, 361

Hörisch, Jochen, (Wie) Passen Justiz und Massenmedien zusammen?, StV 2005, 151

Huber, Bertold, Anmerkung zu BVerwG NVwZ 2013, 1006, NVwZ 2013, 1006

Huff, Martin W., Informationspflichten und Informationsverhalten der Justiz, AfP 2010, 332

ders., Notwendige Öffentlichkeitsarbeit der Justiz, NJW 2004, 403

ders., Anmerkung zu LG Wiesbaden NJW 2015, 2975, NJW 2015, 2985

ders., Die Veröffentlichungspflicht der Gerichte, NJW 1997, 2651

Jarass, Hans D./Pieroth, Bodo, Grundgesetz für die Bundesrepublik Deutschland, 13. Auflage 2014

Jarass, Hans D., Öffentliche Verwaltung und Presse, DÖV 1986, 721

Jahn, Joachim, Compliance, Litigation-PR und die Medien, CCZ 2011, 139

Kaiser, E., Die Bedeutung der §§ 23–30 EGGVG insbesondere für Entscheidungen der Staatsanwaltschaft, NJW 1961, 200

Kalenborn, Tristan, Die praktische Konkordanz in der Fallbearbeitung, JA 2016, 6

Karlsruher Kommentar zur Strafprozessordnung mit GVG, EGGVG und EMRK, Hannich, Rolf(Hrsg.), 7. Auflage 2013

Kindler, Lars, Anmerkung zu BVerfG NVwZ 2016, 50, NVwZ 2016, 51

Kissel, Otto Rudolf/Mayer, Herbert, Gerichtsverfassungsgesetz Kommentar, 8. Auflage 2015

Kleiner, Susanne, Pressearbeit: Mit starken Statements punkten, NJW-aktuell 11/2017, S. 29

Knierim, Thomas C., Reichweite und Grenzen der Online-Durchsuchung, FD-StrafR 2008, 253764

Konzak, Olaf, Analogie im Verwaltungsrecht, NVwZ 1997, 872

Koreng, Ansgar, Staatliche Internetpräsenzen zwischen legitimer Öffentlichkeitsarbeit und dem Verbot des Staatsrundfunks, AfP 2009, 117

ders., Das „Recht auf Vergessen" und die Haftung von Online-Archiven, AfP 2015, 514

Krieger, Hubert, Die Haftung des Staates nach § 839 BGB, Art. 34 GG für Fehlverhalten der Staatsanwaltschaft im Ermittlungsverfahren, 2000

Kröger, Klaus, Die Entstehung des Grundgesetzes, NJW 1989, 1318

Kühl, Kristian, Unschuldsvermutung und Einstellung des Strafverfahrens – Die neueste Rechtsprechung des Europäischen Gerichtshofs für Menschenrechte zu Art. 6 II MRK, NJW 1984, 1264

Kühling, Jürgen/Buchner, Benedikt (Hrsg.), Datenschutzgrundverordnung, 2017

Kutschaty, Thomas/Gerhardt, Rudolf, „Die Justiz ist nicht scheu, aber sie ist zurückhaltend", ZRP 2013, 219

Lackner, Karl/Kühl, Kristian, Strafgesetzbuch Kommentar, 28. Auflage 2014

Lent, Wolfgang, Der Auskunftsanspruch der elektronischen Presse gegenüber Behörden, LKV 2015, 145

Lehr, Gernot, Grenzen für die Öffentlichkeitsarbeit der Behörden, NStZ 2009, 409

ders., Pressefreiheit und Persönlichkeitsrechte – Ein Spannungsverhältnis für die Öffentlichkeitsarbeit der Justiz, NJW 2013, 728

Lenz, Christofer/ Hansel, Ronald, Nomos Kommentar Bundesverfassungsgerichtsgesetz, 2. Auflage 2015

Leutheusser-Schnarrenberger, Sabine, Die Zukunft des allgemeinen Persönlichkeitsrechts: Der „Herrenreiter" auf dem Weg ins dritte Jahrtausend, S. 13 ff., in Festschrift Matthias Engelschall, 1996

Libor, Christine, EuGH: Vorabentscheidungsverfahren zum globalen Recht auf Vergessen, AfP 2017, 401

Libor, Christine, Medienverbände fordern Bundes-Presseauskunftsgesetz, AfP 2015, 536

Löffler, Martin, Der Informationsanspruch der Presse und des Rundfunks, NJW 1964, 2277

Löffler, Martin/Ricker, Reinhart (Hrsg.), Handbuch des Presserechts, 6. Auflage 2016

Lorz, Ralph Alexander, Neue Vorgaben für die Öffentlichkeitsarbeit der Justiz?, NJW 2005, 2657

Lorz, Ralph Alexander/Bosch, Julia, Rechtliche Parameter für die Öffentlichkeitsarbeit der Justiz, AfP 2005, 97

Löwe-Rosenberg, Die Strafprozessordnung und das Gerichtsverfassungsgesetz, Hrsg. v. *Erb, Volker/Esser, Robert, u.a.*, Band 1: Einleitung, §§ 1–47, 26. Auflage 2006; Band 5: §§ 151–212b, 26. Auflage 2008; Band 10: GVG; EGGVG, 26. Auflage 2010; Band 11: EMRK, IPBPR, 26. Auflage 2012

Luch, Anika D./Schulz, Sönke E., Die digitale Dimension der Grundrechte – Die Bedeutung der speziellen Grundrechte im Internet, MMR 2013, 88

Luch, Anika D., Das neue „IT-Grundrecht“ Grundbedingung einer „Online-Handlungsfreiheit“, MMR, 2011, 75

Ludwigs, Markus/Sikora, Patrick, Grundrechtsschutz im Spannungsfeld von Grundgesetz, EMRK und Grundrechtecharta, JuS 2017, 385

Mackenroth, Geert W., „Da gehen bei den Richtern die gelben Lampen an“ – Im Zeitgeist auch gegen den Zeitgeist – Die Justiz muss ihre Kontrollfunktion wahrnehmen, ZRP 2002, 179

Maier, Winfried, Wie unabhängig sind Staatsanwälte in Deutschland?, ZRP 2003, 387

Maunz, Theodor/Dürig, Günter, Grundgesetz Kommentar, Band I, Art. 1–5, 28. Edition, Stand: 1.3.2016

Meier, Bernd-Dieter, Zulässigkeit und Grenzen der Auskunftserteilung gegenüber den Medien, S. 331 ff., in Festschrift Hans Ludwig Schreiber, 2003

Mensching, Christian, Zur Veröffentlichungspflicht und Veröffentlichungsanspruch bei gerichtlichen Entscheidungen, AfP 2007, 534

Meyer-Ladewig, Jens/Nettesheim, Martin/von Raumer, Stefan (Hrsg.), EMRK Handkommentar, 4. Auflage 2017

Meyer, Myrna, Der Gerichtsprozess in der medialen Berichterstattung, 2014

Meyer-Goßner, Lutz/Schmitt, Bertram (Hrsg.), Strafprozessordnung mit GVG und Nebengesetzen, 28. Auflage 2015

Mitsch, Wolfgang, Der Germanwings-Absturz – Eine strafrechtliche Nachlese, JuS 2015, 884

ders., Medienpräsenz und Persönlichkeitsschutz in der öffentlichen Hauptverhandlung, ZRP 2014, 137

Molle, Alexander, Die Verdachtsberichterstattung, ZUM 2010, 331

Müller-Franken, Sebastian, Unzulässige Staatsmedien oder zulässige Informationstätigkeit?, AfP 2016, 301

Münchener Anwaltshandbuch Strafverteidigung, Müller, Eckhart/Schlothauer, Reinhold/Schütrumpf, Matthias (Hrsg.), 2. Auflage 2014

Münchener Kommentar zum Bürgerlichen Gesetzbuch, Säcker, Franz Jürgen/Rixecker, Roland, u.a. (Hrsg.), Band 1: §§ 1–240, ProstG, AGG, 7. Auflage 2015; Band 6: §§ 705–853, PartGG, ProdHaftG, 7. Auflage 2017

Münchener Kommentar zum Lauterkeitsrecht, Heermann, Peter W./Schligloff, Jochen (Hrsg.), Band 1: §§ 1–4 UWG, 2. Auflage 2014

Münchener Kommentar zum StGB, Joecks, Wolfgang/Miebach, Klaus (Hrsg.), Band 1: §§ 1–37, 3. Auflage 2017; Band 5: §§ 263–358, 2. Auflage 2014

Münchener Kommentar zur StPO, Knauer, Wolfgang/Kudlich, Hans/Schneider, Hartmut (Hrsg.), Band 1: §§ 1–150, 1. Auflage 2014; Band 2: §§ 151–332, 1. Auflage 2016

Münchener Kommentar zur Zivilprozessordnung mit Gerichtsverfassungsgesetz und Nebengesetzen, Rauscher, Thomas/Krüger, Wolfgang (Hrsg.), Band 1: §§ 1–354, 5. Auflage 2016; Band 2: §§ 355–945b, 5. Auflage 2016; Band 3: §§ 946–1117, EGZPO, GVG, EGGVG, UKlaG, 5. Auflage 2017

von Münch, Ingo/Kunig, Philip (Hrsg.), Grundgesetz Kommentar, Band 1: Präambel bis Art. 69, 6. Auflage 2012

Musielak, Hans-Joachim/Voit, Wolfgang, Zivilprozessordnung mit Gerichtsverfassungsgesetz, 14. Auflage 2017

Neuling, Christian-Alexander, Inquisition durch Information – Medienöffentliche Strafrechtspflege im nichtöffentlichen Ermittlungsverfahren, 2004

ders., Strafjustiz und Medien – mediale Öffentlichkeitsarbeit oder „justizielle Schweigepflicht" imErmittlungsverfahren, HRRS 2006, 94

ders., Rechtsschutz des Beschuldigten bei amtspflichtwidrigen Medienauskünften von Justizbediensteten – die „Affäre Mannesmann", StV 2006, 332

ders., Unterlassung und Widerruf vorverurteilender Medienauskünfte der Ermittlungsbehörden, StV 2008, 387

Nolte, Norbert, Zum Recht auf Vergessen im Internet. Von digitalen Radiergummis und anderen Instrumenten, ZRP 2011, 236

ders., Das Recht auf Vergessenwerden – mehr als nur ein Hype?, NJW 2014, 2238

Ossenbühl, Fritz/Cornils, Matthias, Staatshaftungsrecht, 6. Auflage 2013

Palandt, Bürgerliches Gesetzbuch mit Nebengesetzen, 76. Auflage 2017

Partsch, Christoph, Der Auskunftsanspruch der Presse – Neujustierung durch das BVerwG, NJW 2013, 2858

von Pentz, Vera, Ausgewählte Fragen des Medien- und Persönlichkeitsrechts im Lichte der aktuellen Rechtsprechung des VI. Zivilsenats, AfP 2015, 11

von Pentz, Vera dies., Ausgewählte Fragen des Medien- und Persönlichkeitsrechts im Lichte der aktuellen Rechtsprechung des VI. Zivilsenats, AfP 2016, 101

Peters, Butz, Die publizistische Sorgfalt, NJW 1997, 1334

Pfeiffer, Gerd, Strafprozessordnung Kommentar, 5. Auflage 2005

Prinz, Matthias/Peters, Butz, Medienrecht, 1. Auflage 1999

Pruggmayer, Steffen/Möller, Simone, Befugnisse und Verpflichtungen von Justizpressesprechern, K&R 2011, 234

Püschel, Jan Ole, Zur Berechtigung des presserechtlichen Auskunftsanspruchs in Zeiten allgemeiner Informationszugangsfreiheit, AfP 2006, 401

Putzke, Holm/Zenthöfer, Jochen, Der Anspruch auf Übermittlung von Abschriften strafgerichtlicher Entscheidungen, NJW 2015, 1777

Rathgeber, Christian, LG Wiesbaden: Vorverurteilungen durch die Staatsanwaltschaft begründet Amtshaftungsanspruch, FD-StrafR 2015, 370588

Raschke, Andreas, Die Staatsanwaltschaft und der Gang an die Öffentlichkeit, ZJS 2011, 38

Rautenberg, Erardo Cristoforo, Staatsanwaltschaft und Gewaltenteilung, NJ 2003, 169

Reuter, Joachim R., Verfall von Ethik und Moral und die Weisungsgebundenheit von Staatsanwälten, ZRP 2011, 104

Ricker, Reinhart, Rechte und Pflichten der Medien unter Berücksichtigung des Rechtsschutzes des einzelnen, NJW 1990, 2097

Rinsche, Karen, Verdachtsberichterstattung, AfP 2013, 1

Rittig, Steffen, Mehr Medienöffentlichkeit im Gerichtsverfahren? – Zu den Reformüberlegungenzu § 169 GVG, NJ 2016, 265

Rogall, Klaus, Die Verletzung von Privatgeheimnissen (§ 203 StGB) – Aktuelle Probleme und ungelöste Fragen, NStZ 1983, 1

ders., Zur Zulässigkeit einer heimlichen akustischen Überwachung von Ehegattengesprächen in der Untersuchungshaft, HRRS 2010, 289

Roxin, Claus, Strafrechtliche und strafprozessuale Probleme der Vorverurteilung, NStZ 1991, 153

ders., Zur Rechtsstellung der Staatsanwaltschaft damals und heute, DRiZ 1997, 109

Roxin, Claus/Schünemann, Bernd, Strafverfahrensrecht, 28. Auflage 2014

Ruess, Peter, „Just google it?" – Neuigkeiten und Gedanken zur Haftung der Suchmaschinenanbieter für Markenverletzungen in Deutschland und den USA, GRUR 2007, 198

Ruttig, Markus, Damit das Internet nicht vergisst – Online-Archive und das Recht verurteilter Straftäter auf Beseitigung ihrer Namensnennung jedenfalls nach Verbüßung der Strafe, AfP 2013, 372

ders., Der Anspruch auf Geldentschädigung bei Persönlichkeitsrechtsverletzungen, AfP 2016, 110

Sättele, Alexander, BVerwG, Umfang des Presseauskunftsrechts in Bezug auf die Namen von Personen, die an einem strafgerichtlichen Verfahren mitgewirkt haben, FD-StrafR 2015, 365302

Sajuntz, Sascha, Die Entwicklung des Presse- und Äußerungsrechts im Jahr 2015, NJW 2016, 1921

ders., Die Entwicklung des Presse- und Äußerungsrechts, NJW 2017, 698

Saliger, Frank, Öffentlichkeit im Strafverfahren, JZ 2016, 824

Schaefer, Hans Christoph, Die Staatsanwaltschaft im Rechtsschutzsystem, NJW 2011, 1396

ders., Justiz im Zwielicht, NJW 2003, 2210

Scherer, Joachim, Persönlichkeitsschutz und Medienrecht, ZRP 1990, 332

Schlüter, Oliver, Entscheidungsbesprechung zu BGH ZUM-RD 2016, 494, GRUR-Prax 2016, 264

ders., Verdachtsberichterstattung – Zwischen Unschuldsvermutung und Informationsinteresse, 2011

Schmidt, Hermann Friedrich Franz, Die preußische Justizverwaltung beim Jahreswechsel 1928/29, JW 1929, 6

Schmitz, Heribert/Jastrow, Serge-Daniel, Das Informationsfreiheitsgesetz des Bundes, NVwZ 2005, 984

Schnabel, Christoph, Auskunftsansprüche für Journalisten nach Landespressegesetzen und Informationsfreiheitsgesetz, NVwZ 2012, 854

ders., Die Zukunft des presserechtlichen Auskunftsanspruchs gegen Bundesbehörden, NJW 2016, 1692

ders., Informationsfreiheitsgesetze und öffentlich-rechtliche Rundfunkanstalten, ZUM 2010, 412

Schnoor, Christian/Giesen, Thomas/Addicks, Lina, Mitteilungen der Staatsanwaltschaft an die Presse ohne Datenschutz?, NStZ 2016, 256

Schoch, Friedrich, Anmerkung zu BVerwG NVwZ 2016, 940, NVwZ 2016, 943

ders., Informationsfreiheitsgesetz, 1. Auflage 2009

Schönke, Adolf/Schröder, Horst, Strafgesetzbuch Kommentar, 29. Auflage 2014

Schroers, Jochen, Probleme der Zusammenarbeit zwischen Staatsanwaltschaft und Medien, NJW 1996, 969

Schubert, André, Datenlöschungsanspruch gegenüber Suchmaschinen – „Recht auf Vergessenwerden", NJ 2014, 379

Schuschke, Winfried/Walker, Wolf-Dietrich, Vollstreckung und vorläufiger Rechtsschutz, 6. Auflage 2016

Simgen, Norbert, Gedanken zum Verhältnis Justiz – Presse, S. 531 ff., Festschrift für Rudolf Wassermann, 1985

Soehring, Jörg/Hoene, Verena, Presserecht, 5. Auflage 2013

Spindler, Gerald, Durchbruch für das Recht auf Vergessen(werden)? – Die Entscheidung des EuGH in Sachen Google Spain und ihre Auswirkungen auf das Datenschutz- und Zivilrecht, JZ 2014, 981

Stapper, Florian, Presse und Unschuldsvermutung, AfP 1996, 349

Stieper, Malte, Bildberichterstattung über Prozessbeteiligte, JZ 2014, 271

Stein, Katrin, Die Verantwortlichkeit politischer Akteure, 2008

Strate, Gerhard, Contra Unabhängigkeit der Staatsanwaltschaft, ZRP 2014, 94

Streinz, Rudolf, Löschungsanspruch gegen verantwortlichen Suchmaschinenbetreiber, JuS 2014, 1140

Strubel, Bernd-Jochen/Sprenger, Wolfgang, Die gerichtliche Nachprüfbarkeit staatsanwaltschaftlicher Verfügungen, NJW 1972, 1734

Teichmann, Christoph, Abschied von der absoluten Person der Zeitgeschichte, NJW 2007, 1917

Trüg, Gerson, Medienarbeit der Strafjustiz – Möglichkeiten und Grenzen, NJW 2011, 1040

Ulbrich, Christian/Frey, S. Bruno, Mediale und gesellschaftliche Vorverurteilungen, ZUM 2017, 31

Vordermeyer, Helmut/von Heintschel-Heinegg, Bernd, Handbuch für den Staatsanwalt, 5. Auflage 2015

Voßkuhle, Andreas/Kaiser, Anna-Bettina, Grundwissen – Öffentliches Recht: Der Amtshaftungsanspruch, JuS 2015, 1076

Wagner, Joachim, Strafprozessführung über Medien, 1987

Wagner, Walter, Zur Weisungsgebundenheit der Staatsanwälte, NJW 1963, 8

Walker, Wolf-Dietrich, Die Entschädigung für immaterielle Schäden nach deutschem Zivilrecht – Grundlagen und aktuelle Probleme, Festschrift M. Ilhan Ulusan, Band 3, 2016

Wasmuth, Johannes, Bemerkungen zum Rechtsschutz bei Klagen gegen Pressemitteilungen von Ermittlungsbehörden, NJW 1988, 1705

ders., Rechtsweg gegen Presseverlautbarungen, NStZ 1990, 138

Wassermann, Rudolf, Justiz und Medien, 1980

Weigand, Thomas, Unverzichtbares im Strafverfahrensrecht, ZStW 113 (2001), 271

Widmaier, Gunter, Gerechtigkeit – Aufgabe von Justiz und Medien?, NJW 2004, 399

Wölfl, Bernd, Sphärentheorie und Vorbehalt des Gesetzes, NVwZ 2002, 49

Wolter, Jürgen, Systematischer Kommentar zur Strafprozessordnung, Band 2: §§ 94–136a StPO, 5. Auflage 2016; Band 9: GVG, 4. Auflage 2013

Wybitul, Tim/Haß, Detlef/Albrecht, Jan-Philipp, Abwehr von Schadensersatzansprüchen nach der Datenschutz-Grundverordnung, NJW 2018, 113

Zöller, Richard, Zivilprozessordnung, 31. Auflage 2016

Internetquellen

Ahlberg, Hartwig/Götting, Horst-Peter, Beck'scher Online-Kommentar Urheberrecht, 13. Edition, Stand 1.7.2016

Bamberger, Georg/Roth, Herbert, Beck'scher Online-Kommentar BGB, 40. Edition, Stand 1.8.2016, abrufbar unter: https://beck-online.beck.de/?vpath=bibdata/komm/beckok_40_BandBGB/cont/beckok.htm (26.10.2016)

beck-online. Großkommentar, BGB, Gsell, Beate/Krüger Wolfgang/Lorenz, Stephan/Mayer, Jörg (Hrsg.), Stand: 1.7.2017, abrufbar unter: https://beck-online.beck.de/?vpath=bibdata/komm/BeckOGK_13_BandBGB/cont/BeckOGK.BGB.Inhaltsverzeichnis.htm (24.10.2017)

Darnstädt, Thomas, „Absolut unzulässig", Der Spiegel 16/2015, 28, PDF-Datei abrufbar unter: http://magazin.spiegel.de/EpubDelivery/spiegel/pdf/133575519 (4.5.2017)

Epping, Volker/Hillgruber, Christian (Hrsg.), Beck'scher Online-Kommentar Grundgesetz, 28. Edition, Stand 1.3.2016, abrufbar unter: https://beck-online.beck.de/?vpath=bibdata/komm/BECKOK_28_BandVerfR/cont/BECKOK.htm (27.4.2016)

Gerstdorf, Hubertus/Paal, Boris P. (Hrsg.), Beck'scher Online-Kommentar Informations- und Medienrecht, 11. Edition, Stand 1.2.2016, abrufbar unter: https://beck-online.beck.de/?vpath=bibdata/komm/beckokinfomedien_11/cont/beckokinfomedien.htm (2.5.2016)

Graf, Jürgen-Peter (Hrsg.), Beck'scher Online-Kommentar StPO mit RiStBV und MiStra, 23. Edition, Stand 16.11.2015, abrufbar unter: https://beck-online.beck.de/?vpath=bibdata/komm/beckok_23_BandStPO/cont/beckok.htm (27.4.2016)

von Heintschel-Heinegg, Bernd (Hrsg.), Beck'scher Online-Kommentar StGB, 32. Edition, Stand 1.9.2016, abrufbar unter: https://beck-online.beck.de/?vpath=bibdata/komm/BeckOK_32_BandStGB/cont/BeckOK.htm (28.11.2016)

Weller, Michaela, Verantwortlichkeit des in den USA beheimateten Betreibers einer Internet-Suchmaschine für durch Dritte begangene Verletzungen des

Persönlichkeitsrechts in deutschen Foreneinträgen, jurisPR-ITR 25/2016 Anm. 2 (5.3.2018)

Wolff, Heinrich Amadeus/Brink, Stefan (Hrsg.), Beck'scher Onlinekommentar Datenschutzrecht, 22. Edition, Stand 1.11.2017, abrufbar unter: https://beck-online.beck.de/?vpath=bibdata%2fkomm%2fBeckOKDatenS_22%2fcont%2fBECKOKDATENS%2ehtm (15.3.2018)

FSC
www.fsc.org
MIX
Papier | Fördert gute Waldnutzung
FSC® C083411

Kolibri 360 GmbH
Ferdinand-Jühlke-Straße 7
99095 Erfurt, Deutschland
produktsicherheit@kolibri360.de